마 케 팅

마케팅 제2판

2015년 9월 10일 제1판 발행
2020년 2월 28일 제2판 1쇄 발행
2022년 8월 25일 제2판 2쇄 발행

지은이 노전표 | **펴낸이** 이찬규 | **펴낸곳** 북코리아
등록번호 제03-01240호 | **전화** 02-704-7840 | **팩스** 02-704-7848
이메일 ibookorea@naver.com | **홈페이지** www.북코리아.kr
주소 13209 경기도 성남시 중원구 사기막골로 45번길 14
우림라이온스밸리2차 A동 1007호
ISBN 978-89-6324-689-5 93320

값 25,000원

제 2 판

MARKETING

마 케 팅

노전표 지음

북코리아

머리말

1965년 마케팅 분야의 대표적인 국제학술지인 *Journal of Marketing*에 흥미로운 논문이 게재된 적이 있다. "Would you want your daughter to marry a marketing man?"이란 제목의 논문이었는데, 저자인 리차드 파머는 마케팅의 비윤리성을 은유적으로 비꼬면서 이 분야에 종사하는 사람과 딸을 결혼시키지 말라고 충고하였다. 다행스럽게도 지난 반세기 동안 마케팅은 파머의 충고를 마음속 깊이 새긴 듯, 고객에게 가치를 제공하고 고객을 섬기는 본연의 임무에 충실하기 위해 노력한 결과, 진정한 기업 경영의 핵심으로 제자리를 찾아 가고 있다. 마케팅 기능은 왜곡된 모습에서 벗어나서 원래의 순기능적인 본 모습으로 돌아오고 있다.

21세기 기업은 초경쟁 시대 급변하는 환경 속에서 기발한 전략을 모색해야만 생존과 성장이 가능하게 되었다. 경영의 미래를 한치 앞 예측하기가 어렵고, 마케팅에 대한 고객과 사회의 요구 또한 더욱 강도가 높아지고 있다. 극도의 불확실한 시대에 기업이 살아남으려면 마케팅의 아버지 필립 코틀러 교수가 언급한 것처럼 격동의 시대를 오히려 새로운 도약의 기회로 삼아야 할 것이다. 기존의 구태의연한 사고를 버리고, 새로운 트렌드에 맞는 창의적인 전략을 수행하는 기업은 도약할 것이고, 나아갈 방향을 정하지 못하고 외형적인 단기 성과에만 매달리는 기업은 쇠퇴의 길을 걸을 수밖에 없을 것이다. 새 포도주와 새 부대를 함께 준비해야 할 시대가 온 것이다. 이러한 관점에서 새로운 전략적 변곡을 모색하기 위한 마케팅 지침서를 준비하게 되었다.

전략적 변곡을 모색하기 위해서 마케터는 고객을 위한 가치창출이라는 본연의 임무로 돌아가 업에 충실해야 한다. 이를 위해 마케터가 가져야 할 통찰력은 세 가지로 요약된다. 첫째, 고객에 대한 통찰력(customer insight)이다. 고객이 진심으로 원하는 것은 마케터의 진정성일 것이다. 장인정신을 가진 건축가는 결코 모래 위에 집을 짓지 않는다. 반석 위에 짓든지, 반석이 나올 때까지 모래를 파서 집을 짓는다. 마케팅의 진정성도 마찬가지이다. 고객의 요구에 통찰력을 가질 때 진정한 마케터가 될 수 있다. 둘째, 직원에 대한 통찰력(employee insight)이다. 고객을 설득하기 전에 직원을 내편으로 만들라는 말이 있다. 사내 공감대 없이 고객을 상대로 약속을 내걸면 직원이 먼저 냉소하게 된다. 진정한 마케팅은 고객이든 직원이든 사람을 얻는 데 있다. 대중의 신뢰를 얻기 전에 팀의 신뢰를 쌓아야 한다. 마케터는 직원의 진정한 요구에 대하여 통찰력을 가져야 한다. 셋째, 세상에 대한 통찰력(world insight)이다. 세상에 선한 영향력을 미쳐야 한다는 사명은 기업에도 예외 없이 적용된다. 소위 착한 기업이 존경 받는 시대가 오고 있다. 기업의 사회적 책임에 대한 통찰력으로, 고객에게 선한 영향력을 미치고 세상을 변화시키는 비전에 동참하는 기업이 존경받는다. 이러한 통찰력으로 무장된 마케터는 1) 더욱 의미 있는 일에 힘쓰고(meaning), 2) 어떤 상황이든 항상 마음을 챙기며(mind), 그리고 3) 주어진 사명을 완수하는(mission) 소위 3M 정신으로 일을 추진해 나가야 할 것이다. 이를 수행하는 과정에서 본 지침서가 참고가 되기 바란다.

결론적으로 마케터가 진정성과 책임감을 가지고 고객과 사회에 대한 책무를 완수한다면 마케팅은 내부적으로는 지속가능한 발전을 도모하게 되고, 외부적으로는 공유가치를 창출하는 것이 가능해질 것이다. 이때 비로소 마케팅은 고객 및 기업의 이해관계자들과 더불어 살아가는 라이프 셰어링을 실천할 수 있으며, 존경받고 창의적인 방식으로 고객가치와 사회가치를 창출할 수 있다. 본 교재는 이러한 과제를 달성하는 데 조금이나마 기여하고자 집필되었다.

서두에 리차드 파머의 마케팅에 대한 비유로 시작하였다. 마케터는 최적의 제품과 서비스를 제공하는 큐레이터로서, 분석력과 창의력으로 무장하여 고객과 사회에 선한 영향력을 미치는 가치 전도자 임무를 충실히 수행해야 할 것이다.

책의 특성과 구성

이 책은 총 4부 15장으로 구성되어 있다. 제1부에서는 '마케팅 개념'을 다루는데, '마케팅 개념의 이해'(제1장), '전사적 전략계획 수립'(제2장)을 소개한다. 제2부에서는 '마케팅 전략'을 다룬다. 구체적으로 '마케팅 정보와 환경'(제3장), '마케팅 조사와 시장수요 예측'(제4장), '소비자 및 조직구매행동의 이해'(제5장), 'STP 전략'(제6장)을 소개한다. 그리고 제3부에서는 '마케팅 믹스'를 다루는데, '제품전략'(제7장), '브랜드 자산의 개념 및 관리'(제8장), '신제품 개발과 제품수명주기 관리'(제9장), '가격전략'(제10장), '유통전략'(제11장), '마케팅 커뮤니케이션 전략'(제12장), '촉진수단'(제13장)을 소개한다. 마지막으로 제4부에서는 마케팅 특수문제를 다루는데, '서비스 마케팅'(제14장)과 '마케팅 윤리'(제15장)로 구성되어 있다. 본 교재는 한 학기용 강의를 위해 15주 내용으로 구성되어 있다.

본 교재는 실제적이고 통찰력 있도록, 각 장의 도입부에 각 장의 내용과 연관되는 TED(Technology, Entertainment, Design)의 강연 내용을 요약 소개하고 있다. TED는 정기적으로 열리는 강연회로 1984년에 시작된 이후 스티브 잡스, 빌 게이츠를 포함한 유명 인사들을 비롯하여 평범한 사람까지 다양한 분야의 종사자가 연사로 등장하고 있다. 인간의 집중력이 최고조에 달하는 마지노선이 18분이고, 아무리 훌륭한 아이디어도 이 시간을 넘기면 사람들의 주목에서 멀어진다는 판단에서 TED 강연은 18분 동안 진행된다. 각 장의 도입사례로 소개되는 TED 강연은 다음과 같다.

제1장 Joseph Pine, "What consumers want"
제2장 Seth Godin, "How to get your ideas to spread"
제3장 John Gerzema, "The post-crisis consumer"
제4장 Tim Harford, "Trial, error and the God complex"
제5장 Sheena Iyengar, "How to make choosing easier"
제6장 Malcolm Gladwell, "On spaghetti sauce"
제7장 Malcolm Gladwell, "The strange tale of the Norden bombsight"

제8장 Dan Cobley, "What physics taught me about marketing"

제9장 Steven Johnson, "Where good ideas come from"

제10장 Benjamin Wallace, "The price of happiness"

제11장 Tom Wujec, "Build a tower, build a team"

제12장 Evan Williams, "Listening to Twitter users"

제13장 Alexis Ohanian, "How to make a splash in social media"

제14장 Rory Sutherland, "Perspective is everything"

제15장 Michael Porter, "Why business can be good at solving social problems?"

감사의 말

미케팅 수업 중, 다양한 주제로 토론에 적극적으로 참여해준 학부, 대학원 학생들에게 감사의 말을 전한다. 본 책의 출간이 가능했던 것은 무엇보다 북코리아 이찬규 사장님과 편집을 위해 도와주신 분들의 도움이 컸다. 끝으로 나의 사랑하는 가족 그리고 하나님께 감사드린다.

2020년 1월
연세대학교 미래캠퍼스 정의관 연구실에서
저자

차례

제2부 마케팅 전략 모듈

제4부 마케팅 특수문제 모듈

제1부

마케팅 개념 모듈

마케팅 개념의 이해 | 전사적 전략계획 수립

제1장

마케팅 개념의 이해

MARKETING

TED 도입 사례

소비자는 진정으로 무엇을 원하는가?

초기에는 지상에서 캐내거나 기르는 것으로 동물, 식물 등의 일상용품(commodities)이 있었다. 사람들은 일상용품을 시장에 내다 팔기 시작하였고, 이러한 물물교환은 수천 년간 지속되면서 산업혁명을 계기로 '상품'을 만들어냈다. 상품은 지난 50~60년 동안 '일상용품화(commoditization)'되면서, 사람들은 그걸 만드는 사람이 누군지 더 이상 신경 쓰지 않고 '가격'만을 신경쓰게 되었다. 이같은 일상용품화를 해결하기 위해 상품을 맞춤화(customization)하였으며, 이로 인해 산업경제와 서비스는 개인의 요구에 부응하기 위해 개인중심으로 변화하였다. 지난 10~20년 동안에는 서비스 또한 가격경쟁을 하면서 일상용품화되고 있다. 새로운 경제적 가치의 단계로 옮겨갈 시점이 온 것이다.

상품 → 가격 → 서비스 → 경험

경제적 가치의 진화

이제 경험이 경제의 중심이 되고 있다. Disney는 경험 제공의 분야에서는 세계 최고의 숙련자라고 할 수 있다. 하지만 네덜란드인들은 이러한 설명을 들을 때마다 "네덜란드인들은 자연적이고 진정한(authentic) 경험을 좋아합니다."와 같은 반응을 보인다. 여기서 중요한 것은 '진정하지 않은 경험이라는 것은 없다'는 것이다. 왜냐하면, 모든 경험은 반응을 일으키기 때문에 100% 자연적인 경험은 존재하지 않기 때문이다. 개발되지 않은 숲이라고 할지라도 길을 만들기 위해 누군가는 이 길을 걸었을 것이며, 자동차가 지나다녔을 것이다. 이러한 인위성은 자연스러운 것이다. 사실 네덜란드도 바다로부터 만들어 낸 땅이므로 Disney만큼이나 가공된 곳이라고 할 수 있다. 네덜란드인뿐 아니라 우리 모두는 진정성에 대해 갈망하고 있다. 그래서 진정성은 새로운 소비자의 기준과 감성이 되고 있다.

그렇다면 어떻게 진정성을 창출해낼 것인가? 진정성에는 두 개의 차원이 존재한다. 하나는 '자기 자신을 향한 것'으로 스스로에게 정직한 것이고, 두 번째는 '남을 향한 것'으로 상대방이 당신을 진정으로 생각하게끔 하는 것이다. Disney world는 가공한 공간이므로 진실이 아닐 수 있다. 그러나 Disney world는 자기 자신에게는 진실하다.

기업들이 가장 흔히 저지르는 실수는 진실된 자신의 모습이 아닌 것을 광고하는 것이다. 예를 들어, 호텔의 광고를 보면 멋진 호텔을 경험할 수 있다고 생각하지만 호텔을 직접 경험하게 된다면 광고와는 다른 경우가 종종 있다. 진정성을 갖추기 위해 가장 먼저 해야 할 일은 우리가 누구인지 경험할 수 있도록 하는 것이다. 예를 들어, 스타벅스는 광고를 거의 하지 않고 체험을 통해서 자신을 알린다. 진정성은 새로운 소비자의 감성이 되어가고 있으며, 소비자는 시간과 돈을 진정성에 투자하며 행복감을 느끼고 있다.

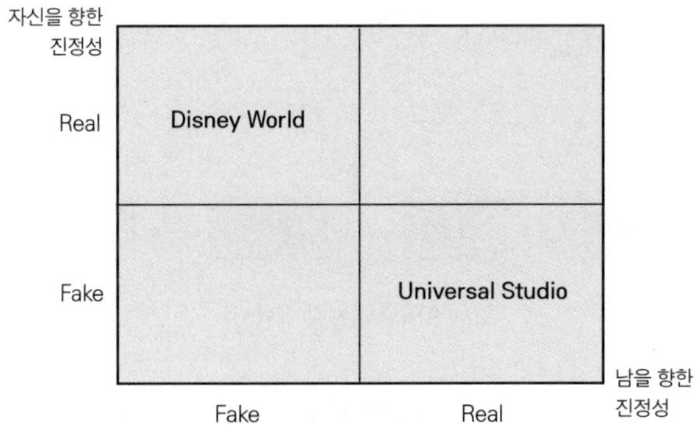

진정성의 두 가지 차원

출처: Joseph Pine, "What consumers want", www.ted.com

나이키의 창업자 Phil Knight는 나이키 운동화를 트랙에서 육상선수와 코치에게 직접 판매하면서 사업을 시작하였다. 일단 해보라(Just Do It!)는 나이키의 슬로건을 현장에서 직접 실천한 사례이기도 하다. 유한양행 창업주인 고 유일한 박사의 숙주나물 캔 사업의 일화가 있다. 처음에는 회사의 인지도가 너무 낮아 판매가 저조하였다. 제품의 인지도를 높여 판매를 신장시킬 묘안을 고민하다, 트럭으로 운반 중인 숙주나물 캔들이 도로에 쏟아지는 사건이 신문에 크게 보도되면서 폭발적인 판매로 이어졌다고 한다. 비록 러시아워에 교통체증을 유발하긴 했지만, 사업가로서의 창의적인 사고는 과히 천재적인 수준이었다. 노이즈 마케팅의 덕을 본 셈이다. 나이키와 유한양행 사례에서 보듯이 종합예술인 마케팅은 과학이자 예술이다. 제4차 산업혁명시대에는 데이터 애널리틱스 기법이 마케터에게 필요하지만, 시대를 불문하고 창의적이고 진취적인 기상은 마케터에게 요구되는 덕목이다.

마케터는 큐레이터에 비유할 수 있다. 큐레이터는 많은 예술 작품 중에서 일부를 선택하여 특정한 의미를 창출한다. 마케터 역시 다양한 제품과 서비스를 적절히 조합하여 소비자들에게 의미 있는 스토리를 전달한다. 큐레이트는 한번 전시할 때 보통 20% 정도의 작품만을 전시한다고 하는데, 이는 20%의 고객이 80%의 수익을 창출한다는 마케팅 원칙과도 유사하다.

미국을 비롯한 여러 국가에서 연말이면 폭탄세일을 통하여 엄청난 매출을 기록한다. 하지만 연초가 되면 미국 구매자의 75% 정도가 1개 아이템 이상을 환불한다고 한다. 그래서 1월 3일을 아예 환불일(return day)로 부르기도 한다. 종종 마케팅을 광고나 판매촉진으로 이해하는 경우가 많다. 물론 틀린 것은 아니지만 단지 광고나 판매촉진만이 마케팅을 의미하지는 않는다. 보다 정확하게 말하면 광고나 판매촉진 역시 마케팅의 다양한 활동 중 일부분이다. 마케팅의 시작과 끝은 고객이라고 해도 과언이 아니다. 마케팅의 고객중심적 사고는 마케팅 철학의 핵심이라고 할 수 있다. 고객의 니즈와 원츠를 파악해서 충족시킴으로써 고객을 만족시키고 궁극적으로 고객을 행복하게 하는 것이 마케팅의 과제라고 할 수 있다. 고객의 행복을 추구하는 마케팅은 사람들을 유익하게 하는 학문이다. 마케팅은 고객을 섬기고 그들에게 능력을 부여하기 위해 그들과 진정하고도 유익한 관계를 맺는 도구가 되어야 한다. 이를 실천하면 마케팅은 세상에 선한 영향력을 미치는 학문이 될 수 있다.

도입 사례는 환경 변화에 따라 소비자의 니즈(needs)와 원츠(wants)가 함께 진화하고 있음을 보여준다. 최근 소비자 환경에서의 두드러진 변화는 소비자는 욕구를 충족시키기 위해 궁극적으로 경험과 진정성을 중요시한다는 것이다. 따라서, 마케팅의 기본적인 역할은 소비자의 니즈와 진정성을 이해하고 이를 충족시켜주는 것이다. 이 장에서는 마케팅의 기본적인 개념을 파악하여, 이를 어떻게 기업 활동에 적용할지를 다룬다.

1.1 마케팅의 핵심 개념

마케팅(marketing)은 소비자와 사회의 니즈를 확인 · 규명하여, 이를 충족시키기 위한 조직의 가치창출 활동이다. 이러한 관점에서 마케팅은 "소비자의 니즈를 충족시키기 위해 조직이 가치를 창출하여 전달하는 일련의 활동"으로 정의할 수 있는데, 이러한 가치 창출 활동은 시장에서 교환을 통해 구체화된다. 마케팅을 더욱 명확히 이해하기 위해서는 다음과 같은 핵심개념들에 대해 우선적으로 이해할 필요가 있다.

1) 소비자의 니즈와 원츠

마케팅의 정의는 소비자의 니즈와 원츠의 개념에서 출발한다. 마케팅의 출발이 소비자의 기본적인 필요와 욕구, 즉 니즈(needs)에 초점을 두었다면, 최근 마케팅은 소비자의 원츠(wants)에 더 많은 비중을 두고 있다. 이 두 단어는 유사해 보이지만 다소 의미적으로 차이가 있으므로 이를 구별하고, 이해하는 것이 필요하다. 기업의 마케팅 활동은 니즈 충족의 단계를 넘어서 소비자의 원츠를 자극하고 충족시키는 활동을 수행한다. 더 나아가 혁신 제품을 개발함으로써 새로운 원츠를 창출해 내기도 한다. 스마트폰이 개발되기 전에는 통신수단으로 삐삐와 공중전화에 의존하지 않았던가?

니즈는 인간의 기본적인 욕구로서, 기본적인 욕구의 충족감에서 결핍을 느끼는 상태를 의미하며, 필요 또는 욕구로 번역되어 왔다. 즉, 니즈란 인간이 기본적으로 살아가기 위해 반드시 충족되어야 할 것을 말한다. 반면 원츠는 니즈와는 달리, 없어도 생존에는 영향을 주지 않는 욕망들이다. 다시 말해, 니즈를 기능적 욕구라고 한다면, 원츠는 심리적 욕망(욕구)이라고 할 수 있다.

예컨대, 인간은 신체의 보호와 안전이라는 기본적인 니즈를 충족시키기 위해 신발을 신어왔다. 그러나 여성들은 왜 하이힐을 신는 것일까? 다시 말해 하이힐의 기능은 발을 보호하기 위해서라기보다는 여성의 아름다움을 표현하거나, 개성을 드러내는 역할을 한다. 이러한 심리적인 욕망이 여성들로 하여금 하이힐의 구매와 사용을 촉발시키곤 한다.

헬스 운동복의 경우 고가의 헬스복이 잘 팔리는 이유는 무엇일까? 1년 학비가 웬만한 직장의 연봉 수준이지만 미국의 아이비리그 대학이 드림 스쿨로 변함없이 인기가 있는 이유는 무엇일까? 모두가 심리적 욕망이 구매결정에 영향을 주기 때문이다.

고전 경제학에서 소비자는 합리적(이성적)인 판단을 하기 때문에, 가격이 상승하면 수요가 감소하고, 동일한 기능을 가진 제품을 획득할수록 만족도는 체감한다고 가정하였다. 그러나 현실에서는 값비싼 브랜드 구두를 선호하며, 신상이라고 불리는 새로운 구두에 열광하기도 한다. 이것은 기능적 욕구의 관점만으로는 설명할 수 없는 부분이다. 이처럼 기능적인 욕구의 관점에서 설명하지 못하는 것들은 심리적 욕망의 관점에서 설명이 가능하다.

따라서, 마케팅의 출발점은 소비자의 니즈이지만, 더 나아가 원츠를 파악하고 자극하는 것에 대한 필요성이 점점 커지고 있다.

표 1.1 수요의 특성에 따른 마케팅 활동

수요	특징	마케팅 활동
부정적 수요	소비자들의 부정적 인식으로 해당 제품이나 서비스를 싫어함	수요를 전환하는 전환적 마케팅
무수요	소비자들이 해당 제품과 서비스에 대해 전혀 알지 못함	수요를 자극하는 자극적 마케팅
잠재 수요	소비자들이 현재 제품과 서비스에 대해 만족하지 못함	수요를 개발하는 개발 마케팅
감소 수요	수요가 감소하고 있는 상태	수요를 다시 활성화하는 재활성화 마케팅
불규칙 수요	수요의 시간적 패턴이 불규칙함	수요와 공급을 맞추는 동시화 마케팅
완전 수요	소비자들이 시장에 공급되는 모든 제품을 구매	현재 수요를 유지하는 유지마케팅
초과 수요	공급량에 비해 소비자들이 더 많은 제품을 구매하려고 함	수요를 억제하는 디마케팅
불건전 수요	수요자체가 부정적인 사회적 결과를 초래한다는 관점이 존재함	수요를 감소시키는 역마케팅

2) 수요관리

수요(demand)는 특정 제품이나 서비스에 대한 욕구가 구매의사와 능력에 의해서 뒷받침될 때 창출된다. 따라서, 필요와 욕구가 충분히 존재하더라도 구매를 위한 경제력이 뒷받침되지 않는다면 수요는 발생하지 않는다. 마케팅 관리자는 수요를 창출하고 관리하는 역할을 수행한다. 〈표 1.1〉에서 정리된 것처럼 다양한 수요 상황이 존재하고, 상황에 상응하는 다양한 마케팅 활동이 요구된다.

3) 소비자의 가치와 만족

마케팅의 목적을 한마디로 요약하면 "소비자에게 가치(value)를 제공함으로써 만족(satisfaction)을 느끼게 하는 것"이다.

가치란 소비자의 구매를 위한 선택에 있어 기준이 되는 것으로, 비용을 고려한 제품을 통해 얻는 총혜택을 의미한다. 그러므로 '구매할 가치가 있다'라는 것은 소비자가 지불하는 비용(costs)에 비해서 더 많은 혜택(benefits)을 취하는 것이다. 여기서 중요한 것은 총혜택과 총비용은 소비자가 주관적으로 지각하는 것으로, 객관적인 수치가 동일하더라도 소비자마다 다르게 지각할 수 있다는 점이다. 이러한 관점에서 마케팅을 지각(perception) 학문이라고도 한다. 소비자의 지각된 가치(perceived value)를 다음과 같이 표현할 수 있다.

가치(value) = 혜택(benefits)/비용(costs)

예를 들어, 어떠한 제품 A와 B가 가격이 동일하더라도, A 제품을 사용함으로써 더 많은 혜택을 얻는다고 생각하면 A 제품에 대한 지각된 가치가 더 커지게 된다. 또한, 제품 A와 B가 제공하는 혜택이 동일하다면, 지각된 가치는 가격을 어떻게 지각하는가에 따라 또 달라지게 된다.

일반적으로 제품이나 서비스가 제공하는 가치는 객관적인 가치와 주관적인 가치로 구분할 수 있다. 객관적인 가치는 공학적인 테스트를 거친 성능이나 품질을 의미하는데 미국의 경우 컨슈머 리포트가 발표하는 성능 테스트 보고서가 예가 된다. 하지만 마케팅에서는 객관적 가치보다는 주관적 가치를 더 중시하는데, 이는 소비자가 지각하는 성능이나 품질을 의미한다. 다시 말해, 비용 대비 혜택이 더 크다고 인식하면 지각품질이 높을 것이고, 반대로 혜택 대비 비용이 더 크다고 인식하면 구매할 가치를 느끼지 못한다. 여기서 중요한 것은 비용은 가격을 포함하여 심리적 비용, 사회적 비용, 탐색비용 등 다양한 비용을 포함한다. 혜택 역시 다양한 형태를 생각할 수 있는데 구매를 통해 얻는 심리적 혜택, 사회적 혜택, 기능적 혜택 등 다양하다. 결국, 소비자는 구매 의사결정 시 혜택의 총합보다 비용의 총합이 크다고 지각하면 구매하지 않을 것이고, 반대의 경우에는 구매하게 될 것이다. 소위 '가심비(가격대비 심리적 만족)'가 구매 결정에 결정적인 영향을 미친다.

마케터의 입장에서는 지각하는 가치를 높이는 전략이 필요한데, 이를 위해 총비용 대비 총혜택의 적절한 조합을 찾아내어 제시해야 한다. 예를 들면, 가격은 인상했지만, 소비자가 지각하는 혜택이 동일한 경우에는 소비자의 지각 가치는 하락할 것이고, 반대로 가격은 인상했지만, 소비자가 지각하는 혜택을 전보다 훨씬 높였다면 지각 가치는 상대적으로 증가할 것이다. 핸드폰의 경우 가격을 인상했지만 새로 추가된 기능에 대한 가치 지각이 높다면 소비자는 구매할 것이다.

소비자가 지각하는 체험적 가치 역시 구매 의사결정에 결정적인 영향을 미친다. 소비자는 구매할 때보다 구매 후 경험할 때 만족도가 더 높다고 한다. 구매는 한 번으로 종결되지만, 구매 후 체험은 다양한 형태로 지속한다. 자동차를 구매해서 여행을 다니는 경험은 자동차 구매 경험의 만족도를 증폭시킨다. 체험은 진정성을 가진다. 체험하기 위해 거짓으로 구매하는 경우는 매우 드물다. 치과 임플란트의 경우를 생각해 보자. 임플란트 치과 서비스를 경험해 보기 위해 거짓으로 임플란트해 보지는 않는다. 최근 소유 대신 공유서비스를 이용하는 추세도 이러한 맥락에서 이해할 수 있다.

소비자가 어떠한 제품이나 서비스에 대하여 '구매할 가치가 있다'라고 판단하면, 시장에서 교환이 일어나게 되는 것이다. 즉, 교환(exchange)은 가치를 주고받는 것으로, 제품이나 서비스에 대해 비용을 지불하고 혜택을 획득하는 행위이다. 이러한 교환이 일어나는 곳을 시장(market)이라 하며, 어떤 제품이나 서비스의 현재 또는 잠재적 구매자들의 집합을 의미한다. 기업은 시장에서 가치명제(value proposition)를 제시함으로써 고객의 욕구를 충족시키기 위해 노력한다. 가치명제란 고객의 욕구 파악에서부터 출발하여 특정한 구매 기준을 충족시키고자 고객에게 제안하는 기업의 약속이다.

1.2 마케팅의 정의

마케팅을 정의하기에 앞서, 마케팅을 잘하는 기업의 특성을 살펴보면 마케팅 활동의 본질을 어느 정도 이해할 수 있다. 첫째, 마케팅을 잘하는 기업은 기본적으로 고객의 문제를 정확히 이해하고, 둘째, 이를 해결해 줄 수 있는 제품이나 서비스를 기획, 제조, 전달하며, 셋째, 이러한 해결 과정을 통해 고객과 지속적인 관계를 맺고 있다. 이러한 과정을 통해 기업은 고객에게 가치를 제공하고, 동시에 고객으로부터 이윤을 창출하는 선순환 과정을 이루고 있다. 이러한 마케팅 활동의 본질은 다음의 마케팅 정의에서 잘 표현되어 있다.

1) 미국마케팅학회(American Marketing Association, 2013)의 정의

마케팅은 고객, 클라이언트, 파트너, 사회 전반을 위해서 가치 있는 제공물을 창출하여, 의사소통하고, 제공하며 교환하는 과정, 활동 및 관련 조직이다.

이 정의는 미국마케팅학회(AMA, 2013)의 마케팅 정의이다. 이 정의에서 마케팅은 고객, 클라이언트, 파트너, 사회 전반을 위해 가치를 창출하는 경영 활동이다. 특히 경제적 가치는 물론 사회적 가치창출까지 포함하고 있어, 영리조직 마케팅뿐만 아니라 비영리조직의 마케팅 활동도 포함하고 있음을 보여주고 있다. 아울러 마케팅 활동은 단순한 결과만을 추구하기보다 과정 역시 중시하고 있는데 이는 고객에게 전달되는 가치가 각 단계를 거치면서 부가되는 가치 개념을 강조하고 있다. 마케팅은 마케팅부서만의 활동이 아니다. 회사대표가 마케팅을 마케팅부서에 국한된 활동으로 인식한다면 마케팅 성과는 물론 기업의 성과도 좋을 리 없다. 마케팅은 전사적인 활동으로 인식되어야 하고, 전사적인 지원과 조정이 필요하다. 고객만족을 핵심철학으로 내세우기 때문에 마케팅은 기업경영의 중심에 있다.

2) Kotler & Keller(2009)의 정의

마케팅 관리란 표적시장(target market)을 선택하고, 우월한 고객가치의 창조, 전달 및 알림을 통해 고객을 획득, 유지, 확대하는 기술과 과학이다. 이 정의에서도 마케팅의 가치중심적 사고를 강조하고 있으며, 고객관계 관리의 중요성을 부각시키고 있다.

3) 마케팅의 가치 교환적 정의

마케팅은 소비자의 니즈와 원츠를 충족시키기 위해 시장에서 교환을 통하여 가치를 창출하고 제공하는 일련의 활동 과정이다. 조직에서의 가치창출 활동은 다양하지만 대표적인 가치창출 활동을 소개하면, 첫째, 새로운 기술을 통해 가치를 창출할 수 있고, 둘째, 새로운 또는 기존에 충족되지 않은 고객의 니즈를 충족시킴으로써 가치를 창출할 수 있으며, 셋째, 경쟁자와 차별화함으로써 가치를 창출할 수 있고, 넷째, 조직 내부 프로세스를 개선함으로써 가치를 창출할 수 있다. 이러한 가치창출 활동에 마케팅은 다양한 인터페이스를 통하여 관여하고 있다.

마케팅은 가치를 창출, 전달, 공유하기 위하여 기업이 고객 및 파트너와 협력하는 창조적인 과정이다. 이 정의에서 가장 핵심적인 개념인 가치는 고객의 니즈를 충족시킴으로써 창출된다. 따라서, 기업은 판매하는 제품에 따라 정의되는 것이 아니라 고객에게 제공하는 혜택에 의하여 정의되어야 한다. 고객은 제품이나 서비스에 대한 비용을 지불하면서 가치를 구매하게 된다. 따라서, 고객이 높은 비용을 지불하고자 한다면 기업은 고객을 위하여 지속적으로 가치를 창출하여 전달하여야 한다. 이와 같이 기업이 고객을 위하여 지속적으로 가치를 창출하기 위한 계획을 수립하는 것을 한마디로 마케팅 전략이라고 한다. 마케팅 전략의 핵심은 기업이 가치를 제공함으로써 고객만족을 실현하고, 이윤을 추구하고자 수립하는 일련의 체계적인 과정이다.

또한, 새롭게 부각되고 있는 개념 중 하나가 기업의 지속 가능성(sustainability)이다. 이것은 경쟁력 제고뿐만 아니라 사회공헌 또는 환경보존과 같은 의미를 포함하며 사회 전반이나 지역사회에 꾸준한 가치를 제공하여, 기업이 사회의 한 구성원으로서 존속하는 것이다. 즉, 기업이 전통적으로 중요시한 매출 신장이나 이윤 창출을 추구하면서, 장기적으로 사회에 영향을 미치며 지속적으로 가치를 제공하는 것을 의미한다.

1.3 마케팅의 주요 참여자들

시장에서 기업의 마케팅 활동에 관여하는 구성원은 기업, 고객, 협력자, 경쟁자 등의 중요한 참여자들로 이루어진다.

우선 기업(company)은 제품과 서비스에 가치를 부여하여 고객에게 전달하는 주체로서, 시장에서 생산 및 소비 활동을 병행한다. 고객(customers)은 일반적으로 필요와 욕구에 의하여 수요를 창출하며, 기업이 창출한 가치에 대해 경제적 또는 그 이외의 방법으로 비용을 지불하여 제품이나 서비스의 혜택을 누리는 주체이다. B2B산업에서의 고객은 또 다른 기업이 되고, B2C산업에서는 개인적인 최종 소비자가 된다. 협력자(collaborators)는 기업의 여러 이해관계자(stakeholder)를 가리키며, 유통 구성원(소매점, 도매점, 대리점 등), 공급업자, 내부 직원들, 지역사회와 시민단체 등 그 종류가 매우 다양하다. 경쟁자(competitors)는 전통적인 관점에서는 일반적으로 해당 기업과 유사한 산업에 종사하거나, 유사한 표적 시장을 목표로 하는 기업으로 고려되었으나, 최근에는 잠재적 경쟁자의 범위가 광범위해지면서 산업범위를 특정 짓기가 매우 어렵다. 따라서, 특정 분야의 시장 점유율(market share) 또는 특정 제품과 서비스 선호도(preference) 점유 등을 통해 경쟁관계를 파악한다. 시장의 주요 참여자들을 '4C'로 정리하면 다음과 같다.

4C	고객(Customer)	기업(Company)
	협력자(Collaborators)	경쟁자(Competitors)

1.4 마케팅의 진화

마케팅의 진화를 살펴보면 1980년대 거래형 마케팅, 1990년대 관계형 마케팅, 2000년 이후의 협력형 마케팅으로 정리할 수 있다. 이를 도표로 정리하면 〈표 1.2〉와 같다.

마케팅 관리 철학은 크게 기업 중심적 철학과 고객 중심적 철학으로 나눌 수 있다. 기업 중심적 철학은 생산, 제품, 판매개념과 고객 중심적 철학은 마케팅 개념과 홀리스틱 마케팅 개념으로 나눌 수 있다.

표 1.2 마케팅의 진화

구분	거래형 마케팅 (Transactional MKT)	관계형 마케팅 (Relationship MKT)	협력형 마케팅 (Collaborative MKT)
시기	1980년대	1990년대	2000년 이후
가치에 대한 시각	• 가치는 기업의 제공물과 연계 • 교환 속에서 가치 최대화	• 가치는 고객관계와 연계 • 관계의 평생가치 최대화	• 가치는 경험과 연계 • 공동창출 경험가치 최대화
시장에 대한 시각	• 시장은 고객과 기업 간 가치가 교환되는 장소 • 시장은 가치창출과정과 분리		• 시장은 상호작용과 대화를 통해 가치가 공동창출되는 포럼
고객의 역할	• 제공물로 표적이 되는 소극적 구매자	• 구축 가능한 관계의 포트폴리오	• 프로슈머: 가치창출의 적극적인 참여자
기업의 역할	• 고객을 위해 가치를 정의하고 창출	• 이윤 되는 고객을 유인, 개발, 유지	• 독특한 가치를 정의하고 공동창출에 고객을 관여
고객과의 상호작용 특성	• 니즈를 발굴하고 피드백을 얻기 위한 고객서베이	• 고객을 관찰하고, 고객에 적응하며 학습	• 고객 및 커뮤니티와 적극적 대화

1) 기업 중심적 마케팅 철학

기업 중심적 마케팅 철학은 역사적으로 수요와 공급의 균형이 변함에 따라 마케팅 철학이 진화하면서, 생산개념, 제품개념, 판매개념으로 발전해왔다.

① 생산개념(Production concept)

생산개념은 산업화의 과정에서 수요가 공급을 초과할 때 쓰였던 개념이다. 이것은 '제품을 생산하기만 하면 팔릴 것이다'라는 의식이 지배하는데, 소비자들이 편리하고 싸게 구매할 수 있는 상품을 선호할 것이라고 가정하고 있다. 따라서, 원가절감을 통한 가격경쟁력을 가질 수 있는 경우에만 적용되는 마케팅 철학이다. 이 시대 기업은 생산의 효율성과 광범위한 유통망 확보로 원가 절감에 주력한다.

② 제품개념(Product concept)

생산개념 이후 산업의 발달로 인해 점차 공급이 수요와 비슷한 수준에 이르게 된다. 따라서, 기업들 간의 경쟁이 발생하여 기업들은 좋은 제품을 생산하는 데 주력하게 된다. 이러한 경쟁 하에서 소비자들은 최고의 품질과 성능을 가진 제품을 선호한다고 판단하기 때문에 기업은 기술적으로 우수한 혁신 제품을 생산하고, 아울러 이를 유지 및 발전시키는 데 주력한다.

따라서, 연구 개발 담당자나 엔지니어가 기업 내에서 제품개발을 주도하게 되지만, 기술적으로 뛰어난 제품이 시장에서는 외면당하는 상황이 종종 발생하기도 한다.

③ 판매개념(Selling concept)

공급이 수요를 초과하여 기업들은 생산해 놓은 제품을 모두 판매하지 못하게 되면서 판매 활동의 중요성이 부각된다. 이때부터 기업들은 소비자들은 자발적으로 제품이나 서비스를 구입하기 보다는 외부적인 영향을 받아 수동적으로 구매하는 특성을 가진다고 가정하므로, 적극적이고 강력한 판매촉진을 전개하기 시작한다.

따라서, 판매개념은 고객의 니즈를 충족시키기 보다는 이미 생산된 제품을 소진하기 위하여 공격적인 영업 및 촉진 활동을 통하여 판매에 주력하는 철학이다. 다시 말해 소비자가 원하는 제품을 만드는 것이 아니라, 기업이 만든 제품을 소비자에게 단순히 판매하는 것을 목표로 한다.

2) 고객 중심적 마케팅 철학

고객 중심적 마케팅 철학은 기업 중심적 마케팅 철학과 달리 기업의 초점을 고객의 니즈에 맞춤으로써 고객만족을 지향한다는 특징이 있다. 고객 중심적 마케팅 철학을 대표하는 것이 마케팅 개념이다.

① 마케팅 개념(Marketing concept)

마케팅 개념은 시장에서 고객의 니즈를 파악함으로써 시작된다. 마케팅 개념은 판매개념과는 달리 고객 중심적(customer-driven) 사고에서 출발한다. 표적시장 고객의 필요와 욕구를 찾아내어 경쟁자들보다 더 효과적이고 효율적으로 충족시키고자 한다. 고객을 단순히 상품의 판매 대상으로 보는 것이 아니라, 고객이 가진 문제를 해결하여 고객에게 가치를 제공하는 마케팅 관리 철학이다. 이러한 고객중심적 사고는 고객의 니즈와 원츠를 명확히 이해하고 있어야 하며, 이를 기초로 마케팅 전략을 수립한다. 반면, 이러한 고객 중심적 사고와 달리 고객 주도형(customer-driving) 사고는 제품의 아이디어 창출에서부터 생산에 이르기까지 전 과정에서 고객의 의견을 반영하는, 소위 고객이 주도하는 마케팅을 의미한다.

고객 중심적 사고가 고객을 중심에 두는 사고라면, 고객 주도형 사고는 표현 그대로 고객이 중심이 되는 사고이다. 예컨대, 공동구매는 고객이 자발적으로 구매자를 모집하여 제품을 정하고 가격을 제시하는 구매 방식인데, 이는 고객 주도형에 해당한다. 미국에서는 소비자 권익을 보호하는 단체가 애플사를 대상으로, 부모가 자녀들의 모바일 기기 접근을 제한할 수 있도록 기기를 디자인해달라고 요구하고, 모바일 기기의 과도한 사용이 정신건강에 미치는 영향을 조사해 달라고 요구하기도 한다. 최근에는 수익성을 강조하는 고객 중심(customer-centric) 마케팅이 주목을 받고 있는데, 이 개념은 평생고객가치(LTV)에 기초하여, 평생 가치가 높은 고객 시장을 확인하고, 수익성을 극대화하는 전략이다.

미국의 클래스 패스(class pass) 헬스장 서비스는 고객에게 원하는 헬스장을 다닐 수 있도록 한다. 이 서비스를 이용하는 고객은 정해진 한 곳의 헬스장에만 가는 것이 아니라, 이 프로그램에 참여하는 다양한 헬스장을 운동 종목별, 요일별로 골라서 다닐 수가 있다. 헬스장마다 전문화된 운동 프로그램(수영, 복싱, 요가 등)을 제공하고 있어, 사용자의 니즈와 편의에 따라 본인의 스케줄에 맞는 헬스장을 취사선택할 수 있다. 이 서비스는 마케팅 개념에 기초하여, 고객의 니즈에 부합하는 서비스를 제공하는 예가 된다.

3) 판매개념과 마케팅 개념의 대조

판매개념과 마케팅 개념은 분명한 차이를 보이는데, 판매개념은 기업이 제품을 생산하는 데 초점을 두고 공장에서 출발하고 있으며, 생산된 제품들이 판매와

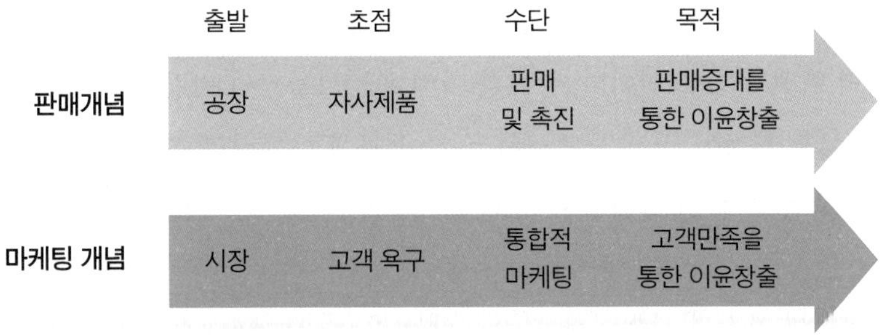

그림 1.1 판매개념과 마케팅 개념의 대조

출처: Philip Kotler, Marketing Management, 11th ed, NJ; Prentice-Hall, 2003, p. 20

촉진을 통하여 고객들에게 유통된다. 따라서, 판매개념의 목적은 판매증대를 통한 이윤 창출이다.

마케팅 개념은 이윤을 창출한다는 점에서는 판매개념과 유사하지만, 공장이 아닌 시장에서 출발하기 때문에 그 과정 전반이 다르다. 고객의 욕구를 통합적 마케팅 활동을 통하여 충족시키고, 고객만족에 이르게 함으로써 자연스럽게 이윤을 창출한다는 것을 강조한다.

4) 홀리스틱 마케팅 개념

홀리스틱 마케팅 개념(Holistic marketing concept)은 고객 중심적 마케팅 철학으로서, 고객은 물론, 사회 전반을 통합적으로 인식하는 것에서 출발하는 통합적 마케팅 개념이다. 홀리스틱 마케팅은 구체적으로 관계 마케팅, 통합 마케팅, 내부 마케팅, 사회책임 마케팅으로 구성되어 있다.

① 관계 마케팅(Relationship marketing)

사업을 유지하고 이윤을 창출하기 위해서는 사업의 이해 당사자들을 만족시키는 장기적인 관계를 구축하는 것이 중요하다. 고객, 내부 구성원, 외부 마케팅 동반자(유통업자, 공급업자 등), 외부 금융공동체(주주, 투자자 등) 등 기업의 다양한 이해관계자들과의 관계를 강조하는 것으로, 마케팅 네트워크(marketing network)는 관계 마케팅의 핵심 성공 요인이다. 중요한 이해 관계자들과의 바람직한 네트워크를 구축하고, 이를 통하여 이윤을 달성하는 것이 관계 마케팅의 중요한 운영원리이며, 대표적으로 고객 관계 마케팅(customer relationship marketing; CRM)이 이에 해당된다.

② 통합 마케팅(Integrated marketing)

기업의 마케팅 활동을 단순한 판매 또는 촉진 활동에만 국한시키는 것이 아니라, 통합된(integrated) 기업 활동으로 간주함으로써 전사적이고 종합적인 관점에서 마케팅 활동을 파악하려는 것이다. McCarthy 교수는 마케팅 활동은 4개의 마케팅 믹스 수단으로 분류하였다. 이를 마케팅의 4P라고 하는데, 제품(Product), 가격(Price), 유통(Place), 촉진(Promotion)이 그것이다. 믹스라는 표현에서 알 수 있듯이, 4P 요소는 통합되어야 시너지 효과를 창출할 수 있다.

③ 내부 마케팅(Internal marketing)

최종적인 고객만족을 위해 기업 내부의 구성원들을 채용하고, 훈련하며 동기부여하는 일련의 과정을 내부 마케팅 과정으로 볼 수 있다. 기업의 종업원들을 내부 고객이라고 가정하고 외부의 실제 구매하는 고객을 대하듯, 내부 고객의 욕구를 파악하여 충족시킴으로써 내부 고객을 만족시킨다. 따라서, 기업이 고객에게 양질의 서비스를 제공할 약속을 하는 것은 기업의 구성원들이 고객에게 양질의 서비스를 제공할 준비가 이미 되어 있을 때 의미가 있는 것이다. 예를 들어, 서비스 기업들은 내부 직원의 만족도를 중시하고 있다. 직원도 고객이라는 마인드로 기업 구성원을 대함으로써 내부 직원의 만족도가 실제 고객의 만족과 연결되도록 노력하고 있다.

④ 사회책임 마케팅(Socially responsible marketing)

사회 지향적 마케팅 개념이 대두됨에 따라 기업들은 마케팅을 기업 및 고객의 차원을 넘어서 사회 전반으로 확대하고 있다. 마케팅 관리자는 사회 전반에 대한 거시적인 관점을 가지고 윤리적, 환경적, 법적 및 사회적인 수준에서 사회적 가치를 제공하기 위해 노력하고 있다. 기업은 사회 전반에 가치 있는 것을 제공하기 위하여 사회적인 책임을 의식하는 마케팅을 수행하고 있는데, 이는 21세기 마케팅 핵심 키워드로 부상하고 있다.

그리스의 철학사 아리스토텔레스는 대중 설득의 3요소로 로고스(logos), 파토스(pathos), 에토스(ethos)를 강조했는데 이는 기업의 소구 방식의 변화와 일맥상통한다. 로고스는 설득이 논리적(logical)이어야 한다는 것이지만 이는 설득의 효과성 측면에서 단지 10%의 영향력만을 발휘한다. 파토스는 공감, 친밀감 등 마음을 움직이는 감성적인(emotional) 측면을 강조하며 이는 30%의 설득 효과를 발휘한다. 에토스는 신뢰, 호감 등으로 영혼(soul)에 소구하여 상대방을 설득하며, 이는 무려 60%의 설득 효과가 있다. 따라서, 이 이론에 의하면 논리만으로는 상대방을 설득하기 불가능하며, 확실한 설득을 위해서는 이 세 가지가 모두 충족되어야 한다는 것이다. 마케팅 1.0에서는 경제적 가치가 중시되었다면, 마케팅 2.0에서는 정서적 가치가, 마케팅 3.0에서는 정신적 가치가 중시되는 특성을 보여 주고 있다. 불황을 수차례 경험하면서 소비자는 진정성 있는 체험을 요구하게 되었고 기업의 마케터는 마케팅 3.0에 입각하여 정신적 가치를 제공하고자 하는 경향이 점차 강해지고 있다. 최근에는 마케팅 4.0이 주목을 받고 있는데 연결된 디지털 사회에서 진정성을 중시하는 보다 인간중심의 마케팅이 새로운 트렌드로 제시되고 있다.

표 1.3 마케팅 관점의 진화

설득의 요소	마케팅 관점	중시 가치	소구 대상	특성
로고스(logos)	마케팅1.0	경제적 가치	이성(reason)	논리적, 합리적
파토스(pathos)	마케팅2.0	정서적 가치	감성(heart)	감정적, 감각적
에토스(ethos)	마케팅3.0	정신적 가치	영혼(spirit)	인간적, 감동적
어센티코스 (authentikos)	마케팅4.0	관계적 가치	진정성(authenticity)	사회적, 관계적

MARKETING INSIGHT

마음을 움직이는 현대자동차의 따뜻한 마케팅

미국 최대 시장조사업체인 JD파워가 발표한 2012 브랜드 충성도 조사에서 현대차는 재구매율 64%를 기록, 글로벌 자동차 브랜드 중 1위에 올랐다. 2011년 3위(60%)에서 두 계단 뛰어 오른 결과로 당시 재구매율 62%로 1위였던 포드와 혼다를 2위로 밀어냈다. 글로벌 자동차 브랜드의 평균 재구매율은 49%를 기록, 현대차와의 격차가 15%포인트로 벌어졌다. USA투데이는 현대차의 성공 비법에 대해 가치를 바탕으로 자동차의 가격을 산정하는 가치 기반 가격 결정 전략(value pricing stragety)과 바이백 프로그램 보증(assurance buyback program)을 꼽았다. 바이백 프로그램이란 현대차가 2009년 금융위기 때 도입한 것으로 자동차 구매자가 1년 안에 직장을 잃으면 현대차가 차량을 제값에 사들인다는 내용의 마케팅이다.

이와 유사한 따뜻한 마케팅의 일환으로 현대차는 새로운 어슈어런스 프로그램을 소비자에게 제공한다. 미국 연방정부의 셧다운(부분 업무정지)으로 강제 휴무에 들어간 연방정부 공무원을 위해 자동차 할부금 상환을 유예해주는 것이다. 또 같은 달 중 현대차를 구입하는 연방정부 공무원에게는 90일간 차량 금액 납부를 유예해주기로 했다. 금융위기 이후 허리띠 졸라매기에 나선 미국 소비자들은 현대차의 '따뜻한 마케팅'에 폭발적으로 반응했다. 이러한 노력으로 현대 · 기아차의 브랜드 가치는 꾸준히 상승했다. 글로벌 브랜드 컨설팅업체인 인터브랜드가 발표한 2013년 100대 브랜드에서 현대차는 90억 달러(약 10조원)의 브랜드 가치를 기록해 10단계 오른 43위에 안착했다.

출처: 아시아경제, 'USA투데이 현대車, 고객충성도 평가 1위 비결은', 2012. 1. 18;
서울신문, '소득 줄면 車 반납하세요, 따뜻한 마케팅 美 소비자 사로잡다', 2013. 10. 14

1.5 마케팅의 대상과 적용 범위

1) 마케팅의 대상

마케팅의 대상은 매우 다양하다. 주된 마케팅의 대상은 제품과 서비스이며, 효율적이고 효과적인 마케팅을 통하여 소비자를 만족시키며 기업의 목표를 달성하고자 한다. 마케팅은 영리를 목적으로 제품과 서비스를 판매하는 목적 이외에도 행사, 경험, 사람, 장소, 소유권, 정보, 아이디어 등 다양한 분야에서 활발하게 일어나고 있다. 예를 들어 마케팅은 아이디어를 촉진하는 데 도움을 줄 수 있는데 UNCF(United Negro College Fund)는 'Friends Don't Let Friends Drive Drunk'라는 아이디어를 확산하는 데 노력하였다. 아울러 올림픽이나 월드컵과 같은 세계적인 스포츠 행사도 기업과 관련 조직들이 적극적으로 마케팅 활동을 수행하고 있다. 최근에는 셀럽 마케팅(celebrity marketing)이 점차 중요해지고 있다. Tom Peters가 사람들은 각자가 하나의 상표가 되며, 자기상표화(self-branding)해야 한다고 표현했듯이, 예술가, 음악가, 최고경영자, 대통령 등 전문 직업인들은 유명 인사를 관리하는 마케팅 기업으로부터 도움을 받고 있다.

2) 마케팅의 적용 범위

마케팅은 일반적으로 영리를 추구하는 대부분 기업들의 활동이기는 하나 많은 경우 비영리기관에도 동일하게 적용가능하다. 마케팅의 적용 대상은 크게 다음과 같이 나눌 수 있다.

① 영리기관

내구재(durable goods), 비내구재(non-durable goods), 산업재, 서비스업의 여러 다양한 기업이 일반 대중을 대상으로 마케팅 활동을 하거나(B2C), 다른 기관이나 조직들을 상대로 마케팅하고 있다(B2B).

② 비영리기관

정부기관이나 대학, 병원 등과 같은 비영리기관에 상품이나 서비스를 제공하는 것은 더욱 신중해야 한다. 왜냐하면, 비영리기관들은 구매력이 한정되어 있어 가격이 핵심 구매요소가 되기 때문이다. 낮은 가격은 판매 기업이 제공할 수 있는 제품에 대한 특성과 품질에 영향을 미칠 수밖에 없다.

③ 국제적 확산

기업은 세계시장에 진출할 때, 어느 나라에 진출할 것인가, 어떤 방법으로 진출할 것인가(라이선싱, 수출, 합작투자 등), 법률 · 정치적인 문제에 대해서 어떻게 대처할 것인가, 각 국가의 소비자들에게 그 문화에 맞는 커뮤니케이션을 어떻게 구현할 것인가 등에 대한 다양하고 복잡한 의사결정을 해야 한다.

MARKETING INSIGHT

눈높이 마케팅

고객의 눈높이에서 마케팅을 실천하는 것이 필요하다. 우선 고객 눈높이 마케팅을 이해하기 위하여 2가지 사례를 소개하기로 하자. 인도 시골 지역에는 아직도식수가 오염되어 있다고 한다. 이를 해결하기 위하여 구호단체와 뜻이 있는 사회적 기업가는 간이 정수기를 오염 지역에 공급하기로 했는데, 이를 위한 마케팅 프로그램이 초반에는 성공하지 못했다고 한다. 그 이유는 그 지역 주민이 정작 이 사업을 반기지 않았다고 한다. 이유를 알고 보니 그 지역 주민들이 그들의 식수가 오염되어 있다는 사실을 수긍하지 않았다는 것이다. 현미경을 들이대고 오염된 정도를 보여주어야 했지만 주체측은 이를 무시했던 것이다. 결국, 이 마케팅 프로젝트는 실패하였고, 마케팅은 철저히 고객, 사용자 입장에서 추진되었어야 한다는 사례이다.

다른 사례로, 아프리카에서 에이즈를 방지하기 위하여 콘돔을 공급하기로 했는데, 예상 외로 이 노력이 성공을 거두지 못했다고 한다. 이유를 알고 보니 아프리카 여성들은 다산을 가정의 행복으로 여기고 있어 남편이 콘돔을 사용하는 것을 꺼려했고, 남성 역시 콘돔을 사용하면 남성성을 약화시킨다고 잘못 믿고 있었기 때문이었다. 결국, 이 지역의 문화적인 차이를 이해하고 나서야 마케팅 프로그램을 수정하였고, 에이즈 감염을 줄였다고 한다. 이 사례 역시 마케팅은 고객, 사용자의 입장을 잘 이해하고 있어야 함을 보여주고 있다. 이들 사례의 시사점은 결국 마케팅은 고객의 눈높이에서 고객의 니즈를 이해해야 한다는 점을 강조한다.

고객이 안고 있는 문제와 기업이 제공하는 해결책이 연결되면, 고객은 구매할 것이다. 구매가 반복되고 구매자가 지각하는 효용이 커지면 소비자는 반복구매하는 습관을 형성하게 된다. 기존의 해결책과 비교하여 단지 약간의 개선만이 제시된다면 기존의 제품을 사용하던 소비자 마음을 바꾸기가 쉽지 않을 것이다. 왜냐하면, 소비자가 기존 습관을 바꾸기 위해서는 상당한 수준의 변화된 가치를 지각해야 하기 때문이다. 지금까지 수많은 혁신적인 제품이 실패했던 이유는, 소비자는 비합리적으로 기존의 제품에 대하여 높은 가치를 부여하는 반면에, 기업은 비합리적으로 본인들이 개발한 혁신적인 제품에 높은 가치를 부가하기 때문이다.

나이키는 1960년대 런닝화를 시작으로, 다양한 스포츠와 야외 활동을 위한 아웃도어 시장에서 급속하게 성장하면서 시장 리더의 자리를 유지하고 있다. 사업 초반부터 나이키는 스포츠 스타를 활용한 인도스먼트, 메가 이벤트, Just Do It 광고 등을 통하여 공격적으로 마케팅하였다. 나이키는 스포츠용품 판매에만 관심을 가진 게 아니라, 소비자의 생활 방식, 태도 변화에 더 많은 관심을 가졌다. 나이키 브랜드를 재조명하면서 끈끈하고 강력한 고객관계를 창출하기 시작했다. 고객들과 단지 피상적인 대화가 아니라 고객과 커뮤니케이션하면서 관계를 구축하였다. 나이키는 고객 중심의 마케팅과 사회적 네트워킹을 혁신적으로 추진했다. 제품의 일부로서 모바일 기술을 접목시켜 적극적으로 앱을 전략적 도구로 활용하였다. 나이키의 진정성 있는 고객관계와 고객과 연결하는 노력이 좋은 사례가 되고 있다.

출처: 권명중 외, 《과학기술의 시대, 경제와 경영이 만나다》, 연세대학교 대학출판문화원, 2018, pp. 469-471.

1.6 마케팅 기능과 관리

마케팅은 먼저 마케팅의 기본 개념과 시장을 이해함으로써 시작된다. 이와 같은 시장의 이해가 기반이 되어 기업은 마케팅 전략의 수립을 위해 시장세분화, 표적시장의 선정 및 포지셔닝(STP)을 시행하고, 이러한 전략을 집행하기 위한 구체적 전술로서 4P를 믹스하게 된다.

1) 마케팅 기회 분석

기업은 제품과 서비스를 통해 소비자를 만족시키고자 가치를 전달한다. 이러한 능력은 기업이 얼마나 소비자를 잘 이해하는가와 그러한 이해를 얼마나 효과적으로 사용하는가에 달려있다. 기업의 경쟁적 우위(competitive advantage)는 소비자에 대한 심층적 이해와 탁월한 마케팅 전략 및 전술을 수립하고 집행하는 과정에서 얻어진다.

소비자 행동은 개인이나 집단이 거래를 할 때 과거(거래전), 현재(거래중) 그리고 거래 이후에 보여주는, 가치 전달과 관련한 모든 행동, 과정, 사회적 관계로 이루어져 있다. 소비자는 개인과 다양한 공식적 또는 비공식적 단체를 포함한 모든 사람이다. 이러한 소비자는 구매 행위와 관련한 활동에 참여하며, 대인 관계에 있어 입소문(구전; word-of-mouth)을 통하여 네트워크 효과(network effects)를 유발시킨다. 그리고 이러한 상황은 제품 및 서비스와 관련한 경험을 만들어 낸다.

2) 시장세분화, 표적시장의 선정 및 포지셔닝

마케팅을 통해서 기업의 다양한 고객층을 전부 만족시키는 것은 불가능하다. 시장은 독특한 구매자 집단으로 나눌 수 있는데, 이것은 소비자들의 인구통계학적 차이나, 라이프사이클 등을 기준으로 확인 · 분류될 수 있다. 소비자들은 개인적인 개성과 심리적인 요인 등 여러 가지 이유로 서로 선호하는 제품이나 서비스에 대해서 차이를 나타낸다. 그렇기 때문에 기업은 표적시장을 선정하는데 앞서, 여러 가지 요인을 바탕으로 소비자 시장을 세분화(segmentation: S)할 필요가 있다.

세분시장을 확인한 후에 기업은 어떤 세분시장에 진입하는 것이 가장 효과적이고 효율적인지를 고려하여 표적시장(targeting: T)을 선정해야 한다. 이때 기업은 자신이 가지고 있는 고유의 능력뿐만 아니라, 외부환경(경쟁자, 산업구조, 공급업자, 유통업자 등)을 함께 고려해야 한다.

이렇게 선택된 각각의 표적시장에 대해 기업은 시장에 제공될 적합한 제품을 개발한다. 그리고 개발된 제공물을 표적소비자들에게 제공함으로써 포지셔닝(positioning: P)을 한다. 이때에는 제공물의 핵심적인 이점이 가장 잘 전달되어야 한다. 즉, 포지셔닝은 표적소비자들의 마음속에 자리잡게 될 제품에 대해서, 소비자들이 그렇게 생각해주기를 바라는 기업의 제품 이미지에 대한 목표라고 할 수 있다. 예를 들어, 볼보 자동차를 생각하면 '안전'이라는 구체적인 단어를 떠올리게 되며, 볼보는 가장 안전한 자동차로서 '포지셔닝'되어 있다고 볼 수 있다.

일반적으로 이상에서 설명한 STP는 협의의 마케팅 전략으로 볼 수 있고, 포지셔닝은 마케팅 믹스, 즉 4P를 중심으로 구체화된다.

3) 마케팅 믹스

STP에 대한 전략을 수립한 후에, 기업은 마케팅 요소들을 적절히 믹스하고, 관리함으로써 구체적인 마케팅 전술을 구축할 수 있다.

4P는 기업 활동을 전략적으로 수행하기 위한 마케팅 믹스를 의미하며 제품(product), 가격(price), 촉진(promotion), 유통(place)을 말한다. 이러한 마케팅 믹스는

가족 구성원에 비유할 수 있는데 아버지는 제품, 어머니는 가격, 아들은 유통, 딸은 촉진과 유사하다고 볼 수 있다. 이는 아버지를 주축으로 가정이 구성되며 어머니는 재정을 관리하며, 아들은 묵묵히 자신의 역할을 다하고, 딸은 활발하게 의사소통함을 뜻한다. 즉, 판매할 제품을 만들고, 유통구조를 구축하여 마케팅 커뮤니케이션을 통해 널리 알리고, 가격을 설정하여 고객에게 가치를 제공하기 위하여 마케팅 믹스를 계획하고 실행하는 것이다. 각 계획의 대략적 개념은 〈표 1.4〉와 같으며 세부적인 내용은 이후 별개의 장에서 개별적으로 소개한다.

표 1.4 마케팅 믹스

제품계획	제품의 다양성, 품질, 디자인, 기능, 브랜드의 이름, 구성, 크기와 서비스, 보증이나 환불과 같은 요소를 포함
가격계획	가격제시, 할인, 지불조건, 신용정책 등의 의사결정을 포함
촉진계획	광고, 인적 판매, PR, 판매촉진 등을 통해 기업이나 기업의 제품을 고객 및 일반 대중에 알리는 의사결정 과정
유통계획	유통경로의 설계, 물류 및 재고관리, 후방 또는 전방의 공급업자나 유통업자들의 관리를 위한 계획

이러한 마케팅 수단을 가지고 각 기업들은 그들이 지닌 핵심 역량(core competence)에 집중하여 소비자에게 가치를 제공한다. 핵심역량은 경쟁자와 구별되는 독특한 강점이다. 그러나 최근에는 핵심 역량에만 집중하여 새로운 시장 기회를 발견하지 못한다는 가능성을 제기하는데 이것을 핵심 경직성(core rigidity)이라고 한다.

기업은 체계적이며 종합적인 마케팅 관리 과정을 통하여 기업의 목표를 달성하기 위한 전략적 계획을 수립해야 한다. 전략적 계획은 표적고객에 대한 통찰에서 출발한다. 그 전에 시장을 세분화하고, 세분시장 중 목표시장을 선택하게 되는 구체적인 방법론들이 있지만, 이는 다음 장에서 소개할 것이다. 표적고객을 중심으로 소비자 행동과 마케팅 콘셉트를 이해하며, 이들을 연결할 수 있어야 한다. 이를 바탕으로 마케팅 관리자들은 구체적 4p의 수단들을 연결 · 통합한다. 이러한 일련의 이해와 활동들은 마케팅 환경 내에서 이루어져야 하며, 이용 가능한 마케팅 정보를 필요로 한다. 다시 말해, 표적 고객을 둘러싼 기업의 내부 역량과 외부 환경이 조합되어 마케팅의 체계를 이루는 것이다. 이를 그림으로 나타내면 〈그림 1.2〉와 같다.

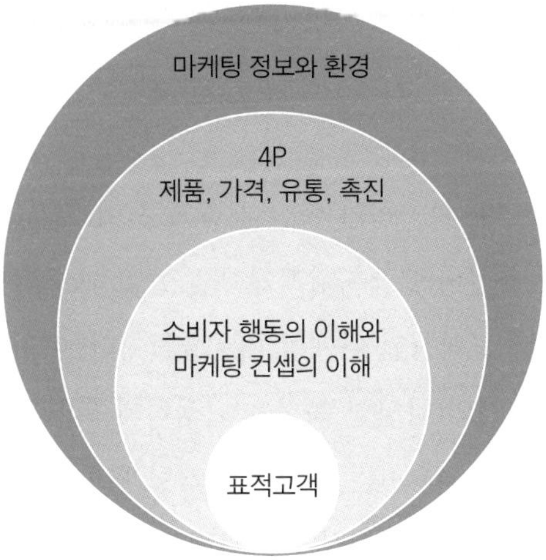

그림 1.2 마케팅의 체계와 마케팅관리과정

4) 새로운 개념의 4P

Kotler와 Keller(2012)는 기존의 마케팅 믹스(제품, 가격, 유통, 촉진)에 추가하여 현대적 마케팅 관리의 새로운 4P를 소개하였는데 사람(people), 프로세스(processes), 프로그램(programs), 성과(performance)가 그것이다.

사람(people)은 내부와 외부로 구분할 수 있는데, 내부적으로는 성공적인 마케팅을 수행하기 위해 내부 마케팅을 통한 조직 구성원 관리를 강조한다. 또한, 외부적으로는 고객에게 제공되는 특정 제품이나 구매행동뿐만 아니라 소비자의 전반적인 삶을 이해하려는 관점이 필요하다. 프로세스(processes)는 창조적 마케팅 관리를 위한 창의적이고 체계적인 활동 과정을 의미한다. 마케팅 활동과 프로그램에 대한 올바른 프로세스를 수립하는 것만으로도 기업은 장기적인 경쟁력 및 성장

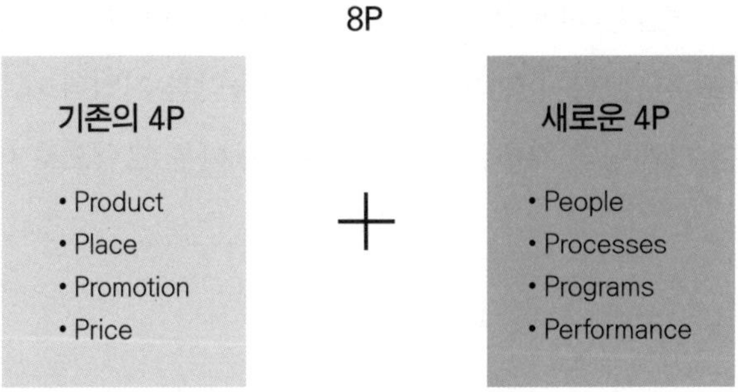

그림 1.3 마케팅 믹스의 진화

동력을 획득할 수 있으며, 획기적인 혁신 제품과 서비스를 창조할 수 있게 한다. 프로그램(programs)은 기업의 고객지향적인 활동을 위해 온라인과 오프라인 상 어디에든 구현할 수 있는 구체적인 마케팅 내용물들이다. 따라서, 프로그램은 전통적인 4P를 아우르며 기업의 다양한 목적을 달성하기 위한 통합적인 방향으로 수립되어야 한다. 성과(performance)는 다양한 마케팅 활동의 가능한 결과들을 반영한다. 재무적인 성과지표와 비재무적인 성과지표를 모두 포함하며, 기업의 사회적/법적 책임, 윤리문제, 지역사회와의 관계 등과 같은 성과도 반영한다.

1.7 21세기 마케팅 패러다임

1) EPIC 모형

마케팅은 여러 형태로 진화를 거쳐 오면서 새로운 환경에 적응하기 위한 노력을 하고 있다. 현재 인류사회가 겪는 변화가 급격하고 다양해서 인류 역사의 가장 중요한 전환기의 하나라는 것은 대부분 공감하는 사실이다. 이 전환기를 적절하게 표현하는 키워드는 네트워크, IT, 지식 등일 것이고, 이들 키워드를 융합하는 한 단어가 있다면 아마 "연결(connected)"일 것이다.

21세기 연결 패러다임은 21세기 글로벌 경제의 성장 동력이다. 21세기 패러다임을 이해하지 못하고 소비자를 섬기지 못하면 글로벌 시장경쟁에서 우위를 점할 수 없다. 21세기 소비자를 3P(passion, power, professionalism)세대에 비유한다면, 21세기 시장은 미래학자 Leonard Sweet이 제시한 EPIC(experiences, participation, image, connection) 모형에 비유된다. 21세기 문화는 EPIC에 입각한 새로운 인식 세계를 창출하고, 21세기 마케팅은 EPIC 패러다임을 적극 수용하여 영역을 확장하고 있다. 21세기 마케팅 패러다임은 기업과 소비자 모두에게 새로운 기회를 제공하면서 대서사시처럼 우리 앞에 펼쳐지고 있다.

EPIC 모형의 첫 번째 특징은 경험(experiences)이다. 경험은 포스트모던의 산물이다. 포스트모던 세대는 디지털 세상을 그저 알기보다 자기의 것으로 체험하고 싶어 한다. 디지털 문화는 선택하여 느끼는 문화이다. 이전의 보고, 듣고, 느끼는 문화 영역을 넘어서 인터넷 매체의 영향으로 소비자의 선택성이 강화되었다. 디지털 소비자는 정보의 이성적인 측면보다는 감각적인 경험의 반응을 더욱 중시한다. 또한 메시지의 핵심 주장보다는 주변 단서에 더욱 관심을 보이곤 한다. 즉흥적이고 경우에 따라서는 선정적인 내용에 더욱 반응하는 이유도 이러한 맥락에서 이해할 수 있다. 따라서, 디지털마케터는 즐거움을 찾고, 정보를 나누며, 사람들과 대화를 즐기는 소비자를 위해 다양한 경험을 제공해야 한다.

EPIC 모형의 두 번째 특징은 참여(participation)이다. 우리나라의 인터넷은 탈전문적, 탈산업적 특성을 가지고 있다. 대중이 참여하여 네트워크 권력을 발휘하고, 일반 소비자가 관여하여 기업의 제품개발에까지 영향을 미치고 있다. 디지털 문화의 특징은 대리에서 참여로의 문화적 변화이다. 그리고 참여도가 높을수록 긍정적인 체험을 강화시킨다는 점도 이해할 필요가 있다. 따라서, 디지털마케터는 소비자가 다양하게 참여할 수 있는 기회를 제공해 주어야 한다.

EPIC 모형의 세 번째 특징은 이미지(image)이다. 이미지는 현대사회의 특징이다. 해리포터 책을 읽으면 마치 영화를 보듯 이미지가 흘러간다. 디지털 문화에서는 이미지의 파편이 소나기처럼 쏟아지는 가운데 소비자는 지속적으로 이미지를 추구한다. 디지털 소비자는 상품이나 공간의 사용가치보다 관련된 이미지와 분위기를 더욱 중시한다. 또한 이들은 브랜드를 통하여 각자의 독특한 이미지를 추구하기도 한다. 이렇듯 이미지는 이제 소비자 삶의 일부로 자리 잡고 있다. 전자영상매체는 소비자들에게 풍부한 이미지를 제공하고 디지털의 효과를 피부로 느끼게 해준다. 텍스트는 파워를 가지고 있지만, 이미지는 훨씬 더 큰 파워를 발휘한다. 아이팟의 작은 화면이 아니라 아이맥스의 초대형 화면에서처럼 디지털 소비자는 잊을 수 없는 이미지를 경험하고 싶어 한다. 결국 디지털마케터는 소비자에게 풍부한 이미지를 영화처럼 제공해 주어야 한다.

EPIC 모형의 마지막 특징은 연결(connection)이다. 디지털 소비자는 개인의 가치를 추구한다. 동시에 개인적 성향을 간직한 채 새로운 공동체를 구성하는 성향이 강하다. 디지털은 모든 것을 연결시킨다. 휴대폰과 인터넷으로 연결되어 관계가 자연스럽게 형성된다. 관계는 공통관심사를 중심으로 커뮤니티를 형성하게 하고, 커뮤니티는 구매의 강력한 촉매제 역할을 한다. 커뮤니티는 제품이나 서비스의 구매를 용이하게 해줄 뿐만 아니라 거래 관련정보를 쌍방 간에 공유한다. 공동체 참여자들 간의 정보교환이 장려될 때 공유된 정보는 커뮤니티의 가치를 증폭시킨다. 아날로그에 비해 디지털은 무미건조하다는 비판이 있다. 그러나 진정한 가치를 제공하는 제품이나 서비스는 사이버 공간에서 바이러스처럼 입소문을 타고 전해질 것이다. 이러한 연결의 효과는 인터넷이 없던 시절에는 상상하지 못했던 일들이다. 따라서, 디지털 마케터는 소비자가 서로 연결될 수 있도록 장을 만들어 주어야 한다.

21세기 연결시대 패러다임은 기회인 동시에 위기이다. 새로운 시장을 선점하여 디지털 경쟁우위로 준비된 기업에는 디지털 혁명은 새로운 기회이다. 반면에 디지털 환경 변화에 주도적으로 대응하지 못하는 기업에는 위기가 될 수 있다. 기업혁신은 고객을 위해 새로운 가치를 창출해서 제공하는 것이다. 고객을 위한 가치창출은 연결시대 경영환경을 진정으로 이해하고, EPIC패러다임을 적극적으로 수용할 때만 가능하다.

2) AI시대 마케팅

인공지능, 머신러닝, 빅데이터가 마케팅 영역에 적용되기 시작하면 상상하지 못할 정도의 엄청난 변화가 생길 것이다. 세 가지 개념을 비유적으로 정의하면, 인공지능은 도달해야 하는 행성이라면 머신러닝은 로켓에, 빅데이터는 연료에 비유할 수 있다. 인공지능이 마케팅 영역에 활용되면 마케터가 수행했던 추론하고, 비전을 설정하고, 지식을 창출하는 업무를 컴퓨터가 대신해서 수행할 것이다. 인공지능의 영향력은 마케팅의 세부분야 중 시장세분화 분야에서 가장 두드러지게 나타나서 다른 영역으로 확산될 것이다. 먼저 시장세분화에 미치는 영향을 분석해 보자. 현재는 세분 시장별 특성을 분석하기 위해서는 각각의 세분 시장에 맞는 알고리즘을 개발해야 하지만 소위 마스터 알고리즘(master algorithm)이 개발되면 각기 다른 알고리즘을 개발할 필요 없이 세분 시장의 특성을 분석할 수 있을 것이다. 이것이 실현된다면 마케터를 대신해서 인공지능이 세분 시장의 분석과 마케팅전략 개발을 위해 상당한 시간과 노력을 절약해 줄 것이다. 이 과정에서 마스터 알고리즘의 개발 역시 머신 러닝(machine learning)을 통해서 컴퓨터가 대신 수행해 줄 수 있을 것이다. 결론적으로 머신 러닝의 활용은 주요 마케팅 지표들, 예컨대 효율성과 ROI 등을 높여 줄 것이며, 브랜드관리 측면에서는 마케팅의 궁극적인 목표라고 할 수 있는 개별고객과의 차별화된 관계 구축이 가능해진다.

현재 아마존과 구글은 다양한 분야에서 머신 러닝을 마케팅에 활용하고 있다. 특히 아마존 사업의 1/3 정도가 머신 러닝에 기초하여 이루어지고 있는데, 소위 추천구매(recommended purchase) 알고리즘은 머신 러닝에 기초하여 제공되고 있다. 아마도 아마존에서 구매 경험이 있는 소비자는 아마존이 제시하는 추천구매 목록에서 재구매한 경험이 있을 것이다. 영화 스트리밍 서비스 업체인 넷플릭스의 추천 영화 중 3/4 정도가 머신 러닝에 기초하여 이루어지고 있다. 한 단계 더 나아가 아마존은 예측 배송(predictive delivery)을 구상하고 있는데, 이 시스템은 고객이 구매 주문을 내기 전에 소비자가 필요한 물품을 사전에 예측하여 제품을 배송해 주는 시스템으로, 향후 소비자 구매 패턴을 획기적으로 바꿀 수 있을 정도로 강력한 영향력이 예상된다. 아마존은 만약 예측 배송된 제품이 구매자의 마음에 들지 않는다면 돈을 받지 않겠다고 할 정도로 예측 배송시스템의 성공을 확신하고 있다. 앞으로 인공지능이 마케팅 영역에 미치는 영향력은 과히 상상을 초월할 정도일 것이고 기존의 마케팅 패러다임에 큰 변화를 가져올 것이다. 기업은 향후 10년 인공지능의 영향에 미리 대비하여 경쟁우위 요소를 선점하여야 할 것이다.

마케팅 측면에서 아마존과 구글의 강력한 경쟁력은 사용자가 구글링이나 추천구매를 사용하면 할수록, 송곳처럼 사용자 니즈를 정확하게 파악하여 원하는 것을 제공해주는 것이다. 즉, 아마존과 구글의 인공지능 활용은 핀포인트 마케팅을 가능하게 한다.

연습문제

1. 다음의 마케팅 개념 중 "고객만족을 통한 이윤 창출"의 목적을 추구하는 것은?

   1) 생산개념　　2) 제품개념
   3) 마케팅 개념　　4) 판매개념

2. 마케팅은 영리를 추구하는 기업에만 해당되는 가치창출 활동이다.

   1) 맞다 (　　　　　)　　2) 틀리다 (　　　　　)

3. 다음 중 마케팅 믹스 요소가 아닌 것은?

   1) 가격　　2) 제품
   3) 유통　　4) 시간

4. 마케팅 4P 믹스 변수를 4인 가족 구성원에 비유하시오.

제2장

전사적 전략계획 수립

MARKETING

TED 도입 사례

"돋보임(Be remarkable)"에 관하여

여기서는 특허에 의존하거나 공장 설비 개선으로 인한 성공이 아니라 '아이디어 전파'를 통해 성공한 케이스를 다룰 것이다. 기업이 얻고자 하는 '성공'은 혁신을 실현시키고, 그 혁신은 '아이디어'를 풀어냄으로써 이루어 낼 수 있다.

소비자들은 유사 이래 가장 다양한 선택권을 누리고 있으며, 다양한 선택에 시간을 할애하기엔 매우 바쁜 삶을 살고 있다. 만약 운전 중 차창 밖으로 소 한 마리가 보인다 해도 식상할 뿐 눈길도 주지 않을 것이다. 하지만 보라색 소가 지나간다면, 아마 한동안 그 소에서 눈을 떼지 못할 것이다. 여기에서 짚고 넘어갈 것은 '돋보임'이다. 어떤 변화가 소비자를 '사고 싶게' 하거나 '이슈화'시키는가! 이것이 바로 '돋보인다'는 것이다. 미국의 자동차 시장을 예로 들면, 가장 인기 있는 차 두 대가 모두 55,000달러의 "대형차"라고 한다. 사람들은 이 거대한 차들을 살 때 "크다"라는 사실 딱 한 가지만 본다. 매주 전미 DVD 베스트셀러 1위는 계속 변하지만, 항상 1위에 올라서는 타이틀은 새로 출시된 DVD이다. '새로운' 것이니 잘 팔리는 것이며, 사람들의 주목을 끌게 된다. 이런 식으로 시선을 잡아끌어 최근 20년간 유통업계에는 두 가지의 큰 성공 스토리가 있다. '파란 상자(신제품)'를 내세운 상품의 엄청난 판매 실적과 또 하나는 '최저 가격제'의 성공이다. 이 두 사례가 가지고 있는 공통점은 경쟁사들과 다른 접근이다.

마케터들은 인구분포 곡선의 중앙에 있는 사람들을 위한 제품을 만들어내는 것에 매우 익숙하다. 그게 바로 '매스 마케팅'이다. 무난하게 제품을 다듬어서 가장 많은 인구를 겨냥한다. 가장 규모가 큰 시장이어서 마케터들은 특이한 사람들을 무시하는 경향이 있다. 하지만 TV산업복합체제의 균형이 무너지면서 매스마케팅은 그 힘을 잃어가고 있다. 대중은 더 이상 불특정 다수를 향한 메시지에 관심을 보이지 않으며, 대신 자신들이 '애착을 가지는' 상품이나 서비스에 대해 관심을 보이며 적극적으로 정보를 수집한다. 이 새로운 소비자층들은 광고에 능동적으로 대응하고, 그들에게 유효한 정보나 가치를 제공하면, 그 사실을 같은 관심사를 가지고 있는 소비자 전체에 전파하게 되는 것이다. 한 예로, 스티브 잡스가 5만여 명 앞에서 강연을 할 때 애플과 그에게 관심 있는 130여 개국 나라의 사람들이 애플의 시장전망에 관한 2시간짜리 광고를 듣고, 주변사람들에게 그 내용을 그대로 전파했다. 이제 기업이 진정으로 해야 할 것은 사람들이 무엇을 원하는지 찾아내고, 정확한 니즈를 충족시키는 것이다.

사업에 성공하기 위한 몇 가지 룰에 대해 말하자면, 첫번째 룰은 "디자인은 사업을 확장할 때 고려해야 할 필수요소"이고, 둘째로, "가장 경계해야 할 것은 현재의 안정적인 것에 안주하는 것"이다. 현재 시장에서는 과감하고 돋보이는 아이디어가 오히려 더 안정적인 시장 진입을 보장한다.

출처: Seth Godin, "How to get your ideas to spread", www.ted.com

도입 사례에서는 복잡해지는 선택의 영역과, 그러한 환경 속에서 "돋보임"의 중요성에 대해서 언급하고 있으며, 기업이 전략적으로 성공하는 데 필요한 몇 가지 제언을 하고 있다.

전략이란 사전적 의미로 "전쟁을 전반적으로 이끌어 가는 방법이나 책략"을 뜻한다. 최근 경쟁 환경에서의 기업들의 활동은 전쟁에 비유되기도 한다. Seth Godin은 돋보이는 제품과 마케팅만이 이러한 전쟁에서 승리할 수 있다고 그의 저서 *Purple Cow*에서 제시하였다. 독특한 전략은 최근 기업의 실제 전략에서도 찾아볼 수 있다. 예를 들어, 주방용품업체 타파웨어의 '고플렉스'는 접을 수 있는 저장용기로 상식을 초월하는 제품을 내놓았고, 크리스피 도넛의 일본 진출은 소위 오타쿠를 이용하여 성공한 사례이다. 극도로 충성스러운 소비자들은 각종 제품이나 브랜드에 대한 구전활동이 활발하고, 브랜드 로열티가 강하므로 효과적인 마케팅 효과를 거둘 수 있다. 이 장에서는 기업의 생존과 성장을 위한 전사적 전략의 계획 수립과 구체적인 전략 관리 방법들에 대해 알아보고자 한다.

2.1 전략적 시장계획

전략적 시장계획(strategic market planning)은 기업의 전사적 전략을 수립하는 것으로, 기업이 가지고 있는 자원을 바탕으로 구체적 목표를 설정하여 변화하는 시장에서 마케팅 기회에 맞추어(strategic fit) 기업을 계속 유지하고 성장시키기 위한 관리과정이다. 간단히 요약하면 전략적 시장계획은 전략적 적합성을 찾아가는 과정이다.

1) 계획의 중요성

기업 규모에 관계없이 기업의 성공은 계획과 집행에 달려있다. 계획은 목표를 달성하기 위하여 무엇을 어떻게 해야 하는지 미리 예측하여 정하는 작업이라고 할 수 있다. 고객이 어떠한 상품과 서비스를 요구할지, 이러한 요구가 어떻게 변하는가를 미리 예측하고 계획하는 작업은 그리 쉽지 않다.

계획을 잘 수립하면 경쟁에서 유리한 위치를 선점할 수 있다. 예컨대 인터넷 판매업의 경우 홈쇼핑 시장의 변화를 연구하고, 미래 소비자 기호의 변화를 예측하여 계획에 반영함으로써 기존의 유통업체보다 높은 수익을 얻을 수 있다.

계획은 경영자로 하여금 앞일을 사전에 체계적으로 생각하게 하여 미래를 준비하게 한다. 또한 계획은 기업의 목표와 방침을 정교화시키고, 기업 내 제반활동을 더 잘 조정하게 하며, 통제의 명확한 기준을 제시해 준다. 그럼에도 환경이 급변하는 시장에서는 계획이 필요 없어 보일 수 있다. 그러나 훌륭한 계획은 환경의 변화를 미리 예측하여 신속히 대응할 수 있게 하고 시장에서의 갑작스러운 변화에 더욱 잘 대처할 수 있도록 해준다. 즉, 계획은 예측이 불가능한 미래 상황에 대비한 시나리오를 가지게 해주는 것이다.

전략계획의 개발, 평가, 수정은 기업이 장기적으로 수익을 창출하는데 필수적이다. 기업 환경이 급변하면서 변화에 대한 시나리오를 마련하지 못한 경영자는 사업실패나 시장지위 상실의 위험을 감수해야 한다. 만약 계획이 없다면, 위기에 대하여 주도적(proactive)으로 대응하지 못하고 수동적(reactive)인 대응만을 하게 된다. 그러나 계획을 갖고 주도적인 대응을 하게 되면 대형 사고를 미연에 방지할 수 있다.

계획 수립을 위해서는 다양한 대안의 발생 가능성과 가능한 문제점 및 기회를 확인해야 한다. 이 과정에서 위기관리(crisis management)에만 안주할 것이 아니라 변화관리(change management)에 더욱 관심을 가져야 한다. 변화관리를 위해서는 관리자는 필요한 자금을 미리 예측하여 치밀한 자금 조달계획을 가지고 있어야 한다.

계획의 가장 큰 장점은 벤치마크를 설정하여 진행상황을 점검하고 계획 수정을 할 수 있다는 점이다. 계획은 관리 철학, 매일 매일의 운영 가이드 그리고 성과를 평가하기 위한 기준을 제공해 준다.

2) 전략적 계획의 수립과정

마케팅 계획은 기업 전체 계획 중 일부를 차지한다. 이것은 마케팅 계획이 기업 전체 계획에 근거하여 이루어짐을 의미한다.

일반적으로 기업 전체 계획은 기업을 둘러싸고 있는 모든 환경을 충분히 고려하여 수립해야 한다. 보통 경제적, 법적, 기술적, 경쟁적 환경 등 기업 외부 환경을 파악하여 기업의 어떠한 역량이 미래에 기회 또는 위협이 될 것인가를 고려하고, 기업이 가지고 있는 자원들을 환경에 비추어 강점 또는 약점이 될지를 구분하는 내부요인 분석을 시행한다. 이러한 분석을 통하여 기업의 외부환경과 내부요인을 고려한 기업의 사명(mission)을 수립하고, 적절한 기업의 목표(objectives)를 설정한다. 이렇게 기업의 사명과 목표가 설정되고 난 후 기업은 전사적인 전략 계획을 세우는데, 이를 바탕으로 마케팅, 재무, 물류, 생산 등 기업 활동 전반에 걸친 기능별 전략을 수립하게 된다. 〈그림 2.1〉은 전략적 계획의 수립 과정을 도식화한 것이다.

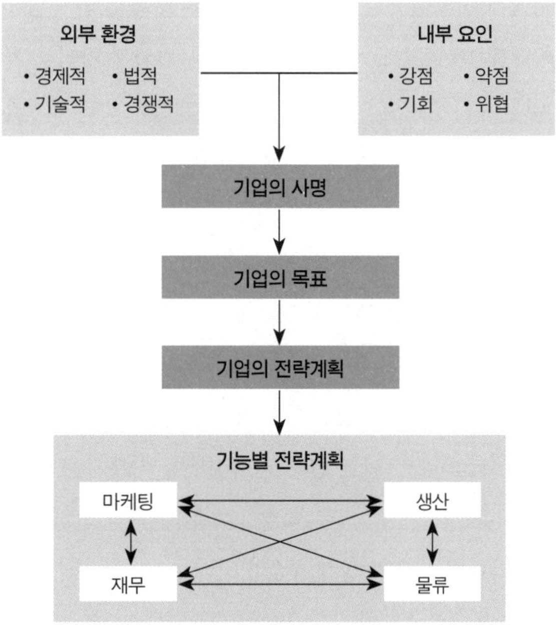

그림 2.1 전략적 계획 수립 과정

MARKETING INSIGHT

색 바랜 'Kodak Moment'가 주는 교훈
– 핵심 사업에 매몰된 Kodak, 핵심 역량으로 뻗어나간 Fuji

Kodak은 "Kodak Moment"라는 슬로건을 통해 '오랫동안 기억하고 싶은 아름다운 순간'이라고 칭했다. 필름 업계를 양분했던 Kodak과 Fuji가 전혀 다른 길을 갔다.

1) 환경 변화 인식과 환경 변화 대응

① 100년 동안의 1등 기업의 지위가 오히려 독

대기업 매출 성장에 터닝 포인트가 되거나 상당한 매출 둔화 현상이 일어나는 특정 시점을 'Stall point(스톨 포인트)'라고 한다. 여기서 Fuji가 독자브랜드를 가지고 본격적으로 미국 시장에 진출한 다음 해를 stall point로 본다. Fuji는 저가 공세를 펼치며 시장에 진입했으나, Kodak은 별다른 대응을 하지 않았고 Fuji는 시장 점유율을 확대해 1984년 LA 올림픽의 공식 후원업체 자리를 차지하게 된다. Kodak은 1980년 이후 디지털 카메라를 최초로 개발하고도 시장의 변화에 적극적으로 대응하기보다는 기존 사업의 성과에 안주하려 했다.

② 보유 역량 강화보다 외부 역량 흡수에 치중

Kodak은 1980년 이후 합작투자, M&A 등을 통해 적극적으로 사업영역을 확대하게 된다. 1986년 Kodak은 전지시장, 건강 관리 비지니스 분야 등으로 확대되었지만 기존 역량을 제대로 활용할 수 없는 새로운 사업영역에서 성과를 거두지 못하였다. 1994년 결국 의료 관련 비니지스를 처분하는 과정에서 큰 손실을 입었다. 내부 역량 강화 없이 외부 역량을 조합해 환경 변화에 대응해야 했던 Kodak의 전략은 막대한 비용만 발생시켰다.

2) Kodak과 Fuji의 오늘을 가른 전략적 차이

① 디지털 환경의 변화, 위협인가 기회인가

Kodak이 디지털 환경을 위협으로 인식하고 동시에 기존 사업을 좀 더 유지하고 이끌고 가려 했다면, 반면에 Fuji는 과감하게 기존 사업을 포기하고 위협에 대처하는 방법을 선택했고 재빠르게 사업 구조를 변화시켜 나갔다.

② 시장에 기반한 다각화, 역량에 기반한 다각화

Kodak은 디지털 환경을 단순히 위협으로만 인식하였기 때문에 디지털 관련 기술을 확보하고 있었음에도 시장의 변화에 이를 어떻게 활용할지보다는 디지털과 관련된 다양한 분야의 기업을 인수하며 시장의 변화에 대응하려고 노력하게 된다.

반면, 똑같이 인수 합병 등을 통해 사업 다각화를 모색한 Fuji는 필름 사업에서 화학, 디스플레이 소재 등으로 사업을 확대하며 철저하게 자신들의 기존 역량을 바탕으로 하였다. 사진 변색을 막는 항산화 기술을 화장품 산업에 응용하였고, 기존 카메라 필름 분야의 역량을 바탕으로 LCD 패널에 사용되는 필름 개발에 응용하였다.

③ 단기성과를 바라보는 인식의 차이

흔히 주주기반의 미국 기업은 단기적인 성과에 의해 경영진이 평가받기 때문에, 장기적인 관점에서의 전략을 구사하는 것이 어렵다고 한다. 1983년 이후 부정적인 경영환경에서 단기적인 성과를 포기 못한 CEO들은 기존 사업을 포기하기 어려워했다. 반면, Fuji는 CEO의 임기가 길며, 주주로부터 단기성과에 대한 압력이 적다.

3) 두 기업의 명암에서 얻는 교훈

① 필요하면 자신의 강점도 딛고 넘어서야 한다.

Kodak이 흑백필름으로 시장을 독점하며 많은 이익을 얻고 있을 무렵 1900

년대 초 유럽에서 컬러필름에 대한 연구가 시작되었다. 흑백필름으로 안정적인 수익을 내고 있던 Kodak은 컬러필름의 시장 가능성을 간과하지 않고 컬러필름 연구에 돌입해 결국 강력한 입지를 다지게 되었다. 그러나 이러한 Kodak의 과감한 의사결정은 아날로그에서 디지털로의 변화에서는 찾아볼 수 없었다.

② 선택과 집중은 핵심 역량 중심으로

Fuji는 핵심사업인 필름사업을 포기하는 대신 필름사업에서 쌓은 핵심 역량은 포기하지 않았다. 시간이 지나고 환경이 변화하면 특정 제품이나 사업영역은 성장이 정체되거나 도태되기 마련이다. 하지만 기업이 가지고 있는 핵심 역량은 환경의 변화에도 가치를 잃지 않는다.

③ 급변하는 시장 환경일수록 단기 성과주의에 매몰되지 않아야 한다.

우리나라 평균 CEO 교체주기는 2년 7개월이다. Kodak이나 Fuji에 비해 상대적으로 짧은 주기를 갖는다. 전문 경영인은 성과에 의해 평가받을 수밖에 없기 때문에 장기적인 관점에서의 투자보다는 단기적인 성과에 치중될 수밖에 없다. 또한, 환경의 급격한 변화로 인해 기업은 대대적 개혁을 통해 체질을 완전히 바꾸지 않으면 대응하기 어려운 상황에 놓이기도 한다.

출처: 이지홍, '색 바랜 Kodak Moment가 주는 교훈' 中,
www.lgeri.com, LG Business Insight, Weekly포커스, 2012. 2. 15

2.2 기업의 사명

기업의 사명(mission)은 장기적으로 기업이 성취하고자 하는 비전(vision)을 나타내는 것이다. 그러므로 사명이 명확할수록 조직구성원들은 독자적으로 업무에 전념할 수 있고 동시에 전체 조직의 목표를 추구할 수 있어서 기업사명은 보이지 않는 손에 비유되기도 한다.

사명과 비전은 의미상 약간의 차이를 보이는데 사명은 기업의 미래에 대한 설계, 즉 미래에 무엇을 할 것인가(what to do)를 기술해 놓은 것이며, 비전은 미래에 최종적으로 이루고자 하는 바, 즉 어떠한 모습이 될 것인가(what to be)를 나타낸다.

1) 기업 사명이 반영해야 할 근본적인 질문

기업 사명은 우선 우리가 누구인가(who are we?)를 먼저 규명하여야 한다. 여기서는 기업이 현재 어떤 상황에 있고, 어떠한 사업을 하고 있으며, 시장에서 위치는 어디인지 등을 밝힌다. 기업의 사명을 통해서 기업 정체성(corporate identity)을 명확히 규명함으로써, 기업은 미래의 목표를 더 분명하게 설정할 수 있으며 성취 가능한 세부전략을 수립할 수 있게 된다.

다음으로, 우리의 고객이 누구인가(who is the customer?)를 밝히고, 그들에게 어떤 가치를 제공해 줄 수 있는가(what is the value to them?)를 밝힌다. 기업 정체성을 규명하는 과정에서 선택한 표적시장 안에 실제 고객이 속해 있는가를 점검하고, 보유 자원을 고려하여 실제 고객들에게 제공 가능한 가치가 어떤 것인가를 확인하는 것이다.

그 후 이러한 것들을 바탕으로 우리는 앞으로 어디로 갈 것인가(where will we go?)를 결정한다. 이때 향후 우리 사업이 어떻게 될 것인가를 예측하고, 우리 사업이 앞으로 어떠한 방식으로 진행될 것인가를 고려하여야 한다.

2) 기업 사명의 바람직한 특성

바람직한 사명은 조직구성원들을 독자적으로 일할 수 있게 하고, 동기를 부여해 주며, 동시에 전체 조직의 목표를 추구할 수 있게 한다. 바람직한 사명의 조건을 살펴보면 다음과 같다.

① 시장지향성

소비자를 기반으로 한 시장의 관점에서 사업을 정의하는 것은 제품이나 생산방식에 기초하여 정의하는 것보다 바람직하다. 왜냐하면, 제품이나 생산방식은 시간이 지나면 진부한 것이 될 수 있지만, 시장에서의 소비자의 기본적인 니즈는 상대적으로 지속가능하기 때문이다. 시장지향적인 사명은 고객의 기본적인 니즈를 충족시킨다는 관점을 기반으로 사업을 정의한다.

예컨대 미국의 대규모 소매업체인 Wal-Mart의 기업사명은 '할인점 사업에서 성공하는 것'이 아니라 '미국의 소비자에게 가치를 제공할 수 있도록 다양한 상품과 서비스를 공급한다'이다. 이 사명문(mission statement)은 시장지향적으로 고객을 위한 가치창조에 초점을 맞추고 있다.

② 사업의 범위성

기업의 사명문은 너무 광범위하게도 또는 너무 좁게도 설정되어서는 안 된다. 한 예로 PC조립업체가 통신장비를 생산한다는 사명을 가지고 있다면 사업 범위가 너무 광범위하게 설정된 경우이고, 슈퍼마켓이 식품만을 판매한다는 사명을 가지고 있다면 너무 좁게 설정된 경우이다. 슈퍼마켓은 식품을 판매한다기 보다는 생리적, 심리적 욕구를 충족시켜주는 상품과 서비스를 제공한다는 표현이 더 바람직할 것이다.

미국 철도 여객 공사인 Amtrack은 자동차의 대량생산, 미국의 항공 산업, 물류의 내륙수로 등의 이용으로 쇠퇴의 길을 걸었다. 이때까지 Amtrack의 사명은 '철도 산업에서 최고가 되는 것'이었는데 교통 및 기술의 발달로 항공사와 같은 잠재적 경쟁자의 진입을 간과하게 된 것이다.

이처럼 장기적인 관점에서 향후에 발생할 일들을 예측하지 못하고 마케팅의 근시안적 사고를 갖는 것을 마케팅 근시안(marketing myopia)이라고 한다. 마케팅 근시안 이론은 미국의 대표적인 마케팅 학자인 Theodore Levitt 교수가 1960년 Harvard Business Review에서 소개한 내용이다. 이 논문에서는 실패한 기업들의 경우 대체로 사업의 정의를 잘못 내리고 있다는 점을 강조하며, 20세기 중반 미국

철도산업이 국가의 지원을 반드시 필요로 해야만 했던 이유를 예로 들고 있다

③ 현실성과 구체성

만약 어떤 기업이 '우리는 세계에서 가장 큰 백화점이 되겠다'는 것을 사명으로 정했다면, 이는 다소 추상적이라고 할 수 있다. 아울러 사명은 구체적이어야 한다. 만약 유통업체의 사명이 '우리는 가장 저렴한 가격과 최상의 서비스로 최고의 상품을 제공하여 유통업계에서 선도적인 기업이 되고자 한다'면 그럴듯하게 들리지만 이는 매우 추상적이다. Amazon의 사명은 '세계에서 가장 큰 온라인 점포가 되는 것'이라고 사명을 설정하여 온라인이라는 기업의 독특한 역량에 집중하여 사업의 특성을 드러냈다. 또한 Ebay는 '모든 종류의 재화를 다루는 온라인 경매를 운영하는 것'으로 정하여 '경매'라는 구체적인 사업방향을 제시하였다.

④ 독특한 역량

기업은 사명문을 통하여 자신만의 독특한 역량을 보여주어야 한다. 예컨대 저렴한 가격에 신속한 서비스를 제공하는 것으로 잘 알려진 택배 기업이 사명문에서 화장품 사업을 논한다면 그 기업이 지니고 있는 독특한 역량을 충분히 발휘할 수 없다. Fedex는 기존의 '신속한 배달 서비스'에서 사람을 중시하는 'PSP(People, Service, Profit)'정책을 통하여 기업의 사명을 모든 직원과 공유하려는 노력을 한다. 따라서, 기업 사명에서 출발한 역량은 직원들의 업무 만족도와 충성도를 향상시키며, 이를 통하여 고객에 대한 서비스 향상과 이윤창출의 결과를 가져온다.

미국의 엔터테인먼트 회사인 Marvel comics는 자신의 사업 분야인 만화책에서 발전하여 캐릭터와 스토리의 융합이라는 관점에서 사업을 재정의하였다. 이는 자신의 독특한 역량을 기반으로 기업의 핵심 사업을 재구축한 것이라 볼 수 있다.

⑤ 동기부여

사명문은 매출이나 이윤을 증가시킨다는 표현보다는 조직구성원이 그들의 과업이 중요하고 사회에 기여할 수 있다는 인식을 갖도록 하는 것이 필요하다. 예를

들어, IBM사의 사명은 매출액 배가운동에 초점이 맞추어진 반면 Apple은 컴퓨터의 위력을 모든 소비자에게 불어넣어 준다는 사명을 설정하였다. 결국 Apple은 IBM보다 조직구성원들에게 더욱 동기부여 할 수 있는 사명을 설정하였다고 할 수 있다. 사명은 비전을 제시할 수 있어야 한다. Sony의 회장은 모든 사람이 휴대할 수 있는 개인용 오디오라는 비전을 워크맨이라는 제품으로 구현시켰다.

사명은 연간 계획이나 장기 계획처럼 환경이 바뀌면서 자주 수정되지는 않지만, 사명이 신뢰성을 잃거나 최적의 방향을 제시하지 못한다면 수정이 불가피하다. 따라서, 시장환경을 충분히 고려하여 기업 사명을 개발하고 설정하여야 한다. 여기서 고려해야 할 주요 시장환경으로는 고객, 경쟁자, 유통구조, 법적 규제 등을 들 수 있다. 특히 고객만족이나 고객을 위한 가치창조 노력이 실제로 효과를 거두려면 고객에 대한 철저한 이해와 심도 있는 분석이 우선되어야 한다.

다시 말해, 고객이 무엇을 생각하고, 무엇을 원하며, 어떠한 행동을 하는지 등에 관한 체계적이고 과학적인 분석이 필요하고, 그 분석결과가 기업의 사명설정에 충분히 반영되어 집행되어야 효과를 충분히 기대할 수 있을 것이다. 또한 고객의 니즈를 충족시키는 것은 단순히 피상적으로 이루어지거나 요란한 구호로 그쳐서는 안 될 것이며, 기업의 전략 구상에 반영되어 진정한 의미로 고객만족이나 고객을 위한 가치창조에 기여할 수 있어야 한다.

2.3 기업의 목표

기업의 목표는 사명에 기초하여 수립되어야 하며 사명을 더욱 구체적으로 서술하여야 한다. 목표는 전략을 수행하고 통제하여 원하는 결과를 얻기 위해 명확히 정해야 한다. 목표는 적어도 두 가지를 달성할 수 있도록 설정되어야 한다.

첫째, 목표는 전략 수립에 있어 방향을 제시해 주어야 하며, 둘째, 목표는 성과를 측정하고 평가하는 기준을 제공해 주어야 한다.

1) 목표의 특성에 따른 구분

일반적으로 목표는 시장 성과목표, 재무적 성과목표, 사회적 목표, 개인적 목표로 구분될 수 있다.

① 시장 성과목표

시장 성과목표는 대표적으로 매출액(sales)과 시장점유율(market share)을 들 수 있다. 시장점유율이란 매출액이 특정시장의 총 매출액 중 차지하는 비중을 의미한다. 즉, 시장 점유율은 특정 기업의 매출을 시장 전체의 매출로 나누어 계산할 수 있다. 시장 성과목표를 통하여 기업의 시장지배력을 경쟁자의 시장지배력과 비교할 수 있다.

② 재무적 성과목표

재무적 성과목표는 수익성과 생산성으로 구분될 수 있으며, 달성하고자 하는 금전적, 경제적 달성치를 의미한다. 수익성은 순 매출에서 총 마진이 차지하는 비중, 총자산에서 순이익이 차지하는 비중, 기업의 순 가치에서 총자산이 차지하는 비중, 기업의 순 가치에서 순이익이 차지하는 비중, 주당수익률, 순 매출에서 운영이익이 차지하는 비중 등으로 표시될 수 있다.

생산성은 면적생산성(면적에 대비한 순 매출), 노동생산성(종업원의 수에 대비한 순 매출), 상품생산성(재고투자액에 대비한 순 매출) 등으로 표시될 수 있다. 최근에는 마케팅 ROS(return on sales), 마케팅 ROI(return on investment), 책임소재(accountability)의 개념이 주요한 재무적 성과지표로 등장하고 있다.

③ 사회적 목표

사회적 욕구를 어느 정도 충족시킬 수 있는가를 서술하는 것으로, 기업의 윤리성, 고용효과, 세금의 공정한 납부, 고객에게 제공되는 상품선택의 폭, 고객에 대한 공정한 대우, 사회지원활동 등이 포함될 수 있다.

최근에 기업의 윤리성을 강조하는 목소리가 높다. 기업의 윤리성과 이윤 추구는 서로 상반되는 개념으로 이해하는 경우가 많다. 그러나 실증적으로 기업의 윤리성은 장기적으로 이윤 창출에 기여하고 있다.

④ 개인적 목표

종업원 개인의 욕구를 목표로 하는 경우로서 종업원의 자기만족, 지위, 존경, 권위 등이 목표에 포함될 수 있다. 종업원의 만족은 외부고객의 만족과 직결된다. 특히 고객과 접촉이 많은 서비스 업종에서는 고객 접점 종업원의 관리가 중요하다. 우선적으로 내부고객이 되는 종업원의 만족이 보장되지 않으면 외부고객의 만족을 기대할 수 없다. 내부고객이 불만을 가지면 결과적으로 외부고객을 불만스럽게 할 것이고 이는 기업의 성과에 악영향을 미치게 될 것이다.

2) 바람직한 기업목표

바람직한 기업의 목표는 계층적으로(hierarchical) 서술되어야 한다. 예를 들어 삼성전자는 'TV와 반도체 부문에서 세계 1위, LCD모니터는 2위와의 격차를 더욱 벌리는 것, 스마트폰 산업의 경우에는 1위인 Apple을 추월하는 것, 컴퓨터와 가전산업은 세계 1위가 되는 것'과 같은 목표 설정으로 내용을 구체적으로 계층화해야 한다.

또한 명확한 순위나, 시장점유율(%), 매출액($) 등과 같이 계량적으로 서술되어야 한다. 또한 정해진 목표는 실현 가능한 것이어야 하며 일관성을 유지해야 한다.

2.4 사업 포트폴리오의 분석

전략적 사업단위(strategic business unit: SBU)란 포트폴리오 분석을 하기 위한 기본 단위로서, 전략적 마케팅 계획의 수립을 용이하게 하기 위해 관련된 사업들이나 제품들을 묶어 별개의 사업단위로 분류하는 것이다. 기존 사업에 대한 매력도를 평가하기 전에 기업을 구성하는 사업이나 제품들을 전략사업 단위로 나누는 작업이 먼저 요구된다.

SBU는 몇 가지 특징을 가지고 있는데 단일사업이거나, 다른 사업 단위들과는 분리해서 독립적으로 계획할 수 있는 복합적 사업이다. 또 SBU는 그 자체로도 경쟁력을 가지고 있으며, 전략적 계획수립과 성과에 책임을 져야 하며, 이익 성과에 영향을 미치는 요인들을 계획 · 통제하는 데 책임을 지는 각 SBU의 경영자가 존재한다.

전통적으로 SBU는 제품 범주 수준에서 전략사업 단위가 결정되는 것이 보통이었으나, 최근에는 시장 경쟁이 브랜드(brand) 수준으로 전이되는 추세를 보인다. 전략사업단위 수준의 예를 들면 다음과 같다.

① 단위 제품(product unit) 상표 수준: 지펠, 디오스, 버블샷 등
② 제품범주(product category): 냉장고, 세탁기 등
③ 제품범주군(set of product category): 생활가전, 가전제품 등

사업포트폴리오 분석은 각 SBU의 매력도를 평가하기 위해 사용하는 도구로서, 그 사업의 시장 내 경쟁적 위치를 확인함으로써 각 전략사업단위의 기업성과에 대한 상대적 공헌도를 시각적으로 알 수 있게 한다는 이점을 가지고 있다.

대표적인 사업포트폴리오 분석 방법은 BCG(Boston Consulting Group)의 성장-점유율 (growth-share)분석, GE and Mckinsey의 산업 매력도-기업 강점 분석, 국제시장 매트릭스 모델 등이 있다.

1) BCG의 성장-점유율 분석

기업 내 여러 사업을 시장성장률과 상대적 시장점유율이라는 두 가지 차원으로 측정하여, 그리드(grid) 형태로 2차원 공간에 나타내어(2×2) 총 네 가지로 사업

의 상태를 요약한다.

따라서, 각 사업에 대하여 상대적인 매력도를 비교하고 각 단계에서 기업이 취해야 할 전략을 함축한다. 이것은 제품의 도입에서 퇴출까지의 제품수명주기(product life cycle: PLC)와 유사한 전략 형태를 보여준다. 다시 말해 자금젖소(cash cow)에서 발생한 현금흐름을 성장가능성이 있는 문제아(problem child)에 투자하여 미래의 별(star)로 키우고, 이 별이 차후 자금젖소가 되어, 또 다시 다른 사업 단위들을 지원할 수 있다는 것을 의미한다. 반대로, 개발 및 투자 분배에 실패하여 문제아를 개(dog)로 전락시키거나, 자금젖소에서 현금흐름을 충분히 이끌어 내지 못한 채 자금젖소가 개가 되면, 이는 실패의 순환이 반복될 수 있음을 시사한다.

BCG매트릭스 각각의 사업단위를 살펴보면 다음과 같다.

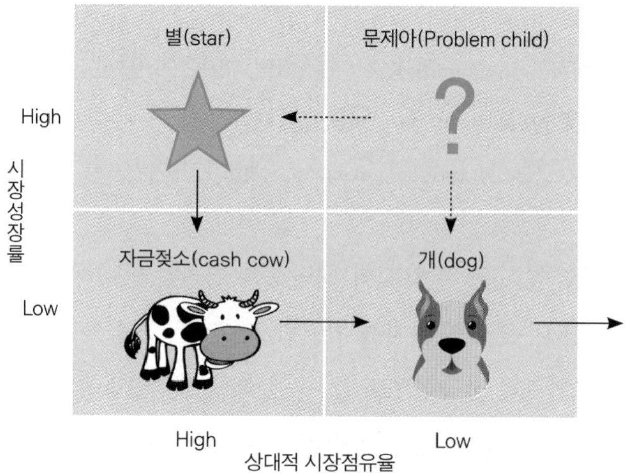

그림 2.2 BCG매트릭스

① 문제아(Problem child)

높은 시장성장률과 낮은 상대적 시장점유율을 가지고 있다. 시장점유율을 증가 또는 유지시키는 데 많은 비용이 소요되는데, 이때 경쟁력이 있는 사업단위는 시장점유율 증대를 위해 계속적으로 투자하지만, 경쟁력이 없는 사업단위는 처분한다. 여기서 지속적 투자와 처분의 의사결정이 불확실하므로 이를 물음표(question mark)라고도 한다. 이 시기의 적절한 전략으로는 경쟁력 있는 문제아의 경우, 시장점유율을 증가시키는 확대전략(build)을 사용하여 사업을 확장하여 별로 이동시켜야 한다. 반면 경쟁력이 없다고 판단되는 문제아의 경우, 사업단위를 처분하는 철수전략(divest)을 사용한다.

② 별(Star)

높은 시장성장률과 높은 상대적 시장점유율의 사업단위이다. 자체사업으로 경제적 수익이 높지만, 시장이 여전히 성장중이므로 연구개발(R&D), 마케팅 비용 등의 목적으로 지출 또한 많은 사업단위이다. 이 사업에 적절한 전략으로는 시장점유율의 유지 또는 확대를 위하여 광고 및 촉진활동을 적극적으로 집행하며, 고객충성도(loyalty)를 제고하여 자금젖소로 이동시키는 것이다.

③ 자금젖소(Cash cow)

낮은 시장성장률과 높은 상대적 시장점유율의 사업단위로, 경제적 수익이 높다. 연구개발이나 홍보 등과 같은 투자비용이 비교적 적게 투입되는 시기이므로, 이익 또한 많으며, 기업 내의 또 다른 SBU들에게 자금을 공급한다. 이 시기에는 막대한 현금흐름을 창출하는 젖소의 경우 현재의 시장점유율을 유지하는 전략(hold)을 사용하며, 반면 현금흐름이 약하거나 미래 사업전망이 어두울 경우에는 수확전략(harvest)을 시행한다.

④ 개(Dog)

낮은 시장성장률과 낮은 상대적 시장점유율의 사업단위로, 수익성과 미래의 시장전망 모두 부정적이다. 이 시기에는 시장점유율의 유지가 무의미하므로 사업을 철수(divest)한다.

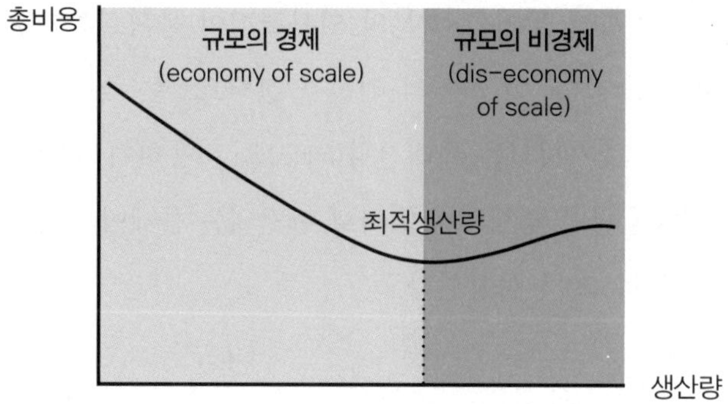

그림 2.3 경험곡선효과

상대적 시장점유율의 중요성은 경험곡선효과에서 찾아볼 수 있다. 경험곡선효과(experience curve effect)란 누적생산량이 2배로 늘 때마다 비용(생산원가 뿐 아니라 광고비, 유통비, 판매비 등을 포함한 전반적 비용)이 일정한 비율로 감소하는 현상으로, 사업단위의 수익성(매력도)을 높이는 데 있어 시장점유율이 중요함을 시사한다.

낮은 가격으로 말미암아 높은 수준의 시장점유율을 확보하게 되면, 그에 비례하여 생산량이 확대된다. 장기적인 생산량의 확대는 경험효과에 의하여 생산단위 대비 시설 고정비, 생산원가, 광고비, 유통비 등이 전반적으로 감소하게 된다.

따라서, 기업은 소비자에게 더욱 낮은 가격으로 제품을 공급할 수 있게 되며, 경쟁자와 비교하여 가격경쟁에서의 우위를 점유할 수 있다. 이는 높은 시장점유율 확보를 위한 선순환의 고리가 된다.

2) GE and Mckinsey의 산업 매력도-기업 강점 분석

각 사업 단위들은 산업 매력도(industry attractiveness)와 사업 강점(business strength)이라는 두 가지 차원에 의해 높음, 중간, 낮음의 세 수준으로 평가된다. 산업 매력도 지표(industry attractiveness index)는 기업 외부 요인들을 평가하여 결합한 것으로, 시장의 규모, 성장률, 수익률, 민감도, 경쟁 강도, 산업 전반의 경기(economy) 등을 반영하고, 사업 강점 지표(business strength index)는 기업 내부 요인들을 평가하여 결합한 것으로, 시장점유율, 매출 성장률, 원가우위, 제품의 품질,

재무적 능력, 기술력 등을 반영하고 있다.

그림의 원형은 시장의 크기를 나타내며, 원 내부의 파이의 크기는 전략적 사업 단위의 시장 점유율을 나타내고 있다. 따라서, 원과 파이의 크기는 변화할 수 있으며, 사업 강점과 산업 매력도의 변화에 따라 위치 또한 변화할 수 있다.

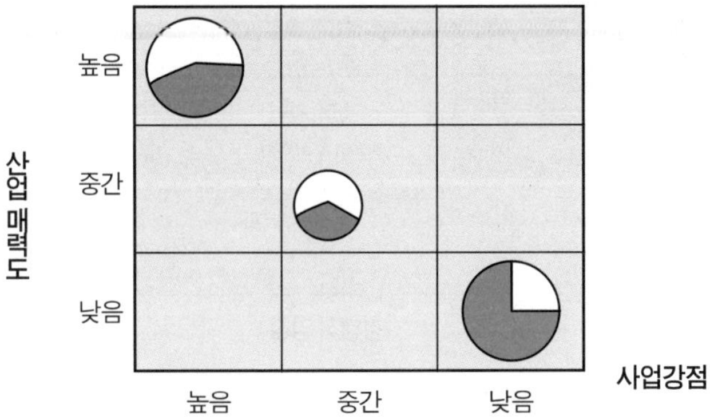

그림 2.4 GE산업 매력도-사업 강점 매트릭스

BCG매트릭스에 비해 차원이 증가하여 더 정밀한 분석이 가능하나 각 요인에 대한 가치 평가가 어려우며, 전략적 사업 단위 간의 상호관계를 고려하지 못한다는 한계점이 있다.

3) 국제시장 매트릭스 모델

Ford사에서 개발한 국제 마케팅 개발전략 기법으로, 국가 매력도(country attractiveness)와 경쟁적 강점(competitive strength)의 두 변수로 구성되어 있으며, 각각은 복수의 요인에 의해 결정된다.

국가 매력도(country attractiveness)는 시장규모, 시장성장률, 정부 규제, 정치적 · 경제적 안정성 등에 의해 결정되며, 사업의 특성에 따라 각각의 변수에 가중치를 부여해 하나의 지수로 표현한다.

시장 매력도(market attractiveness)는 시장점유율, 제품적합도, 공헌이익, 마케팅 지원 등에 의해 결정되며, 사업의 특성에 따라 각각의 변수에 가중치를 부여해 하나의 지수로 표현한다. 이들을 아래의 그림에 적용하여 총 4개의 전략 시장 군으로 나눌 수 있다.

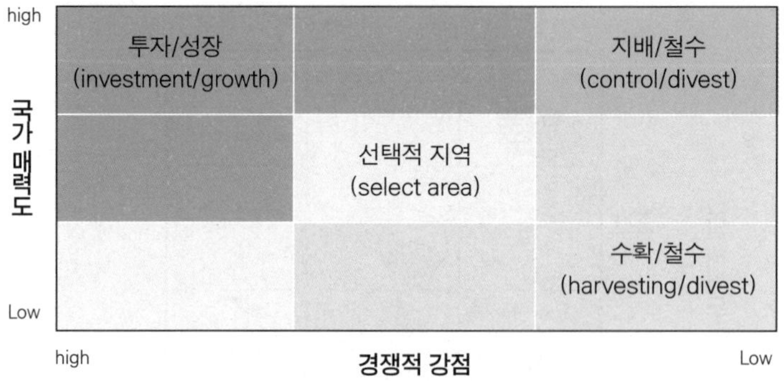

그림 2.5 국제시장 매트릭스 모델

출처: Harrel, G. D. and Keifer, R. O.(1981), "Multinational Strategic Market Portfolio", MUS Business Topics, Winter, p. 7

① 투자/성장 지역

국가 매력도가 높고, 경쟁우위가 강력하므로 경쟁적 위치를 지속적으로 유지하기 위해 광고, 신제품 개발 등 현지 시장에 대한 투자를 계속한다. 현대차는 미국시장에서 품질 향상을 강조하며 양적 성장은 일부 제한하고 있으나, 광고, 신제품 개발, 품질 관리 등의 투자로 질적 성장을 꾀하고 있다.

② 지배/철수 지역

국가 매력도는 높지만, 경쟁우위가 낮은 지역이기 때문에 미래에 대한 경제성 분석을 위하여 경쟁우위의 확보 가능성을 분석한다. 이에 따라 앞으로 투자해야 할 유망시장과 철수해야 할 시장으로 분류한다. 유망시장의 경우 기존의 제품 우위와 현지의 경험이 풍부한 현지 유통업자나 컨설팅 기업과의 합작투자(joint venture) 전략을 사용하여 지속적으로 경쟁우위를 확보해 나갈 수 있다. 중국은 잠재시장의 크기가 매우 크지만, 그만큼 기업들의 경쟁이 치열하다. 현대차는 중국에 쓰촨 현대차를 설립하여 저가차와 고급차로 양분된 중국 시장 특성에 대응하기 위한 이원화 전략을 시행 중이다.

③ 수확/철수 지역

국가 매력도가 낮고, 경쟁우위가 약하기 때문에 사업을 수확하여 현금흐름(cash flow)을 증가시키거나, 사업단위를 처분한다. 현대차는 2001년 일본시장에 진출한 이후 판매 부진으로 2009년 사업을 철수했다.

④ 선택적 지역

국가 매력도가 중간이거나 낮으며, 경쟁우위가 중간이거나 높기 때문에, 시장점유율(market share)을 강화 또는 확대(build)시키거나 유지(hold)하는 전략을 사용한다. 현대차는 유럽 경기의 악재에 대해 각종 친환경 차량과 신제품을 선보이면서 판매량의 증대보다는 친환경 브랜드 이미지 제고에 힘쓰고 있다.

2.5 사업 포트폴리오의 성장전략

1) 앤소프(Ansoff)의 제품/시장 확장 Grid

경영자는 현재의 사업 단위들의 성과를 향상시킬 수 있는 추가적인 기회가 있는지 검토한다. 이때 새로운 집중적 성장기회를 알아볼 수 있는 분석 기법을 제품/시장 확장 그리드라고 한다. Grid는 4가지 전략으로 구성된다.

기업이 기존 시장에서 기존의 제품으로 시장점유율을 확장할 것인지 고려하는 것(시장침투전략), 기존 제품에 대한 새로운 시장을 개발할 것인지 고려하는 것(시장개발전략), 기존 시장에 대해 신제품을 개발할 수 있는지 고려하는 것(제품개발전략), 새로운 시장에 새로운 제품을 개발하는 것(다각화 전략) 등이 있다.

	기존 제품	신제품
기존 시장	**시장침투전략**	**제품개발전략**
신시장	**시장개발전략**	**다각화 전략**

그림 2.6 Ansoff의 제품/시장 Grid

출처: Philip Kotler, Kevin Keller, 마케팅 관리론 제13판, 2010, p. 96

① 시장침투전략(Market penetration strategy)

현재 제품에서 시장 점유율을 확장함으로써 기업 전반의 성장을 목표로 한다. 이 같은 전략을 수행하기 위해서는 광고와 홍보의 강화, 가격 할인, 유통 경로를 확대한다. 예를 들어, 과거 LG전자나 삼성전자는 큰 발전이 없거나 유사한 TV, 냉장고 등의 전통적인 제품들을 가지고 같은 소비자를 또다시 공략함으로써, 구매횟수와 구매량을 증대하고자 노력하였다. 또한 시장침투전략은 경쟁사 고객을 획득하거나 잠재고객의 유치 방법으로 사용된다.

② 시장개발전략(Market development strategy)

현재 제품을 가지고 새로운 시장을 개척하는 것을 말한다. 시장 개발은 아직 진출하지 않았던 해외시장으로의 진출 또는 새로운 제품이나 제품패키지의 개발로 새로운 수요의 시장을 창출한다. McDonalds는 1990년대 이후 기존의 햄버거 제품을 러시아, 중국, 한국 등 아시아 지역으로 확대하여 새로운 시장을 개척하였다. 이때 중요한 것은, 같은 기업의 제품이라 할지라도 진출 지역이나 시기에 따라 성패가 좌우될 수 있다.

③ 제품 개발전략(Product development strategy)

신제품을 개발하여 성장하려는 전략으로서, 신제품이란 새로운 용도(usage)의 개발, 제품의 개선(improvement), 제품라인(product line) 확장 등에 의해 가능하다. Gillette는 퓨전 프로글라이드 등의 면도기 신제품을 꾸준하게 출시함으로써 면도기 시장에서의 점유율을 꾸준히 높이고 있다.

④ 다각화 전략(Diversification)

현재 제품과 이미 진출해 있는 시장과는 관련이 적은 분야로 다각화하는 것이다. 이러한 다각화의 예로 Virgin Group을 들 수 있는데, 버진 그룹은 여행 및 관광, 레저 및 오락, 금융, 유통, 건강, 통신과 미디어 등 그 사업 분야가 매우 다양하다.

2.6 사업경쟁전략의 결정

1) Michael Porter의 본원적(generic) 경쟁 전략

Porter 교수는 시장 경쟁 전략을 3가지의 본원적인 전략, 즉 원가우위(cost advantage), 차별화(differentiation), 집중화(focus) 전략으로 설명하고 있다.

원가우위는 시장점유율을 확보하기 위하여, 경쟁사보다 원가의 가격을 낮추어 경쟁하는 방법이다. 이를 위해 유통 및 촉진 비용을 절감하게 된다. 이 방법은 경쟁사가 쉽게 모방할 수 있는 것이므로, 지속가능한 경쟁우위를 확보하기 어렵다. 또한 이것은 구체적으로 규모의 경제(economy of scale)를 이용하기 위해 단위당 생산비를 줄이기 위한 물류비, 인건비 등의 비용절감 활동으로 나타날 수 있다. 우리

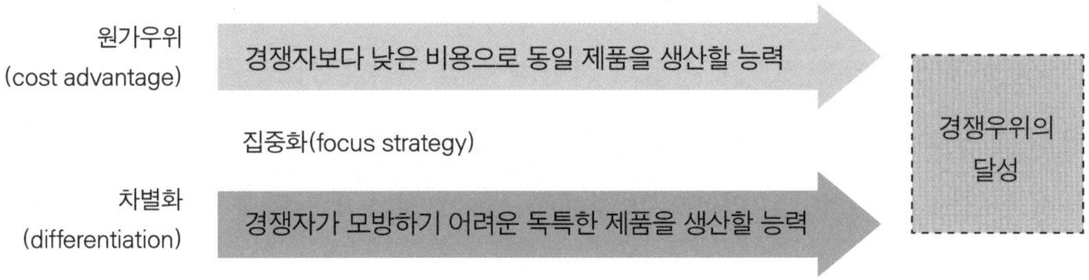

그림 2.7 경쟁우위의 원천

나라는 1980년대 이후, 저렴한 인건비를 이용하여 흑백 TV, VTR 등 저가 상품을 국제시장에 내놓음으로써, 당시 미국과 일본 등과 같은 선진국과 시장 점유율을 두고 경쟁할 수 있었다. 이때 삼성의 흑백 TV는 수출실적 세계 1위를 차지하기도 하였다. 현재 여러 기업들은 인건비 절감을 위하여 동남아시아 일부 국가나 중국 등의 지역에 공장을 설립하고, 원가를 절감하기 위한 노력을 하고 있다.

차별화는 경쟁사가 모방하기 어려운 독특한 제품이나 서비스를 통해 경쟁하기 때문에 대체로 마진이 높다. 이 경우 제품과 서비스에 대한 품질을 지속적으로 확인하여야 하며, 고품질 이미지를 지속적으로 고객과 커뮤니케이션해야 한다. 현재 삼성전자는 혁신적인 기술을 바탕으로 스마트폰 등에서 차별화 전략을 수행하고 있다. 원가우위의 전략에서 벗어나 제품 디자인에 막대한 투자를 하고 있으며, 고품질의 A/S를 유지하고, 고객 로열티를 구축하기 위해 지속적인 커뮤니케이션 노력을 한다.

집중화 전략은 세분화한 목표시장에 집중하여 원가우위나 차별화를 구사하는 전략이다. 이를 위해서 시장세분화 작업이 선행되고, 경쟁자가 간과한 시장 세그먼트를 확인한 후, 표적 세분시장을 공략하는 전략이다.

Porter 교수는 본원적 전략 두 개를 병행하여 사용하는 것은 바람직하지 않다고 지적한다. 만약 병행하여 사용하면 한 개 전략만을 사용하는 경우보다 수익성이 낮다고 주장한다. 하지만 최근에는 원가우위에 기초한 저가 브랜드와 차별화에 기초한 고가 브랜드를 동시에 판매하는 기업이 늘어나면서 본원적 경쟁전략 분류에 대한 재평가가 필요하다는 의견이 제기되고 있다.

2) Michael Porter의 산업경쟁력 모형

산업 구조 분석은 거시적 관점의 전사적 경영 전략 분석 도구이다. 산업의 경쟁력 또는 수익성을 결정하는 다섯 가지 경쟁적인 힘을 다음과 같이 나타낼 수 있다. 특정 산업에 속한 기업은 다음의 경쟁세력들을 고려하여 전략을 수립하여야 한다.

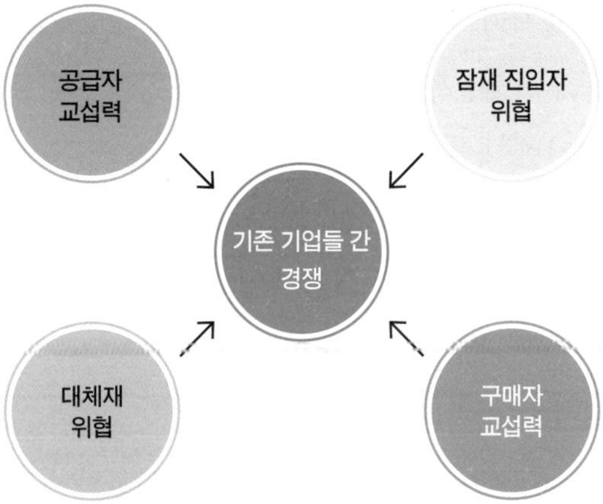

그림 2.8 산업의 수익률을 결정하는 5가지 힘

① 잠재적 진입자의 위협(Threats of potential entrants)

미래 새롭게 진입해 올 가능성이 있는 잠재적 경쟁자들의 위협이다. 잠재 위협이 존재하면 경쟁적인 산업이고, 반면에 존재하지 않으면 비경쟁적 산업이다. 이러한 특성은 기술적인 문제나 비용 등 산업 고유의 진입장벽(entry barriers), 정부 정책 등에 의해 결정된다. 한국의 이동통신사는 법적 규제로 단지 3사의 경쟁으로 주도되어 왔지만, 2012년 5월 방통위의 기간통신사업자 개정안 의결은 제4 이동통신 사업자의 서비스를 가능하게 할 수 있다.

② 기존 기업들 간의 경쟁(Rivalry among existing competitors)

현재 산업이 겪고 있는 경쟁 강도를 의미하며, 산업 성장률, 제품의 차별성, 철수장벽(barriers to exit) 등에 영향을 받게 된다. 예를 들어 반도체 산업은 막대한 초기 투자비용이 존재하여, 진입장벽이 높을 뿐만 아니라 철수 장벽 또한 높으며, 차별화된 기술력을 요구하므로 이를 견뎌낸 강력한 몇몇 경쟁자들이 존재한다.

③ 대체재의 위협(Threats of substitute products)

재화 중에서 동일한 효용을 취할 수 있는 제품의 등장을 말한다. 대체재는 기존 제품의 수요를 감소시키거나 기존 산업을 쇠퇴로 이끄는데 예를 들어, MP3의 등장으로 카세트 플레이어나 음악 CD 등 오프라인 음원과 작동 기기의 소비가 급속히 감소하였다. 이러한 대체재 위협에 주도적(proactive)으로 대응하며 마케팅 통찰력(marketing insight)을 확보하는 것이 중요하다. 대체재는 주로 소비자의 성향, 대체품의 가격 및 성능 등에 따라 그 위협의 강도가 달라진다.

④ 공급자의 교섭력(Bargaining power of suppliers)

공급자의 권한(authority)이 증가하면 상대적으로 기업의 권리가 약해진다. 공급자 교섭력은 공급량, 공급자가 제공하는 원자재 또는 제공품의 차별성 또는 희소성(scarcity), 기업의 후방 통합(backward integration) 정도에 따라 영향을 받는다. 예를 들어, 컴퓨터의 핵심 부품인 CPU는 대부분이 Intel에서 생산한 제품으로 과점형태를 띠고 있다. Dell, HP, 삼성전자와 같은 컴퓨터 제조분야의 경우 Intel의 CPU 공급력에 따라 운영상 중대한 영향을 받는다. 따라서, 기업들은 이러한 위협요소를 제거하기 위해 AMD칩을 내장한 PC를 제조 · 판매하기도 한다.

⑤ 구매자의 교섭력(Bargaining power of consumers)

여기서 구매자는 B2C 시장에서는 최종 소비자가 되며, B2B시장에서는 다른 기업이 될 수 있다. 공급자와 마찬가지로 구매자의 권한이 증가하면 상대적으로 기업의 권리가 약해진다. 구매자 교섭력은 해당 구매자가 차지하는 구매 비중, 전체 구매량, 구매자의 정보력, 기업의 전방 통합(forward integration) 정도에 따라 영향을 받는다. 대체로 식품 산업은 B2C 구매자의 교섭력이 크다고 볼 수 있다. 소비자는 제품에 대한 정보를 비교적 쉽게 접할 수 있으며, 언제든지 다른 제품으로의 전환이 용이하기 때문이다.

MARKETING INSIGHT

스타트업 마케팅

테슬라 자동차의 창업자인 Elon Musk는 창업하는 과정을 유리 조각을 씹어 삼키면서 죽음의 심연을 응시하는 것과 같다고 했다. 기업을 창업하는 것이 얼마나 힘들고 고통스러운 것인지를 단적으로 표현하고 있다. 스타트업은 일반적으로 재정과 경험이 충분하지 않다. 따라서 마케팅은 고객을 창출하는 작업에 전력을 다한다. 다양한 마케팅 수단은 매출 창출을 위해 집중된다. 광고는 인지도 제고를 위해, 홍보는 주의를 끌기 위해, 소셜미디어는 커뮤니케이션을 위해 동원된다. 이러한 수단을 통합하는 작업이 스타트업의 전형적인 마케팅이다. 고객을 창출하는 활동은 무엇이라도 마케팅이 될 수 있다. 고객이 원하는 제품개발을 위해, 제품개발 단계부터 마케팅의 아이디어를 접목한다. 고객의 문제를 해결하고 고통을 해소해주는 제품과 서비스를 창출하는 것이 필요하다. 에어비앤비의 경우 제품개발과 마케팅이 분리되어 있지 않다. 창업자가 경험을 통해 습득한 공유숙박서비스가 제품개발로 이어진 것이다. 에어비앤비와 같은 혁신적인 서비스가 시장에 소개되면 우선 조기 수용자 집단이 먼저 구매를 하게 되는데, 이들을 확인하여 전략적으로 활용하면서 성장전략을 모색한다. 이 단계에서는 조기 수용자의 사용 후기가 매우 중요하기 때문에 신뢰를 줄 수 있도록 서비스를 디자인해야 한다.

스타트업의 초기 제품은 일반적으로 최소한의 성공 가능한 제품(minimum viable product)의 작은 아이디어에서 시작하여 수많은 테스트를 통하여 완성제품이 탄생한다. 레스토랑의 예를 들면, 사업 초기에는 푸드 트럭이나 팝업 가게에서 시작하게 되는데, 초기에는 거창한 웹사이트보다는 매우 단순한 사이트나 SNS를 활용하게 된다. 미국 LA에서 시작한 Kogi Korean BBQ 사업은 푸드 트럭에서 시작해서 트위터를 통하여 매일 오픈하는 장소를 알리기 시작했다. 사업을 확장하면서 5대의 트럭을 마련했고, 새로운 메뉴를 추가하기 시작하였다. 2016년 처음으로 레스토랑을 오픈하기 전까지 충분한 테스트 기간을 거쳐 사업을 본 궤도에 올려놓았다.

제품개발에 있어 비유적으로 빌보드 차트보다는 박물관이 필요하다. 다시 말해 오래가지 않는 인기보다는 영속 가능한 제품을 개발하는 것이 필요하다는 의미이다. 영속 가능한 제품은 마케터의 3M 철학에서 나올 수 있다. 이는 제품개발에 임하는 마케터의 자세로, 의미(meaning), 마음(mind), 사명(mission)의 정신으로 무장해서 소비자의 문제를 해결해 주고 사회적 가치를 비중 있게 다룬다면 박물관처럼 오랫동안 지속 가능한 제품개발이 가능할 것이다.

말콤 글래드웰은 '다윗과 골리앗' TED 비디오에서 작지만 강한 마케팅을 소개하고 있다. 블레셋 군대를 이끄는 골리앗과 이스라엘 군대를 이끄는 다윗을 대조하면서, 불리한 조건이 오히려 승리에 도움이 되었다는 점을 강조하고 있다. 승리 요소는 다윗이 당시 전투 관행에 젖어 있지 않은 비주류라는 점을 부각하면서, 세상의 많은 규칙은 강자가 만든 것이며, 강자에게 유리하게 작동하지만, 강자가 보지 못한 구멍을 찾아내고, 거인이 익숙하지 않은 방법으로 경쟁해야 한다고 역설하고 있다. 작지만 강한 기업이 되고자 하는 기업을 위해 보지 못한 작은 구멍, 즉 니치를 공략하는 마케팅을 제시하고 있다.

출처: 권명중 외, 《과학기술의 시대, 경제와 경영이 만나다》, 연세대학교 대학출판문화원, 2018, pp. 471-473.

연습문제

1. 기업사명이 반영해야 할 근본적인 질문이 아닌 것은?

   1) 우리는 어떤 사업을 하고 있는가?
   2) 우리의 고객은 누구인가?
   3) 우리의 경쟁자는 누구인가?
   4) 우리는 고객에게 어떠한 가치를 제공할 것인가?

2. 전략적 사업 단위란?

3. 상대적 시장점유율과 시장 성장률이 높은 사업을 BCG분석 틀에서 무엇이라 명명하는가?

4. 경쟁우위의 양대 원천은?

제2부

마케팅 전략 모듈

마케팅 정보와 환경 | 마케팅 조사와 시장수요 예측 | 소비자 및 조직구매행동의 이해 | STP 전략

제3장

마케팅 정보와 환경

MARKETING

MARKETING

TED 도입 사례

신뢰와 기본중심으로의 회귀

소비자들은 변화하고 있고, 그들의 소비에 대해 책임을 느끼기 시작했다. 이러한 변화는 의식있는 소비로의 전환을 스스로 이룰 수 있다는 가능성을 보여준다. 소비자들은 실제로 소비를 통제함으로써 그들의 가치관에 맞게 소비할 수 있고, 자본주의와 사업을 단지 성장시키는 것에 머물지 않고, 더 좋게 개선할 수 있다. 소비자들의 네 가지 변화를 살펴보면 다음과 같다. 이는 새로운 경영원칙을 제시하는 소비주의 규칙을 제시한다.

소비자의 4가지 변화

	소비주의 규칙 #1	소비주의 규칙 #2	소비주의 규칙 #3	소비주의 규칙 #4
문화적 가치	유동적 삶	윤리와 공정한 경쟁	인내하는 삶	보금자리로 돌아감
소비자 전략	탈(脫)자존심	공감과 존중	지속가능성	협동적 소비주의
경영 원칙	돈과 감각	가치와 가치관	영속하는 브랜드	지역사회 공동체

1) 유동적인 삶(liquid life)

Frito-Lay는 소비자들의 유동성 변화(월말보다 월초에 돈이 더 많다는 사실)를 파악하였다. 그래서 이 회사는 월초에 큰 용량의 포장을 쓰고 월말에는 작은 용량의 포장을 쓰는 전략을 이용하였다.

2) 윤리중심(ethics fair play)

지역사회와 이웃에 대한 지원시스템(support system)을 강조하게 되었다. 예를 들어, 부메랑 키즈(다시 부모와 살기 위해 돌아온 자녀) 졸업생들에게 대학과 연계해서 직업 탐색을 도와주고, 기술을 재교육을 한다.

3) 지속가능한 삶(indestructible life)

DIY(Do it yourself) 운동은 지속가능함을 추구하고 자기 자신을 스스로 돌보는 데에 핵심이 있다. Fidelity(자산운용 전문 업체)는 예금이나 대출에 대해 캐쉬백으로 바로 보상해 주는 것이 아니라 529개의 보상제도를 대학 학자금을 위해 제공하고 있다.

4) 보금자리로 돌아감(return to the fold)

보금자리로 돌아가는 움직임은 신뢰라는 측면에서 매우 중요한데, 신뢰는 지역사회와 연결되고, 소셜 네트워크에 연결되는 것을 의미한다. 협동적 소비주의는 매우 활성화되고 있으며, 이는 소비자들이 시장에서 원하는 것을 얻기 위해 함께 움직인다는 것을 의미한다.

출처: John Gerzema, "The post-crisis consumer", www.ted.com

도입 사례에서 볼 수 있듯이 기업의 마케팅 활동은 기업의 고유한 역량뿐만 아니라 외부 환경과 소비자의 행태에 따라 지대한 영향을 받게 된다. 기업 활동의 핵심인 가치는 시대와 환경, 소비자의 성향 등에 의해 달라질 수 있기 때문이다. 따라서, 마케팅 관리자는 기업을 둘러싼 여러 정보들의 특성을 파악하여 환경을 정확히 이해하고, 이를 바탕으로 기업의 특성에 적합한 의사결정을 내릴 수 있어야 한다.

3.1 마케팅정보시스템

마케팅정보시스템(marketing information system: MKIS)이란, 마케팅 의사결정자에게 유용한 정보를 적시에 제공하기 위해 정보를 수집, 분류, 분석, 평가 및 피드백하게 하는 총체적인 정보시스템이다.

마케팅 관리자는 원가, 가격, 주문, 판매 재고 등과 같은 내부 정보에만 의존해 의사결정을 내리는 문제에 직면할 수 있다. 반면에 외부 정보가 마케팅 성과에 크게 영향을 줄 수도 있다. 이처럼 외부 상황에 대한 분석 기법으로 STEP 분석을 들 수 있는데, 사회 · 문화적(sociocultural), 기술적(technological), 경제적(economical), 정치적(political) 환경이 그것이다. 더불어, 거시적 환경, 인구통계적(demographics) 동향, 자연환경(natural environment) 등의 변화도 기업 활동에 큰 영향을 미칠 수 있다.

따라서, 기업은 통제 가능한 내부환경과 통제 불가능한 외부환경을 모두 고려하여 기업 목적을 달성하기 위한 통합적 전략을 수립해야 한다. 이를 시행함으로써 얻어진 성공 또는 실패의 결과를 내부로 피드백하거나 내부요인의 특성을 변경할 수 있다.

1) 내부 기록과 데이터베이스 시스템

① 주문-지불 사이클(Order-to-payment cycle)

고객의 주문에서 지불까지의 사이클 과정을 이해하는 것이다. 판매량이 증가함에 따라 고객이나, 중간 딜러들의 주문 또한 증가하게 된다. 판매부서는 청구서를 미리 준비하고, 이것을 다른 부서들에 전송하여, 반품내역이나 재주문 등을 확인하고, 재고를 관리할 수 있다. 이러한 활동들을 원활하게 수행함으로써 생산에서 배송까지의 기업의 전반적 활동이 정확하고 빠르게 진행될 수 있다.

② 판매정보시스템(Sales information system)

마케팅 관리자는 판매실적에 대한 정확하고 즉각적인 정보를 원한다. 판매량과 대략적인 계절적 수요에만 관심을 가지는 것이 아니라, 판매시점 정보관리 시스템 등을 사용하여 무슨 상품이 언제, 어디에서, 얼마나 팔렸는지 즉시 파악할 수 있도록 판매에 관한 정보를 수집 · 관리하고 있다. 이러한 시스템은 매입, 발주, 배송시점, 재고 정보관리와 같은 수준으로 판매시점의 정보를 관리할 뿐만 아니라 점포 자동화를 실현시키는 종합적인 정보시스템이다.

판매에 대한 정보가 즉시 기록되면서 판매 정보를 집중적으로 관리하는 것을 POS(point-of-sales) 시스템이라고 한다. 예를 들어, Wal mart는 모든 제품에 대해서, 품목별, 고객별, 점포별, 일별, 시간별로 판매 및 재고에 대한 자료를 수집하여 매장을 운영하고 있다. 제품에 대해 바코드나 광학문자판독(OCR) 등을 스캐너로 읽어서 제품에 대한 모든 정보를 수집하고 입력한다.

③ 데이터베이스, 데이터 웨어하우스 및 데이터 마이닝

고객, 제품, 판매원 정보 등의 방대한 내부 자료를 DB화하여 데이터 창고를 구축하는 것이다. 내부전문가의 "마이닝(mining)"을 통하여 고객 세분화 및 트렌드, 고객 로열티 등을 분석하여 활용한다.

2) 마케팅 인텔리전스 시스템

마케팅 인텔리전스 시스템(Marketing intelligence system)은 마케팅 환경과 관련된 전반적인 일상 정보(daily information)를 수집 · 관리하기 위한 시스템이다. 이러한 마케팅 일상정보 시스템을 이용하여 마케팅 정보의 질을 향상하거나, 잘못된 정보에 대해서 조치를 취할 수 있다.

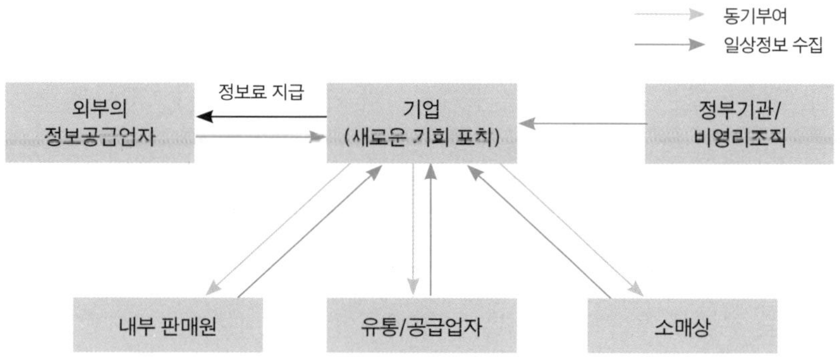

그림 3.1 마케팅 인텔리전스 시스템

우선 기업은 새로운 기회를 포착하고, 시장반응을 알아보기 위해 내부 판매원들에게 동기를 부여해 일상정보를 수집할 수 있다. 판매원들은 고객과의 접점에 있으므로 고객관계에 대한 정보를 파악하기에 이 방법은 유용하다. 내부관계자뿐만 아니라, 유통업자나 공급업자 또는 소매상에게도 동기를 부여한다. 여러 기업들은 마케팅 일상정보를 수집하기 위해서 전문가를 임명하여 'mystery shopper'의 형식으로 매장의 상태를 체크한다. 또한, 마케팅 일상정보를 외부의 정보공급업자에게 구매하거나, 정부기관과 같은 비영리 조직에 의해서도 제공받을 수 있다. 고객 패널을 구성하여 충고나 제안과 같은 피드백정보 또한 제공받을 수 있다.

3) 고객정보 시스템

고객정보 시스템(Customer information system)은 고객에 대한 인구통계적, 라이프스타일, 고객이 추구하는 혜택, 구매행동의 특성 등과 같은 정보를 포함한다. 이것은 고객의 프로필을 중심으로 이루어진 Data 마트, Data 창고 등을 의미하는 것으로 CRM(customer relationship management)의 각 구성 요소들은 Data 창고로부터 필요한 정보를 추출 · 갱신 · 추가할 수 있다. 즉, 콜센터, 이메일, 회원 등록 등의 방법을 통해 기업이 확보한 고객, 상품, 거래 등에 관련한 상세한 정보를 향후에 적절하게 활용하기 위해 데이터 저장 창고인 Data 창고에 통합하여 축적한다.

이러한 정보는 구체적으로 기존 고객의 제품에 대한 충성도 제고 및 이탈방지, 신규고객의 유인을 위한 마케팅 전략 수립 등에 활용된다. 또한 고객정보시스템을 이용하여 기업은 CRM 활동을 유지하거나 확장할 수 있다. CRM은 고객관계관리로 수익성이 높은 고객을 파악하고 이들과의 관계를 긴밀하게 유지하는 활동이며, 고객 평생가치(life-time value: LTV)를 극대화하기 위한 기업 마케팅 전략이다. 고객 평생가치는 고객이 특정회사의 제품이나 서비스를 구매하였을 때부터 마지막으로 구매할 것이라 판단되는 시점까지의 누적 매출 또는 누적이익을 현재 가치화한 것이다.

소위 '20:80의 법칙'이라는 개념이 존재하는데 이것은 고객의 20% 정도가 기업 수익의 80%를 차지한다는 내용이다. 20%에 속하는 고객을 확인하여 수익성을 제고할 수 있음을 시사하고 있다. 고객정보시스템은 고객과의 관계 형성 및 신규고객 확보, 고객 충성도 제고 및 유지, 구매 활성화 및 고객확장의 3단계로 구성된다.

① 신규고객 확보

먼저, 신규고객에게 필요한 적절한 가치를 제공하고 고객이 만족할 수 있는 다양한 혜택을 제공한다. 예를 들어 슈퍼의 무료배달서비스, 대형마트의 무료 주차 서비스가 그것이다. 그러나 신규고객 확보에 소요되는 비용은 보통 기존고객을 유지하는 데 드는 비용보다 더 비싸다고 알려져 있다. 또한, 이탈고객을 예방하기 위한 프로그램도 중요한데, 고객이 일단 한 번 이탈하면 다시 돌아오는 데까지의 시간과 비용이 고객 유지비용에 비해 매우 많이 소요된다.

② 고객 충성도 제고 및 유지

고객을 만족시켜 지속적인 재구매를 유도하는 것이다. 충성도가 높은 고객은 그렇지 않은 고객에 비해 재구매율이 높으며 가격에 대한 민감성이 낮으므로 기업이 더 높은 수익을 창출할 수 있다. 또한, 고객 충성도가 높은 고객들은 긍정적인 구전(word-of-mouth) 활동을 하는 경향이 있다. 이것은 기업이 적은 비용으로 효과적인 홍보를 하는 효과를 창출할 뿐 아니라 기업의 장기적인 이미지에도 도움이 되므로 고객 충성도 유지는 매우 중요하다.

③ 구매 활성화 및 고객확장

고객의 구매량 또는 구매 횟수를 증가시키는 것이다. 구매 활성화는 판매가 부진한 제품이나 신제품에 대한 관련정보를 제공함으로써 구매를 촉진시키는 것이고, 교차판매(cross-selling)는 보완재 또는 관련 제품의 구매를 유도하여 고객의 구매량 및 구매 횟수를 증가시키는 것이다. 아울러, 상향판매(up-selling)는 더 고가 제품을 구매하도록 유도하거나 좀 더 높은 품질의 제품을 권유하는 것을 말한다. 예를 들어 화재보험에 이미 가입되어 있는 고객에게 자동차 보험 또한 가입하도록 유도하는 것은 교차판매에 해당한다. 또한, 화재보험에 가입되어 있는 고객에게 프리미엄 화재보험으로 전환하기를 권유하는 것은 상향판매에 해당한다.

4) 마케팅 의사결정 지원 시스템(Marketing decision support system: MDSS)

위의 설명한 각 시스템들은 기술적인(descriptive) 정보이기 때문에 의사결정의 결과를 예측하기 어렵다. MDSS는 데이터, 소프트웨어와 하드웨어, 분석도구를 통합하고 마케터의 의사결정 스타일을 반영하여 지원하는 시스템이다.

MDSS는 다양한 마케팅 의사결정 대안을 비교적 짧은 시간과 노력으로 분석할 수 있으며, 수집된 데이터와 의사결정 모델이 타당한가의 여부를 쉽게 검토한다. 또한 이러한 데이터와 모델의 타당성을 바탕으로 마케팅 의사결정의 질을 향상시킬 수 있으며, 조직 전체의 의사결정 과정을 단축하여 전반적으로 효율적인 의사결정의 결과를 가져다준다.

그러나 MDSS는 전문 인력을 요구하며, 모든 종류의 의사결정에 대해서 유효한 것이 아니며, 산출 결과의 맹목적인 믿음은 오히려 의사결정의 질을 훼손한다는 문제점이 있다.

5) 마케팅 조사 시스템

당면한 마케팅 문제의 해결을 위하여 다음과 같은 과정을 수행한다. 이 과정은 사전에 완벽하게 계획되어진 체계적인 것이어야 하며, 자의적 해석이나 편견이 없도록 객관적이어야 한다. 마케팅 조사 시스템(Marketing research system)은 ① 조사목적 ② 조사 설계 ③ 자료의 수집 및 자료의 분석 ④ 보고서 작성의 순서로 이루어진다. 이에 대한 자세한 내용은 다음 장에서 다룰 것이다.

3.2 빅데이터와 마케팅 환경

각종 정보 통신기기 및 모바일의 보급과 인터넷의 발달로 빅데이터(Big data)의 시대가 도래하였다. 개개인의 웹사이트 방문기록, 검색 정보, 특정 서비스 이용 빈도 및 패턴 등의 정제되지 않은 정보는 예전에도 분명히 존재하였지만, 기존의 정보 관리체계로는 감당할 수 없었기 때문에 체계적인 분석이 어려웠다. 그러나 최근에는 고급 측정 및 통계 기법, 인공지능 기법 등 데이터 애널리틱스가 개발되어 비정형화된 데이터를 수집, 분석하는 것이 가능해졌다.

Database, Data warehouse 및 Data mining 기술이 정형화된 데이터를 사용하여 분석/활용하였다면, 빅데이터는 비정형화된 데이터를 포함하여 분석/활용하는 기술이다.

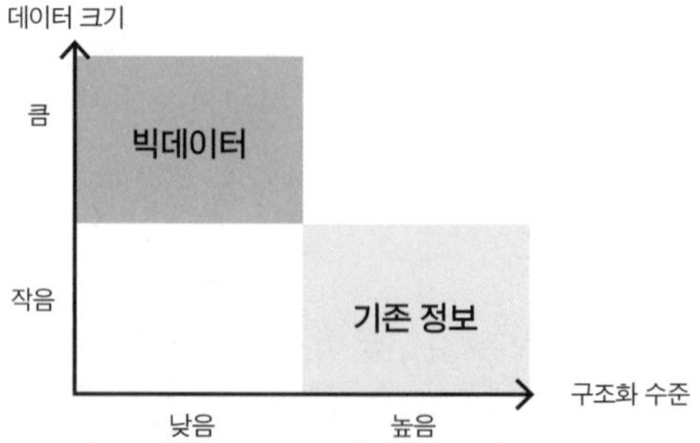

그림 3.2 빅데이터 분석과 기존 경영정보 분석의 차이

출처: Gruman(2010), "Tapping into power of Big Data", Technology Forecast

〈그림 3.2〉는 데이터의 크기와 구조화 수준에 따른 빅데이터 분석과 기존 경영 정보 분석의 특징을 나타낸다. 빅데이터는 소셜 네트워크와 커뮤니티의 구조를 이해하고, 소비자의 잠재된 니즈를 파악함으로써 마케팅 전략을 실행하는 데 효과적인 시나리오를 도출할 수 있다. IBM과 Google은 번역한 문서를 통계적으로 비교해 의미가 비슷한 문장과 단어를 대응시키는 방법으로 자동번역을 시도했으나, 투입한 데이터양의 차이로 상반된 결과에 도달했다. 90년대 IBM은 영어와 프랑스어 문서 수백 장을 이용해 자동 번역 서비스를 시도했으나 실패했고, 2000년대 들어 Google이 영어 외 수십 개의 언어로 작성된 문서와 도서 수십억 장을 활용해 현재 Google 번역 서비스 체계가 실행되고 있다.

이 밖에도 빅데이터를 활용하는 기업 사례를 쉽게 찾아볼 수 있다. 다음 〈표 3.1〉은 빅데이터의 국내외 활용사례를 정리한 표이다.

표 3.1 빅데이터의 국내외 적용사례

구분	기업	적용사례
국내(영리)	다음	검색행동분석, 기사내용 분석으로 검색 정확도와 정보 만족도 증강
	삼성SSD	SSD(solid state disk) 버즈분석을 통해 소비자의 SSD에 대한 인식을 파악, 적합한 브랜드 전략 수립
	유유제약	'멍'에 관련한 소비자 트렌드 분석을 통해 '베노플러스 겔'의 타깃을 어린이가 아닌 여성으로 변경함으로써 인지도 상승
	롯데마트	사용자 정보를 분석하여, '고객이 정하는 가격(고정가)' 캠페인을 통해 마케팅과 프로모션에 적극 활용
	CJ 오쇼핑	'오클락' 모바일 앱을 통한 상품 추천 서비스
	파리 바게뜨	날씨 판매지수를 만들어 실시간으로 점포에 제공함으로써, 효율적인 판매 수요 예측 및 생산 관리 가능
	FnC 코오롱	고객이 검색한 내용, 장바구니에 담긴 물건, 평소 취향 등을 분석하여 고객의 니즈를 사전에 파악
	옥션	'마이스타일', '남들은 뭘 살까?'서비스로 가장 구매할 확률이 높은 제품과 유사한 구매성향을 가진 고객들의 구매상품을 추천
	쿠팡	모바일 앱을 통해 구매이력, 장바구니를 분석, 상품을 추천
	삼성SDS	삼성전자, 삼성생명 등의 그룹 관계사를 통해 소비자의 잠재수요를 파악하여 삼성전자에 미리 알림
	LG CNS	생산 관련 데이터를 분석하여 고객사의 생산효율을 증대

구분	기업	적용사례
국내 (영리)	SK C&C	비즈니스 인텔리전스를 중심으로, 국민연금관리공단, 제조 및 서비스분야, 통신 분야에 적절한 정보서비스 제공
국내 (비영리)	건강보험 관리공단	성별, 연령, 소득분위 분석 등을 통해 '희귀질병DB','건강검진DB'를 구축하여 학계와 정책개발에 기여
	심사 평가원	요양급여 및 기관, 심사평가, 질병, 의약품, 의료자원 등의 원천 데이터를 연구 목적에 적합하도록 제공
	서울 교통카드	교통카드 이용자를 분석하여 상권분석, 부동산분석, 연구 활성화 등의 잠재적 사회가치 개발
	금융 감독원	연관성 분석을 통해 저축은행의 여신 업무를 실시간으로 감독하여 불법 및 부실 혐의 여신을 사전에 탐지
스페인	ZARA	최적 재고분배 시스템으로 저가격, 스피드, 패션성, 고품질 달성
네덜란드	Philips	이유식 제조기의 판매감소 원인을 분석하여 재포지셔닝 성공
영국	Tesco	클럽 카드를 통해 고객 유형을 파악한 맞춤형 쿠폰 제공
일본	라쿠텐	고객의 쇼핑 정보를 바탕으로 전자상거래, 신용, 경제서비스, 포털, 증권사업 부문에서 공동으로 활용
미국	Walmart	Walmart Labs를 통해 소비패턴 데이터 활용, 유통 효율성 제고
미국	Netflix	고객의 시청습관을 분석하여 맞춤형 콘텐츠를 추천
미국	Harrah's entertainment	'Total Reward'라는 고객 로열티 프로그램에 근거하여 고객의 방문 일시, 선호하는 게임, 지출금액, 게임시간, 좋아하는 식사 등의 행동패턴 의사결정 수립
미국	Barack Obama	유권자의 지지 성향 분포를 지도로 작성하고 지지가능 유권자들의 이동경로, 대중교통의 노선을 파악, 맞춤형 선거운동을 전개
미국	Amazon	사이트 운영에서 파생되는 정보를 '추천서비스'와 '원클릭 구매환경' 등 차별화된 서비스로 활용
미국	Google	수많은 검색 및 광고서비스의 정보로부터 Big data 플랫폼을 강화하는 데 활용
미국	Facebook	회원의 관심사, 소속, 인맥 등의 방대한 데이터를 통해 하드웨어 업체의 경쟁에서 우위를 선점
미국	Apple	음성인식 서비스 '시리'는 이전 DB를 통해 이용자의 질문 및 행동을 미리 예측하여 최적의 답을 제시

3.3 마케팅 환경의 구성요소

마케팅 환경은 통제 가능한 내부 환경과 통제 불가능한 외부 환경으로 분류한다. 통제 가능한 내부 환경에는 주로 사업의 범위 결정, 기업의 전반적인 목표, 기업문화, 마케팅 부서와 기타 부서들의 역할, 표적시장과 마케팅 목표의 선택, 마케팅 조직의 구축, 마케팅 믹스의 구성과 통제 등이 있다.

반면, 통제 불가능한 외부 환경에는 STEP(Social, Technology, Economy, Political)으로 불리는 사회문화적, 기술적, 경제적, 정치법적 환경과 외부 환경 동향의 분석, 인구통계적 분석, 자연환경의 분석 등으로 분류할 수 있다.

이러한 환경들은 기업의 목적을 달성하는 데 매우 중요한 변수로 작용하며, 기업은 통제 불가능한 환경에 전략적으로 적응해야 한다.

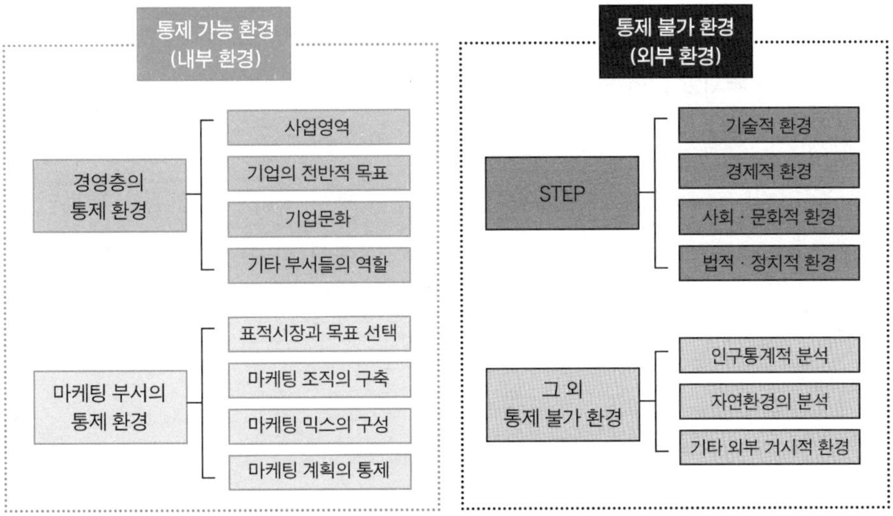

그림 3.3 마케팅 환경 분석

3.4 내적 환경 요인

1) 경영층이 통제하는 내적 환경 요인들

① 사업영역

기업이 어떤 영역에서 활동할 것인가를 결정하는 것으로, 서비스의 종류, 지역적 범위, 소유 구조, 사업 분야 등이 이에 해당한다.

② 기업의 전반적인 목표

전사적인 차원에서 측정 가능한 목표를 수립하고 평가하는 것으로, 매출액, 시장점유율, 이윤, 제품 및 서비스의 수준 등이 이에 해당한다.

③ 기업문화

조직 구성원들이 공유하고 따르는 가치, 규범, 관행들로서 예를 들어 어떤 기업은 위계질서 중시의 기업문화를 가지고 있으나, 다른 기업은 창의성 중심의 시장 지향적 기업문화를 가지고 있을 수 있다.

④ 마케팅 부서와 기타 부서들의 역할

마케팅 의사결정과 마케팅 활동의 내용은 기업 내에서 마케팅 부서가 어떤 위상을 갖고 있느냐에 따라 크게 좌우된다. 마케팅 부서가 다른 관련 부서들과의 업무상 중복이나 충돌을 피하기 위해서는 조직 내에서 마케팅이 담당하는 업무의 영역과 다른 부서들과의 관계가 명확하게 규정되어 있어야 한다.

2) 마케팅 부서가 통제하는 내적 환경 요인들

① 표적시장과 마케팅 목표의 선택

표적시장은 기업이 마케팅 프로그램을 통해서 만족시키고자 하는 특정 고객집단으로, 표적시장 선택은 마케팅 의사결정 전반에 영향을 주게 된다. 마케팅 목표는 최고경영층이 설정하는 기업의 전반적 목표보다 구체적으로 고객과 관련하여 설정된 목표여야 한다.

② 마케팅 조직의 구축

마케팅 조직은 기능별 조직, 제품별 조직, 시장별 조직으로 분류할 수 있다. 기능별 조직은 마케팅 조사, 촉진, 물류, 제품 계획 등의 기능 등이 있고, 제품별 조직은 제품 중심으로 구성되어 있다. 시장별 조직은 지역별로 시장을 구분하여 책임과 권한을 가지는 조직이다.

③ 마케팅 믹스의 구성과 마케팅 계획의 통제

마케팅 믹스란 표적 시장과 관련된 마케팅 목표를 달성하기 위해 제품, 가격, 촉진, 유통 등의 구성 요소들을 결합하는 것으로 표적시장의 욕구를 적절히 반영하면서 믹스 요소들 사이에 조화를 이루어야 한다.

마케팅 계획의 통제란 마케팅 계획에 따른 마케팅 활동의 성과를 검토, 평가하는 과정으로 기업의 외부·내부 환경에 대한 지속적인 검토, 정기적인 성과의 측정, 환경변화에 따른 전략의 수정을 하는 과정이다.

3.5 외적 환경요인

최근 소비자의 욕구가 다양해지고, 변화가 급격해짐에 따라 기업은 고객의 욕구가 이미 시장에 표출되고 난 후 소극적 · 수동적(reactive)으로 대응하기 보다는, 고객의 잠재된 욕구를 미리 파악하여 적극적 · 주도적(proactive)으로 환경에 맞추어 전략적으로 적응해야 한다. 이처럼 시장을 미리 예측하고 파악하는 능력을 시장센싱(market sensing)이라고 한다. 시장센싱은 시장에 대한 충분한 이해와 공감(empathy)에 의해 달성 가능하며, 경영자는 세심하고, 유연한 자세로 외부 환경을 이해해야 한다.

1) STEP(Social-Technological-Economic-Political) 분석

① 사회 · 문화적 환경

사회문화적 환경은 고객의 구매 및 소비 행태를 상당부분 결정하게 된다. 연령, 인종, 성별, 관습, 가치관, 예술 등에 따라 소비 행태를 분석하고 각각 차별화된 마케팅 전략을 수립하는 것이 필요하다.

문화적 가치는 지속성에 따라 핵심 신념(core beliefs)과 부차적 신념(secondary beliefs)으로 나눌 수 있다. 핵심 신념과 가치는 주로 학교나, 종교, 기업, 정부 등 사회적 제도에 의해 형성되는 것으로, 어린 시절부터 성인이 되었을 때까지 지속되는 경우가 많다. 부차적 신념과 가치는 변화할 가능성이 핵심 신념보다 크다. 예를 들어, '결혼제도'에 대한 믿음은 핵심 신념인데 반해, '결혼을 언제 하는 것이 좋다'라는 것은 부차적 신념이 된다. 시장은 주로 부차적 가치 변화에 영향을 주며, 핵심 신념은 거의 변화시키지 못한다.

각각의 사회는 가치, 믿음, 선호, 행동 양상 등을 공유하는 하위문화를 포함한다. 10대들의 패션, 음악, 관심사 등은 트렌드를 만들어내는 역할을 하는 경우가 빈번하기 때문에 최근 마케팅 관리자는 10대 하위문화에 관심을 보이는 경우가 많다.

② 기술적 환경

제품생산을 위한 고성능 설비, 신속한 유통을 위한 운송기술, 다양한 판촉을 가능하게 하는 뉴미디어의 도입 등이 이에 해당된다. 진부화가 급격히 일어나는 첨단기술의 경우에는 제품의 수명주기에 직접적 영향을 주며 기업의 제품 및 판촉 정책의 수립에도 영향을 준다. 따라서, 마케팅 관리자는 다음과 같은 기술적 트렌드를 주시할 필요가 있다.

표 3.2 최근 기술적 환경의 동향

기술발전의 가속화	기술의 발전은 아이디어와 구체적 실행 사이의 간격을 단축시킨다.
끊임없는 혁신의 기회	오늘날의 혁신은 생물공학, 컴퓨터, 초소형 전자기술, 전기 통신 공학, 로봇, 소재공학 등 다양한 분야에서 일어나고 있다.
다양한 R&D 예산	많은 기업들은 경쟁기업 제품의 모방, 기능개선, 디자인 등 다양한 R&D 분야에 투자한다.
규제의 변화	정부는 기술적으로 안전하지 않은 제품에 대해 제재를 가하거나, 안전과 건강에 관한 규제의 적용 범위를 확대하는 추세이다.

기술적 환경 변화의 대표적인 예로 매체환경의 변화를 들 수 있다. 매체환경의 변화는 기업의 촉진 활동과 기업의 이미지를 전달하는 방식에 변화를 가져오게 되었다. TV, 라디오, 신문 등의 전통적 매체에서 인터넷을 이용한 블로그나 SNS(social network services) 등의 신매체 사용이 증가하고 있다.

③ 경제적 환경

경제적 환경은 소득분배, 원재료 가격, 임금, 세금, 이자율, 임대료 등이며 이러한 가격들이 불안정할 경우, 기업은 마케팅 목표를 수립하는 데 있어 장기적이고 안정적인 투자를 하기 어렵게 된다.

경제적 환경을 파악하기 위해서는 해당 국가의 산업구조 유형에 대한 조사가 필요하다. 왜냐하면, 산업구조에 따라 전반적 국민 소득, 시장의 구조, 경제적 이슈 등이 달라지기 때문이다. 산업구조에는 4가지 유형이 있다. 시장 기회가 거의 없는 비산업화 경제, 중동 산유국과 같은 원자재(석유) 수출 경제, 인도와 필리핀과 같은 신흥공업경제, 서유럽 · 미국과 같은 산업경제가 그것이다. 마케팅 관리자는 이러한 국가들의 소득분배를 구별하기도 한다.

급격하게 경제성장이 되는 환경에서는 소비 또한 급격히 증가하고 시장의 잠재성이 크므로 이에 알맞은 마케팅 전략을 수립해야 하고, 경제성장이 둔화하는 경우는 소비가 감소하므로 판매율 저하에 대한 대책을 마련해야 한다.

④ 법적 · 정치적 환경

기업의 활동은 정부나 공공기관의 법적인 규제에 영향을 받게 된다. 예를 들어, 2018년 5월부터 유럽 시민의 데이터를 수집 · 분석 · 가공하는 경우 개인정보보호규정(GDPR)의 규제를 받게 된다. 이를 위반할 시에는 제재를 받게 되지만, 선응적으로 대처하면 기회가 될 수도 있다.

최근 법적 · 정치적 환경의 변화는 다음과 같은 트렌드를 보인다.

표 3.3 최근 법적·정치적 환경의 동향

사업 규제 증가	사업 법안은 불공정 사업 활동으로부터 기업을 보호하고, 대기업의 횡포로부터 사회를 보호하는 역할을 한다. 그러나 종종 새로운 법안은 사업의 성장을 더디게 하거나, 약화시킬 수도 있다.
특별 이익단체의 성장	소비자 보호단체와 같은 조직은 정부와 시민의 지지로부터 강한 권리를 획득하였다. 이러한 단체들은 실제 원가, 원자재 등의 공개를 요구하기도 한다.

2) 외부 거시적 환경 동향

욕구는 필요를 만족시킬 수 있는 구체적인 제품이나 서비스에 대한 바람이다. 이러한 욕구는 지속성에 따라 크게 일시적 유행(fad, fashion), 추세(trend)와 대추세(mega-trend)로 구분할 수 있다.

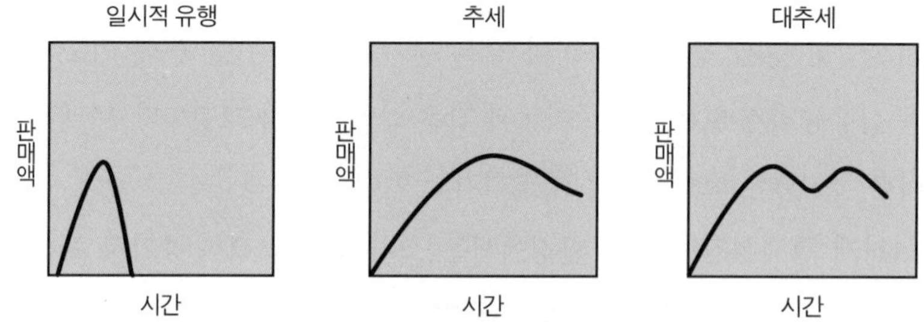

그림 3.4 일시적 유행, 추세, 대추세의 수명주기

① 일시적 유행(Fad, Fashion)

단기간이며 예측불가능하며, 다른 환경적 문제와 거의 관련이 없다. 예를 들어, 인기 드라마 여주인공이 하고 나온 머리핀이 일시적으로 유행할 수 있어도 그것이 장기적으로 지속되기는 매우 어렵다.

② 추세(Trend)

트렌드라고 하는데, 이것은 일시적 유행보다는 예측 가능하며 어느 정도 지속 가능하다. 예를 들어, 소득 수준이나 교육 수준의 향상에 따라 '웰빙'을 가치 있는 것으로 생각하는 사람들이 많아지면서 스포츠, 친환경 제품, 유기농 식품 등 다양한 건강 관련 산업에 영향을 준다.

③ 대추세(Mega-trend)

아주 장기간에 걸쳐 형성되는 사회적 · 경제적 · 정치적 · 문화적 변화를 의미한다. 보통 10년 정도의 주기를 거쳐 변화하는데 '신비주의', '삼삭주의' 등과 같은 것이 대추세에 해당한다.

이러한 대추세의 수명주기는 최근 환경의 불확실성과 가변성이 증가함에 따라 지속기간이 단축되고 있는 특징을 보인다. 따라서, 기업은 환경변화에 대응하기 위해 변화 트렌드를 미리 감지하여 환경을 정확히 이해하여야 한다.

3) 인구통계적 분석

사람이 시장을 형성하기 때문에, 마케팅 관리자가 매우 심도 있게 분석할 것은 인구통계적 환경이다. 인구통계적 환경은 측정가능하며 정신 · 심리적 환경과 대조되는 개념이다. 국가, 지역, 인구의 규모 및 증가율, 교육 수준, 가구의 유형, 연령 분포와 인종 혼합 정도 등이 있다.

① 연령구조

일반적으로 연령을 중심으로 소비자 집단을 구분하면, 베이비붐 세대, X세대, 밀레니얼 세대(Y세대), Z세대로 구분할 수 있다. 베이비붐 세대는 1946년에서 1964년 사이에 출생한 세대로 마케팅 환경을 조성하는 데 영향력이 매우 큰 집단으로 평가된다. 이 집단은 50대, 60대로 사회 전반에 미치는 영향력은 매우 크다. 경제성장에 따른 사회적 경쟁, 학력고사 등의 시험을 치른 세대로 안정을 추구하며 가정의 행복을 우선시하는 경향이 있다. 우리나라의 경우 초고령화 사회로 진입하면서 2025년에는 65세 이상의 인구가 25%를 차지할 정도로 시장 규모가 팽창하면서 쥬버네슨스 시장과 같은 실버산업의 시장 잠재력이 급성장하고 있다.

X세대는 1965년에서 1980년 사이에 출생한 집단으로 마케팅 잠재력 측면에서 다른 집단보다 상대적으로 간과되어왔다. 일반적으로 조심스러운 구매 성향을 보이고 양보다는 질을 중시하는 구매 패턴을 나타내고 있다. 전통과 관습에 구애받지 않고 보다 창의적인 마케팅 소구에 좀 더 호의적으로 반응하는 경향이 있다. 성공을 추구하지만, 상대적으로 덜 물질적인 성향도 보여준다. 혹자는 베이비붐 세대의 그림자에 가려진 세대라고 하지만 인터넷 1세대로서 디지털 시대 무한한 시장잠재력을 가지고 있다.

밀레니얼 세대(Y세대)는 1981년에서 1996년 사이에 출생한 세대로 2025년까지 전 세계 노동력의 75%를 차지할 정도로 미래 세계 경제에 미칠 영향력과 잠재력은 가장 크다고 예측된다. 디지털 기술이 삶 자체인 집단으로 서로 연결되어 있고, 현실적이며 절약하는 구매 성향을 보여준다. 최근 국내외 마케팅 활동은 밀레니얼 세대를 주된 고객으로 전개되고 있는데, SNS, 모바일 세대 특징에 걸맞게 이전 세대와는 다른 구매 패턴을 보여주고 있다. 이들의 구매 과정은 온라인, 오프라인, 모바일 경로를 넘나들면서 이루어지기 때문에 소위 옴니적 마케팅 접근만이 이 시장을 공략할 수 있을 것이다. 워낙 이 시장의 규모가 크기 때문에 마케팅의 성공은 밀레니얼 세대에 달려있다고 해도 지나친 표현이 아니다.

반면 Z세대는 1996년 이후 출생한 세대로 미래의 잠재시장으로 표현될 수 있다. 디지털이 DNA라고 표현할 정도로 밀레니얼 세대 못지않게 디지털 기술에 노출되어 있다. 이 세대는 성장하는 세대이므로 먼저 관여도를 높여 다양한 브랜드 경험을 제공하는 것이 중요하다. 기업의 마케팅 포인트는 브랜드 관계를 구축하여 미래 구매에 긍정적인 영향을 미치고 시장을 선점하는 전략이 주효할 것이다.

② 교육 수준

사회에 따라서 교육 수준 집단이 달라진다. 문맹, 초 · 중학교 졸업, 고등학교 졸업, 대학교 졸업 이상 등으로 나눌 수 있는데 여러 통계자료에 따르면 교육을 받은 사람일수록 레저, 전문서적 등의 수요가 높다.

③ 가정의 유형

최근 가정의 유형 또한 외부환경의 중요 요인이 되는데, 소형가전이나 햇반 등은 싱글세대를 타깃으로 한 제품이라고 할 수 있다. Michelle Conlin은 '결혼'을 가지고 집단을 구별해 각각의 집단은 독특한 욕구와 구매습관을 가지고 있다고 주장하였다. 예를 들어, SSWD집단, 즉 Single(독신), Separated(별거), Widowed(사별), Divorced(이혼)은 소형 아파트를 선호하며, 싸고 비싸지 않고, 포장단위가 작은 제품들을 선호하는 경향이 강하다.

4) 자연환경의 변화

자연환경은 이제 범지구적인 관심사가 되었다. 화학연료 사용으로 탄소배출량이 증가하여 '온난화 현상'의 문제점이 크게 부각되었고, 각 국가가 자발적으로 산업공해와 관련된 법규를 제정할 뿐만 아니라, 세계적으로도 탄소배출규제를 강화하고 있다. 환경문제는 이렇게 법적 · 정치적 이슈를 야기하기도 한다. 또한, 최근에는 '지속가능한 발전'에 대한 인식이 강화되면서 기업 스스로 환경규제를 따르고, 친환경 제품을 생산하거나, 그린마케팅을 실천하는 방향으로 변화하고 있다.

Banerjee 등(2003)은 기업 환경보호주의(corporate environmentalism)를 기업이 직면하는 환경문제의 중요성을 인식하고 기업의 전략적 계획에 반영하는 것이라고 정의하고 있다. 마케팅 관리자들은 환경의 추세, 즉 물 부족, 원자재의 부족, 유가의 불안정, 정치적 규제 등을 기회와 위협으로 인식하고 지속가능한 마케팅을 수행해야 한다. 이와 관련하여 더 구체적인 내용은 제15장 마케팅 윤리에서 다룬다.

MARKETING INSIGHT

코즈마케팅(Cause Marketing)

세계 최대의 커피 프랜차이즈 업체인 Starbucks는 1990년대 NGO 단체 글로벌 익스체인지(Global Exchange)의 공정무역 원두 사용 요청을 계속 거절해왔다. 2000년대 들어서면서 Starbucks가 불공정 무역으로 개발도상국 커피 농장의 농부들을 착취한다는 비판이 거세져 시민운동으로 확산될 조짐이 보이자 Starbucks는 황급히 공정무역 인증 커피를 구매하기로 결정하고, 지속적으로 공정 무역 커피의 비중을 늘려감으로써 기업의 평판을 회복할 수 있었다. 이러한 사례는 기업들의 사회적인 책임과 역할이 점점 더 중요해지고 있다는 점을 시사해준다.

코즈마케팅이란?

기업과 사회적인 영리 또는 비영리 단체가 상호이익을 위해 연계하는 것으로 코즈연계 마케팅(cause-related marketing)이라고도 한다. 이것은 공유가치창출(Creating Shared Value: CSV)을 위한 하나의 마케팅적 방법론이다.

코즈마케팅의 특징

① 소비자들의 소비를 통한 기부: 사회적 책임 활동을 수동적으로 수용할 것이 아니라 적극적으로 활용해야 한다는 의견이 점차 힘을 얻고 있다.
② 온라인 플랫폼의 활용: SNS를 코즈마케팅에 활용하는 기업들도 늘어나고 있다.
③ 기업들의 재능 기부: 지식, 기술, 서비스 등의 핵심 역량을 자사뿐 아니라 사회를 위해 사용하는 기업도 늘어나고 있다.

코즈마케팅 실행 시 고려요소

① 코즈를 선정함에 있어 일회성보다는 지속 가능한 코즈를 선정하는 것이 중요하다.

② 기본적으로 제품 및 서비스의 품질이 보장되어야 함을 물론, 기업과 사회 소비자들의 이해관계가 교차하는 접점을 찾아낼 때 코즈마케팅이 성공으로 이어질 수 있다.

③ 코즈마케팅은 소비자들의 입소문을 통해 전달되는 것이 바람직하다.

출처: 유재훈, '코즈마케팅(Cause Marketing) 공익과 실익의 접점을 찾으려면', www.lgeri.com, LG Business Insight, Weekly 포커스, 2012. 2. 1

5) 기타 외부 환경

① 소비자

기업은 그들의 표적시장을 선정할 수 있으나, 선정된 표적고객들의 특성을 통제할 수는 없다. 효과적인 마케팅 전략의 수립·실행을 위해 소비자가 무엇을 원하고, 인식하지 못한 욕구가 어떤 것인가 등의 소비자 집단에 대한 충분한 이해와 통찰력이 선행되어야 한다.

② 경쟁자

경쟁의 형태는 독점, 과점, 독점적 경쟁, 순수경쟁 등이 있으며 경쟁이 반드시 동일한 상품군에 의해서만 이루어지는 것이 아니므로 경우에 따라 대체품 및 유사 제품까지 경쟁상품의 범위에 포함시켜야 한다.

표 3.4 경쟁속성과 경쟁의 형태

	독점	과점	독점적 경쟁	순수경쟁
경쟁자의 수	하나	소수	여러 개	아주 많음
시장점유율	한 기업이 100%	소수가 높은 점유율 획득	각각의 기업이 낮은 점유율 획득	각각의 기업이 매우 낮은 점유율 획득
차별적 우위	제품/서비스의 유일한 제공자	비 가격적 마케팅 요인들	모든 마케팅 요인들	없음
시장 진입 용이성	어려움	어려움	쉬움	쉬움
주요 마케팅 과업	독점적 위치 고수	비 가격적 요인의 차별화	모든 요인의 차별화	가능한 넓은 유통망, 저가 공급에 대한 보장

③ 공급업자

제한된 자원을 배타적으로 소유하고 있으며, 제품 및 서비스를 유지 · 보수하는 데에도 영향을 준다. 공급업자를 선정할 때는 배달의 신속성, 제품의 유용성, 가격, 일정한 제품 품질 유지, 반품 처리 방법 등을 고려해야 한다.

④ 유통업자

유통은 기업의 가치를 전달하는 중요한 역할을 하지만 유통경로에 따라 통제 가능성의 차이가 발생할 수 있다. 유통업은 최종소비자의 특성에 따라 소매업과 도매업으로 구분되며, 시장 커버리지 전략에 따라 전속, 선택, 개방적 유통으로 구분할 수 있다. 이에 대한 자세한 내용은 제11장 유통전략에서 다룰 것이다.

3.6 마케팅 환경의 분석

1) 시장기회 확인

시장기회 분석을 수행하려면 우선 다음 질문에 대한 답을 구하여야 한다.

① 우리 고객에게 설득적으로 우리 제품의 혜택을 설명할 수 있는가?
② 우리 목표시장을 확인하고, 가격전략, 촉진수단, 유통경로를 통해서 효과적으로 접근가능한가?
③ 고객에게 전달해야 하는 혜택을 위한 핵심역량을 우리가 보유하고 있는가?
④ 경쟁자보다 나은 방법으로 고객에게 혜택을 전달하는가?
⑤ 우리의 마케팅 ROI, 마케팅 ROS가 기대치보다 나은 결과를 보여주는가?

즉, 마케팅 관리자는 마케팅 환경에서 포착할 수 있는 시장기회를 확인하기 전에, 우선 기업의 내부 환경과 역량을 정확히 파악할 필요가 있는 것이다.

2) SWOT 분석

기업의 내부 환경과 기업을 둘러싸고 있는 외부 환경을 분석하는 도구로서 SWOT 분석을 사용한다. SWOT 분석은 기업의 강점(strength), 약점(weakness), 기회(opportunity), 위협(threat) 등에 대한 전체적인 평가를 바탕으로 기업에게 적합한 전략을 수립하는 것이다. 외적 환경을 분석하면 기회(O)와 위협(T)을 확인할 수 있고, 내부 환경을 분석하면 강점(S)과 약점(W)을 도출할 수 있다. 이러한 내·외부의 현실을 정확히 직시하는 통찰력이 필수이며, 이것을 바탕으로 적절한 하위 전략을 수립하여야 한다. FedEx 기업의 SWOT 분석의 예를 살펴보면 다음과 같다.

① 외부/기회: 교통기반시설이 발달함에 따라 FedEx는 교통 · 통신 시스템을 이용하여 우편물을 더 빠르게 배송한다.

② 외부/위협: 한 국가의 법률 제정으로 이산화탄소 배출에 대한 규제가 강화되면 가솔린 엔진의 자동차를 생산하는 기업에 위협이 될 수 있다.

③ 내부/강점: 다른 기업에 비해 원가우위를 가지고 있거나, 차별화된 제품이나 서비스는 강점으로 작용할 수 있다.

④ 내부/약점: 강점과 반대로, 다른 기업에 비해 공급업자나 유통업자와의 관계구축이 원활하지 않으면 원가 또는 유통채널에 있어 약점으로 작용할 수 있다.

〈그림 3.5〉에서는 3M의 SWOT 분석을 도식화하였다.

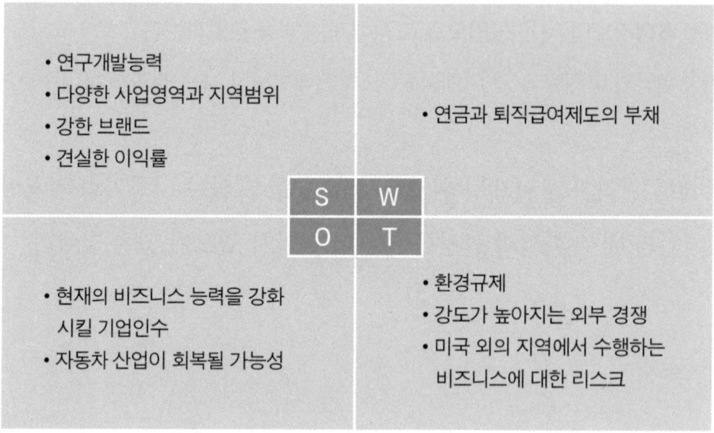

그림 3.5 3M의 SWOT 분석

연습문제

1. 다음 중 통제 불가능한 환경이 아닌 것은?

 1) 마케팅 부서
 2) 소비자
 3) 공급업자
 4) 경제환경

2. 주도적(proactive) 환경대응 전략이란?

3. 마케팅 환경은 내적 환경과 (   )로 구성되어 있다.

4. 최근 소비 트렌드 변화 중 두 가지만 나열하시오.

제4장

마케팅 조사와 시장수요 예측

MARKETING

TED 도입 사례

시행착오와 신(God)의 콤플렉스

2차 세계대전 중, 독일 포로수용소에 전쟁포로이자 의사였던 아치 코크란 사람이 있었다. 그는 한 가지 고민이 있었는데, 그를 비롯한 여러 환자들이 원인 모를 질병을 겪고 있는 것이었다. 이때 그는 비타민C와 비타민12를 몰래 수용소 안으로 들여왔고, 환자를 두 그룹으로 나눈 후 한 그룹에는 비타민C, 다른 그룹에는 비타민12를 제공했다. 그 후 며칠이 되지 않아 이유는 모르지만 비타민12를 먹으면 건강이 회복된다는 사실을 알게 되었다. 아치 코크는 즉시 포로수용소 책임자에게 이를 알렸고, 그 다음 날부터 포로들은 서서히 회복되어 갔다. 이 사례처럼 모든 정책을 수립할 때 반드시 무작위 대조 시험을 해야 한다는 것은 아니다. 아치 코크는 이런 것들에 대해 '신의 콤플렉스'라는 이름을 붙였다. 신의 콤플렉스는 아무리 복잡한 문제라도 자신의 해결책이 절대적으로 옳다는 확신을 갖는 것이다.

MIT의 물리학자인 Hidalgo는 5천 개 이상의 제품에 대한 데이터베이스를 읽고 그 제품들의 상호관계를 그래프로 나타내기 위해 네트워크 분석을 사용했다. 이는 경제성장을 연구하는 데 굉장히 훌륭한 연구였으며, The New York Times에 발표되면서 세상에 알려졌다. 하지만 우리가 사는 '실제 세상'은 너무나 복잡하다. 뉴욕에서 제공하고 있는 제품과 서비스의 수를 다 세면 약 100억 개 정도가 되며, 제품 한 개당 1초의 설명만 한다고 하더라도, 전부를 설명하려면 317년이 걸린다. 그럼에도 불구하고 우리는 우리만의 세계로 들어가서 "우리는 이제 다 이해해, 작용원리도 알고 그래서 도형이나 그래프도 그릴 수 있어"라고 말한다. 그러나 사실 우리는 완벽하게 알 수가 없다. 그렇다고 허무주의적으로 생각하라는 것은 아니다. 우리는 시행착오를 수없이 거치면서 이러한 문제를 해결할 수밖에 없다.

Unilever 생활용품 생산 공장에서 세제를 만든다고 상상해보자. 세제는 거대한 탱크에 가득 찬 액상 세제를 고압에서 노즐로 뿜어, 세제 스프레이를 만들고 그걸 말리면 된다. 그러면 최적의 노즐은 어떻게 만드는가? 이 문제를 신의 콤플렉스 식으로 해결하려면 액체역학에 대해 잘 아는 수학자와 물리학자에게 그 문제를 맡기면 된다. 그러면 그들은 노즐의 최적 디자인을 계산할 것이다. Unilever도 이런 방식을 시도했지만 문제가 너무 복잡해서 실패했다. 하지만 유전학자인 스티브 존스 교수는 시도와 실패, 변경 그리고 선택을 통해 문제를 해결했다. 노즐 하나로부터 시작해서 무작위로 변경된 노즐 10개를 만든 후, 그 중 가장 잘 되는 것만 두고 나머지는 버린다. 다시 가장 잘 된 노즐로 10가지 변형을 만들고 이 중 최고의 노즐을 고른다. 이런 작업을 45번 반복하면 최적의 노즐이 탄생한다. 신의 콤플렉스를 잊고 이것저것 여러 가지를 시도해 보고, 잘 되는 것만 체계적으로 골라낸다면 복잡한 문제를 해결할 수도 있다.

출처: Tim Harford, "Trial, error and the God complex", www.ted.com

도입 사례에서 볼 수 있듯이, 우리가 마케팅 문제에 직면할 때 그 원인을 규명하고 해결하는데 있어 여러 가지 시도를 하게 된다. 그러나 이론적으로 분명한 조사 기법과 해결 방법을 적용하는데도 기업은 자주 실패를 하게 된다. 이 또한 시행착오의 반복과 끊임없는 선택을 통해 개선해 나갈 수 있다. 이러한 시행착오는 복잡한 세상에 대한 정답을 얻는 과정이기 때문에 매우 중요하다. 이 장에서는 더 나은 마케팅 의사결정을 위하여, 합리적이고 과학적인 방법인 마케팅 조사 방안을 제안한다. 또한, 기업 활동의 시행착오와 실수에서 체득할 수 있는 교훈을 체계적으로 습득하려면 철저한 마케팅 조사가 필수적이고, 과학적인 조사와 예측이 요구된다.

4.1 마케팅 조사의 필요성과 목적

1) 마케팅 조사의 정의

마케팅 조사(marketing research)란 마케팅 문제를 해결하기 위하여 시장에 관한 다양한 정보를 기업의 내부 또는 외부에서 수집하여 과학적으로 조사·분석하는 것을 의미한다. 미국 마케팅학회(AMA)의 정의에 따르면, 마케팅 조사란 "올바른 마케팅 의사결정을 위하여 제품과 서비스의 마케팅과 관련된 문제에 관한 자료를 체계적으로 수집·기록·분석하는 것"으로 정의되고 있다.

이 정의에서 강조되고 있는 것은 첫째, 마케팅 조사는 체계적인 작업으로서 계획되고 조직적인 활동이라는 점이다. 둘째, 개인적인 판단보다 자료의 필요성이 강조되면서 마케팅 조사를 통한 정보의 축적이 중요시된다. 마지막으로 마케팅 조사의 목적은 특정 문제의 해결을 위한 것이다. 일상적인 마케팅 정보(marketing intelligence) 수집과는 달리 반드시 마케팅 관련 문제의 해결이나 마케팅 의사결정에 도움이 되어야 한다.

의사결정을 지원한다는 관점을 부각해 최근에 발표된 마케팅 조사의 정의는

"마케팅 관리자의 의사결정과정을 지원하는 정보의 개발 및 제시를 가능하게 하는 체계적이고 객관적인 접근"으로 규정하고 있다. 이 정의는 앞서 미국 마케팅 학회의 정의를 보강한 것으로, 객관적이라는 표현을 포함시켜 마케팅 조사에 편견이 들어가지 않도록 하고 공정한 조사가 되어야 함을 강조하고 있다. 다시 말하면, 조사는 반드시 과학적인 방법을 적용해야 하고 모든 사람이 공감할 수 있는 공통된 기준에 따라야 한다는 것이다. 또한 자료 대신에 정보란 표현을 사용하여 경영자의 의사결정과 관련성이 높은 자료의 필요성을 강조한다. 마지막으로 마케팅 조사와 의사결정과정 간의 관계를 특별히 강조한다. 유용한 마케팅 조사를 수행하기 위해서는 사용가능한 정보를 수집해야 하고, 경영자는 그 정보를 통해 기업 경영을 더 효율적으로 수행할 수 있어야 한다.

마케팅 조사는 관리자가 제품, 가격, 판매 및 유통, 통합커뮤니케이션 계획 등을 수립하는 데 필수적인 수단이 되고 있다. 대부분의 제품과 서비스는 치열한 경쟁 속에서 공급되고 있다. 대부분의 시장 상황은 공급량이 수요량을 초과하였기 때문에 기업들은 '제품생산의 양'에서 '고객만족을 보장하는 제품의 질'로 문제의 본질이 변화하였다. 때문에 기업들은 더 많은 소비자에게서 선택을 받으며, 이러한 선택이 반복되어야만 생존가능하다는 사실을 알게 되었다. 이제는 소비자가 원하는 특성을 두루 갖춘 제품을 생산해야만 소비자가 원하는 장소에서, 그들이 기꺼이 지불하려는 가격에 판매될 수 있다. 또한, 다양한 매체를 활용해 소비자를 효과적으로 설득해야 하는데 이러한 4P의 전반적 활동은 각 기업이 소비자들에 대한 조사를 거치지 않고서는 효과적으로 수행할 수 없기 때문에 기업은 반드시 효과적인 조사활동을 수행하게 된다.

최근에 기업은 고객의 잠재 욕구를 파악하기 위한 노력으로 흥미로운 고객관찰 조사 방법을 사용하거나, 마케터가 직접 고객의 가정이나 직장을 방문하여 생활환경 정보를 파악하는 에스노그래피(ethnography) 조사 방법을 사용하기도 한다. 에스노그래피는 원래 20세기 초 서구 문화인류학자들이 다른 문화를 연구하면서 시작된 방법인데 지금은 인류학뿐만 아니라, 사회학, 경영학 등 다양한 분야에서 현장조사(field research), 관찰조사(observational research), 참여자관찰조사(participant observational research) 등의 방법에 적용되어 사용되고 있다. 구체적으로 기업들은 이를 이용하여 소비자의 잠재된 욕구를 발견하거나, 감정이입 디자인(empathic design)을 위한 기초 자료로 사용하기도 한다. 감정이입 디자인은 생산자 또는 디자이너가 직접 사용자가 되어 느껴지는 사용자의 내재적 측면을 반영하는 것이다. 또한 고급 심리이론 신경과학 기술을 사용한 뉴로 마케팅(neuro marketing) 기법을 마케팅 조사 방법에 접목시키기도 한다.

2) 마케팅 조사의 필요성

기업이 시장에 대한 통찰력을 가지고 경영하기 위해서는 체계적인 조사를 통해 고객의 니즈와 원츠, 그리고 욕구 충족과정의 올바른 이해가 선행되어야 한다. 마케팅 조사 없이 시장에 진입한다면 기업자산 및 전체적 경영활동이 위험에 처하게 될 수도 있다. 비록 대부분의 기업이 마케팅 조사의 필요성을 인식하더라도, 조사에 대한 완전한 이해로 이어지지 않거나 중소기업들은 거의 시장조사를 시행하지 않는 경우도 있다.

시장 진입과 관련된 의사결정, 시장 확장, 유통업자 선정 등의 문제는 진입 이후의 상황에 따라 주관적인 평가로 대충 이루어진다. 조사를 했더라도 전문성 있는 조사보다 신중하지 못하고, 비체계적이거나 비과학적인 경우가 많다.

기업이 마케팅 조사 활동에 적극적이지 못한 주요 요인은 다음과 같다.

첫째, 소비자의 변화하는 니즈와 원츠에 민감하지 못하기 때문이다. 경영자들은 자신의 사업수행 방법이 최고인 동시에 모든 사람에게 받아들여질 수 있는 것으로 잘못 생각하는 경우가 있다.

둘째, 마케팅 환경의 중요성에 대한 인식부족이다. 경영자는 마케팅 환경은 통제불가능하기 때문에 환경의 트렌드와는 상관없이 생산된 상품과 서비스가 판매가능하다는 근시안적 시각을 가지고 있는 경우가 많다. 간혹 마케팅 환경의 중요성에 대해 인식하고 있는 기업도 여러 가지 문제로 인하여 마케팅 조사에 대한 투자를 꺼린다.

마지막으로, 마케팅 조사 결과를 신뢰하지 못하는 경우이다. 물론 조사 결과는 참고자료로 활용할 수 있고 이를 맹신하여 의사결정하는 것은 무리가 있다. 그러나 최근 조사 기법이 정교해지고 발달함에 따라 더욱 의미 있는 조사 결과를 얻을 수 있고, 이를 기초로 집행된 마케팅 프로그램에 대한 마케팅 성과가 더 정확하게 평가되고 있다.

경영자는 마케팅 조사를 통해 전략의 가능성과 타당성을 확인하고 개발한다. 우선, 조사는 검증, 평가 및 잠재적인 마케팅 기회의 비교와 시장선택을 위한 기초자료를 제공한다. 둘째, 마케팅 조사는 마케팅 계획 개발의 초기에 이루어진다. 최초 단계에서는 시장진입 여부에 대한 조사가 필요하고 이를 기초로 시장진입을 결정한다. 이어서, 개별 시장에 적합한 마케팅 믹스를 정하고 다양한 마케팅요소를 적절히 조절하기 위하여 계속해서 피드백해야 한다. 결국, 경영자는 시장조사를 통해 예상되는 사건을 다룰 수 있는 시장 지식, 적합한 조치 그리고 통찰력 있는 안목을 가져야 급변하는 시장에 대해 적절한 준비를 할 수 있다.

3) 마케팅 조사의 목적

기업이 어떠한 새로운 문제나 기회에 직면했을 때 마케팅 조사 프로젝트가 시작된다. 예를 들어, 신제품 개발, 제품계열(제품라인: product line), 새로운 시장의 개척 등 수많은 의사결정에 있어 마케팅 조사를 필요로 한다. 마케팅 조사는 그 조사 목적에 따라 탐색적 조사, 기술적 조사, 인과관계 조사의 세 가지로 분류된다.

① 탐색적(Exploratory) 조사

주로 조사 문제가 명확하지 않고 기존의 자료가 거의 없을 때 수행하는 조사로, 조사 문제를 확인하거나 분석 대상에 대한 아이디어나 가설(hypothesis)을 도출하기 위해 사용된다. 탐색적 조사는 문헌조사, 전문가 의견조사, 사례조사, 관찰법 등이 있다.

② 기술적(Descriptive) 조사

주로 조사 문제가 명확할 때 실시하며, 마케팅 현상의 특징이나 마케팅 변수들 간의 관련성 여부를 파악하기 위해 시행한다. 예를 들어 인구통계적 특성에 대한 조사 등이 이에 해당한다. 기술적 조사는 크게 두 가지로 분류하는데 첫째, 종단(longitudinal)조사로서, 이는 일정한 시간 간격을 두고 패널(panel)을 이용하여 반복적으로 정보를 수집하는 조사이고, 둘째, 횡단(cross-sectional)조사는 특정 시점에 모집단(population)에서 추출된 표본(sample)을 통해 필요한 정보를 단발적으로 수집하는 것이다.

③ 인과관계(Causal) 조사

마케팅 변수들 간의 인과관계에 대한 가설을 검증하는 것으로, 예를 들어 제품의 가격이 매출액에 미치는 영향이나 광고를 실시한 후의 소비자의 인식 변화나 매출액의 변화 등을 규명하는 조사 등이 이에 해당한다.

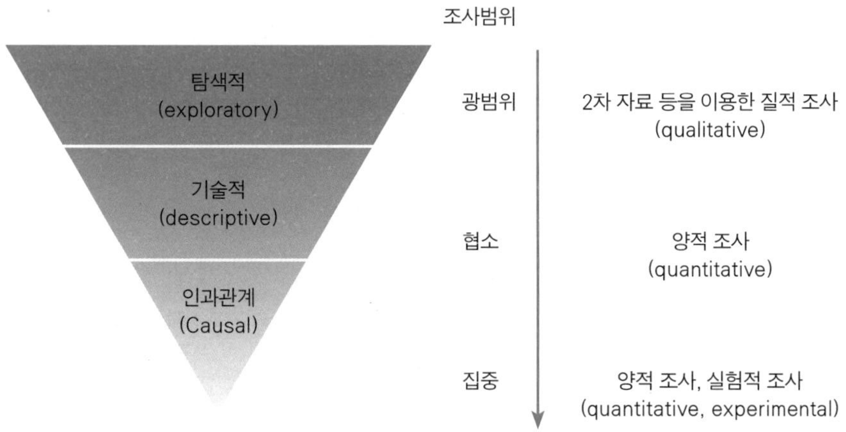

그림 4.1 조사 목적에 따른 방법의 구분

4.2 마케팅 조사의 진행 절차

마케팅 조사는 마케팅 정보 시스템에 의존하여 문제의 해결이 충분치 못할 경우 사용한다. 예를 들면, 냉장고의 경우 구매동기를 파악하여 경쟁사와 비교하기 위하여 마케팅 조사를 실시한다. 또한, 시장 잠재력, 시장별 특성 및 자사의 시장 점유율을 측정하기 위하여 마케팅 조사를 활용하며, 자사의 장기 및 단기적 예측 활동에 필요한 정보를 수집하기 위해 활용하기도 한다. 아울러, 신제품에 대한 시장의 기회 및 시장 수용 가능성을 평가하고, 자사의 기존 제품과 경쟁 제품을 비교하기 위하여 마케팅 조사를 이용한다. 효과적인 광고의사결정이나 판매 예측을 위해 마케팅 조사를 활용하기도 한다.

마케팅 조사는 일련의 체계적인 과정을 거쳐 진행되는데 먼저 문제가 발생하면 조사 문제를 정의한다. 이때 조사 문제를 잘못 정의하거나 너무 광범위 또는 협소하게 정의하면 마케팅 조사를 제대로 수행할 수 없게 된다. 이때 문제(problems)

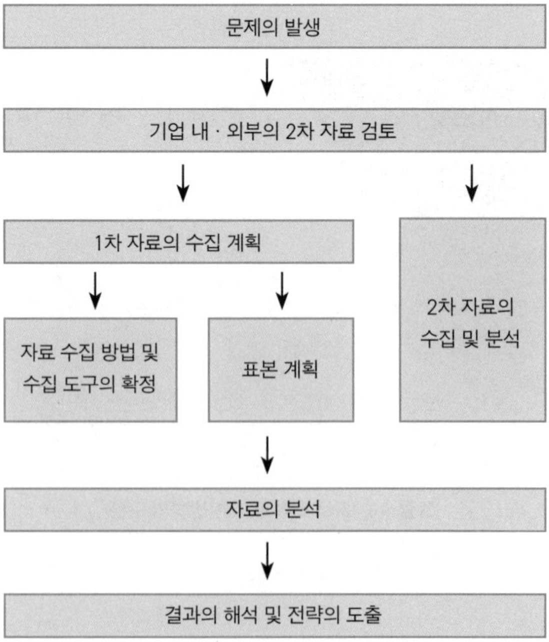

그림 4.2 마케팅 조사의 일반적 절차

와 증상(symptoms)을 구분할 필요가 있다. 예를 들면, 매출액이 감소하는 증상 이면에는 브랜드 애호도가 감소하는 문제가 있을 수 있다. 조사 문제가 명확히 정의되면 기업은 내부에 있는 2차 자료를 검토하여 정량적 조사 계획을 수립한다. 수립된 계획은 1차 자료의 수집과 2차 자료의 수집으로 나뉘어 진행된다. 1차 자료의 수집은 자료의 수집 방법 및 수집도구를 먼저 결정한 후 시행된다. 이 때 표본을 추출하기 위한 표본계획이 동시에 이루어진다. 1차 자료와 2차 자료의 수집이 완료되면 이들을 통합하여 여러 가지 기법들로 자료를 분석하여 결과를 도출하며 이에 기초하여 적합한 전략을 수립하게 된다.

1) 조사계획안의 확정

조사계획안은 조사 목적을 구체화하여야 하며 조사를 통하여 얻어내는 정보와 기대되는 효과, 조사예산, 조사기간 등을 포함한다.

2) 마케팅 조사업체의 선정

마케팅 조사를 내부에서 수행하지 못할 때 외부의 전문업체에 의뢰한다. 우선 제안서를 제출해 달라고 요청하고 접수한다. 제안서 심사 시에는 제안서 내용과 회사의 규모 및 업계의 평판, 조사 용역비, 과거의 프로젝트 수행 경험 등을 고려한다. 또한 경쟁 프레젠테이션을 통하여 업체를 선정하고 계약을 체결한다.

3) 마케팅 조사업체 활용의 이점

마케팅 조사를 직접 하지 않고 마케팅 조사 회사를 고용하는 것은 몇 가지 이점이 있다.

① 상호 전문성을 보완할 수 있다. 기업의 담당자는 산업에 대한 전문성을 갖고 있고, 조사회사의 연구원은 조사 방법에 대한 전문성을 갖고 있으므로 상호 간에

전문성이 보완된다.

② 지속적인 거래관계로 해당 산업에 대한 전문성을 제고시킬 수 있다.

③ 양사의 협의를 통하여 현실적으로 적용 가능한 대안이 제시된다.

④ 조사과정 전반에 대한 지속적 의사소통이 조사 성공의 핵심이 된다.

4.3 자료의 종류와 수집

마케팅 조사의 목적이 분명해지면 그 목적에 적합한 자료를 수집한다. 자료 조사에는 두 가지 형태가 있다. 1차 자료 조사는 기존 자료가 부족한 경우 특별한 조사 목적을 위하여 새로운 자료를 수집하는 것이고, 2차 자료 조사는 이미 수집되어 가공된 자료를 활용하는 것이다. 일반적으로 기업의 규모가 클수록 1차 자료를 더 많이 수집하며, 마케팅 의사결정 지원시스템을 개발할 수 있는 인적 · 물적 자본을 가지고 있어 유리하다. 2차 조사는 중 · 소규모의 기업이 부담 없이 이용하는 조사 방법이다.

1) 2차 자료 조사

2차 자료(secondary data)는 현재의 조사 목적에 도움을 줄 수 있는 기존의 모든 자료를 말하며, 정부 또는 조사기관의 간행물, 기업에서 수집한 자료, 학술지에 발표된 논문 및 다른 조사 목적으로 수집된 모든 자료를 포함한다. 즉, 2차 자료는 조사자가 현재의 조사 목적을 위하여 직접 자료를 수집한 자료인 1차 자료를 제외한 모든 자료를 말한다. 2차 자료는 다시 내부 자료와 외부 자료로 나뉜다.

내부 자료는 회사의 사내 자료를 의미하며, 그 예로서 회사의 영업실적, 임직원 현황, 영업비용, 원가 및 판매조직 등에 관한 자료를 말한다. 이러한 사내 자료에는 자사에서 조사한 과거의 조사 자료들도 포함된다. 내부 자료원으로는 고객과 판매원으로부터의 정보, 신용카드 사용분석, 소비자 패널(panel) 자료, 재무자료 등이 있다.

외부 자료는 타 기관에서 발행한 모든 자료를 의미한다. 그 예로 통계청과 같은 정부기관, 무역협회 같은 기관 또는 조사회사 및 컨설팅회사, 은행조사부 등에서 발간되는 각종 통계자료나 조사결과, 학술지 및 각종 신문 등에 공시되는 각 기업의 결산보고서 등이 포함된다.

2차 자료는 일반적으로 얻기가 쉽고 수집비용이 1차 자료에 비해서 저렴하며 공공기관에서 정기적으로 발간되는 자료들을 이용하여 계속 수집이 가능하다. 최근에는 공공기관의 통계에 대한 신뢰도가 높아지고 있어 그 효용이 점점 커지고 있다.

그러나 2차 자료는 자료수집 목적이 조사 목적과 일치하지 않는 경우가 많고 측정단위나 측정 방법이 다양해서 사용 시 주의가 필요하다. 또한 조사 목적에 필요한 자료의 신뢰성과 타당성이 나타나 있지 않을 때가 많으므로 2차 자료를 사용할 경우에는 그 자료의 원천과 적정성에 대한 평가가 선행되어야 한다. 이러한 단점에도 불구하고 기초조사에서 적절히 사용하면 시간과 노력을 절감할 수 있으므로 가능한 모든 2차 자료를 활용하고 부족한 자료는 1차 자료를 수집하여 사용하는 것이 바람직하다.

2) 1차 자료 조사

1차 자료(primary data)는 현재 수행 중인 조사 목적을 달성하기 위해 조사자가 직접 수집한 자료를 말한다. 1차 자료는 조사자에게 주어진 특정 문제를 해결하기 위하여 적합한 과학적 통계 방법을 통하여 사전에 수집된 자료이므로 조사 목적에 부합하는 정확도, 신뢰도, 타당도 등을 평가할 수 있으며, 수집된 자료를 의사결정에 적절히 이용할 수 있다.

그러나 1차 자료는 일반적으로 2차 자료와 비교하여 비용과 인력, 시간이 많이 소요되므로, 1차 자료를 얻기 전에 조사의 목적에 적합한 2차 자료의 존재 및 사용 여부를 먼저 확인하고 목적에 부합되는 2차 자료가 없는 경우에 한하여 1차 자료를 수집하는 것이 경제적이다.

1차 자료의 수집 방법은 조사자가 원하는 자료의 특성 및 조사 설계 등에 따라 달라지며, 조사비용 및 조사기간, 조사자나 수집원들의 능력에 의해서도 달라진다. 1차 자료를 수집하는 방법은 크게 서베이(survey), 관찰(observation), 실험(experiment)에 의한 방법으로 나눌 수 있다.

서베이는 설문지를 이용하여 자료를 얻거나 직접 응답자에게 질문하여 자료를 얻는 방법으로서 ① 자료를 얻는 방법이 얼마나 체계적인가, ② 어떤 자료를 수집하여야 하는가, ③ 실제로 어떤 방법을 통하여 자료를 수집하는가에 따라 다시 세부적인 기법으로 분류된다.

관찰법은 관심있는 어떤 상황을 측정하거나 응답자의 특정 행동이나 사건 등을 관찰하여 기록하는 방법을 의미한다. 이 방법에서도 ① 자료를 얻는 과정이 얼마나 체계적인가, ② 자신이 측정되고 있다는 사실을 응답자가 알고 있는가, ③ 측정할 때의 상황이 인위적인가, ④ 언제 발생한 상황을 측정하는가, ⑤ 어떤 도구를 이용하여 측정하는가에 따라 세부적으로 구분된다.

실험은 실험변수의 통제, 외생변수의 통제, 실험대상의 무작위화를 통하여 현상을 관찰하고 정보를 과학적으로 획득하는 조사 방법이다. 실험을 통한 조사는 자연과학에서 많은 발전이 이루어져 왔으며, 오늘날 소비자 행동 및 심리와 연관된 마케팅 연구에도 많이 적용되고 있다.

4.4 조사의 종류와 방법

마케팅 조사는 여러 가지 방법이 있는데, 일반적인 추이를 파악하여 마케팅 전략 수립에 반영하는 1) 서베이 조사, 2) 소비자 면접조사, 3) 모의 시장 조사, 4) 패널조사, 5) 관찰법, 6) 공동창출 및 대중소싱 등이 있다.

1) 서베이 조사

대표성이 있는 응답자들을 대상으로 표준화된 설문지를 이용하여 시장의 전반적인 추이(시장규모의 변화, 소비자의 구매형태 변화, 점유율 변화 등)를 파악하고 이를 근거로 마케팅 전략을 수립하려는 목적으로 진행하는 대표적인 마케팅 조사 기법이다.

① 수집되는 정보의 내용

서베이 조사로 수집되는 정보의 내용은 크게 제품 구매와 관련된 자료와 인구통계학적 정보로 구성된다. 제품 구매 관련 자료는 상표 및 광고의 인지도, 최근 구매상표, 상표별 속성 평가, 상표별 만족도, 제품 사용상의 문제점, 선호 상표 및 향후 구매 상표 등이 있다. 반면 인구통계학적 정보로 수집되는 자료는 소비자의 성별, 연령, 소득, 교육 수준, 직업, 가족구성, 주거 환경 등이 있다.

② 조사의 절차와 조건

서베이 조사는 보통 1) 조사 목적 및 방법의 결정, 2) 설문지 작성, 3) 조사 대상 표본의 결정, 4) 조사원 선발 및 훈련, 5) 자료수집, 6) 자료의 분석, 7) 보고서 작성 및 진단적 정보 제공의 순서로 진행된다. 조사를 진행하기 위해서는 조사의 대상이 되는 제품이 조사 대상자들에게 잘 알려져 있어야 하며, 보조물 없이도 조사를 진행할 수 있어야 한다. 또 30~40분 정도로 조사 시간을 제한하며, 조사비용은 표본의 수에 의해서 결정된다.

③ 정보 수집 방법

서베이 조사에서 정보를 수집하는 방법은 크게 네 가지가 있다. 우편 조사법, 전화 면접법, 대인 면접법, 온라인 조사로 자세한 내용은 〈표 4.1〉과 같다.

표 4.1 서베이 조사의 정보 수집 방법 분류

우편 조사	우편으로 발송된 설문지에 응답하도록 한 후 이를 반송용 봉투를 이용하여 회수하는 방법으로, 자료수집에 대한 비용이 적고, 응답 상의 오류를 감소시킬 수 있다. 이 방법은 질적 수준을 높이는 것이 대단히 중요한데 이를 위해 사전 허락을 받거나 답례품을 제공하는 등의 조치를 취한다.
전화 면접	사전 교육을 받은 조사원이 전화를 통하여 질문하여 응답을 기록하는 방법으로 짧은 시간과 적은 비용으로 조사가 가능하다. 그러나 응답하기 어렵거나 질문이 긴 경우는 적합하지 않다.
대인 면접	사전 교육을 받은 조사원이 조사 대상과 직접 대면 접촉을 통하여 자료를 수집하는 것으로, 어려운 질문에 대해 설명이 가능하여 비교적 정확한 자료를 수집할 수 있다. 그러나 조사비용과 시간이 많이 소모되며, 조사원의 임의적 판단으로 표본 선정의 오류가 발생할 가능성이 있다.
온라인 조사	응답자가 온라인에서 웹, 이메일 등을 통하여 응답을 기록하는 방법으로 비교적 시간과 장소에 구애받지 않고, 비용이 적게 든다는 장점이 있다. 그러나 조사 대상이 온라인 사용에 익숙하지 않은 경우 사용이 부적합하다. 이 방법도 우편조사와 마찬가지로 조사자와 응답자 간의 즉각적인 커뮤니케이션이 어려우므로 질적 수준 관리에 유의해야 한다.

2) 소비자 면접 조사

소비자 면접 조사는 소수의 응답자들과 집중적인 면담을 통해 새로운 제품 아이디어를 도출하는 조사 기법으로 정성적(qualitative) 조사이다. 계량적 또는 정량적(quantitative) 조사의 사전조사가 되며 전반적인 상황을 파악하는 데 사용된다.

소비자 면접 조사는 크게 FGI라고 하는 표적 집단 면접법(focus group interview)과 심층면접(in-depth interview) 두 가지가 있다.

① 표적 집단 면접법(Focus group interview: FGI)

소수의 응답자가 한 장소에 모여 자연스러운 분위기 속에서 진행자(moderator)가 제시하는 주제와 관련된 정보를 대화를 통해 수집하는 방법으로 1차 자료 수집에 널리 사용되는 방법이다. 보통 8~12명 정도의 소비자를 선발하여 사전에 준비된 면접 가이드에 따라 진행자가 면접을 진행, 대화 내용을 기록하는 방식으로 한 방향 거울(one-way mirror)이 설치된 장소에서 보통 진행한다.

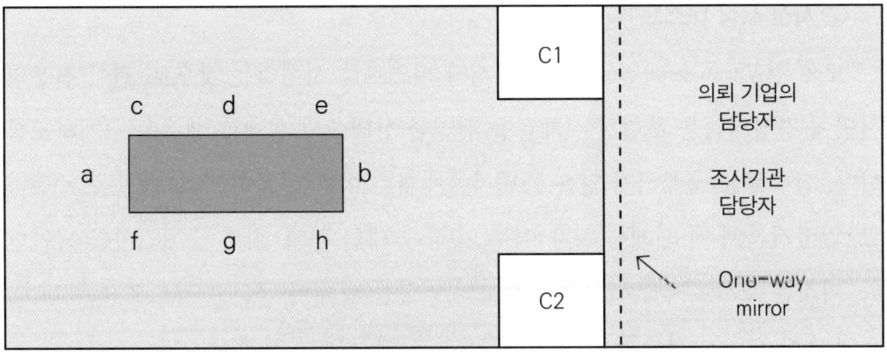

C1, C2: 카메라, a: 진행자, b: 기록인, c~h: 응답자

그림 4.3 면접 진행 장소의 예

② 심층면접법(in-depth interview)

1명의 응답자를 대상으로 더 깊이 있는 면접을 시행하는 경우, 기업 내부에서 마케팅 담당자가 고객, 유통업자, 전문가들을 만나 면담을 하는 경우가 이에 해당하나 상업적 조사에는 크게 활용되지 않고 있다. 심층면접법은 응답자의 반응에 따라 즉시 질문이 변경 가능하며, 일반적인 설문 조사에서 밝히기 어려운 소비자의 잠재적 욕구를 파악하는 데 용이하다.

3) 모의 시장 테스트(Simulated test markets)

① 시장 테스트(Test market)

전국적인 신제품 출시에 앞서 대표성 있는 중소도시의 유통점에서 실제로 제품을 판매하면서 시장성공 가능성을 검토하는 것으로, 시제품과 마케팅 믹스에 관한 의사결정이 준비된 상태에서 최종적으로 점유율을 예측하고 마케팅 믹스를 수정하기 위해 사용된다. 단점으로는 과다한 비용과 장시간의 조사기간, 정보노출, 시장 테스트의 성공과 실제 성공과의 차이, 국내에서는 비용, 시간, 동질적인 상권 특성, 정보노출 등의 이유로 극히 제한적으로 사용되고 있다.

② 사전 시장 테스트(Pre-test market)

모의 점포(simulated store) 내에서 시장 테스트를 시행하는 것으로, 간이 점포의 선반에 경쟁제품을 포함한 신제품을 진열한 상태에서 실제로 제품을 구매하도록 한다. 신제품을 구매하지 않은 소비자들에게는 이유를 물어본 후 샘플을 증정하고, 일정기간 후에 신제품 사용 여부, 속성에 대한 평가, 향후 구매의사를 확인한다. 이것은 조사로서의 서베이와 광고의 역할을 함께 수행하는 것으로, 마케팅 믹스에 대한 진단적 정보를 제공하고 점유율을 예측할 수 있게 해준다.

4) 소비자 패널 조사

소비자 패널(panel)은 조사회사 또는 제조회사와 계약을 맺고 지속적으로 자료를 제공하기로 한 소비자 집단이다. 패널 조사란 동일한 소비자에게서 반복적으로 구매와 관련된 자료를 수집하며 비내구재의 의사결정에 유용한 자료수집 기법이다.

현재 국내에서는 일기형식으로 기록하게 하는 패널을 운영 중이며, 패널들에게는 어떤 형태의 보상을 통해서 패널을 유지할 수 있어야 한다. 패널조사의 장점은 높은 응답률을 들 수 있으며, 시간이 지남에 따라 변화하는 소비자의 태도를 발견할 수 있다. 패널자료를 이용하여 소비자의 구매형태에 따라 목표시장 선정 전략 수립이 가능하다.

5) 관찰법

조사 대상을 직접 관찰하여 자료를 수집하는 것으로, 소비자의 입장에서 고객의 잠재된 욕구를 발견하기에 적합하다. 또한 소비자가 의견을 직접 언어로 표현하는 것은 의사전달에 있어 왜곡의 가능성이 존재하기 때문에 최근 기업들은 첨단장비를 이용하여 소비자의 반응과 행동을 관찰한다.

표 4.2 관찰조사에서 사용되는 장비의 예

장비의 종류	조사 방법
Galvanometer	땀의 분비, 맥박수의 증가 등 신체반응을 측정하여 마케팅 자극에 대한 관심과 감정의 정도를 조사한다.
Eye camera	마케팅 자극에 대한 눈동자의 움직임을 조사하여 관심 정도를 측정하는 것이다. 소비자가 새로운 환경에 직면하였을 때 가장 먼저 응시하는 지점을 파악하거나, 시선의 움직임 등을 추적하여 선반의 위치를 결정하기도 한다.
People meter	시청률 조사 등에 쓰이는 방법으로, 조사기관은 패널을 수집하여 각 패널의 시청 정보를 취합한다.
Scanner date	ID카드를 소유한 소비자의 구매활동을 소매점에 설치된 스캐너가 읽어 수집한 자료를 말한다. 스캐너는 제품의 가격뿐만 아니라 판매 시점, 판매 장소 등의 정보를 포함하며, 실제 일어났던 구매 상황을 집계한 데이터이므로 마케팅 활동에 큰 도움이 되기도 한다.

이상에서 소개한 다양한 조사 방법을 정리하면 〈그림 4.4〉와 같다.

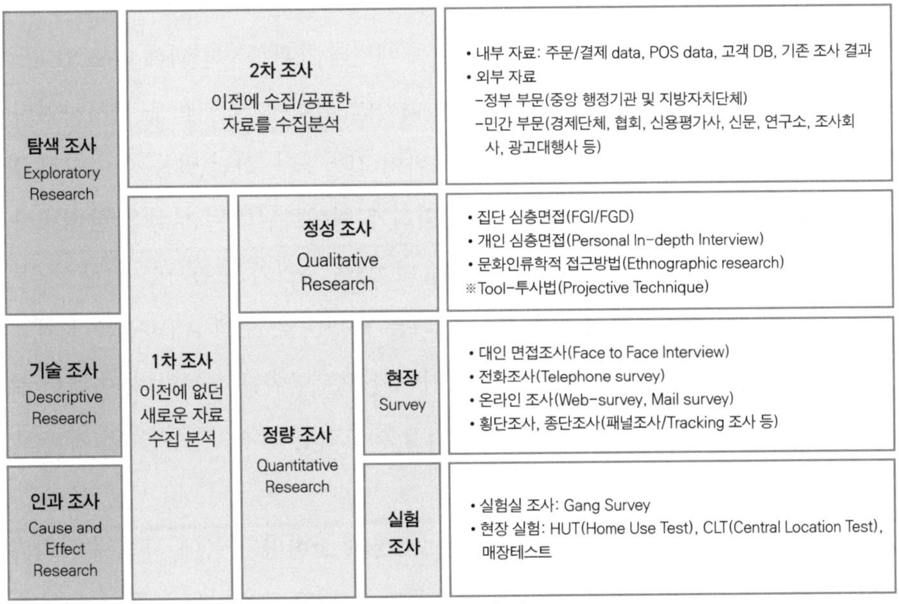

그림 4.4 마케팅 조사 방법의 종류

4.5 마케팅의 뉴트렌드

1) 뉴로 마케팅과 뇌 과학

최근 기업들은 뇌 과학을 통해 인간의 심리를 해석해 마케팅 계획에 반영하는 뉴로 마케팅(Neuro marketing)을 활용하고 있다. 뉴로 마케팅은 뇌에 정보를 전달하는 뉴런(neuron)과 마케팅이 결합한 것으로서, 소비자가 자각하지 못하는 무의식적 반응, 감정, 감각 등과 관련한 두뇌 자극 활동을 분석해서 마케팅에 접목한 새로운 방식이다. 뉴로 마케팅은 인체의 다양한 생리적 반응을 연구대상으로 한다. 뇌 속의 혈액 흐름을 촬영하는 fMRI(기능적 자기공명 영상), EEG(뇌파), HR & SC(심박수와 땀 분비), Facial EMG(안면 근전도), Eye Tracking(시선 추적)에 이르는 다양한 연구를 통해 소비자의 마음을 더 잘 이해하고자 노력하고 있다. 뉴로 마케팅은 그 활용분야가 매우 다양하다. 브랜드 제품, 포장, 매장 내 마케팅까지 다양한 분야에 활용하고 있으며 광고, 소셜 미디어와 같은 소비자 소통 채널의 효과까지 간파해 내고 있다.

한 예로, 일본의 Honda사는 오토바이 디자인 설계에 뇌 과학을 접목하였다. Honda는 뇌세포 활성화 측정을 통해 오토바이 전면부가 '화난 얼굴' 이미지일 경우, 피실험자의 뇌세포가 가장 빠르고 강렬하게 활성화된다는 사실을 밝혀냈다. 즉, 오토바이를 본 상대편 운전자의 인지율이 43% 올라가 교통사고가 감소되는 효과가 나타나는 것이다. 이러한 분석 결과를 바탕으로 모델 ASV-3를 설계하여 교통사고 발생을 최소화할 수 있는 디자인의 오토바이를 선보였다. 이러한 분석은 실제로 제품을 사용하는 소비자의 입장을 고려한 감정이입 디자인(empathic design)과 연결된다.

통조림 수프로 유명한 Campbell's사는 40명의 소비자가 몸에 시선 추적기와 센서를 붙인 채 슈퍼마켓에서 쇼핑하도록 했다. 그리고 소비자의 눈동자 움직임, 심장 박동 수, 호흡 변화, 피부 습도 등을 측정하고 몸동작을 세밀하게 관찰해 분석 결과를 토대로 라벨의 레이아웃과 사진, 컬러 등을 바꿨다. 이는 기존의 단순관찰법에서 더욱 발전하여 기업의 구체적인 마케팅 활동의 지침으로 사용될 수 있음을 보여준다. 급격히 진보하는 뇌 과학과 뇌 측정의 도구들은 향후 소비자의 무의식을 해석하는 데 도움을 줄 것이며, 기업과 브랜드, 제품과 서비스 마케팅에 직·간접적으로 큰 영향을 미칠 것이다.

2) 공동창출 및 대중 소싱

공동창출(co-creation)은 신제품의 창출과정에 사용자를 적극적으로 참여시켜 아이디어 창출, 원형 제작 및 테스트 과정 전반에 걸쳐 사용자와 함께 진행하는 방법으로 최근 소비자 참여가 확대되면서 주목받고 있는 방법이다. 대중 소싱(crowd sourcing)은 대중에게서 아이디어를 얻는 방법으로 공모전 등을 통하여 아이디어를 획득하고 있다. 아마존의 Mechanical Turk는 대중 소싱을 활용하여 유료 서베이를 대행해준다. 공동창출과 대중 소싱을 통해 수집된 정보는 다수의 의견을 신제품이나 아이디어에 반영할 수 있는 동시에, 그 과정에서 자연스럽게 대중에게 홍보가 되는 효과를 얻을 수 있다.

MARKETING INSIGHT

Disney의 비밀 연구실

2009년 Disney는 소비자가 어떠한 종류의 광고에 반응하고 주의를 기울이는가를, 그리고 왜 그러한 행동이 나타나는가를 파악하기 위해 나섰다. Disney는 전형적인 시청자 의견을 담은 보고서에 의존하지 않고 과학적인 접근을 시도하는 미디어 광고 연구실(Disney Media & Advertising Lab)을 개설했다. Disney 미디어 광고 연구실은 소비자가 TV와 인터넷을 보는 행동 패턴을 관찰하여 분석한다. ESPN은 Disney 미디어 광고 연구실에 광고 효과성을 의뢰했다. 스폰서 기업 광고를 경기 중간에 보여준 결과 TV 중계 중간에 상영되는 광고에 사람들이 단지 광고 시간의 12.6초만 관심을 기울인다는 사실을 알 수 있었다. 반면 기업 이름이 화면에 비치면서 동시에 기업 이름을 오디오로 말하는 기업 광고가 가장 큰 효과를 나타냄을 확인했다. Disney 미디어 광고 연구실은 다양한 실험 결과를 토대로 광고 제작자와 광고주를 대상으로 광고에 대한 가치 있는 투자와 그에 상응하는 성과 측정에 대한 의미 있는 가이드로 활용하고 있다.

Cheil, "Special 뉴로 마케팅(Neuro Marketing)", November, 2013

4.6 설문지 작성

설문지는 1차 자료 수집을 위해 사용되는 표준화된 측정도구이다. 작성순서로는 사전 단계, 개별 항목의 검토 및 완성, 질문의 순서 결정, 설문지 초안의 완성, 사전 조사 등이다.

① 설문지 작성을 위한 사전 준비단계

수집할 정보 내용을 확정하고, 개념적 정의의 측정이 가능하도록 조작적 정의로 구체화한다. 이러한 과정을 개념의 조작화(operationalization)라고 한다. 개념적 정의는 모든 응답자가 이해할 수 있는 수준의 자세하고 명확한 정의여야 한다.

② 개별 항목의 검토 및 완성

먼저, 개별 항목을 검토하고 완성하기 위해서는 자료 수집의 가능성을 검토한다. '이 질문이 꼭 필요한 것인가?' '응답자가 필요한 정보를 알고 있는가?'(특히 제품이나 특정 상표 사용 경험이 없는 경우) 등의 질문으로 자료수집 가능성을 검토한다.

두 번째로, 응답 형태를 결정한다. 응답 형태는 개방형 질문(주관식 질문)과 객관식 질문(선택형 질문)이 있다. 응답자들이 대답하기 쉬운 선택형으로 작성하되 응답자의 새로운 아이디어가 필요한 경우 또는 설문작성자가 생각하지 못한 응답을 받기 위한 경우에만 개방형으로 하는 것이 좋다.

마지막으로 척도의 의미와 종류를 파악하여, 조사 목적과 적합한 종류의 척도를 선정해야 한다. 척도는 명목척도, 서열척도, 등간척도, 비율척도로 구분되며 숫자 시스템과 특징이 서로 다르다. 이를 정리하면 다음과 같다.

표 4.3 척도의 의미와 종류

척도	숫자시스템	대표 값	특징	보기
명목척도 (nominal scale)	확인, 분류,구분	최빈치	4칙 연산 불가능 구분만 가능	우편번호, 성별 구분
서열척도 (ordinal scale)	순위 비교	중위수	순서개념, 구분+순서	퍼센트(%)
등간척도 (interval scale)	차이 비교	산술평균	(+)와 (-)가능해짐 구분+순서+차이	온도계
비율척도 (ratio scale)	절대적 크기 비교	조화평균	절대적인 기준점으로 0이 존재함	체중계

③ 질문의 순서 결정

쉬운 내용부터, 논리적으로 연결되게, 내용이 바뀔 때는 페이지를 다르게, 응답에 따라 다음 질문이 달라질 경우에는 이를 명확하게 표시해야 한다. 또, 인구통계학적 질문은 보통 설문지 마지막에 위치한다.

④ 설문지 초안의 완성

표지를 작성하고, 보안 유지를 위한 질문을 삽입한다. 예를 들어, 응답자가 경쟁회사, 조사회사, 광고회사에 근무하는지 등을 확인한다.

⑤ 사전조사

소수의 소비자를 통해 설문지의 문제점을 파악한다.

4.7 표본 추출 계획

1) 전수조사와 표본조사

전수조사(census)는 모집단 전체를 조사하는 경우이다. 예를 들어, 불량품 검사를 할 경우 모든 제품에 대한 검사가 이루어질 때를 전수조사라고 한다. 전수조사는 시간과 비용이 많이 들고, 시간의 경과에서 생기는 전수조사의 오류, 즉 비표본오차가 발생할 가능성이 있다. 표본조사(sample)는 모집단에서 특정 기준으로 표본을 추출하여 조사하는 것을 의미한다. 예를 들어, 서울특별시 및 전국 5대 광역시 지역에 거주하며, 조사 당일 현재 만 15세~25세 미만의 남녀로 표본을 설정할 수 있다. 표본은 모집단에 대한 대표성을 충분히 가지고 있어야 하며, 그렇지 않으면 표본오류가 발생한다. 전수조사와 표본조사는 그 조사의 대상, 성격과 목적 등에 따라 달라진다.

2) 표본 추출의 일반적인 과정

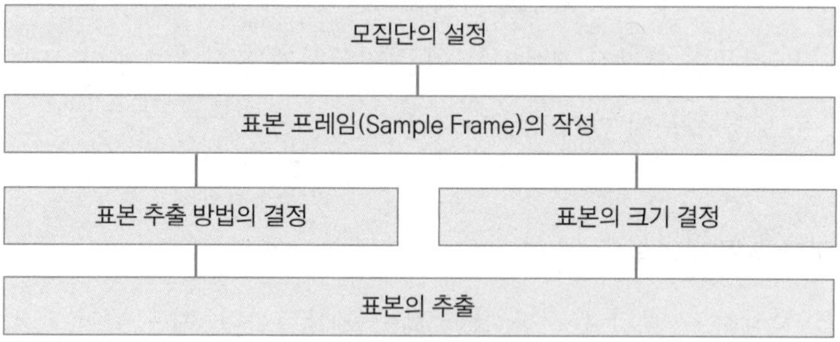

그림 4.5 표본 추출의 과정

① 모집단의 설정

모집단 설정을 위해 우선 목표시장이 결정되어야 한다. 예를 들어 탄산음료 선호도에 대한 조사를 실시할 경우, 최근 1개월간 탄산음료를 1회 이상 구매한 자 등의 기준을 적용하여 모집단을 설정해야 한다.

② 표본 프레임의 작성

모집단 내에 포함된 구체적 조사 대상들의 명단이 수록된 목록으로 전화조사를 할 경우, 전화번호부를 활용하는 것이 좋다. 대인면접이 중심인 상업적 시장조사에서는 표본 프레임이 없는 상태에서 표본 추출을 진행하는 경우도 많다.

③ 표본 추출 방법의 결정

표본 추출은 크게 확률 표본 추출 방법(probability sampling)과 비확률 표본 추출 방법(non-probability sampling)이 있다.

확률 표본 추출 방법은 연구 대상이 표본으로 추출될 확률을 미리 알 수 있는 표본 추출 방법으로, 분석결과를 일반화할 수 있다. 표본 프레임이 있는 경우 정확한 표본오차 계산이 가능하다는 특징이 있고 표본은 무작위로(randomly) 추출된다. 확률표본 추출의 방법은 일반적으로 세 가지로 분류한다.

비확률 표본 추출 방법은 표본 프레임이 없는 경우인데 조사대상이 표본으로 추출될 확률을 모르는 상태에서 표본이 선정된다. 이는 분석결과를 일반화시키는 데는 한계점이 발생하며 상업적 조사에서 주로 이용한다. 비확률 표본 추출의 방법은 일반적으로 세 가지로 분류한다.

표 4.4 확률표본 추출 방법

단순무작위 추출 (Simple random sampling)	가장 기본적인 추출법으로, 모집단에 포함되는 모든 표본이 동일하게 선택될 확률을 가지도록 선정된 표본 프레임 내에서 각 표본 단위에 일련번호를 부여한 뒤, 샘플링 카드나 난수표를 사용하여 선정된 번호에 따라 무작위로 추출하는 방법이다. 예를 들어, 100명 크기의 모집단에서 10개의 표본을 추출할 경우, 컴퓨터를 이용하여 100개의 난수와 일련번호를 발생 시킨 후 100개 중 10개를 무작위로 추출하여 모집단의 일련번호와 일치하는 표본을 추출하는 것이다.
층화 표본 추출 (Stratified sampling)	모집단을 특정 기준에 따라 상이하고 배타적인 소집단으로 나누고 이들 각 소집단으로부터 표본을 무작위로 추출하는 방법이다. 층내 집단은 동질하며 층간의 성질은 이질적이어야 한다. 예를 들어, 특정 백화점 건물 내 모든 소매점을 모집단이라고 할 경우, 각 층으로 소집단을 분류하고, 각 층에서 일정한 수의 표본을 무작위하게 추출한다.
군집 표본 추출 (Cluster sampling)	모집단을 특정 기준에 의해 소집단으로 나눈 후, 일정 수의 소집단을 무작위로 표본 추출한 다음, 추출된 소집단 내의 전체를 조사대상으로 삼거나 그 소집단의 상당 부분을 표본으로 다시 추출하는 표본 추출 방법이다. 예를 들어, 지역별로 모집단을 구분한 후, 특정한 지역을 표본으로 하여 그 지역 전체를 조사하는 방법이 이에 해당한다.

표 4.5 비확률 표본 추출 방법

편의 표본 추출 (Convenience sampling)	조사자가 자의적으로 조사 목적에 가장 적합하다고 판단한 표본을 선정하는 방법이다. 예를 들어, 신제품의 성능을 테스트하기 위해 지원자를 대상으로 조사하는 방법이 이에 해당한다.
판단 표본 추출 (Judgements sampling)	조사자가 자의적으로 조사 목적에 가장 적합할 것으로 판단되는 특정 집단을 표본으로 선정하는 방법이다. 예를 들어, 신제품을 출시하기 전 제품의 시장 잠재력과 특성을 가장 잘 반영할 것으로 판단되는 대표적인 특정 도시 한 곳을 표본으로 선정하는 것이 이에 해당한다.
할당 표본 추출 (Quota sampling)	모집단의 특성을 기준으로 표본을 추출하는 것으로 예를 들어 동일한 연령대를 모집단 수에 비례하여 표본을 추출, 모집단의 구성원들을 대표하도록 하는 것이다.

4.8 마케팅 조사의 혜택 평가와 보고서 작성

자원의 할당은 마케팅 조사에서 주요 요소이다. 마케팅 조사를 하려면 시간과 자본이 필요하다. 전형적인 중소기업에 두 가지 형태의 자원은 가장 민감하고도 부족한 부분이다. 마케팅 조사에 올바르게 자원을 할당하려면, 경영자는 반드시 조사가치가 있는가를 파악해야 한다. 조사의 가치는 두 가지 관점에서 평가할 수 있다. 첫 번째는 기업이 조사에서 얻는 혜택을 분석하는 것이다. 다른 하나는 만약 조사가 수행되지 않을 때 기업이 입을 수 있는 위험을 분석하는 것이다.

1) 시장조사의 혜택

의사결정에 있어 조사의 가치는 다음 공식에 따라 결정될 것이다. 조사의 이익을 포함한 의사결정의 가치는 분명히 조사 비용을 초과하여 조사하지 않은 의사결정의 가치보다도 커야 한다.

$$V_{(dr)} - V_{(d)} > C_{(r)}$$

여기서, $V_{(dr)}$: 조사의 이익을 포함한 의사결정의 가치
$V_{(d)}$: 조사의 이익을 제외한 의사결정의 가치
$C_{(r)}$: 조사 비용

2) 부적절한 조사의 위험성

조사자가 충분한 정보 없이 마케팅 업무를 수행한다면, 마케팅 실패를 초래할 수 있으며 이로 인해 기업이 위험에 직면할 수 있다. 이러한 위험은 시장진입의 효율성을 저해하고 시장에서 경쟁력을 상실하게 된다. 조사하지 않는 경우 직면할 수 있는 다양한 시나리오를 파악하여 부적절한 조사의 위험성을 평가하여야 한다.

마케팅 조사는 경영자가 좀 더 나은 마케팅 의사결정을 하도록 도와준다. 여기서 중요한 것은, 마케팅 조사를 도구로 인식해야 하며, 판단으로 무조건 대체해서는 안 된다. 즉 조사를 통해 전체적인 실수를 피할 수 있고 부적절한 경험 또는 믿을 수 없는 직관을 보충해 줄 수 있다.

3) 보고서 작성

보고서 작성은 명확하면서 간결하게 해야 한다. 즉, 의사결정자가 빠른 결정을 할 수 있도록 하는 것이 중요하다. 또한, 객관성을 유지해야 하는데 조사자의 주관적인 의견보다는 논리적 근거와 객관적 자료를 바탕으로 작성해야 한다.

보고서의 구성요소로는 제목, 보고서 목차, 서론, 조사 방법, 조사결과의 분석, 연구결과의 요약 및 결론, 전략적 제안을 포함한 결론 및 권고사항으로 구성되어 있다. 또한 조사 설문지는 부록으로 따로 첨부하는 것이 좋다.

보고서를 작성한 후 조사 의뢰인이나 조사기관에 발표를 하게 되는데, 이때 몇 가지 주의해야 할 사항들이 있다. 발표자는 발표 보조기구 등을 사전에 미리 점검해야 하며 조사 의뢰인의 성향을 분석하여 의뢰인의 반응을 예측하고 상황에 맞는 시나리오를 작성해야 한다. 또한 예행연습을 통하여 내용을 충분히 숙지한다. 발표의 서두에는 조사의 결과를 설명함으로써 주의를 환기시키는 것이 좋다. 아울러, 도표나 그림, 차트 등을 통해 간략하고 명쾌한 설명을 하며 질문에 대해서는 핵심만 간결하게 답변하는 것이 바람직하다.

4.9 시장수요 예측

기업이 마케팅 조사를 하는 주요한 목적 중 하나는 시장을 예측하여 마케팅 기회와 위협을 동시에 확인하는 것이다. 마케팅 관리자는 판매예측에 대한 조사를 수행할 필요가 있으며 이는 기업 내부의 타 부서에 지대한 영향을 미친다. 산출된 판매예측은 재무와 회계부서에서 예산을 할당하는데 사용되며, 제조부서에서는 생산규모 조정을 위한 투자 및 운영비 산정에 사용된다. 또한, 구매부서에서는 이러한 판매 예측을 바탕으로 필요한 원자재와 재고를 구매하게 된다.

판매 예측은 수요 예측에 기반을 두고 있으므로 잘못된 수요 예측은 마케팅 부서뿐만 아니라 기업 전체에 중대한 악영향을 미칠 수 있다. 따라서, 마케팅 관리자는 정확한 수요예측을 해야 하며, 이를 바탕으로 적절한 마케팅 전략을 수립해야 할 것이다.

다음의 사례는 수요 예측의 복잡성을 말해준다. 미국의 대형 쇼핑몰에서 조사를 실시했는데, 아기 기저귀와 함께 가장 잘 팔린 제품은 무엇일까를 규명하기로 했다. 아기들이 먹는 분유나 우유, 장난감일까? 발견은 전혀 예기치 못한 것으로 맥주였다. 아내의 부탁으로 기저귀를 사러 간 남편들이 둘러보다 맥주를 구입한 사실을 발견하게 되었다. 실제로 미국의 Wal-mart에서 맥주와 기저귀를 나란히 진열하자 맥주 매출이 크게 늘어났다고 한다. 비슷한 예로 고급 테니스 라켓을 구입한 소비자는 골프채를 구입할 확률이 높다는 사실을 발견하기도 했다. 이렇게 제품들이 서로 복잡하게 연계되어 있어서 정확한 수요예측을 하는 것은 매우 어려운 작업이다. 하지만 정교하고 체계적인 접근을 통하여 수요 예측의 실수를 줄일 수 있다.

1) 시장의 구분

판매 예측은 수요 예측을 바탕으로 시행되며, 수요는 일차적으로 시장의 규모와 특성에 따라 달라진다. 서로 다른 수요를 보여주는 시장의 구분을 살펴보면 다음과 같다.

① 잠재시장(Potential market)

기업의 제품이나 서비스에 대해 이미 알고 있으며 구매하기에 충분한 수준의 관심이 있는 소비자 집단을 말한다. 그러나 제1장의 수요의 정의에서 언급하였듯이 수요는 특정 제품이나 서비스에 대한 욕구가 구매의사와 능력에 의해서 뒷받침될 때의 욕구를 말하는데 여기서는 구매의사가 있음에도 불구하고 경제력이나 접근성 등의 문제로 아직 구매하지 않은 시장의 상태이다.

② 이용가능시장(Available market)

기업의 제품과 서비스에 대해 이미 알고 있으며 관심, 구매 능력과 접근성이 모두 갖추어져 있는 모든 소비자 집단을 말한다. 이 시장은 잠재시장의 한 부분에 속한다. 기업은 이용가능시장 중의 일부를 표적시장(target market)으로 정하여 마케팅 활동을 수행한다.

③ 침투된 시장(Penetrated market)

이미 기업의 제품과 서비스를 구매한 소비자 집단을 말한다. 이들은 반복 재구매 또는 구매 확장의 의사가 있거나, 반복 구매하지 않을 수 있다. 이 시장을 위해서는 교차판매나 판매확장의 전략이 효과적일 수 있다.

2) 수요 예측 방법

미래 판매를 정확히 예측하는 것은 매우 복잡한 작업이다. 급속히 변화하는 시장 환경과 예측 불가능한 다양한 변수 때문에 수요를 완벽히 예측하는 것은 거의 불가능하다. 마케팅 관리자는 주어진 상황에서 최대한 합리적인 예측을 위해 정성적 방법과 정량적 방법을 모두 사용해야 한다.

정성적 방법의 대표적인 것으로는 델파이 기법(delphi method)과 판매원 의견통합법(sales force composite) 등이 있다. 정량적인 방법은 크게 인과적 모형과 시계열 모형으로 분류되는데 인과적 모형(causality model)에는 회귀모형(regression analysis)과 계량 경제적 분석(econometric analysis) 등이 있고, 시계열 모형(time-series model)에는 이동 평균법(moving average method)과 지수 평활법(exponential smoothing) 등이 있다. 이 외에도 통계적인 방법을 이용하여 수요를 예측하기도 한다.

① 델파이 기법

가장 일반적인 정성적 방법으로, 이전에 유사한 사례가 존재하지 않아서 수요에 대한 적절한 예측 방법을 찾을 수 없을 때 쓰인다. 델파이 기법은 전문가 의견에 기초를 두고 있는데 해당 분야의 전문지식을 갖춘 전문가들이 특정 양식의 질문에 답을 하게 된다. 이때 전문가들 간의 상호 의견 교류는 허용되지 않는다. 질문과 의견을 반복적으로 수정한 후 관리자는 전문가들의 의견을 정리한다.

이 과정은 전문가들의 직관에 의존하여 미래의 변화뿐만 아니라 합의를 도출하려는 의도로 여러 차례 진행된다. 따라서, 이 기법은 시간과 비용이 많이 소요되며 주로 장기적인 예측을 위해 사용된다.

② 판매원 의견통합법

사생활 침해 등의 이유로 소비자를 직접 조사하는 것이 어려운 경우 사용되는데, 판매원들에게 담당 구역의 판매예측을 하게 한 후 이를 합산하여 시장 전체의 판매예측을 산출하는 방식이다. 그러나 이 방법의 경우 판매원들의 예측치가 개인적 성격이나 기업 내 지위 등으로 인해 과소 또는 과대평가 되는 왜곡 현상이 발생할 수 있다. 이러한 문제를 줄이기 위해 마케팅 관리자는 판매원들에게 정확한 예측에 대한 보상을 제공하기도 한다.

③ 인과적 모형

인과적 모형에서 분석된 데이터는 시간이 지남에 따라 일정한 패턴이 확인 가능하고, 예측하려는 정보와 다른 변수들 간에 상호 인과관계를 발견할 수 있다.

우선 회귀 모형은 예측되어야 할 종속변수(dependent variables)와 종속변수를 결정하는 독립변수(independent variables) 간의 관계를 보여준다. 예를 들어, 수요라는 종속변수는 인구변화, 소득, 접근성, 경쟁자 수 등의 독립변수에 의해 영향을 받는다.

계량 경제적 분석은 회귀모형의 한 유형으로 연립방정식 형태로 분석된다. 이들 방정식들은 상호 연관이 있으며 하나의 시스템을 설명하기 위한 모델과 등식을 구성하는 변수를 도출하는 과정을 통하여 수요를 예측한다.

④ 시계열 모형(Time-series model)

시계열 모형은 과거의 시계열 자료를 추세 변동(trend), 주기적 변동(cyclical variation), 계절 변동(seasonal variation), 불규칙 변동(irregular variation)의 네 가지 요소로 분류한 후 이를 바탕으로 미래 수요를 도출하는 것이다.

추세는 장기적으로 증가 또는 감소의 경향을 나타내는 것이며, 주기적 변동은 경기 순환(호황과 불황) 등의 이유로 추세가 순환하는 특징이 있다. 또, 계절변동은 기후나 계절에 따라 수요량이 변화하는 것이며, 대표적으로 스키나 보드와 같은 계절 스포츠의 경우가 해당한다. 불규칙 변동은 추세, 주기적 변동, 계절적 변동으로는 설명할 수 없는 무작위한 요인이다. 홍수, 노동조합의 파업과 같이 예상하기 어려운 요인들이 이에 속한다.

이동 평균법은 과거 특정 기간 동안의 실제 수요치를 산술평균하는 반면에, 지수 평활법은 평균을 계산할 때 최근 수요에 더 많은 가중치를 부과한다.

Practice

연습문제

1. 다음 중 마케팅정보시스템의 구성요소가 아닌 것은?

1) 내부 데이터베이스
2) 마케팅 인텔리전스
3) 마케팅 조사
4) 이상 모두가 구성요소이다.

2. 다음 중 조사 목적이 명확하지 않을 때 실시하는 조사는?

1) 탐색적 조사
2) 기술적 조사
3) 인과관계 조사
4) 관찰조사

3. 마케팅 자료는 1차 자료와 (   )로 구성되어 있다.

4. 최근 마케팅 조사 기법의 변화에 대해 설명하시오.

제5장

소비자 및 조직구매행동의 이해

MARKETING

TED 도입 사례

선택을 쉽게 하는 방법

미국인은 하루 평균 70번 정도의 선택 결정을 하고, CEO들은 일주일에 139번 정도의 의사결정을 하는데, 이 결정의 절반은 9분 이내에 이루어진다고 한다. 다양한 선택 결정을 하면서 우리는 종종 지혜로운 결정을 위해 고민하는 경우가 많다. 화자는 Stanford 대학원을 다니던 시절 실험 한 가지를 해 보기로 하였다. 실험 대상은 잼(jam)이었다. 가게 입구 작은 시식 코너에서 6종류의 잼과 24종류의 잼을 제시한 후 소비자에게 선택하도록 했다.

첫째, 어느 코너에 사람들이 멈추어 서서, 잼을 맛보았을까? 결과는 24 종류의 잼 코너에 60% 정도의 사람들이 멈췄고, 6종류 코너는 약 40% 정도 되었다. 둘째, 어느 코너의 잼을 구입할 가능성이 높을까? 결과는 이전과는 정반대로 나왔다. 24종류의 잼 코너에 멈추어 선 사람들 중 오직 3%만이 실제로 잼을 사갔다. 6종류의 잼 코너에 멈추어 선 사람 중에서는 30%가 실제로 잼을 구입하였다. 결과적으로 24종류의 코너에서보다 6종류의 잼 코너에서 6배 높은 구매를 보여주었다.

지난 10년간 화자는 사람들에게 더 많은 선택권을 주었을 때 나타나는 3가지 부정적인 결과를 관찰하였다. 첫째, ① 선택 대안이 많을수록 구매 상황에 대한 관여도가 낮았다. ② 선택 대안이 많을수록 선택 결정의 질이 낮았다. ③ 선택 대안이 많을수록 선택에 대한 만족도가 낮았다. 이러한 부정적인 결과를 줄이기 위해서 네 가지 전략 대안을 제시하고자 한다. 이는 4C로 요약되는데 아래와 같이 정리할 수 있다.

1. 줄여라(Cut). 판매자는 상품의 수를 줄이면 진열대 공간을 잃을 것이라고 생각한다. 하지만 정작 줄여야 하는 것은 관련 없고 불필요한 선택들이고, 이를 통해 더 많은 진열대 공간을 확보할 수 있고, 구매자에게는 가격 부담이 줄어들면서, 보다 나은 선택을 할 수 있다.

2. 구체화(Concretize). 선택 대안들 간의 차이점을 이해하기 위해서는 선택 후 초래되는 결과를 명확하게 이해할 수 있어야 하고, 그 결과에 대해 아주 구체적이고 생생하게 느끼도록 해 주는 것이 중요하다. 이를 위해 결과를 가시화시키는 구체화 전략이 도움된다.

3. 범주화(Categorization). 단순히 많은 선택 대안만을 제시하는 것보다 범주화하여 제시하면 더 효율적인 의사결정을 할 수 있다. 범주들은 각 상품을 어떻게 구분할지 보여주는 척도이다.

4. 복잡함의 조건(Conditions of Complexity). 의사결정 상황을 더 단순화시켜줌으로써 생각보다 훨씬 많은 정보를 소화할 수 있다. 이상의 전략을 통하여 우리는 선택을 더 쉽게 할 수 있고, 효율적이고 지혜로운 의사결정을 할 수 있을 것이다.

출처: Sheena Iyengar, "How to make choosing easier", www.ted.com

소비자의 심리와 구매행동은 매우 복잡하다. 도입 사례는 복잡한 구매행동에 있어, '선택'을 쉽게 하는 방법, 즉 의사결정 휴리스틱스(heuristics)에 대해 언급하고 있다. 이처럼 마케팅 관리자는 소비자의 복잡한 구매행동을 이해하고, 이를 바탕으로 적절한 마케팅 전략을 수립하여야 한다. 이 장에서는 소비자 및 조직구매행동의 유형 및 특성 그리고 구매 과정에 대해 알아본다.

소비자 구매는 조직구매와 다른 양상을 보여준다. 소비자 구매는 개별 소비자의 구매 과정이며, 조직구매는 기업이나 기관의 구매 과정이다. 소비자는 주로 소비재를 구매하게 되고, 조직은 일반적으로 산업재를 구매하게 된다. 소비자 구매와 조직구매는 구매의 성격 및 규모 면에서 현저하게 차이를 보이므로 두 유형을 구분하여 접근하는 것이 바람직하다. 최근에는 산업재 마케팅에서도 소비재 마케팅에서 주로 사용되는 광고와 같은 촉진수단이 종종 사용되기도 한다. 하지만 두 구매 과정은 두드러진 차이점이 있다.

5.1 소비자 구매행동의 유형

소비자의 구매행동에는 크게 네 가지 유형이 있다. 유형을 분류하는 첫 번째 기준은 관여도(involvement)이다. 관여도는 주어진 구매 상황에 특정 자극에 의해 유발되어 소비자가 지각하는 중요성, 관련성, 관심 정도 등을 나타내는 개념이다. 따라서, 고관여(high-involvement) 구매는 본인에게 중요하며, 관련성이 많고, 관심의 정도가 높은 구매 상황을 말한다. 일반적으로 고관여 구매는 고가의 제품인 경우가 많다. 반면에 저관여(low-involvement) 구매는 상대적으로 중요성, 관련성, 관심 정도가 낮은 구매 상황이고, 일반적으로 저가의 구매이다. 그러나 고관여 상황과 저관여 상황은 항상 정해져 있는 것이 아니라, 상황에 따라 변한다.

관여도는 소비자의 특정한 상황이나 개인적인 특성에 따라 동일한 제품일지라도 동일하지 않다. 예를 들어, 커피 구매가 저관여 상황인 소비자는 커피를 구매하기 위해 자판기나 캔커피 등 접근성이 용이한 커피를 구매하거나, 가격이 상대적으로 저렴한 커피를 선택할 것이다. 반면, 커피 구매가 고관여 상황인 소비자는 평소 즐겨 찾던 커피점을 방문하기 위해 먼 길을 마다않고 갈 것이다. 또한 이들은 익숙하지 않은 커피 브랜드에 대해서 원산지나 로스팅 정도를 꼼꼼히 따지기도 한다.

소비자의 구매 유형을 분류하는 두 번째 기준은 경쟁 브랜드 간 차이이다. 관여도와 경쟁 브랜드 간의 차이 유무에 따라 구매행동을 네 가지로 분류할 수 있다. 고관여 구매 상황에서 경쟁 브랜드 간 차이가 존재하면 복잡한 구매행동을 하고, 차이가 없으면 부조화 감소 구매행동을 보인다. 반면, 저관여 구매 상황인 경우 경쟁 브랜드 간의 차이가 존재하면 다양성 추구 구매행동을 하고, 차이가 없다면 습관적 구매행동을 한다. 현실적으로 복잡한 소비자 구매행동을 이상의 네 가지 유형으로 구분하기 어려운 경우도 있겠지만, 단순화된 이론적 모형에 기초하여 전략적으로 접근한다는 측면에서는 의의가 있다. 〈그림 5.1〉은 네 가지 유형의 소비자 구매행동을 도식화한 것이다.

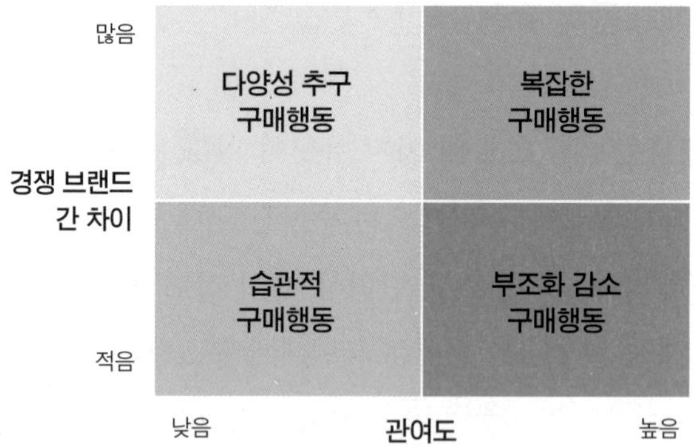

그림 5.1 소비자 구매행동의 분류

5.2 고관여 구매행동

제품 및 서비스 구매의사결정 시 중요하다고 생각하거나 개인적으로 관심을 많이 가지고 있는 경우이다. 이때 소비자는 신중하고 꼼꼼하게 의사결정을 하려고 노력한다. 예를 들어, 자동차 구매나 결혼을 하는 경우 일반적으로 고관여 의사결정을 거치게 된다. 매우 중요한 의사결정으로서 결정이 이루어지면 구매 후에도 오랫동안 지속적으로 개인에게 영향을 미친다. 소비자는 제품에 대한 관심, 중요도, 의사결정이 잘못되었을 때 초래되는 위험이 클수록 고관여 구매행동을 보이게 된다.

고관여 구매행동은 구매하려는 제품의 브랜드 간 차이를 지각하는 정도에 따라 복잡한 구매행동과 부조화 감소행동으로 나누어 볼 수 있다.

1) 복잡한 구매행동

복잡한 구매행동(Complex buying behavior)의 특징은 구매에 대한 관여도가 높으며, 대안이 되는 제품이나 브랜드 간에 뚜렷한 차이점이 있다는 것이다. 복잡한 구매행동을 할 때는 믿음과 태도를 형성하고, 선택을 하게 되는 일련의 과정을 거친다. 먼저, 제품 지식에 근거하여 주관적인 믿음을 형성하게 되고, 이를 기반으로 태도를 구축한다. 태도는 선호도로 나타날 수 있는데, 제품을 좋아하거나 싫어하는 정도를 말한다. 이러한 태도의 형성을 거쳐 소비자는 가장 합리적이라고 생각하는 구매 대안을 선택한다. 이러한 구매 과정을 믿음-태도-선택모형이라고 한다.

따라서, 구매 대안 간 차이가 존재할 때는 각각의 제품에 대해 주관적 믿음이 다르게 형성되며, 태도에도 차별적인 영향을 미치게 되어 결과적으로 지각한 차이에 의해서 제품을 선택하게 된다.

2) 부조화 감소 구매행동

부조화는 제품에 대한 개인의 믿음이나 신념과 실제 구매 후 느끼는 제품 성능 간에 불일치나 비일관성을 말한다. 구매 후 부조화를 느끼는 경우 구매행동에 대하여 불안감을 느끼기도 한다. 부조화 감소 구매행동(Dissonance-reducing buying behavior)이란 이러한 인지적 부조화(cognitive dissonance)를 감소시키기 위해 다른 대안과 차이가 없다고 스스로를 자기 합리화하는 것을 의미한다. 이는 구매하는 제품에 대해 비교적 관여도가 높고, 가격이 비싸며 자주 구매하는 제품은 아니지만 구매 후 결과에 대해서도 위험부담이 있는 경우로서, 각 구매 대안 간에 유의적인 차이가 존재하지 않을 때 강하게 나타난다.

구매 후 부조화가 발생하는 경우는 주로 두 가지 원인으로 볼 수 있다. 첫째는 구매한 제품에 대해 불만을 촉발하는 부정적 정보를 획득했을 때이고, 두 번째는 구매하지 않은 대안 제품에 대한 긍정적인 정보를 접했을 경우이다. 이러한 부조화를 감소시켜주기 위하여 기업은 소비자들이 구매 후 확신을 갖도록 하는 촉진 전략을 사용하거나, 부조화를 오히려 역이용하여 소비자로 하여금 자사 제품을 구매하도록 유도하기도 한다.

5.3 저관여 구매행동

제품 및 서비스 구매의사결정이 상대적으로 중요하지 않다고 생각하거나 개인적으로 관심이 적은 경우이다. 예를 들어, 껌, 라면 등 대중적인 소비재를 구매하는 경우 일반적으로 저관여 구매행동을 하게 된다. 대체로 저가 구매인 경우가 많고, 소비자는 제품에 대한 관심, 중요도, 잘못된 구매에 대한 지각 위험도가 비교적 낮다.

저관여 구매행동은 구매하고자 하는 브랜드간 차이를 지각하는 정도에 따라 다양성 추구 구매행동과 습관적 구매행동으로 구분 할 수 있다.

1) 다양성 추구 구매행동

저관여 구매 상황임에도 불구하고 제품이나 브랜드 간의 차이를 인식하는 경우와 다양한 대안을 시용(trial)하고자 할 때 다양성 추구 구매행동(Variety-seeking buying behavior)을 하게 된다. 이 경우 소비자들은 자주 구매하는 브랜드에서 다른 브랜드로 변경하게 되는데 이를 브랜드 전환(brand switching)이라고 한다. 이러한 구매행위는 기존 구매 브랜드에 대한 불만족 때문이기보다는 경험해보지 못한 브랜드를 경험하고 싶은 욕구, 즉 다양성을 추구하고자 하는 심리적 기제에서 발생한다.

다양성 추구 구매행동의 경우, 선도(leader)제품과 추종(follower)제품은 서로 다른 전략을 구사하게 된다. 선도제품은 선반점유(shelf share)를 확보하기 위하여 지속적인 촉진 활동으로 자사 제품의 브랜드 전환이 일어나지 않도록 한다. 반면, 추종 제품은 공격적인 가격할인, 쿠폰 등의 촉진 활동을 통하여 소비자가 시험 구매하도록 함으로써 선도제품 구매자의 브랜드 전환을 유도할 수 있다.

2) 습관적 구매행동

저관여 구매 상황이고 브랜드들 간 차이를 지각하지 못하는 경우는 습관적인 구매행동(Habitual buying behavior)을 보인다. 예를 들어, 생수를 구매할 때 다양한 생수 브랜드 간에 큰 차이가 없다고 생각하면 평소에 익숙한 브랜드나 이전 구매 경험이 있는 브랜드를 구매하게 된다는 것이다. 이러한 저관여 제품의 반복구매는 상표에 대한 충성도(loyalty)가 높다기보다는 습관적인 구매행동으로 볼 수 있다.

이때, 소비자들은 특정 브랜드에 대한 선호도가 없기 때문에 가격할인, 판촉 등의 촉진 활동에 끌리게 된다. 종종 마케터는 소비자 관여도 수준을 높여 특정 제품군을 선호하게 하는 경우도 있는데, 예를 들면 자일리톨 껌의 충치예방 기능은 껌에 대한 소비자의 관여 수준을 높여준다.

5.4 소비자의 구매의사결정 과정

소비자의 의사결정은 인지적이고 사회적인 프로세스로 진행된다. 다양한 소비자 의사결정 모형이 제시되고 있지만, 공통적으로 계층적인 특성을 보여주고 있다. 즉 소비자는 상품이나 서비스에 대한 지식을 쌓아가면서 관심을 보이고, 특정한 생각과 감정을 가지게 된다. 그리고 관심은 구매 의도로 이어지면서 실제 구매가 이루어진다. 이를 소위 계층적 효과모델(hierarchy-of-effects model)이라고 한다.

계층적 효과모델 중 비교적 간단한 모형인 AIDA모델이 있다. 이 모델은 어떤 제품이나 광고가 소비자의 주의(Attention)를 끌게 되면 관심(Interest)을 가지게 되고, 구매하고 싶어지는 욕구(Desire)가 생겨 실제 구매 행위(Action)로 이어진다는 모형이다.

일반적으로 소비자 구매의사 결정과정은 〈그림 5.2〉에 제시된 것처럼 여러 단계를 거친다. 소비자는 문제인식, 정보탐색, 대안평가, 구매 결정, 구매 후 행동의 단계를 통해 구매의사 결정을 한다. 이 모델의 특징은 실제 구매 시점의 훨씬 이전부터 이미 구매 과정이 시작되고, 구매 이후에도 구매의 결과가 지속된다는 점을 강조한다. 그러나 모든 소비자가 이와 같은 과정 모두를 똑같이 거치지는 않는다. 예를 들어, 관여도가 낮은 제품을 구매할 때에는 정보 탐색과정에 많은 노력을 기울이지 않을 것이며, 대안의 평가와 같은 태도 평가 과정을 거치지 않을 수 있다.

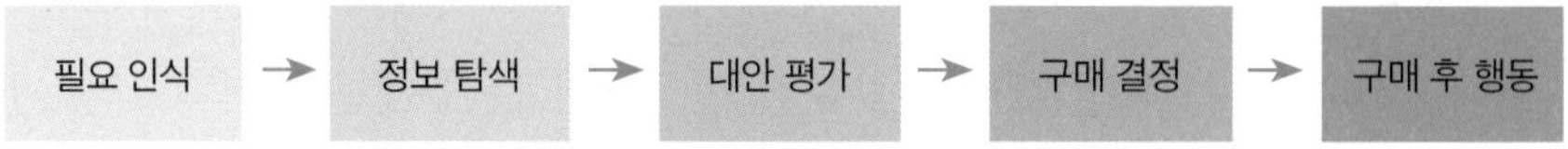

그림 5.2 구매의사결정의 5단계

1) 필요 인식

구매 과정은 대개 소비자들이 필요를 인식하면서 시작된다. 필요는 소비자의 현재 상태(actual state)와 바람직한 상태(ideal state) 간의 차이가 발생할 때 인식된다. 예를 들어, 음료수가 필요하다고 느끼는 것은 목이 마른 상태를 순간적으로 인식하면서 음료수를 찾게 된다. 필요의 인식은 보통 외부 자극과 내부 자극에 의하여 촉발된다. 외부 자극은 신제품 광고, 증정품, 경품 행사 등으로 소비자의 구매 욕구를 자극하게 되고, 내부 자극은 인간의 내면의 욕구를 의미하며, 이를 통해 구매가 자극된다.

소비자는 현재의 문제를 해결하기 위해 구매하기도 하지만, 미래의 문제를 해결하기 위하여 구매하기도 한다. 하지만 미래의 문제 해결보다는 당면한 현재의 문제 해결에 더욱 강력한 필요를 인식하게 된다. 아울러 즐거움을 위해 구매하는 것보다 괴로움을 피하려고 구매하는 경우에 그 필요가 더 강하게 나타난다. 예를 들면, (건강)보험, 상조 서비스 등은 미래의 괴로움을 피하거나 감소시키기 위하여 지금 구매하는 상품들이다.

2) 정보 탐색

① 내적 탐색과 외적 탐색

소비자는 필요를 인식한 뒤 구매 대안에 대한 정보 탐색을 한다. 정보의 탐색은 내적 탐색과 외적 탐색이 있다. 내적 탐색(internal search)은 소비자의 기억 속에 욕구를 충족시킬 만한 대안을 찾는 것으로, 탐색 범위는 이미 소비자가 알고 있는 대안에 국한된다. 소비자가 내적 탐색을 하면서 기존에 알고 있던 상표 중에서 즉시 생각나는 상표군을 환기집합(evoked set)이라고 한다. 만약 이러한 내적 정보가 존재하지 않거나 있더라도 자신의 욕구를 만족시키기에 적절하지 않다고 판단되면 외적 탐색(external search)을 한다. 예를 들어, 외국 유학을 가려고 할 때 몇몇 알고 있는 대학이 있어도, 일반적으로 정보가 충분하지 않기 때문에 외적 탐색을 하게 된다.

소비자들은 다양한 정보의 원천을 통하여 외적 탐색을 하게 되는데 그 원천은 개인적, 상업적, 공공적, 경험적 원천으로 구분할 수 있다. 개인적 원천은 가족, 친구, 이웃들로부터 정보를 얻는 것이고, 상업적 원천은 광고, 판촉 등의 상업적 정보를 말한다. 공공적 원천은 출판물 등의 공적 자료를 말하는데 객관적인 제품 평가정보를 제공하는 소비자시대나 컨슈머 리포트 등의 정보가 주목받고 있다. 원천 중 가장 강력한 것으로는 경험적 원천을 들 수 있다. 경험적 원천에는 제품의 구매 경험, 시용, 시식 등이 있다. 최근에 다양한 소셜미디어 사용이 보편화되면서 타인의 경험 정보가 구매에 결정적인 영향력을 미치고 있다. 소비자의 영향력이 강화되면서, 고객 관계 관리가 중요시되고, 성공적인 고객 경험 제공이 브랜드 생존에 있어 필수적인 요소가 되고 있다. 기업들은 고객 경험 전략인 CX(customer experience) 마케팅을 활용하여 고객에게 다양한 채널에서 일관되고 통합된 경험을 지원함으로써, 지속적인 가치 전달 프로그램을 구축하고 있다.

② 대안의 단순화 과정

소비자들은 내적 탐색과 외적 탐색으로 수집된 정보를 바탕으로 여러 대안 브랜드를 평가하게 된다. 대안의 평가는 특정 상표의 선택을 위해 각 대안에 관한 정보를 처리하는 단순화 과정이다. 이 과정에서는 특정 기준에 기초하여 전체집합에서 최종 구매의사 결정까지 이르게 된다. 사용되는 기준은 한 가지 요소가 될 수도 있고, 여러 가지 다양한 요소에 가중치를 부여하여 사용하기도 한다.

〈그림 5.3〉에서 도식하고 있는 것처럼, 전체집합(total set)은 소비자가 이용 가능한 브랜드 전체이다. 소비자는 이 전체집합 중 일부만을 알고 있는데 이를 인지집합(awareness set)이라고 한다. 이러한 인지집합 중에서 구매 시 당장 머리에 떠오르는 상표집단을 환기집합(evoked set)이라고 한다. 또한, 환기 집합 중에서 내적 탐

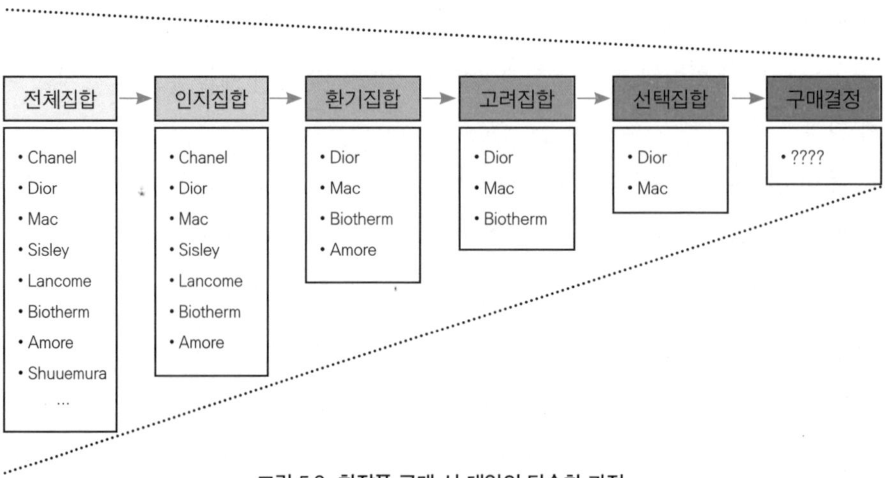

그림 5.3 화장품 구매 시 대안의 단순화 과정

색과 외적 탐색을 거치며 가격, 품질 등 소비자의 구매 기준과 일치하는 것이 고려집합(consideration set)이 된다. 고려집합군에서 최종 후보들로 압축되는데 이들 몇 개의 강력한 후보 브랜드를 선택집합(choice set)으로 구성한다. 이 선택집합 중 소비자의 구매 조건을 최적으로 만족시키는 것을 선택 및 결정하게 된다.

3) 대안 평가

많은 브랜드 중에서 최종 브랜드의 선택을 위해 각 대안에 대한 정보를 처리하는 단계이다. 제품 속성들이 대안 평가의 기준이 되며, 속성에 대한 중요도와 신념이 평가에 영향을 미치게 된다. 소비자들은 제품 속성들의 묶음을 통해 자신의 필요를 만족시킬지의 여부를 결정한다. 이들 속성에 대하여 소비자들이 진정으로 중요하게 고려하는 속성을 평가기준으로 결정한다. 예를 들어, 화장품을 구매할 때 흔히 광고에서 'Anti-aging'을 강조하지만, 소비자의 상황이나 여건에 따라 이 속성을 중요하게 고려하지 않을 수도 있다.

소비자는 경험과 학습을 통해서 각 제품이 각 속성상 어떤 위치에 있는지 평가하면서 브랜드 신념(brand belief)을 형성한다. 즉, 신념은 대상에 대해 서술적으로 평가해 놓은 상태를 말한다. 브랜드 신념과 함께 브랜드 태도(brand attitude) 또한 중요한데, 브랜드 태도는 브랜드에 대해 개인이 지속적으로 갖는 호의적(비호의적) 감정이나 행동 경향 등을 의미한다. 따라서, 브랜드에 대한 신념이 모여 주관적인 브랜드 태도를 형성한다. 예를 들어, 한 소비자가 'MAC'에 대해서 'colorful'하다는 신념을 가지고 있다면, 이 소비자가 colorful한 것이 '좋은 것이다'라고 평가할 때 긍정적인 브랜드 태도가 형성된다. 이러한 브랜드 대안의 평가는 크게 보상적 평가모형과 비보상적 평가모형이 있다.

① 보상적 평가모형(Compensatory model)

보상적 평가모형은 상대적으로 약한 속성이 강한 속성에 의하여 보상받을 수 있는 방식의 평가모형으로 대표적인 것으로 Fishbein의 다속성(multi-attributes) 모형이 있다. 이 모형은 특정한 대상에 대한 태도를 평가하는 것으로 다차원적인 속성을 고려하는 장점이 있지만, 보완적 방식의 모형이므로 태도가 아닌 구매에 대한 직접적 예측력은 부족하다는 단점이 있다.

Fishbein 모형 = Σ 각 속성의 가중치(중요도) × 각 속성에 대한 신념 정도

〈표 5.1〉은 소비자가 화장품을 구매할 시 속성 평가에 대한 예시이다. 소비자는 많은 정보를 종합하여 여러 가지 대안 중 Amore, MAC, Dior이라는 세 가지를 선택집합으로 축소하였다. 또한 여러 속성 중 브랜드 명성, 가격, 기능을 중요하게 고려하고 있다. 〈표 5.1〉은 10점 만점으로 각 속성에 대한 브랜드 신념을 나타내고 있다.

표 5.1 보상적 평가 모형의 보기

화장품	속성		
	브랜드 명성	가격	기능
Amore	6	10	7
MAC	7	8	8
Dior	9	6	9

각 속성에 대한 중요도 가중치를 브랜드 명성 50%, 가격 20%, 기능 30%로 가정할 때, 〈표 5.2〉와 같이 소비자의 브랜드에 대한 주관적 가치가 형성되어 점수가 가장 높은 Dior을 선택하게 된다. 이 평가모형에 따르면, Dior은 신념 점수가 상대적으로 낮은 속성(가격)이 점수가 높은 속성(브랜드 명성과 기능)에 의해 보상되

표 5.2 각 화장품 브랜드에 대한 주관적 가치

Amore의 주관적 가치	6×(0.5)+10×(0.2)+7×(0.3)=7.1점
MAC의 주관적 가치	7×(0.5)+8×(0.2)+8×(0.3)=7.5점
Dior의 주관적 가치	9×(0.5)+6×(0.2)+9×(0.3)=8.4점

었다. 보상적 평가모형은 현실성이 부족하다는 지적을 받을 수 있지만, 수학적 산식에 기초하여 전략적인 개선책을 강구할 수 있다는 장점을 가지고 있다.

② 비보상적 평가모형(Non-compensatory model)

보상적 평가모형과는 달리 어떤 속성에 대하여 최소 수준이나 최고 수준을 고려하는데, 미달하는 속성을 가진 브랜드는 다른 강한 속성에서 만회되지 않는 것이 비보상적 평가모형의 특징이다. 소비자가 요구하는 속성의 최소 수준 이상을 만족시키는 대안을 선택하는 것을 결합식 모형(conjunctive model)이라고 하며, 소비자가 요구하는 속성에서 최고 수준의 대안을 선택하는 것을 분리식 모형(disjunctive model)이라고 한다. 또한, 속성에 가중치를 부여하여 보상적 평가를 실시하되 최소한으로 받아들일 수 있는 탈락 수준을 충족하지 못할 경우 그 브랜드를 제거시키는 제거식 모형(elimination-by-aspects model)이 있다.

위의 화장품의 가치를 바탕으로 비보상적 평가모형의 예를 살펴보자. A 소비자의 경우 브랜드, 가격과 기능 모든 면에서 최소 7점 이상을 제공하는 화장품을 구매하기로 결정하였다. 이때, MAC만이 모든 속성에서 최소 수준을 충족시키므로 A 소비자는 MAC을 선택할 것이라 예측할 수 있다. 이와 같은 평가모형이 결합식 모형이다. 반면, B 소비자가 가격이나 기능이 10점 이상인 대안을 선택하기로 했다면 Amore를 선택할 것이다. 이 같은 의사결정을 분리식 모형이라고 한다. C 소비자는 보상적 평가모형을 사용하면서, 최소한 가격의 속성이 7점 이상은 되어야 한다고 생각한다. 그러면 보상적 평가모형의 총점은 Dior이 가장 높지만, 가격 속성이 최소 수준을 만족시키지 못하므로 Dior을 제외한 Amore와 MAC 중 점수가 더 높은 MAC을 선택할 것이다. 이와 같은 의사결정을 제거식 모형이라고 한다.

소비자는 구매의사결정을 할 때 반드시 한 가지 모형만을 사용하지는 않는다. 예를 들어, 많은 대안이 존재할 경우 그 범위를 좁혀나가기 위해서 처음에는 보통 결합식 모형이나 분리식 모형의 비교적 간단한 평가모형, 즉 휴리스틱스를 사용하고, 대안을 줄인 뒤 여러 속성을 동시에 고려하는 보상적 평가모형을 사용할 수 있다.

4) 구매 결정

제품이나 브랜드에 대한 태도가 좋다고 해서 반드시 실제 구매로 이어지지는 않는다. 외제 수입 자동차에 대하여 좋은 태도를 가지고 있더라도 여러 가지 이유로 구매하지 않는 경우가 있다. 여기서 구매 의도(purchase intention)는 매개변수로서 중요한 역할을 한다. 즉, 호의적인 태도로 대안이 높은 평가를 받았음에도 불구하고 구매로 이어지지 않았다면 구매 의도로까지 연결되지 못했거나 다른 사람의 태도 혹은 예기치 못한 상황적 변수에 영향을 받았을 경우이다.

다른 사람들의 태도에는 친구, 가족 등 주변 사람의 선호도, 다른 사람의 기대에 부응하려는 욕구 등을 들 수 있고, 예기치 못한 상황에는 갑작스러운 실업, 다른 제품 구매의 시급함 등을 들 수 있다.

아래 그림은 태도가 구매결정에 영향을 미치는 과정에 중요한 매개변수를 소개하고 있다. 태도가 구매결정에 미치는 영향력이 미미한 경우, 구매의도, 다른 사람의 태도, 예기치 못한 상황이 중요한 매개변수가 될 수 있다.

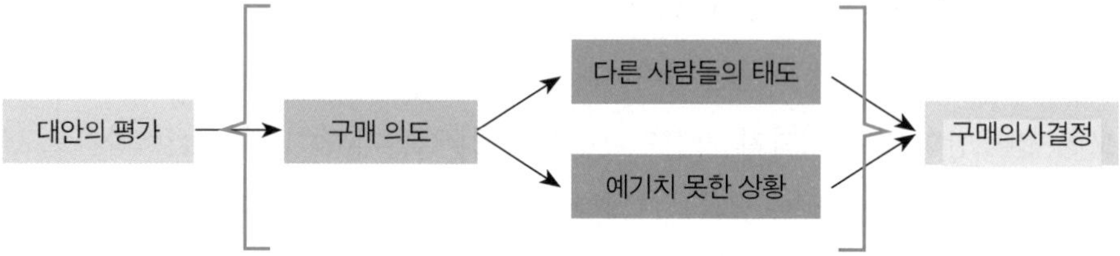

그림 5.4 구매의사결정의 추가적 요인

5) 구매 후 행동

소비자는 구매가 완료된 후에도 만족 또는 불만족의 심리 상태를 보이면서 불평, 재구매, 구전 등의 다양한 형태의 행동을 보인다. 구매에 만족한 소비자는 재구매, 긍정적 구전, 추천 등의 행동을 할 가능성이 크지만 만족하지 못한 소비자는 불만족을 표현하지 않을 수도 있고, 불평의 형태로 표출하기도 한다. 불평하는 소비자는 기업의 홈페이지나 소셜미디어 등을 이용해 브랜드에 대해 부정적인 생각을 표현한다. 이들은 불평이 원만히 해소되면 다시 고객으로 전환하여 재구매를 할 가능성이 높아진다. 불만을 가진 고객이 불평 후에 해소가 되면 오히려 더욱 충성스러운 고객이 된다는 연구 결과도 있다. 이는 불평 고객도 가치가 있으며, 불평을 자연스럽게 할 수 있는 통로를 제공하는 것이 오히려 도움이 된다는 의미이기도 하다. 그러나 불만이 있지만 불평을 하지 않는 소비자는 재구매로 이어질 가능성이 매우 적다.

소비자들의 구매에 대한 만족 및 불만족은 제품에 대하여 지각하는 실제 성능과 소비자의 기대 간 차이에 의해서 결정된다. 지각된 성능이 기대보다 크거나 같으면 고객은 만족하게 되고, 지각된 성능이 기대보다 낮으면 고객은 불만족하게 된다.

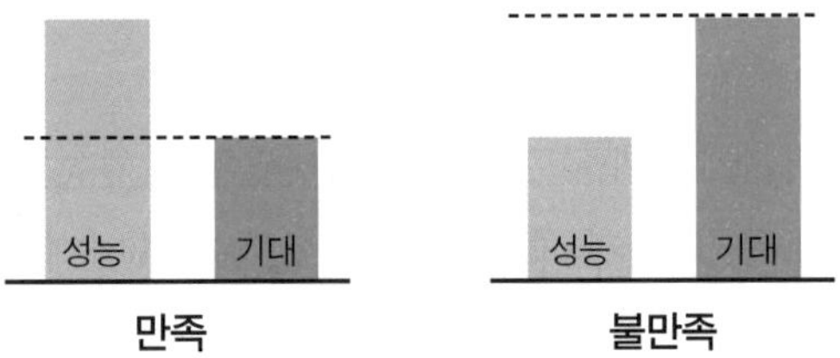

그림 5.5 구매 후 만족 및 불만족

5.5 소비자 구매의사결정에 영향을 미치는 요인들

소비자 구매의사결정에 영향을 미치는 요인은 크게 심리적, 개인적, 사회적, 문화적 요인으로 분류할 수 있다. 각 요인에 속하는 세부적인 요소는 〈표 5.3〉에 정리되어 있다.

표 5.3 구매의사결정에 영향을 미치는 요인들

심리적 요인	개인적 요인	사회적 요인	문화적 요인
동기 지각 학습 기억	라이프 사이클 라이프 스타일 성격 경제적 상황	준거집단 가족 구성원	문화 하위문화 사회계층

1) 심리적 요인

심리적 요인은 마케팅 자극이 소비자의 의식에 작용하여 동기, 지각, 학습 및 기억 등에 영향을 주는 것이다. 이러한 소비자의 의식은 소비자 반응에 직접적 영향을 준다.

① **동기**(Motive)

소비자는 다양한 욕구를 가지고 있다. 이러한 욕구가 어떠한 자극을 받아 특정 행동을 할 만큼 강력해지면 동기가 되는 것이다.

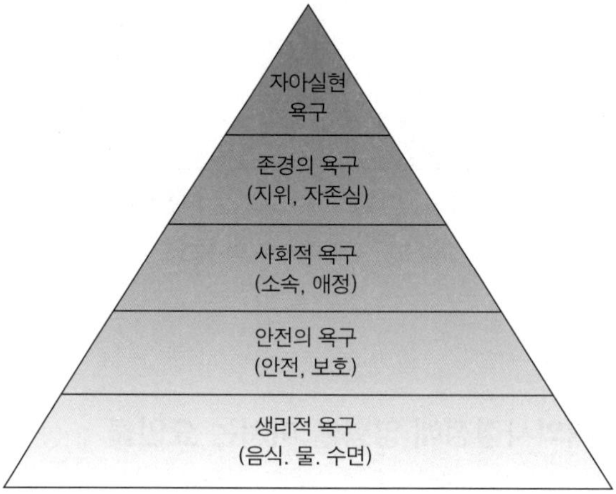

그림 5.6 매슬로우의 욕구계층

출처: Abraham H. Maslow, Motivation and Personality, 2nd ed., Upper Saddle River, NJ: Prentice Hall, 1970.

Maslow는 욕구계층 이론을 이용하여 사람들이 특정한 시점에 특정한 행동을 하는 이유를 설명하고자 하였다. 다양한 동기들은 중요도에 따라 계층화되어 있는데, 예를 들어, 하위 욕구인 생리적 욕구(음식, 물, 수면)가 충족되지 않은 상태에서 상위 욕구인 안전의 욕구에 대한 동기가 발생하지 않는다는 이론이다. 그러나 최근 하위 욕구가 충족되지 않고도 상위 욕구를 추구하는 경우를 발견하는 경우가 있어서 Maslow의 욕구계층 이론이 모든 경우에 적용되지는 않는다.

② 지각(Perception)

지각은 어떤 개인에게 투입된 정보를 의미 있는 것으로 만들기 위해서 정보를 선택하고 조작하며 해석하는 과정이다. 동기가 충분히 유발되면 이후 어떠한 행동이 일어나게 되며, 이 행동은 개인의 지각에 의해 영향을 받는다. 사람들은 동일한 정보라 하더라도 이를 다르게 지각할 수 있는데 그 이유는 선택적 주의(selective attention), 선택적 왜곡(selective distortion), 선택적 보유(selective retention) 성향 때문이다.

사람들은 언제나 정보에 노출되어 있지만 이러한 정보를 모두 받아들이지 않고, 특정 정보만을 받아들이는데 이를 선택적 주의라고 한다. 예를 들어, 특정 제품에 대한 욕구나 관여도가 거의 없어 주변 정보에 무관심할 수 있고, 제품 구매 욕구가 발생하더라도 주변의 다른 광고에 비해 눈에 띄지 않는다면 광고로 인식되지 않을 수 있다. 선택적 왜곡은 정보가 소비자에게 전달은 되었다 할지라도 발신자의 의도대로 해석되지 않고 수신인이 정보의 의미를 자의적으로 왜곡하는 경우이다. 이는 대부분의 사람들이 주어진 정보를 기존 믿음에 입각해서 해석하려는 경향이 있기 때문이다.

또한, 정보는 시간이 지남에 따라 사람들에게서 잊혀지고, 일부의 내용을 기존의 태도와 믿음에 부합하는 방식으로 보유하려고 한다. 예를 들어, A제품에 대해 이미 호의적인 태도와 믿음을 가지고 있는 소비자는 B제품의 긍정적인 광고보다 A제품의 긍정적인 광고를 기억하게 될 가능성이 큰데, 이는 선택적 보유 성향 때문이다.

③ 학습(Learning)

학습은 반복적으로 경험함으로써 누적되는 개인적 변화를 의미한다. 일반적인 학습의 결과로서, 일반화(generalization)와 차별화(discrimination)를 들 수 있다. 일반화는 유사한 자극들에 대해서 반응을 일반화시키는 것인데 예를 들어, Apple의 노트북에 대해서 긍정적인 경험을 가지게 되면, 휴대폰 구매 시 아이폰을 선호하게 된다. 이는 좋은 노트북을 만들기 때문에 휴대폰 또한 좋을 것으로 추측함으로써 긍정적인 반응으로 일반화시켰기 때문이다. 차별화는 일반화의 반대 개념으로서 유사한 자극들을 대조시키는 것이다. 예를 들어, Apple의 노트북 사용 경험이 있는 소비자가 다른 브랜드의 노트북을 경험하게 될 경우, Apple 노트북을 기준으로 브랜드 간 차이를 인식하며, 이에 따라 서로 다른 반응을 보이게 된다.

④ 기억(Memory)

위에서 언급한 동기, 지각, 학습 등은 기억의 성과에 영향을 준다. 동기, 지각, 학습이 강한 상태가 강한 기억을 유발하기 쉽다. 일반적으로 소비자는 기억해 낼 수 없는 제품에 비해 기억해 낼 수 있는 제품을 선호하는 경향이 있다. 친숙한 제품에 대해 더 호의적인 것은 낯선 제품에 대한 불확실성을 회피하고자 하기 때문이다. 기억은 크게 암묵기억(implicit memory)과 외현기억(explicit memory)으로 구분될 수 있다. 암묵기억은 소비자의 머릿속에 있음에도 불구하고 의식적으로 보고할 수 없는 기억을 말하며. 외현기억은 소비자가 정보를 기억하고 있음을 스스로 알고 있는 것이다. 예를 들어, 암묵기억은 '어디서 본 듯한' 것이라면, 이에 반해 외현기억은 '확실히 기억하는 것'이다. 최근 많은 기업들이 PPL(Product Placement)에 상당한 마케팅 비용을 소비하는데, 이는 자신들의 제품을 소비자의 암묵기억속에 자리 잡게 하기 위함이다. PPL은 영화나 드라마 도중 나오는 여러 제품을 소비자에게 전부 의식적으로 기억시킬 수 없으나, 무의식적으로 친밀함을 향상시킬 수 있는 수단이 된다.

2) 개인적 요인

① 라이프 사이클(Life cycle)

사람들은 보통 나이가 들면서 음식이나 주거 환경 등 선호하는 스타일이 달라진다. 또한 결혼의 유무, 자녀의 출산과 같은 생애 주기의 변화는 새로운 니즈를 발생시킨다. 즉, 라이프 사이클의 단계나 연령에 따라 욕구와 구매 스타일이 달라진다.

② 라이프스타일(Life style)

라이프스타일은 개인이 추구하는 비교적 일관적인 행동 패턴을 말하는데, 일반적으로 AIO(activities, interests, opinions) 척도로 측정가능하다. 즉 개인의 활동, 관심, 의견의 총합을 라이프스타일로 간주한다. 개인의 라이프스타일은 구매에 영향을 미친다. 예컨대, 자유와 열정의 가치를 지향하는 사람들의 라이프스타일을 Harley Davidson의 브랜드 가치와 부합하기 때문에 구매행동으로 이어질 수 있다.

③ 성격

성격은 개인이 가지고 있는 고유의 특성과 기질을 말한다. 예를 들어, 부정적이며 방어적인 사람들은 재난대비 제품에 많은 관심을 갖는다. 소비자는 자신의 성격과 어울리는 제품을 찾게 될 가능성이 크다. 따라서, 제품은 고유한 특성과 정체성을 확립하면서 독특한 브랜드 개성(brand personality)을 만드는 것이 중요하다.

④ 경제적 상황

개인의 경제 상황 또한 구매의사결정과 소비패턴에 지대한 영향을 미친다. 욕구와 관심이 충분히 있지만, 그에 맞는 경제력이 뒷받침되지 않으면 소비는 일어나지 않을 것이다. 경제적 상황이란 소비할 수 있는 소득 수준과 안정성, 기존의 자산, 부채 등을 포함한다.

3) 사회적 요인

① 준거 집단(Reference group)

준거 집단은 개인의 신념을 형성하고, 태도와 행동에 직 · 간접적으로 영향을 미치는 모든 사회적 집단을 말한다. 1차적 집단(primary group)으로는 비공식적인 가족, 친구, 이웃 등을 들 수 있고, 2차적 집단(secondary group)으로는 공식적인 직장, 동아리, 종교단체 등을 들 수 있다. 이러한 준거 집단은 지속적으로 개인의 가치관에 영향을 주며, 소비에도 영향을 미치게 된다. 따라서, 마케팅 관리자는 표적고객이 어떠한 준거집단에 소속되어 있는지 파악하여 그에 맞게 적절한 대처가 필요하다.

아울러 소비자의는 개인이 속하지 않은 집단에 의해서도 영향을 받을 수 있다. 이러한 집단들에는 개인이 소속되기를 희망하는 열망집단(aspirational group)과 가치관 또는 행동 기준을 이유로 소속되기를 꺼리는 회피집단(dissociative group)이 있다. 소비자는 열망집단의 구매를 모방하는 반면, 회피집단과는 다른 행동을 하고자 한다.

② 가족

가족은 소비자에게 가장 영향력이 있는 1차적 준거 집단이다. 가족 구성원의 가치관은 일반적으로 구성원 서로에게 큰 영향을 준다. 또한, 가족 구성원은 구매 과정에서 각기 서로 다른 역할을 수행한다. 역할은 소비자, 구매자, 결정자, 정보 수집자, 영향력 행사자 등으로 구분할 수 있다. 이러한 측면에서 가족구매는 조직구매행동과 흡사하고 관여도가 높을수록 다소 복잡한 과정을 거치는 경우도 있다. 예를 들어, 남편이 자동차를 구매할 경우, 자녀의 영향력, 아내의 태도 등에 의해서 그 선택이 제약을 받게 된다.

최근에 들어서는 가족의 형태도 예전보다 더 다양해지고 있는데 대가족, 핵가족, 한부모가족, 1인 가정, 듀크족(dual employ with kids: DEWK, 자녀가 있는 맞벌이 부부), 딩크족(double income no kid: DINK, 자녀가 없는 맞벌이 부부), 엠티네스터(empty nester: 자녀를 독립시킨 후 자녀와 따로 사는 부부), 다문화가정 등 그 종류와 특성에 따라 구매행동이 다르게 나타난다. 최근에는 1인 가정이 급속하게 증가하고 있어 마케터는 이러한 변화에 부합하는 마케팅 계획을 개발하여야 할 것이다.

4) 문화적 요인

① 문화(Culture)와 하위문화(Subculture)

거대한 시스템 속에 있는 사람들은 공통적인 생각과 행동 패턴을 공유한다. 일반적으로 이것을 문화라고 부른다. 하위문화는 규모는 작지만 유사한 행동을 일으키는 사회적인 지위나 독특한 특성으로 구성된다. 이를 미시적 사회 시스템이라고도 한다.

문화는 보편성과 특수성을 동시에 가지고 있다. 보편성은 거의 모든 사회에서 발견되는 행동의 특징으로서 인간의 존엄성과 같은 가치 추구나 표정에서 발견되는 긍정적 또는 부정적 의미이다. 반면, 보편성을 갖고 있음에도 불구하고 표현의 방법은 국가나 지역마다 서로 다를 수 있다. 동일한 니즈를 가지고 있지만 미국에서는 햄버거를 소비하는 반면, 한국에서는 김밥과 라면을 선호한다. 이러한 문화적 차이는 문화적 할인(cultural discount)으로 연결되는데, 어떠한 문화의 산물이 다른 문화권에서 소비될 때 자국에서만큼의 소구력을 가지지 못하고 평가절하되는 현상을 의미한다. 이를 발생시키는 이유로는 언어, 생활습관, 자연환경 등이 있다. 한국에서는 미국의 거대 유통업체인 월마트가 성공하지 못했고, 구글 역시 국내에서는 토종브랜드와의 경쟁에서 우위를 점하고 있지 못하다. 이러한 현상은 다양한 이유로 설명될 수 있지만 문화적 할인의 대표적인 사례라고 할 수 있다.

② 사회계층(Social class)

사회 대부분은 계층 구조를 형성하고 있다. 계층을 나누는 기준은 소득, 직업, 교육 수준 등이 있다. 동일하거나 유사한 계층의 구성원들은 언어의 사용, 여가, 라이프스타일 등에서 유사한 양상을 보인다. 특히 관여도가 높은 자동차와 가구와 같은 품목에서는 계층 간 소비가 확실한 차이를 보인다. 또한, 계층 사이에 언어적 차이가 존재하는 경우도 있으므로 마케팅 관리자는 표적 고객의 수준에 적합한 광고 문구를 사용해야 한다.

개인은 평생 동일한 사회 계층에 머물러 있을 수도 있고, 더 높은 사회계층으로 상승하거나 낮은 사회계층으로 하락하기도 한다.

5.6 조직구매행동의 유형과 특성

개인 소비자와는 달리 구매자가 조직이나 기업인 경우에는 조직구매 과정을 통하여 구매가 이루어진다. 지금까지 본 책에서 다룬 소비자 구매는 개인이나 가족 단위로 구매가 이루어지지만, 조직구매는 다수가 참여하는 조직구매센터(organizational buying center)를 중심으로 더욱 복잡한 과정을 통해 구매가 이루어진다. 조직구매센터에 참여하는 의사결정자들은 각기 다양한 역할을 수행하며, 각각의 영향력도 구매 단계마다 다르다. 예를 들면, 참여자들은 각자의 니즈와 직위에 따라서 정보를 통제, 제품의 사양의 결정, 공급자의 최종 결정, 혹은 구입한 자재 사용 등의 권한이 달라진다. 이들 참여자는 서로 다른 부서의 니즈를 가지고 있어서 종종 이해관계가 충돌하는 경우도 있다. 이런 관점에서 조직구매 과정을 상충된 이해관계의 해결 과정으로 보는 견해도 있다. 대표적으로 구매 과정에서 마케팅 부서와 생산부서가 서로 다른 니즈를 가지고 참여하지만, 조직구매에서는 이러한 갈등을 원만히 해결하는 과정이 조직구매에서 이루어진다.

조직구매는 유형재뿐만 아니라 서비스 구매에도 적용할 수 있는데 지식기반 서비스나 MICE 산업이 그것이다. MICE 산업에는 기업회의(meeting), 포상관광(incentives), 컨벤션(convention), 전시(exhibition)가 있다. MICE 산업의 경우 거래의 내용과 규모가 크므로 개별 소비자 구매에 해당하는 일반 관광산업보다 부가가치가 훨씬 높다. MICE 산업은 우리나라의 미래와 경제를 견인할 신성장 동력산업 중 전후방 경제적 파급효과가 큰 대표적인 고부가 서비스산업이라 할 수 있다.

1) 조직구매행동의 특성

조직구매는 보통 산업재 시장(industrial market) 또는 B2B(business to business) 시장에서 일어나는데 유통 구성원을 통하여 이루어지는 간접구매보다는 직접구매의 비중이 크다. 일반적으로 B2C시장에 비해 거래횟수는 적지만 한번 발생하는 구매 규모는 훨씬 크다. 조직구매가 개별 소비자 구매와 다른 가장 큰 특징은 구매 과정에 다수가 참여하며, 그 과정이 매우 전문적이고 합리적으로 진행된다는 점이다. 기업 내부의 조직구매센터는 생산, 엔지니어, 재무, 마케팅 등 다양한 부서의 구성원들로 충원되어 조직구매 의사결정을 한다. 앞서 언급한 것처럼 각 대표 부서의 이해가 충돌될 가능성이 있으므로 조직은 더 많은 정보를 수집하며, 효과적이고 효율적인 의사결정을 내리기 위해 노력한다. 이러한 이유로 소비자 구매보다 더욱 복잡한 구매의사과정을 거치게 된다. 따라서, 구매사와 판매사의 관계는 소비재에 비해 상호 의존적이며 장기적인 경향이 있다.

산업재 수요는 파생수요(derived demand)이다. 파생수요란 최종 제품에 대한 직접적인 수요의 결과로 생겨나는 간접적인 수요를 말한다. 예를 들어, 아이스크림에 대한 소비자의 수요가 증가하면, 이를 제조하기 위한 원유의 수요도 함께 증가한다. 따라서, 산업재를 다루는 기업 역시 최종 소비자의 구매 패턴을 파악하면 산업재 수요의 수요관리를 효과적으로 수행할 수 있다. 또한, 산업재의 경우 생산자들은 쉽게 제조계획을 바꿀 수 없으므로 산업재 수요는 상대적으로 비탄력적이다.

표 5.4 B2B와 B2C 시장의 비교

B2B 시장	B2C 시장
고객의 수가 상대적으로 적음	고객의 수가 상대적으로 많음
가치교환의 정도가 상대적으로 큼	가치교환의 정도가 상대적으로 적음
고객맞춤형 제품	대량생산 제품
협상 가격	고정 가격
복잡한 판매 프로세스	소매 중심의 단순한 판매 프로세스
실질적 이용가치가 제품의 가치를 결정	다양한 요인이 제품의 가치를 결정
다수가 참여하는 구매의사 결정	개인 중심의 구매의사 결정
파생 수요	미디어 자극 수요

2) 구매의사결정의 참여자

조직구매센터 참여자들은 다양한 역할을 수행한다. 조직의 규모에 따라 참여자 수가 변하는데 중소 규모의 기업인 경우 복수의 역할을 수행하기도 한다.

① 구매 제안자(Initiator)

구매의 필요를 인식하고 구매를 처음으로 요청하는 사람으로, 제안자는 제품을 직접 사용하는 사람일 수도 있지만 타 부서의 요청으로 구매를 제안할 수도 있다.

② 영향력 행사자(Influencer)

구매의사결정에 다양한 방법으로 영향을 미치는 사람으로, 주로 의견 선도자, 시장 전문가, 혁신가 집단이 영향을 미친다. 의견 선도자는 특정 제품 카테고리에 대해서 전문지식이 풍부하고 판단력이 뛰어난 사람으로, 혁신 제품과 같이 전문성을 요구하는 구매와 관련하여 영향력을 행사한다. 시장전문가는 일반적으로 구매 전반에 대한 식견을 갖추고 있다. 예를 들어, 구매와 관련된 정보를 언제, 어디서, 어떻게 얻을 수 있는지, 구매의 적절한 시기와 장소 등에 관하여 조언을 해 줄 수 있는 사람이다. 혁신가는 새로운 제품이나 서비스를 가장 먼저 사용하는 성향이 있기 때문에 특히 하이테크 제품 구매 시 의견을 제시하고 영향력을 행사한다. 결국 의견 선도자, 시장 전문가, 혁신가 집단이 긍정적으로 평가한 제품이 선택될 가능성이 크다.

③ 정보통제자(Gate-keeper)

정보통제자는 의견 선도자나 시장 전문가와 같이 전문성을 요구하지는 않지만, 의사결정의 효율성을 확보하기 위하여 정보를 통제하는 역할을 수행한다. 예를 들어, 기업은 보통 B2B 거래 시 잠재공급자에게 RFP(request for proposal: 제안 요청서)를 요구한다. RFP는 공급업자가 구매자의 구매 요구사항에 적합한 공급 예상 내용을 체계적으로 정리한 문서이다. 정보통제자 RFP를 접수했을 때 기업 내부 규정에 따라 일차적으로 공급자를 선별하는 작업을 한다.

④ 의사결정자(Decision maker)

의사결정자는 일반적으로 최종적인 구매 결정을 내리거나, 이를 허가하는 사람이다.

⑤ 승인자(Approver)

의사결정자나 구매실행자의 행동을 승인하고 허락하는 사람이다.

⑥ 구매자(Buyer)

구매결정에 따라 구매를 실행하는 사람들이다. 때때로 의사결정자들은 구매 권한만을 부여받고, 구매자가 특정한 브랜드나 공급자를 선택하는 경우도 있다.

⑦ 사용자(User)

구입한 재료나 물품을 생산 활동에 투입하거나 소비하는 사람들이다. 많은 경우의 사용자들이 구매 제안을 하고 특정 브랜드나 공급업자를 선정하는 데 조언한다.

3) 조직구매의 유형

조직구매 유형은 일반적으로 신규 구매(new task), 수정 재구매(modified rebuy), 반복 재구매(straight rebuy)로 분류 가능하다. 이들 구매 유형은 구매 상황의 관여도와 이전 구매 경험의 여부 등에 따라서 결정된다.

구매자는 조직구매 유형에 따라 광범위한(extensive), 제한된(limited), 일상화된(routinized), 탐색적인(exploratory) 의사결정 과정을 거치게 된다.

① 신규 구매(New task)

관여도가 높은 구매 상황이거나 제품이나 서비스를 처음 구매하는 경우로서 소비자 구매의 '복잡한 구매행동'과 유사한 성격을 보인다. 구매기업의 표준운영절차(standard operating procedure)에 기초하여 다단계를 거치면서 다양한 요인을 검토하여 최종 공급자를 결정하게 된다. 한번 구매가 이루어지면 장기간 제품이나 서비스가 필요하기 때문에 면밀한 검토를 통해서 공급자를 선정하고, 선정된 공급자와는 장기거래 관계를 유지하는 경우이다.

주로 제품이나 서비스를 새로 구매하는 상황이기 때문에 대안을 어떻게 평가할지에 대한 사전적 정보가 부족한 경우가 많다. 이러한 상황에서 구매자는 제품 정보 수집에 많은 노력을 투자한다. 특히, 잘못된 구매 결정으로 초래되는 위험부담이 높을 때, 광범위한 의사결정 행동을 하게 된다. 조직구매센터는 광범위하게 정보 탐색을 하며, 대안 간 장단점을 철저하게 분석한다.

② 수정 재구매(Modified rebuy)

신규구매를 성공적으로 진행한 경우나 공급자 충성도가 강한 경우에, 구매자는 제품의 일부 명세를 수정하거나 가격, 구매조건 등을 변경하여 재구매한다. 종종 관여도가 낮은 구매 상황에서는 공급자를 쉽게 변경하는 경우도 있지만, 소비자 구매행동의 '다양성 추구'와는 전혀 다른 동기로 구매가 이루어진다.

이전에 구매한 제품이나 서비스를 재평가하여 공급자를 선정하는 경우 탐색적 구매행동을 보여준다. 구매자들은 이미 구매했던 제품에 대해 개선의 필요성을 느끼거나, 새로운 제품이 시장에 출시되었다면 더 나은 대안으로 변경하고자 할 것이다. 탐색적 구매는 제품이 제품 개선이 짧은 기간 안에 이루어지는 하이테크 시장에서 자주 발생하게 된다.

구매자가 제품에 대해 한정된 경험을 가지고 있으므로 특정 분야의 추가적 정보가 필요한 경우이다. 예를 들어, 전기료가 많이 나오는 에어컨을 새 에어컨으로 교체하려고 할 때 구매자는 이미 에어컨에 대한 정보를 광범위하게 수집하였으므로 어떤 특성이 중요한가를 이미 알고 있다. 이 경우 요금과 관련한 특정 정보에만 집중하여 문제를 해결하고자 할 것이다.

③ **반복 재구매**(Straight rebuy)

구매자가 공급자에 대해 불만이 없다면 별다른 수정 없이 이전에 거래했던 공급자를 선호하는 경우로서 MRO(maintenance, repair, operation) 품목을 구입하는 경우에 해당된다. 이 유형은 소비자 구매행동의 '습관적 재구매'와 유사하다. 구매자들이 같은 제품을 구매하면서 매우 만족해 한다면, 이들의 행동은 일상화되어 순수한 반복 재구매를 하게 된다. 이때 구매와 관련된 의사결정 노력은 아주 적다. 구매자들은 이미 그들이 가능한 한 최고의 제품을 구매하고 있다고 확신하고 있으며, 다른 대안을 고려할 필요가 없다고 생각한다. 이처럼 브랜드 충성도가 높은 구매자들은 공급자 대체를 거의 고려하지 않으며 의사결정 과정이 매우 신속하게 진행된다.

5.7 조직구매 의사결정 과정

1) 구매의사결정 과정

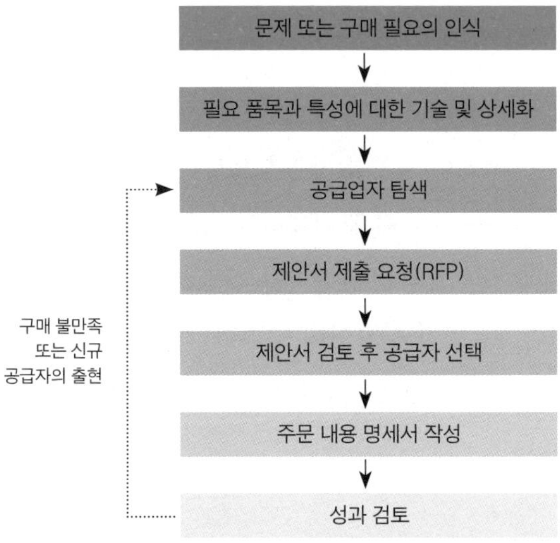

그림 5.7 조직구매 의사결정 과정

조직구매 의사결정 과정은 기본적으로 소비자 구매와 유사한 절차로 진행되지만, 그 전반적 과정이 더 복잡하며, 기술적이고, 표준화 · 공식화되어 있다. 조직구매는 특히 구매 성과 검토 후에 공급자와의 재계약 문제, 계약 내용의 변경 등을 고려하기 때문에 공급자는 구매자에게 지속적으로 공급 후 마케팅 활동을 해야 한다.

① 문제 또는 구매 필요의 인식

구매의사 결정과정의 시작은 소비자 구매와 마찬가지로 구매 필요에 대한 인식에서부터 비롯된다. 이러한 필요는 소비자 구매와 마찬가지로 내부자극 또는 외부자극에 의해 유발된다.

② 필요 품목과 특성에 대한 기술 및 상세화

구매담당자는 필요한 제품과 서비스에 대한 특성과 구매량을 결정한다. 복잡한 하이테크 제품의 경우, 기술자나 실제 제품 사용자와 협의하여 이를 결정하기도 한다. 품목의 특성은 신뢰성, 내구성, 가격 등과 같은 요소를 고려하여 결정하게 된다.

③ 공급업자 탐색

전시회, 광고, 인터넷 등을 통하여 잠재 공급업자를 탐색할 수 있다. 따라서, 잠재 공급자는 다양한 경로를 통하여 정보를 제공함으로써 구매자의 리스트에 등재되어 판매 가능성을 높일 수 있다. 이전에 거래하던 공급자가 만족스러운 성과를 제공해 왔다면 조직구매에서는 기존의 공급자를 선호하는 공급자 충성도(source loyalty)가 강하게 나타난다. 즉 별다른 불만이 없다면 기존의 공급자를 선호하게 되는데, 이는 소비자 구매의 브랜드 충성도(brand loyalty)와 유사한 개념이다.

④ 제안서 제출 요청

구매자는 자격을 갖춘 잠재 공급자에게 제안서 제출(RFP: request for proposal)을 요구한다. 제품이 복잡하거나 가격이 높을수록 제안서는 서면으로 자세하게 제공된다. 조직구매센터의 정보통제자(gate keeper)가 제안서 제출을 의뢰하고, 수집된 제안서는 1차적으로 정보통제자에 의하여 구매예산 등 기본적인 조건에 기초하여 선별되기도 한다.

⑤ 제안서 검토 후 공급자 선택

제안서가 1차 선별과정에서 평가되고 나면, 조직구매센터의 참가자들은 가장 유력한 소수의 공급자를 선택하여 이들을 다시 평가하게 된다. 일반적으로 구매 규모가 큰 경우 위험을 분산하기 위하여 다수의 공급자를 채택하여 주문하는 경우도 있지만(multiple sourcing), 하나의 공급자를 선정하여 주문하는 경우(single sourcing)도 있다.

⑥ 주문 내용 명세서 작성

공급자가 선택되면 기술 명세, 주문량, 배송 예측 시간, 환불 정책과 같은 구체적인 주문 내용에 대하여 협의를 한다.

⑦ 성과 검토

선택된 공급자들에 대한 성과를 측정하고, 구매가 만족스러울 경우 재구매 할 수 있으나 구매가 불만족한 경우 공급업자를 다시 탐색하거나, 계약 내용을 변경하여 재계약할 수 있다.

2) 구매자와 공급자의 관계 분류

구매자와 공급자의 관계에서 그 영향력의 크기는 산업과 상황 등 여러 요인에 따라 달라질 수 있다. 대체품의 이용가능성, 공급의 중요성, 공급의 복잡성, 공급시장의 역동성 등에 영향을 받는다. 이러한 요소에 기초하여 구매자와 공급자의 관계를 다음과 같이 8개로 분류할 수 있다.

표 5.5 구매자와 공급자의 관계

기본적 구매 및 판매 (Basic buying and selling)	협업과 정보 교환의 수준이 단순하며, 통상적이고 관례적인 순서와 방법에 의해 거래가 진행된다.
단순한 관계(Bare bones)	판매자와 구매자는 단순한 관계만을 유지한다.
계약 거래(Contractual transaction)	낮은 수준의 신뢰, 협동, 상호작용이 발생하며, 일반적인 계약 형태로 진행된다.
고객-공급자 관계(Customer-Supplier)	전통적인 고객-공급자 상황이며, 한쪽이 우세한 형태이다.
협동적 시스템(Cooperative systems)	파트너들은 효율적인 운영을 위해 연합한다.
협력적 관계(Collaborative)	높은 신뢰와 헌신으로 진정한 파트너십을 유도한다.
상호 적응적 관계(Mutually adaptive)	구매자와 판매자 사이에 특수한 관계가 형성되지만, 반드시 강력한 신뢰와 협업이 일어나지는 않는다.
고객이 최우선(Customer is king)	판매자는 거래에 있어 많은 변화나 적응 없이도, 고객의 니즈를 충족시킨다.

출처: J. P. Cannon & W. D. Perreault Jr., "Buyer-Seller Relationships in Business Markets," Journal of Marketing Research, 36(Nov. 1999), pp. 43-60.

Oracle은 멤버십 수준과 이윤에 따라, 파트너를 3가지 그룹으로 나누고, 서로 다른 그룹에 대해 각기 다른 파트너십 전략을 구축한다. 각기 다른 파트너집단에 차별화된 서비스를 제공하는데 이는 B2C 기업의 개별화(customization)전략과 유사하다.

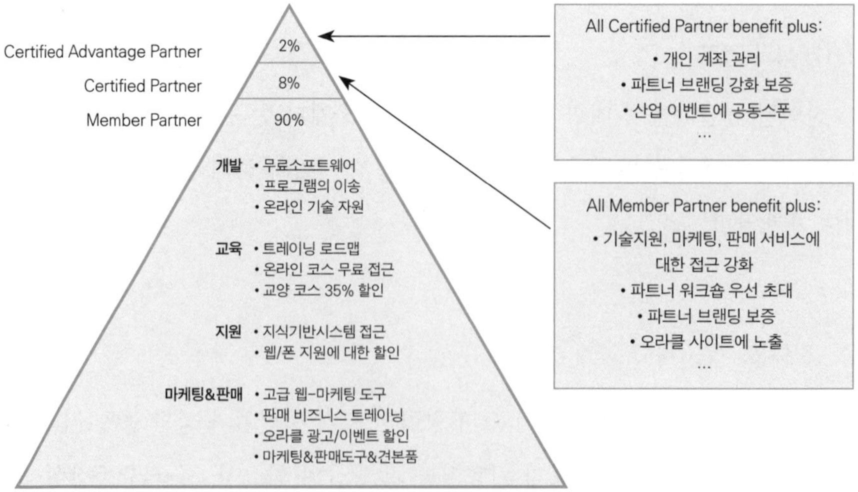

그림 5.8 Oracle의 멤버십 분류 시스템

출처: Everatt, D., Cordon, C., Seifert, R. W. "Building partnerships: reinventing Oracle's go-to-market strategy", International Institute for Management Development, 2003.

MARKETING INSIGHT

B2C와 B2B 시장에서의 가치창출 사례

1) B2C: 월마트

미국의 대형 소매점 체인인 월마트는 고객에게 높은 가치를 전달하는 놀라운 성과를 이루었다. 월마트는 그들의 약속인 "Save money. Live better"를 지키기 위하여 매일매일 노력하고 있다고 한다. 월마트는 단지 고객에게 가치를 전달하기 위하여 존재하는 것은 아니다. 월마트의 사명은 세상을 위하여 생활비를 절약해 주는 것이다. 이러한 사명을 달성하기 위하여 월마트는 경쟁자가 모방할 수 없는 저가격으로 엄선된 제품을 공급한다. 그렇다면 이 기업은 어떻게 이윤을 창출하는 것일까? 유통전문가는 월마트를 간결하고 보편적인 유통 기계라고 평가한다. 탁월한 관리 역량, 정교한 기술, 그리고 공급자와의 교섭력을 통하여 월마트는 소매업계에서 가장 저렴하게 제품을 공급하고 있다. 최근 아마존의 공세로 성장세가 주춤하지만 아직은 시장 리더의 자리를 지키고 있다. 성장엔진을 다시 가동하기 위해서 새로운 고성장 제품라인과 서비스 라인을 추가하였는데, 유기농 제품, 자사 브랜드(PB), 점포 내 건강 클리닉, 고객 재정 서비스 등이 추가된 대표적인 제품 라인들이다. 아울러 해외 시장에도 눈을 돌리고 있으며, 온라인 판매를 재편성하여 주력하고 있다.

2) B2B: 피앤지

피앤지(P&G)의 판매팀은 오랫동안 미국 인적판매 시장에서는 가장 선망의 대상이었다. 판매원 선발 · 훈련 · 관리적인 측면에서 피앤지는 타의 추종을 불허하는 수준이었다. 전 세계적으로 5,000명 이상의 판매원을 고용하고 있다. 판매팀을 세계 최고 수준으로 만든 것은 다름 아닌 이 회사의 판매 철학이다. 우선 판매라고 부르지 않고 고객비즈니스개발(CBD)로 부른다. 이 개발팀의 초점은 거래 개발이 아니라 고객과의 관계이다. 피앤지 고객의 대부분은 월그린, 월마트, 달러 제너럴과 같은 규모가 큰 복잡한 기업고객들이다. 기업고객들은 수백

수천 개의 점포를 운영하면서 수십억 달러의 매출을 기록하는 회사들이다. 이런 기업고객을 대하는 판매팀의 과업은 매우 복잡하고, 판매원 개인이나 팀이 다룰 수 있는 수준이 아니다. 대신에 피앤지는 각각의 기업고객 어카운트를 위해 CBD 팀을 배정한다. 각 팀에는 판매원뿐만 아니라 소매점포에서 피앤지 제품을 판매하는 다양한 분야의 전문가가 참여한다. CBD 팀에는 마케팅전략, 제품개발, 운영, 정보시스템, 로지스틱스, 재무, HR까지 다양한 전문가가 투입된다. 달러 제너럴의 경우처럼 적게는 30명, 월마트와 같은 맘모스 고객의 경우 350명이 투입된다. 훈련이 핵심이고, 고객만족이 목표이다. 그리고 아이러니하게도 피앤지는 자사 제품 재고를 적게 보유하고, 경쟁사 제품의 재고를 많이 가지도록 유도한다. 점포 간 이동량이 증가하면 매출도 증가하고 결국에는 피앤지 제품 매출을 증가시킨다고 믿기 때문이다. CBD 팀은 고객에게 좋은 것이 자사에게도 좋다고 믿는다. 고객과 신뢰 관계를 구축하면 고객과의 돈독한 파트너십으로 이어진다고 믿는다. 피앤지의 CBD 팀은 판매 이상의 업무를 수행하고 있다. 전략적 파트너십을 구축하여 고객에게 도움을 주고, 고객의 비즈니스 기회를 확대하는 것이 피앤지의 미션이라고 믿는다.

출처: 권명중 외, 《과학기술의 시대, 경제와 경영이 만나다》, 연세대학교 대학출판문화원, 2018, pp. 475-476.

연습문제

1. 다음 중 복잡한 구매행동의 특징이 아닌 것은?

   1) 고관여 구매 상황
   2) 대안 브랜드 간 차이가 적음
   3) 가격이 일반적으로 비싼 제품의 경우
   4) 이상 모두가 특징에 속한다

2. 다음 중 가장 범위가 넓은 집합은?

   1) 인지집합　　2) 고려집합
   3) 선택집합　　4) 구조집합

3. 피셔바인모형은 비보상적모형에 속한다.

   맞다 (　　　)　　틀리다 (　　　)

4. 산업재 시장의 특성 중 파생수요에 대하여 설명하시오.

제6장

STP 전략

MARKETING

TED 도입 사례

완벽한 스파게티 소스는 존재하는가

1) 첫 번째 교훈: 완벽한 제품은 없으며, 소비자는 진정으로 무엇을 원하는지 모른다.

Pepsi사는 하워드 박사에게 "아스파탐"을 사용하여 다이어트 Pepsi를 만드는데 있어 8~12% 중 최적의 비율이 어떤 것인지 의뢰하였다. 하워드는 아스파탐 함량을 세분화하여 수천 명에게 맛보게 한 후, 가장 인기 있는 함량을 고르는 실험을 했다. 그러나 실험결과는 일관성 없이 뒤죽박죽이었다. 하워드는 이러한 결과가 나온 이유에 대해서 끊임없이 파고들어 다이어트 Pepsi 실험의 문제는 바로 '잘못된 질문'에 있었던 것임을 알게 되었다. 이들은 단 하나의 완벽한 Pepsi를 찾길 바랬으나, 사실 완벽한 Pepsi 여러 개를 찾았어야 하는 것이었다! Campbel은 스파게티소스 시장의 주도권을 잡기 위해 하워드에게 도움을 요청하였다. 하워드는 45종류의 스파게티 소스를 만들어 사람들에게 맛보게 한 후 선호도를 기준으로 데이터를 그룹화했다. 그 결과 미국인들은 세 가지 그룹으로 구분될 수 있었다. 이 중 한 그룹은 덩어리가 있는 스파게티 소스를 선호하였지만 이러한 소스는 그 당시 생산되고 있지 않았다. 이후 생산된 덩어리 스파게티 소스는 10년간 60억 달러를 벌어들였다. 이 사건이 더 의미 있는 이유는 식품업계가 소비자를 행복하게 하는 방법을 근본적으로 바꿨기 때문이다. 식품업계는 사람들이 무엇을 원하는지 알기 위해 그들에게 질문해야 한다고 생각했다. 그래서 여러 해 동안 Ragout와 Prego는 소비자 그룹을 앉혀 놓고 스파게티 소스에 대해서 물었지만 여태까지 덩어리가 많으면 좋을 거라는 대답은 나온 적이 없었다.

2) 두 번째 교훈: 맛의 민주화-수평적 세분화(horizontal segmentation)

80년대 초반에는 사람들을 행복하게 해주려면 더 비싸고 열망할만한 제품을 만들어야 한다는 생각이 우세했다. 그래서 세련되고 더 좋고, 고급스러운 머스터드를 찾았다. 그러나 이제 세상이 변했다. 하워드는 스파게티 소스나 머스터드 중 좋고 나쁜 제품은 없다고 주장한다. 단지 서로 다른 입맛에 맞는 소스만 있을 뿐, 소스 세계에 위계질서는 없으며 모든 제품이 수평선 상에 늘어서 있다는 것이다. 이것은 맛에 대한 사고방식을 근본적으로 민주화하려 했던 것이다.

3) 세 번째 교훈: 이상적인 음식이란 없으며, 다양성을 이해해야 한다.

요리사들은 인류에게 맞는 보편적인 요리법을 찾아 헤매고 있다. 보편성이라는 개념에 사로잡히는 이런 현상은 19~20세기 동안 모든 과학 분야 전반을 휩쓸었다. 심리학, 의학, 경제학, 인류학 등 많은 분야에서는 세상을 보편적으로 설명할 수 있는 규칙을 찾는 데 노력을 기울였다. 그러나 이제는 보편성 논쟁을 마치고 다양성에 대한 이해를 넓혀야 한다.

출처: Malcolm Gladwell*, "On spaghetti sauce", www.ted.com

* Tipping Point(2000), Blink(2005), Outliers(2010), David and Goliath(2014)의 저자

대량판매 시장의 종말이 다가온다는 말도 있다. 구글의 고객은 대중이 아니라 개인이라고 한다. 개인 맞춤형 추천서비스가 향후 마케팅의 대세가 될 것이라는 전망도 있다. 이러한 관점에서 도입 사례는 고객의 니즈를 정확히 찾아서, 분류하고, 이를 충족시키기 위해 마케팅 전략의 필요성을 자연스럽게 제시하고 있다. STP전략은 전통적인 거시적 마케팅 전략으로 요약될 수 있다. 전통적으로 기업은 높은 시장점유율을 확보하기 위해, 최고의 제품을 만들어 판매하고자 했으나, 사회와 환경이 복잡해짐에 따라 소비자의 욕구와 취향도 매우 다양해졌다. 흥미로운 점은 소비자 자신도 본인이 어떤 것을 선호하는지 완전히 알지 못한다는 점이다. 모순될 수 있으나 마케팅 관리자는 고객의 니즈에 기반한 다양성을 파악하여 마케팅 전략을 효과적으로 수립하여야 한다. 이 장에서는 마케팅 전략의 개요와 각 전략 수립의 특성, 마케팅 믹스와의 관계를 살펴볼 것이다.

6.1 마케팅 전략의 개요

사명과 구체적인 목표가 설정되면 시장에서의 전략적인 위치를 결정하게 된다. 시장에서의 전략적 위치는 각 기능별 전략과 밀접하게 연계되어 있다. 특히 마케팅 전략은 시장 포지셔닝 전략의 가장 중요한 부분을 차지하고 있다. 다음에서 마케팅 전략의 핵심인 STP(시장세분화-목표시장 선정-제품 포지셔닝)개념을 소개한다.

마케팅 전략 수립에 앞서 기업은 내적 환경과 외적 환경에 대한 마케팅 분석을 한다. 3C는 고객(consumers), 자사(company), 경쟁자(competitors)로 기업이 마케팅 활동을 하는데 있어 직접적으로 영향을 미치는 기본 구성으로서 기업은 이를 면밀하고 완벽하게 이해하고 분석해야 한다. 이와 같은 3C에 협력자(collaborators), 전반적 상황(conditions)을 추가하면 5C가 된다.

마케팅 전략 과정은 일반적으로 3단계를 거치게 된다.

첫 단계는 시장을 세분화(market segmentation)하는 작업으로 시장을 상이한 제품 또는 서비스를 요구하는 독특한 구매자 집단으로 분할하는 작업이다. 시장을

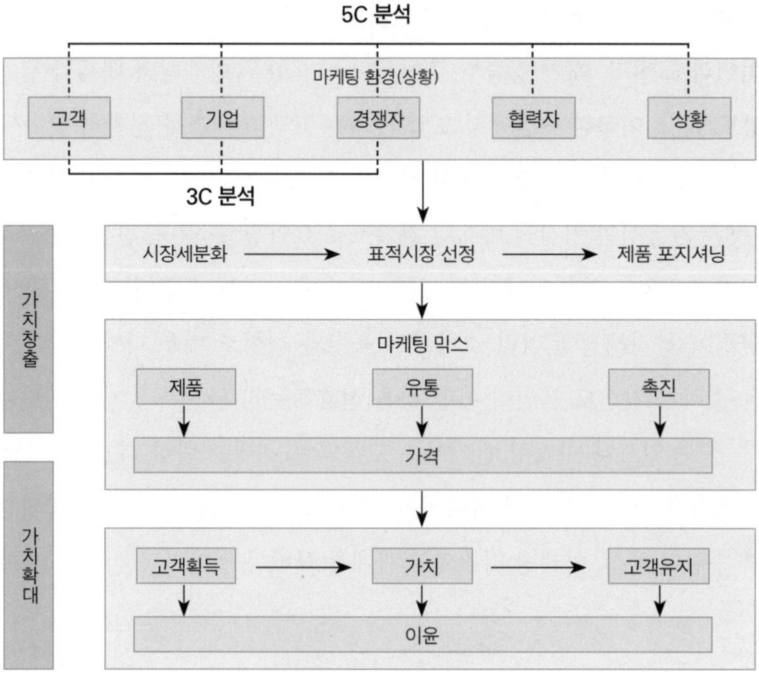

그림 6.1 마케팅 전략의 과정

세분화하는 방법에는 여러 가지가 있으며, 세분화의 궁극적인 목표는 각 세분시장의 성격을 규명하는 것이다.

두 번째 단계는 목표시장(target markets)을 선정하는 것으로, 각 세분시장의 매력도를 평가하고 진출할 개별 또는 복수의 세분시장을 선정하는 단계이다.

세 번째 단계로는 시장에서의 위치선정, 즉 포지셔닝(positioning)이다. 이때는 상품이나 서비스의 경쟁적 포지셔닝과 구체적인 마케팅 믹스의 방향을 설계하는 단계이다.

STP전략의 수립은 4P 믹스와 밀접한 연관이 있다. 4P는 제품(product), 가격(price), 유통(place), 촉진(promotion)을 의미하는데 이들을 적절한 수준으로 믹스하여 기업의 목적에 부합하는 전략을 수립하는 것이 마케팅 믹스 전략이다. 마케팅 관리자는 기업의 외부 환경을 파악하고, 내부의 강점과 약점을 인지한 후에, 그에 따른 구체적인 목표를 수립하고 그 목표에 맞도록 STP전략을 수립하게 된다. 또한, STP의 전략과 4P는 같은 수준에서 그 목적이 서로 부합하도록 수립되어야 한다. 즉, 기업이 선택한 목표시장에서 기업이 위치화하고자 하는 자리에 매우 적합하고 알맞은 4P전략이 동시에 수립되어야 한다. 이것은 가치를 창출하고 확대해 나가는 과정에서 매우 중요하다고 볼 수 있다.

4P 믹스는 직접적으로 기업의 이윤과 마케팅 활동에 영향을 끼치고 믹스 전략의 관리가 궁극적인 기업의 목적과 알맞게 부합할 때, 성공적인 마케팅 전략으로 볼 수 있다.

6.2 시장세분화

시장세분화는 구별되는 특징, 행동, 니즈에 따라 고객 집단 및 잠재적인 소비자 집단을 기준으로 시장을 나눈 것이다. 시장세분화의 목적은 소비자들을 명확한 기준에 의해 집단 간에는 다르지만 집단 내부적으로는 동질적으로 묶는 것이다.

피자를 예로 들어보면, 피자는 그 종류에 따라 토핑과 반죽 등 그 특성이 각각 다르다. 이것이 특정 시장이다. 이것을 몇 개의 슬라이스로 나누어 먹는다. 상황에 따라, 6조각 또는 8조각 등으로 나눌 수 있다. 이것이 세분화된 시장이다. 그중 선호도나 기호에 따라 비슷해 보이지만 토핑의 양이나, 종류가 조금씩은 다른 피자 조각 중 하나를 선택하게 되는 것이다.

모든 소비자가 만족할 수 있는 제품이나 서비스를 한 기업이 제공한다는 것은 사실상 불가능한 일이다. 따라서, 경쟁자가 존재하고, 소비자는 다양한 욕구를 충족시키려 하므로 한 기업이 시장 전체를 선점할 수는 없다. 기업들은 전체 시장을 공략하는 대신 자신이 가장 성공적으로 공략할 수 있는 세분시장을 선택하게 된다.

1) 세분시장 마케팅의 배경

고객이 서로 다른 성격을 가지고 있다면 규모의 경제를 위하여 비슷한 특성을 가진 고객 집단으로 군집시키는 것이 효과적이다. 미국의 대형소매점인 Wal-mart나 K-mart가 이러한 시장 집합에 기초하여 경제성을 추구하는 전략을 구사하고 있다. 일반적으로 고객의 성격과 기호는 아주 다양해서 이를 기준으로 비슷한 집단을 구분하는 시장세분화 작업이 필요하다. 시장을 세분화하는 근본적인 이유는 고객의 니즈를 보다 잘 파악하고 시장의 매력도를 충실하게 분석하기 위한 것이다. 시장세분화가 중요시되는 이유는 시장이 점점 성숙되고 소비자의 니즈가 다양해지면서 모든 고객 집단을 만족시키기가 힘들어졌기 때문이다. 아울러 최근에는 새로운 기법의 등장으로 과거에는 불가능했던 세분화가 가능해졌다. 예를 들어, 데이터 저장 및 마이닝 기술의 발달로, 소비 기록을 추적하면서 소비 패턴에 따라 소비자를 세분화할 수 있다. '식사 후 바로 커피 전문점을 찾는 소비자', 또는 '식사와 커피를 반드시 함께하는 소비자' 등이 그것이다.

고객은 최종 소비를 목적으로 하는 개별 구매자와 기업 고객으로 구분할 수 있다. 개별 구매자와 기업 고객의 시장세분화 기준은 일반적으로 다르다. 왜냐하면, 개별 구매자는 개인의 니즈 충족을 위해서 구매하지만 기업 고객은 기업의 니즈를 충족시키고자 구매하기 때문이다.

2) 세분시장 마케팅 도입의 진화

① 대량마케팅(Mass marketing)

시장을 나누지 않고, 전체 시장을 목표로 활동하며 소수의 제품으로 모든 소비자를 만족시키려고 한다. 이 단계에서는 규모경제와 경험 곡선 효과를 활용할 수 있다.

② 제품다양화 마케팅(Product-variety marketing)

제품의 형태, 질, 크기 등에서 차이를 보이는 두 가지 이상의 제품을 생산 및 제공한다.

③ 표적시장 마케팅(Target marketing)

하나 또는 복수의 세분시장을 선택, 각 시장에 적합한 제품 및 마케팅 믹스를 개발 및 제공한다.

3) 시장세분화 방법과 과정

세분화된 시장 중 하나는 그 밖에 또 다른 세분시장들과 충분히 달라야 한다. 또한, 세분시장이 기업의 마케팅 결과와 관련한 소비자 특성으로 이루어져 있어야 한다. 이와 관련한 철저한 소비자 분석은 필수이다. 시장은 내재된 혜택의 지각, 외형적 행동특성 두 가지 기준으로 세분화할 수 있다.

① 내재된 혜택의 지각

소비자들이 추구하는 이익이나 혜택에 기반을 둔 세분시장이다. 마케팅 관리자들의 이상적인 시나리오는 보통 특정 제품에서 찾을 수 있는 이익이나 혜택에 기반하여 소비자를 나누는 것이다. 즉, 소비자들의 니즈에 따라 소비자를 그룹 짓는 것이다.

예를 들어, 처방전 없이 살 수 있는 통증, 염증, 열에 대한 진통제가 있다고 가정하자. 시장 전문가는 사람들이 약에 대해 효과성과 순한 정도라는 두 개의 속성으로 제품을 평가한다는 사실을 알아낸다. 한 속성을 다른 속성보다 높게 평가하므로, 두 개의 기본적인 세분시장이 존재한다. 따라서, 만약 부작용이 있다고 하더라도 약의 효과성을 선호하는 세분시장 하나가 있고, 반면 덜 효과적이지만 순하고 부작용이 없는 약을 선호하는 세분시장이 하나 더 존재한다. 소비자의 선호나 니즈의 차이에 기초하여 두 세분시장이 나타나게 된다.

② 외형적 행동 특성

소비자들의 특징을 관찰하는 것에 기반한 세분시장이다. 실제로, 마케팅 관리자들은 관찰 가능한 어떤 특징에 기초하여 세분시장을 설명하는 경향이 있다. 세분시장을 만들기 위해 가장 많이 사용하는 소비자 인구 모형(예를 들어, 성별, 나이, 수입 등)은 소비자들의 지리적인 위치, 그들의 생활 방식, 또는 행동의 특징(예를 들어 제품을 사용하는 시기) 등으로 구성된다. 이러한 방법으로 만들어진 세분시장은 마케팅 메시지를 발견하고 다루기 쉽다. 그러나 이러한 세분시장 분류방법은 세분시장 간의 뚜렷한 선호의 차이가 있어야 한다.

앞서 예시를 들었던 처방전 없이 살 수 있는 진통제에 대해 다시 살펴보자. 대체로 젊은 사람들은 부작용이 있더라도 강력한 약을 선호하는 것과 달리, 나이가 많은 사람들은 약의 순한 정도를 가치 있게 여기는 경향이 있다. 이 경우 나이는 좋은 세분시장 변수이다. 대체로 같은 연령대인 사람들을 대상으로 세분 그룹으로 나누기가 쉬우며, 이 경우에 뚜렷한 소비자 선호와 큰 관련이 있는 것이다.

마케팅 관리자들은 시장을 세분화하기 위해 일련의 과정을 필요로 한다. 먼저 소비자들의 욕구에 기반한 이익과 혜택을 찾아내는 것이다. 찾아낸 소비자 이익을 바탕으로 시장을 세분화하고 소비자 프로파일의 원형을 만든다. 그 후에 특정 세분시장 간의 구성원을 구별할 수 있는 관찰 변수를 찾아낸다. 세분화 과정은 간단해 보이지만 실제로는 많은 경험과 창조성을 요구한다. 또한, 여러 가지 세분화 전략이 받아들여질 가능성이 존재한다. 따라서, 마케팅 관리자는 다양한 정보와 반복된 경험에 의해 만족스러운 시장세분화를 달성할 수 있다.

4) 소비재 시장의 세분화

소비재 시장세분화의 가능한 변수로는 크게 지리적 변수, 인구통계학적 변수, 심리묘사적 변수, 행동적 변수가 있다. 마케팅 관리자는 이러한 세분시장 변수를 함께 활용함으로써 효과적인 세분시장의 기준을 충족시킨다.

① 지리적(Geographic) 변수

지리적 변수는 국가, 지방, 도시, 인구밀도, 기후 등으로 분류할 수 있다. 어떤 기업은 세분화한 소수의 세분시장에만 집중적으로 마케팅 활동을 할 수 있고, 또 다른 기업은 전체 시장에 대하여 각각 지역 특성에 맞는 서로 다른 전략을 구사함으로써 마케팅 활동을 할 수 있다.

② 인구통계학적(Demographic) **변수**

나이와 생애주기, 성별, 소득, 사회적 계층 등의 변수가 있다. 일반적으로 소비자들의 욕구와 구매 패턴은 이와 같은 요소에 따라 눈에 띄게 달라질 수 있으며 시장세분화의 변수로서 비교적 간편하며 가시적이다. 그러나 마케팅 관리자는 나이나 성별에 따른 세분화를 사용할 때 틀에 박힌 고정관념의 오류를 주의해야 할 것이다.

③ 심리묘사적(Psychographic) **변수**

심리묘사적 변수로는 라이프스타일과 성격을 들 수 있다. 라이프스타일을 통한 세분화는 일반적으로 광고를 이용하는 경우가 많다. 예를 들어, 소비자들이 특정 집단에 소속되고 싶은 열망집단의 스타일을 강조하거나, 현재 자신이 속해 있다고 판단되는 준거 집단의 성격을 보여줌으로써 소비자로 하여금 동질감을 불러일으킨다. 아울러, 소비자들의 성격 차이에 따른 세분화로 담배나 커피, 주류 등의 제품에서 성공하는 경우가 많다. 그 예로 다른 사람과 어울리기 좋아하는 사람은 만남의 자리를 위해 일회용 티백 커피를 더 자주 구매하며 이용한다는 연구 결과가 있다.

④ 행동적(Behavioral) **변수**

행동적 변수는 제품과 관련하여 소비자 행동과 관련이 있는 변수들로 시장을 세분화하는 것이다. 구매 또는 사용 상황, 소비자가 추구하는 편익, 제품 사용 경험, 사용률, 충성도 등으로 시장을 세분화한다.

최근에는 대체로 소비자의 행동적 변수를 기준으로 시장을 세분화한 후 그에 따른 프로파일을 가지고 소비자 특성 변수를 사용한다. 예를 들어, 제품 사용이 전혀 없는 소비자들과 경험이 있는 소비자들로 시장을 세분화한다. 이후, 이 세분시장을 또다시 인구통계학적 변수 등을 사용하여 구매가 없으면서 남성인 경우, 또는 여성인 경우로 나누며 더 세분화할 수 있다. 이를 이용하여 경험이 없는 소비자에게는 제품 사용의 기회를 제공하는 등의 적절한 마케팅 전략을 사용하고, 경험이 있는 소비자에게는 제품에 대한 충성도를 효과적으로 높이기 위한 광고나 홍보물을 제작한다.

표 6.1 소비재 시장세분화의 변수들

지리적 변수	인구통계적 변수	심리묘사적 변수	행동적 변수
국가 지역 도시 인구밀도 기후	나이와 생애주기 성별 소득 사회적 계층	라이프스타일 성격	구매 또는 사용 상황 소비자 편익 제품 사용 경험 사용률 충성도

5) 산업재 시장의 세분화

산업재 시장 역시 소비재 시장과 마찬가지로 지리적 변수, 구매자가 추구하는 편익, 사용률, 충성도 등을 세분화 기준으로 사용하고 있다. 또한 산업의 종류, 회사 규모, 운영상의 특성, 구매 접근방식, 상황적 요인 등과 같은 변수를 추가로 사용한다.

① 인구통계학적 변수

산업, 회사 규모, 위치 등이 해당한다. 이 경우는 어떤 산업이나 회사에 중점을 두어야 하는지 또는 어떤 지역에 집중해야 하는지 등을 고려한다.

② 운영적 변수

기술, 사용자 또는 비사용자, 소비자의 능력 등의 변수가 세분화 기준이 된다. 어떤 소비자 기술에 초점을 두고 운영할 것인지 또는 사용자(대량 사용자와 소량 사용자)와 비사용자 중 어떤 쪽에 접근할 것인가를 고려한다. 아울러, 다양한 서비스를 원하는 소비자들에게 집중할 것인지, 독특한 한 가지 제품이나 서비스만을 원하는 소비자에게 집중할 것인지 선택할 수 있다.

③ 구매접근방식

구매조직의 특성, 권력구조, 기존의 관계 양상, 구매 정책, 구매 시 고려하는 속성 등의 변수가 존재한다. 조직 특성은 조직의 집중과 분산에 따라, 권력구조는 임파워먼트의 정도나 권한이 어느 부서에 집중되어 있는가에 따라 구분된다. 또한 구매 정책의 변동성이나 독특한 특징, 구매 시 고려하는 품질, 가격, 서비스 등의 가중치 등에 따라 산업재 시장을 세분화할 수 있다.

④ 상황적 요인

긴급성, 용도의 특수성, 주문의 양 등의 변수가 있다. 긴급성은 주문 처리나 배송 등의 긴급한 정도에 따라 세분화하는 것이고, 제품의 모든 용도를 다룰 것인지, 일부 용도에만 집중할 것인지에 따라 분류할 수 있다. 주문의 양에 따라 다량 소비자, 중량 소비자, 소량 소비자로 나누어 볼 수 있다.

⑤ 개인적 특성

구매자-판매자 유사성, 위험에 대한 태도, 충성도 등이 해당한다. 구매자-판매자 유사성은 조직의 성격이나 추구하는 가치가 자사와 유사한지 또는 전혀 다른지에 따라 세분화하며, 위험에 대한 태도에 따라 위험 선호형, 위험 회피형, 위험 중립형 등으로 분류할 수 있다.

표 6.2 산업재 시장세분화의 변수들

인구통계학적 변수	운영적 변수	구매접근방식	상황적 요인	개인적 특성
산업 회사 규모 위치	기술 사용자/비사용자 소비자의 능력	구매조직 권력구조 기존의 관계 구매 정책 구매 시 고려 속성	긴급성 용도의 특수성 주문의 양	구매자 · 판매자 유사성 위험에 대한 태도 충성도

6.3 효과적인 시장세분화의 요건

시장세분화를 하는 방법은 여러 가지가 있으나 모든 세분화가 효과적인 것은 아니다. 따라서, 세분시장이 제 기능을 발휘하려면 다음과 같은 요건을 갖추어야 한다.

첫째 요건은 측정 가능성(measurability)이다. 즉 세분시장의 크기와 구매력이 측정될 수 있어야 한다. 가령 고객의 성품이라는 변수로 세분화했을 때 세분시장 간의 차이가 드러날 수는 있으나 성품이라는 변수를 측정하기가 어렵다.

두 번째는 접근 가능성(accessibility)이다. 세분시장 고객에게 효과적으로 접근해서 영향을 줄 수 있는 정도를 말한다. 현재의 유통경로와 촉진수단을 통해서 고객에게 접근하거나 영향을 주지 못한다면 효과적인 세분화가 되지 못한다.

세 번째로 시장의 규모(substantiality)이다. 이는 세분시장의 규모와 수익성의 정도가 차별적인 전략을 구사할 수 있을 만큼 충분히 커야 한다는 것이다. 즉 세분시장은 거기에 맞는 적합한 마케팅 프로그램을 추진할 가치가 있을 만큼 규모가 크고 동질적인 집단이어야 한다.

네 번째로 실행 가능성(actionability)이다. 이는 세분시장을 대상으로 효과적인 프로그램을 집행하여 효과를 얻을 수 있어야 한다는 것이다.

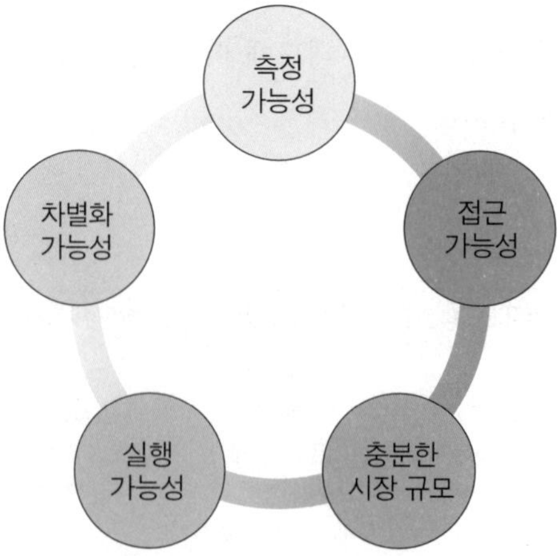

그림 6.2 효과적 세분시장의 요건

마지막으로 차별화 가능성(differentiability)이다. 이는 각각의 세분시장에 속한 구성원들이 마케팅 믹스에 대해서 서로 다른 반응을 보여야 한다는 것이다. 구성한 마케팅 믹스에 대해서 그룹 간 반응 차이가 없다면 시장세분화는 의미가 없는 것이 된다.

MARKETING INSIGHT

B2B 시장의 세분화 전략

시장세분화는 마케팅의 핵심 개념이지만 그간 B2B 산업에서는 그 중요성을 인정받지 못했다. 하지만 다우코닝, 시스코 등 선진 B2B 기업들은 시장세분화의 중요성을 인지하고 이를 자사의 고객들에게 적용해 상당한 성과를 올리고 있다. B2B 시장의 세분화 방법은 다양하나 고객 충성도와 고객 관리 비용으로 고객 집단을 나누는 방식이 대표적이다. 이 방식은 고객을 크게 판매 기업에 대한 충성도가 낮지만 요구사항은 적은 범용상품고객(Commodity buyers), 판매 기업에 대한 충성도는 낮으면서 요구사항은 많은 저성과 고객(Under-performers), 충성도가 높지만 요구사항도 많은 파트너 고객(Partner), 충성도는 높지만 요구사항은 적은 가장 가치 있는 고객(The most valuable customer) 4집단으로 구분한다. 이때 가치 있는 고객과 파트너 고객 집단에 많은 자원과 노력을 투입하는 기업만 동종업계의 선도자로 거듭날 수 있다.

네트워크 통신장비를 판매하는 시스코는 고객의 네트워크 장비 구매비용과 구매패턴을 바탕으로 중소기업 시장을 4개의 세분시장으로 나누었다. 상위 2개의 세분시장은 네트워크 설비를 그들의 핵심 사업으로 인식하고 있다. 숫자로만 보면 시스코의 전체 중소기업 고객 중 30%에 불과하지만, 판매액의 75%를 차지하는 주요 고객들이다. 반면, 하위 2개의 세분시장은 판매액 비중이 미미하고 네트워크 투자에 큰 관심이 없는 고객이다. 이 고객 분석 결과를 바탕으로 시스코는 각 세분시장에 특화된 제품과 서비스를 제공하는 Smart Business Road map프로그램을 개발해 매출을 대폭 성장시켰다.

1) 가격이 전부가 아니다

많은 B2B 거래에서 고객들은 가격을 제일 중요한 요인으로 평가한다. 이에 일각에서는 B2B 고객들에 대한 시장 세분화는 큰 의미가 없다고 주장하지만, 제품의 질이나 기술 수준, 납기일을 지키는 능력, 판매 후 서비스 등은 고객의 구매 의사결정에서 매우 중요한 요소로 작용한다.

산업용 레진(industrial-resin)의 구매 과정을 보면, 가격이 제일 중요한 결정요소라고 응답한 고객이 가장 많았지만, 비율은 30%로 그다지 높지 않았다. 반면 품질의 일관성이나 기술지원 및 고객서비스 역량, 납기, 영업사원의 관심, 제품의 다양성 등이 중요하다고 응답한 고객은 70%를 차지했다. 이는 B2B업체가 왜 가격에 민감한 고객뿐 아니라 서비스 지향적 고객, 제품지향적 고객 등에도 관심을 기울여야 하는지 잘 보여준다.

2) 고객세분화에 따른 유통 채널의 차별화

세계 최대 실리콘제품 제조기업인 다우코닝은 저가격으로만 판매하는 중소 경쟁기업들이 등장하면서 시장을 잠식당했다. 이에 다우코닝은 저가격 구매고객의 특성을 분석하여 고객 세분시장을 위한 인터넷 기반의 자동화된 구매 시스템을 개발했다. 기술 지원이나 고객 서비스 없이 낮은 가격을 중심으로 신속하게 온라인상에서 구매가 이뤄질 수 있는 시스템이다. 기존고객에게는 다우코닝이라는 프리미엄 브랜드와 그에 걸맞는 양질의 서비스를 제공하고, 가격에 민감한 고객들에게는 Xiameter라는 유통 브랜드를 이용하게 만들어 두 세분시장 간의 충돌을 없앤 셈이다.

출처: Dong-A Business Review, 'B2B 시장에도 고객세분화는 樂이다', December 2010, ISSUE 2, No.71

6.4 목표시장 선정

목표시장을 선정할 때는 먼저 여러 세분시장을 평가하여 활동할 목표시장의 수와 위치를 구체적으로 결정한다. 종종 표적시장이 분명치 않거나 모든 고객을 겨냥하는 경우가 있는데 이는 결과적으로 아무런 시장도 만족시키지 못하게 된다. 설령 목표시장을 아주 정확하게 정의하고 있는 경우라도 마케팅 조사를 정기적으로 실시하여 목표고객들을 만족시키고 있는가를 확인 및 점검해야 한다. 특정 고객층을 목표로 하는 매장이 현재 아무런 매력을 주지 못하고 있다면 목표시장을 변경하거나 매장을 재디자인해야 한다. 혹은 이 매장이 품질, 서비스 및 판매원의 질을 향상시키고 가격전략을 바꾼다면 비로소 목표시장이 원하는 위치를 점할 수도 있다.

1) 세분시장 평가를 위한 준비 작업

목표시장의 선정은 각 세분시장의 매력 평가와 진입할 하나 이상의 세분시장 선정과 관련되어 있다. 기업이 소비자 요구의 구조를 이해하면, 기업은 어떤 세분시장에 무엇을 어떻게 제공할 것인가를 결정해야 한다. 소비자에 대한 확실한 이해와 더불어, 경쟁 환경과 경쟁자에 대한 분석은 목표시장을 선정할 때 매우 중요하다. 기업이 세분시장을 선택하는 목적은 이익을 최대화하는 것이다.

목표시장 선택의 핵심은 세분시장 간 차이점을 이해하는 것이다. 이는 확인된 각각의 세분시장에서 성공할 수 있을지 평가하기 위해 기업과 경쟁자의 데이터를 수집하고 비교하는 작업을 요구한다. 이 과정은 기업이 다섯 가지 분야의 데이터를 수집하는 능력에서부터 시작된다. 목표시장 선정을 계획하고 설계할 능력, 요구하는 품질과 양을 충족하여 제품이나 서비스를 생산할 능력, 이 제품을 출시할 능력, 자금을 끌어올 금융능력, 관리와 실행할 능력이 그것이다.

이 다섯 가지 분야는 더욱 구체적인 항목으로 나뉠 수 있다. 예를 들어, 계획하고 설계할 능력은, 경쟁자들의 R&D 역량, 기존의 특허와 저작권, 제3자를 통한 신기술로의 접근 등의 정보수집 능력을 포함한다. 마찬가지로 기업이 생산 능력을 평가할 때는 경쟁자의 생산 기술과 수용능력, 생산 유연성 등이 평가될 필요가 있다.

필요한 경쟁자의 데이터가 충분히 모이면, 이것들을 경쟁자 역량 분석과 통합하여 분석한다. 이 방식은 마케팅 관리자들이 경쟁 환경에서 경쟁 패턴을 알아볼 수 있게 하며 자사가 가장 강력한 우위를 확보할 세분시장을 확인할 수 있게 한다. 아울러, 목표시장의 반응을 예상하는 것은 일반적으로 기존 경쟁자의 전략과 그들에 대한 평판 또는 역사적 사건에 대해서도 분석하는 것이 필요하다.

2) 세분시장의 평가

시장을 세분화하고 각 세분시장의 매력도를 평가한 후 어떤 시장을 목표시장으로 선정하고, 몇 개의 세분시장을 공략할지 결정한다. 세분시장을 평가 및 선택할 때는 다음과 같은 것들을 고려해야 한다.

① 고객 분석

각 세분시장에 대한 현재 판매량, 예상 성장률, 예상 수익률 등에 대한 자료를 계량적인 방법으로 수집 · 분석하고, 그에 따른 충분한 규모와 높은 성장률이 존재하는지 파악한다. 소규모 기업들은 큰 규모의 세분시장을 감당할만한 기술과 자원이 부족하고 시장에서의 기업 간 경쟁이 치열하므로 높은 수익률을 얻을 수 있는 성장잠재력을 가진 작은 시장을 선택하는 경우도 있다.

② 경쟁자 분석

충분한 규모와 성장률이 있으면서도 수익성 측면에서 매력적이어야 한다. 장기적인 세분시장 매력도에 영향을 주는 구조적 요인들인 경쟁강도, 대체상품의 위협, 구매자의 힘, 공급자의 힘 등을 분석해야 한다. 이러한 평가로 구체적으로 진입장벽의 강도, 경쟁자의 시장 영향력 등을 파악하여 자사 제품에 미치는 영향을 분석한다.

③ 자사 분석

세분시장의 규모가 크고 성장률이 빠르고 구조적으로는 매력적이라고 하더라도 세분시장과 관련된 자사의 목표와 자원을 고려하여 시장의 매력도를 평가해야 한다. 목표와 부합하더라도 그 시장에서 성공할 수 있는 기술과 자원이 있는가를 파악하여 경쟁적 우위의 선점과 수익창출이 가능하다고 판단될 때 진입해야 한다.

표 6.3 세분시장 매력도 평가

3C	평가요소	평가기준
고객	시장규모	해당 세분시장이 적절한 시장 규모를 가지고 있는가?
	시장성장성	성장 가능성이 높은 시장인가?
경쟁자	현재 경쟁자	현재의 경쟁사들이 공격적이고 강력한가?
	잠재 경쟁자	새로운 경쟁사의 진입 가능성이 높은가?
자사	기업목표	기업의 목표와 일치하는가?
	자원	자사가 인적, 물적, 기술적 자원을 갖추고 있는가?
	시너지효과	기존 브랜드의 마케팅 믹스 전략과 연계하여 시너지 효과를 가져올 수 있는가?

3) 목표시장 선택

각 세분시장을 평가한 다음에는 진출해야 하는 세분시장을 발견해야 한다. 어떤 세분시장에, 그리고 몇 개의 세분시장에서 활동할 것인가를 결정해야 한다. 이 문제가 바로 목표시장 선택이다. 목표시장은 기업이 표적으로 하는 공통적인 욕구 또는 특징을 공유하고 있는 구매자 집단이다. 세분시장 전략에는 대표적으로 비차별적 전략, 차별적 전략, 집중적 전략을 들 수 있다.

① 비차별적 마케팅(Undifferentiated marketing)

이 전략은 세분시장 간의 차이를 무시하고 단일 마케팅 믹스로 전체 시장을 공략하는 것이다. 고객 욕구의 차이보다는 공통점에 초점을 맞추는 것이다. 따라서, 가장 많은 수의 구매자들에게 소구할 수 있는 상품이나 서비스를 설계한다. 대량 판매와 대중 광고에 의존하며, 고객의 마음에 더 우수한 상품, 서비스라는 이미지를 심어주는 것을 목표로 한다. 이 전략은 비용면에서 경제적이라 할 수 있다. 1~2개의 상품이나 서비스만을 제공하기 때문에 생산, 재고, 수송비용이 절감된다. 물론 광고비용도 절감되며 세분시장에 대한 마케팅 조사와 계획도 줄일 수 있으므로 마케팅 조사 및 제품관리 비용도 절감된다.

② 차별적 마케팅(Differentiated marketing)

이 전략은 세분시장을 나누어 여러 목표시장을 표적으로 각각에 대해 상이한 마케팅 믹스를 설계한다. 제공하는 상품이나 서비스를 다양화함으로써 매출액을 늘리고 각 세분시장에서의 지위를 강화할 수 있다. 여러 세분시장에서의 더 강한 위치가 고객의 전반적인 인식을 제고해 줄 수 있다. 그리고 서비스가 고객의 니즈에 더 잘 부합한다면 반복구매 가능성을 높일 수 있다.

차별적 전략은 비차별적 전략보다 더 많은 매출액을 창출하는 것이 보통이다. 그러나 비용도 상대적으로 높아진다. 각 세분시장의 요구 조건에 맞추어 믹스를 수정하려면 추가로 연구개발비, 마케팅 비용 등이 소요되기 때문이다. 따라서, 차별적 마케팅을 수행하는 기업은 비교적 많은 자원을 가지고 있어야 하며, 시장 지배력이 상대적으로 큰 대기업의 전략에서 흔히 볼 수 있다.

③ 집중적 마케팅(Concentrated marketing)

이 전략은 세분시장을 나누되, 그 중 일부만을 집중적으로 공략하는 전략이다. 기업의 자원이 제약을 받을 때 특히 유용하며, 한두 개의 세분시장에서 높은 점유율을 추구하는 전략이다. 따라서, 니치 마케팅(niche marketing) 등 규모가 비교적 크지 않고 자원과 역량의 집중을 요구하는 경우 효율적인 전략이 될 수 있다.

집중적 전략을 통해 기업은 세분시장의 요구에 대해 상당한 지식을 축적하고, 자사가 획득한 특별한 명성에 힘입어 강한 시장위치를 차지하게 된다. 그리고 생산, 유통, 촉진 등에 전문성을 갖게 되어 여러 가지 운영상의 경제성을 누릴 수 있게 된다. 결국 목표시장을 잘 선정하면 높은 투자 수익률을 실현할 수 있다. 그러나 목표시장 소비자들의 구매행동이 변화하면 그 시장의 매력도는 사라지게 된다.

4) 목표시장 선택에서의 전략

목표시장 선택은 시장의 가변성, 기업의 자원, 상품과 서비스의 다양성, 제품수명주기, 경쟁사의 전략 등 다양한 요인을 고려해야 한다.

상식적으로 대부분 고객들이 유사한 니즈를 가지고 있다면 비차별적 전략이 효과적일 것이다. 기업의 자원은 전략 선택에 있어 매우 큰 영향을 미치며, 기업의 자원이 매우 한정적이라면 집중적 전략이 가장 효과적일 수 있다. 상품이나 서비스의 수가 적을수록 비차별적 전략이 더 적합하다. 그러나 상품이나 서비스 디자인을 다양화할 수 있는 경우에는 차별적 또는 집중적 전략이 더 적합할 수 있다. 제품수명주기에 따라 목표시장 선정에 영향을 줄 수 있다. 예를 들어, 신제품이나 신서비스를 도입할 때는 한 가지 믹스만을 선보이는 경우가 많으므로 비차별적 또는 집중적 전략을 채택하는 것이 바람직하다. 그러나 성숙 단계에서는 차별적 전략이 점점 더 유리해진다. 또 경쟁사에 대해서도 고려해야 한다. 경쟁사가 차별적 또는 집중적 전략을 추진할 때 비차별적 전략을 채택하는 것은 위험하다. 반대로 경쟁사가 비차별적 전략을 채택할 때는 차별적 또는 집중적 전략이 유리하다.

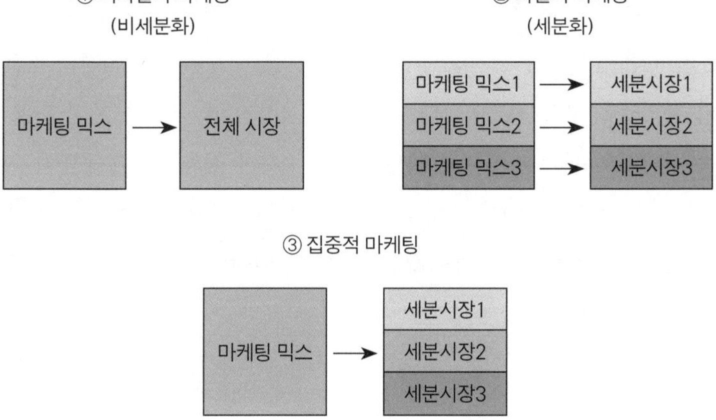

그림 6.3 시장공략 전략의 세 가지 유형

MARKETING INSIGHT

하이테크 글로벌 기업의 니치 전략
– Small Pond, Big Fish

일본 수출을 견인한 부품 · 소재 · 장비 기업 중 글로벌 · 고수익 사업을 전개하는 기업을 강중기업으로 지정하였다. 한국의 규모와 비교하면 대기업으로 분류 가능하나, 소니, 파나소닉, 도시바 등과 같은 거대 기업은 아니므로 '강한 중견기업'이라는 의미로 지칭하였다. 강중기업은 주력제품의 글로벌 MS가 30~80%이거나 업계 1위인 기업으로 선정하였고, 해외 매출 비중이 최대 86%, 평균 58%에 달한다. 또한, 평균 영업이익률이 8.9%(일본 Top 100 기업은 3.6%)로 고수익 사업구조를 가지고 있다.

강중기업의 성공 요인은 여러 가지가 있으나, 여기서는 글로벌 니치 전략을 예로 든다. 강중기업들은 대부분 글로벌 니치톱을 지향한다. 기술력을 기반으로 게임방식을 주도해, 작은 시장에서 대기업에 끌려 다니지 않고, 대기업이 진입하지 않는 시장에서 의미 있는 성과를 달성하겠다는 의도이다. 궁극적으로 규모의 경쟁보다는 기술 기반의 차별화로 자신만의 가치를 고객에게 확실하게 각인시키는 것이 관건이다.

섬유 및 정밀화학업체인 쿠라레이는 자신이 시장 선도자가 될 수 있는 부문에만 진입한다는 '시장 불간섭주의'를 표방하고, 이를 '작은 연못에서 큰 잉어를 잡는 전략'이라 명명하였다. 자신이 잘하지 못하는 것을 잘하려고 노력하기보다는 그 노력으로 잘하는 것을 더 잘하게 하는 것이 효율적이라는 사고방식이다.

또한, 사업 규모는 중견기업 수준이지만, 범위는 전 세계를 지향하여 글로벌 시장의 주도권을 장악하고자 한다. 독자적인 핵심기술은 누구에게나 판매 가능하다는 신념으로 세계를 하나의 시장으로 간주하여 적극적으로 공략하기도 한다. 무라타제작소의 2010년 매출액 중 84%는 해외에서 발생한다. 닛토덴코는 LCD 재료시장 규모의 5%에 불과한 광학필름 분야에서 50%를 상회하는 점유율을 기록하기도 하였다.

출처: 이병하 외, '일본 强中기업에서 배우는 경쟁의 기술',
SERI.org, CEO 인포메이션, 제827호, 2011. 10. 26

6.5 포지셔닝

제품의 포지션이란 소비자들의 인식 속에 자사의 제품이 경쟁제품과 비교하여 차지하는 상대적 위치를 말한다. 경영자는 시장에서 경쟁자와는 차별적인 독특한 전략을 수립하고 집행하게 되며 독특한 제품과 새로운 서비스를 제공함으로써 고객을 유치하려 한다. 목표시장이 결정된 후 시장에서 목표로 하는 위치를 설정하여야 한다. 시장에서 위치를 설정한다는 것은 고객의 마음속에 자사의 상품이나 서비스에 대한 그림을 그려 주는 전략적인 작업이라고 할 수 있다. 여기서도 사명의 설정과 마찬가지로 시장환경과 일관성을 가질 수 있어야 한다.

1) 포지셔닝 전략

① 속성 기반 포지셔닝

이 전략에서는 고객을 세분화하는 작업보다는 독특한 상품이나 서비스의 제공에 초점을 둔다. 즉 모든 고객에게 독특한 상품이나 서비스를 제공하는 경우이다. 예를 들면, 미국의 Jiffy Lube 사는 자동차의 엔진오일 교환에만 특화하여 서비스를 제공한다. 이 점포에서는 오일 교환 외의 다른 자동차 수리는 하지 않는다. 이 회사의 사명은 '저렴한 비용으로 신속한 오일 교환 서비스를 제공'하는 것이다. 반면, Midas는 자동차 머플러와 브레이크에 특화하여 제품과 서비스를 제공한다.

② 사용자 중심 포지셔닝

가격에 더욱 민감한 집단이 존재할 수도 있고, 다른 제품 속성을 원하는 집단이 있을 수도 있으며, 특이한 정보, 지원, 서비스를 원하는 집단이 존재할 수 있다. 이러한 집단을 만족시키려면 시장 세분화 전략이 필요하다. 예를 들면, IKEA 가구회사는 서비스 대신에 낮은 가격을 원하는 고객층을 겨냥한다. 자체적으로 디자인한 조립식 가구를 고객이 실제 집처럼 꾸며진 쇼룸 형식의 매장에서 직접 선택한다. 이러한 방식으로 IKEA는 판매원을 줄임으로써 가구의 가격도 낮출 수 있었고 매장 옆에는 제품 창고가 있어 고객이 쇼룸에서 선택한 가구를 직접 가져가게 했다. 또한 운반에 편리하도록 차 위에 매다는 기구를 임대해주기도 하는데 이 기구를 가져오면 돈을 돌려준다. 매장 내에 어린이들을 돌봐주는 서비스나 늦게 매장을 찾을 수밖에 없는 고객을 위하여 정상영업시간을 늘리는 등 부수적인 서비스도 제공한다.

③ 사용상황 중심 포지셔닝

제품 사용에 적합한 상황을 제시해줌으로써 시장에서의 전략적 위치를 정하는 전략이다. 동일한 제품이라도 사용상황에 따라 차별적으로 포지셔닝이 가능하다. 예컨대, 아스피린은 진통제로서 널리 알려져 있지만, 심혈관 질환을 예방하고 항암에 도움이 되는 약효로 최근 복용처가 늘고 있다.

2) 포지셔닝 전략의 수립과정

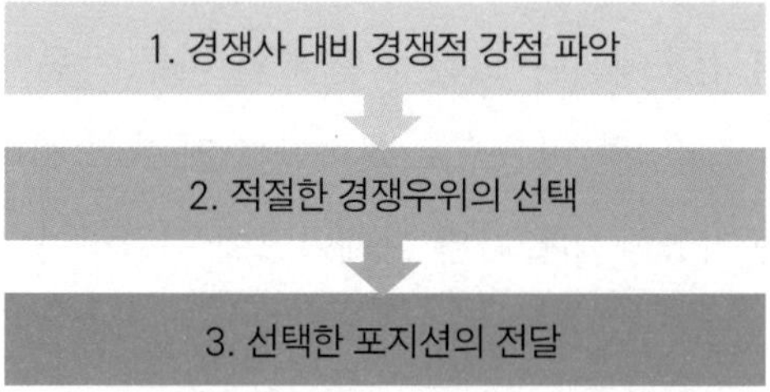

그림 6.4 포지셔닝 전략의 수립과정

① 경쟁자 대비 경쟁적 강점 파악

소비자들의 욕구와 구매 과정에 대해 경쟁사보다 잘 이해함으로써 경쟁사들보다 높은 가치를 소비자들에게 줄 수 있어야 한다. 그 후 자사의 경쟁자와 대비되는 자사의 차별점을 찾아 부각시키는 것이 중요하다. 차별화 가능 요인으로는 제품 차별화, 서비스 차별화, 인적 차별화, 이미지 차별화 등이 있다.

제품 차별화는 제품의 물리적인 특징을 차별화하는 것으로, 제품의 차별화된 속성을 강조한다. 사무용 복합기는 기존의 제품에 추가적인 기능을 더하여 편리함을 강조하였다. 이러한 제품 차별화는 기능적 속성의 추가뿐만 아니라, 기능의 혼합, 기능 삭제, 크기 변경, 색상 변경, 가격 변경, 시대 변경, 용도 변경 등이 포함된다.

서비스 차별화는 물리적 특성 이외에 제품이 갖는 무형 서비스 등을 통하여 경쟁 우위를 확보하는 것이다. 예를 들어, 국내 3대 통신사들은 5G를 통해 게임, 영화 등 풍부한 콘텐츠를 부담 없이 이용할 수 있도록 요금체제를 개편하고, 데이터 제공량을 확대하는 서비스의 차별화를 시행하였다.

반면, 인적 차별화는 경쟁사보다 인적자원의 선발과 훈련 및 관리에 많은 노력을 기울여야 달성가능하다. 아시아나항공은 객실승무원에 대한 체계적인 교육과 고객 중심의 서비스 마인드 함양을 통해 인적 차별화를 실현하고 있다.

이미지 차별화는 기업 이미지나 브랜드로 인해 소비자로 하여금 같은 제품을 다르게 인식하게 하여 경쟁사와의 차별적 이미지를 구축하는 것을 말한다. Virgin 항공사는 도전적인 기업문화와 혁신적인 디자인을 통해 고객에게 경쟁사와는 다른 차별적 이미지로 소구하였다.

② 적절한 경쟁우위의 선택

가능한 경쟁적 강점을 파악 후 어떤 경쟁적 우위점을 선택할 것인가, 몇 개의 우위점으로 차별적 포지셔닝을 할지 결정하는 단계이다. 포지셔닝에 사용할 차별점의 수는 소비자들이 제품구매 시 매우 중요하게 고려하면서 확실히 타 경쟁사 대비 우위점이 있는 소수의 편익을 집중적으로 촉진시킬 것인지, 많은 수의 세분시장에 소구하기 위해 다양한 차별화를 사용할 것인지에 따라 결정된다.

각 차별점은 소비자에게 편익을 제공함과 동시에 기업의 비용증대를 가져오므로 의미 있는 차별화 도구가 될 수 있도록 신중한 선택이 필요하다.

③ 선택한 포지션의 전달

포지셔닝에 사용될 차별점이 선택되면 표적 소비자들에게 포지셔닝이 될 수 있도록 차별점을 전달한다. 이러한 포지션 전달은 통합적 마케팅 커뮤니케이션(Integrated Marketing Communication: IMC)을 통해 고객에게 전달된다. 모든 기업의 마케팅 믹스 노력은 포지셔닝 전략을 뒷받침해야 하며 포지셔닝을 위한 기업의 실질적 행동이 필요하다.

선택한 포지션을 성공적으로 전달하기 위해서는 지각도(perceptual map)를 사용하는 것이 도움된다. 지각도는 중요한 평가차원을 사용하여 제품이나 상표의 위치를 나타내는 도표로서, 제품의 심리적 포지셔닝 개발을 위한 강력한 도구로 사용된다. 이것은 소비자가 제품을 평가하는데 사용하는 기본적인 인식차원을 파악하고 차원 상에서 기존 제품과 미래 잠재적 제품의 상대적 위치를 파악하는 수단이 된다.

다음은 고급성과 경제성이라는 두 가지 차원에서 자동차 기업들에 대한 고객의 지각도를 가상적으로 묘사한 것이다.

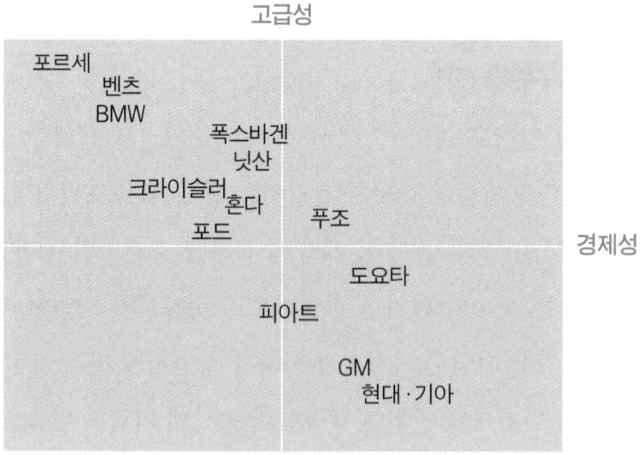

그림 6.5 자동차 기업의 가상적 지각도

3) 성공적 차별화를 위한 요소

표 6.4 성공적 차별화를 위한 요소

중요성	확실히 가치 있는 편익을 제공해야 한다.
차별성	경쟁자들이 똑같은 차별점을 제공할 수 없거나 다른 방법으로 제공할 수 있어야 한다.
우수성	같은 편익을 얻을 수 있는 방법보다 뛰어나야 한다.
전달성	차별점을 소비자들에게 전달할 수 있고 보여줄 수 있어야 한다.
선점성	경쟁자들이 쉽게 모방할 수 없어야 한다.
가격 적절성	구입을 꺼릴 정도의 가격인상을 초래하지 말아야 한다.
수익성	기업에 이익을 제공할 수 있어야 한다.

4) 포지셔닝 보고서

포지셔닝 보고서(Positioning statement)는 기업이 표적 고객의 마음속에서 원하는 위치를 명시하는 것이다. 좋은 포지셔닝 보고서는 다음 세 가지 질문에 해답을 줄 수 있어야 한다. 첫째, 소비자는 누구인가? 둘째, 제품이 제공하는 편익은 무엇인가? 셋째, 왜 그러한 편익을 만족시켜야 하며 그 선택이 최선의 선택인가?

포지셔닝 보고서는 주로 잠재적인 고객을 명시한다. 이 보고서는 마케팅 계획을 수립할 때 표본이 되는 역할을 한다. 마케팅 전문가들은 포지셔닝 문제를 해결하는 것이 마케팅 믹스의 문제를 해결한다고 주장한다. 예를 들어, 컴퓨터 기업이 경쟁자의 제품보다 그들이 제품에 대해서 저렴한 가격을 강조하고자 하면 기업은 꼭 필요한 제품라인에만 집중하고, 가격에 따른 이점을 면밀히 관찰하고, 광고를 통해 저가 이미지를 부각시키며 원가를 감소시키기 위한 유통 정책을 사용할 것이다. 반면 전문 스포츠 의류 기업은 정상급의 운동선수를 고용하여 광고를 하며, 획기적이고 최고라는 제품라인을 강조하기 위해 소매 경로를 선택적으로 제한하고 높은 가격을 책정할 것이다.

따라서, 기업이 바라는 포지셔닝은 마케팅 믹스 요소 간의 시너지를 일으키게 하는 조직력이다. 이는 기업의 정체성을 제공하기 때문에 기업의 내부적인 커뮤니케이션에도 매우 중요한 역할을 한다.

포지셔닝 보고서에서는 경쟁자와의 분명한 차이점이 명시되어 있어야 한다. 차별화는 크게 수직적 차별화(vertically differentiated)와 수평적 차별화(horizontally differentiated)로 나누어 볼 수 있다. 만약 모든 소비자가 제품 A가 제품 B보다 낫다고 동의한다면 이는 수직적 차별화된 것이다. 따라서, 제품 A와 B를 같은 가격에 판매한다면 제품 B는 판매되지 않을 것이다. 수직적 차별화는 제품의 질적 수준에 따라 소비자들이 기꺼이 지불할 마음이 다르다는 사실을 인식한다. 만약 제품 A와 B의 질적 수준에 대한 구매자들의 모든 판단이 서로 다르다면 이는 수평적 차별화된 것이다. 만약 A와 B를 같은 가격에 판매한다면, 소비자는 각자의 선호에 따라 서로 다른 제품을 구매할 것이다. 수평적인 차별화에 기반한 포지셔닝 전략은 소비자마다 취향이 다르다는 사실을 이용한다.

6.6 마케팅 믹스

1) 마케팅 믹스의 개념

마케팅 믹스(marketing mix)는 마케팅 프로그램에 포함되어 기업이 기대하는 마케팅 목표를 달성하기 위해 전술적으로 실시하는 마케팅 활동이다. 기업들은 믹스 요소를 각기 다양한 형태로 혼합하여 독자적으로 개발한 마케팅 프로그램을 통해 시장에서 경쟁한다.

일반적으로 마케팅 믹스 요소로서, 제품, 가격, 브랜딩, 유통, 인적 판매, 광고, 촉진, 포장, 진열, 서비스, 물적 유통, 마케팅 조사 등 다양하게 제시할 수 있지만 4P, 즉 제품(Product), 가격(Price), 유통(Place), 촉진(Promotion)으로 축약하여 오랫동안 사용하고 있다. 간단히 표현하면 판매할 제품을 만들고, 유통구조를 구축하며, 마케팅 커뮤니케이션을 통해 널리 알리고, 가격을 설정하여 고객에게 가치를 제공하기 위하여 마케팅 믹스를 계획하고 집행한다.

제품은 제품의 다양성, 질, 디자인, 기능, 브랜드의 이름, 구성, 크기와 서비스,

보증이나 환불과 같은 요소들을 포함하고 있다. 유통은 유통경로, 범위와 지역, 공장, 운송 등의 의사결정을 필요로 한다. 가격은 기본적인 가격표, 할인, 지급 기간, 신용정책 등의 의사결정을 하는 것이고, 촉진은 광고나 홍보, 인적 · 비인적 판매 등을 결정하는 부문이 된다. 각 구성의 자세한 내용은 다음 장부터 독립적으로 다루기로 한다.

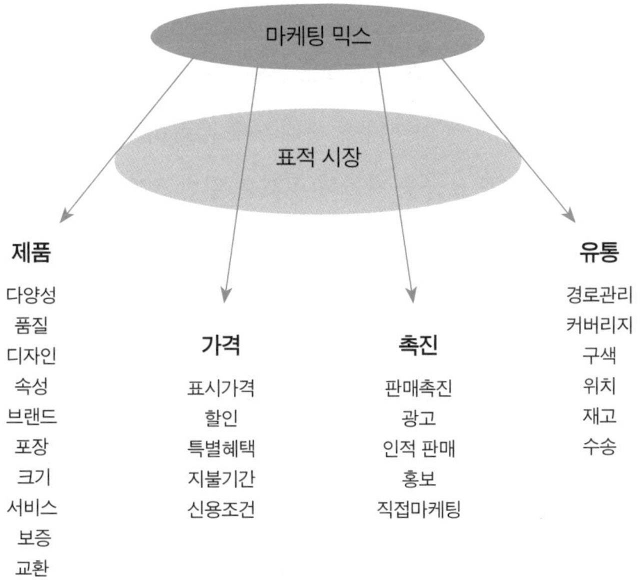

그림 6.6 마케팅 믹스

2) 마케팅 믹스와 가치 전달

제품은 고객의 문제 해결(customer value or solution)을, 유통은 편리성(convenience)을, 촉진은 커뮤니케이션(communication)을 제공하고, 가격은 고객이 지불하는 비용(cost)이다. 따라서, 4P가 기업 입장이라면 4C는 고객 입장에서 대응시킨 것이다.

최근에는 4P와 4C를 혼합시킨 3V라는 개념이 대두되고 있다. Peter Drucker는 '기업 활동 중 오직 마케팅과 혁신만이 이익을 창출할 뿐, 나머지는 모두 비용 요소다'라고 하였다. 그러나 오늘날 마케팅 관리자들은 마케팅 활동에 많은 비용과 시간을 소비하지만, 만족스러운 결과를 얻지 못하고 있는 실정이다.

마케팅에 있어 기본이 되는 것은 시장 세분화와 마케팅 믹스이다. 하지만 이런 전술들은 믹스에 반응하는 동질적인 소비자들에 국한된 기업 활동에만 안주하는 문제점을 야기한다. 그러므로 이러한 전술의 차원을 넘어서서 전사적인 전략을 수립하려면 접근 방식을 수정할 필요가 있다. 따라서, 기업 고유의 '가치 네트워크'를 개발하고 성공적인 전략 세분화를 위해 3V를 적용할 필요가 있다.

① 가치고객(Valued customer): 어떤 고객을 유치할 것인가?

저가 항공사인 EasyJet은 비즈니스 클래스에 주력하는 기존의 주요 항공사와는 달리 자신이 직접 항공 요금을 지불해야 하는 일반고객에게 주목하고 있다.

② 가치명제(Value proposition): 어떤 가치를 제공할 것인가?

EasyJet은 고객들에게 파격적인 저가 상품을 제공하는 대신 기존의 항공사가 제공하는 부대 서비스를 제공하지 않는다. 즉, 기내식, 사전예약 좌석배치, 비즈니스 클래스, 주요 고객 마일리지, 환불 가능한 항공권 등을 제공하지 않는다.

③ 가치 네트워크(Value network): 어떻게 가치를 제공할 것인가?

높은 수익을 보장하는 가치 고객에 대해 특화된 가치를 제공하기 위해 EasyJet은 업무의 상당 부분을 아웃소싱함으로써 운영을 간소화했고, 직접 예약만을 받는다.

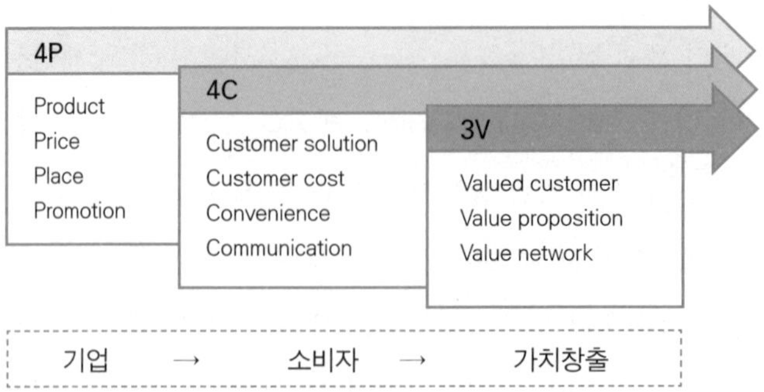

그림 6.7 마케팅 믹스의 변화

연습문제

1. 남녀를 구분하여 시장을 세분화한 경우 (   ) 세분화 변수를 사용하였다.

2. STP를 풀어쓰면?

3. 세분시장의 특성을 잘 이해하고 있다면 이는 효과적인 세분시장의 어떠한 요건에 부합하는 것인가?

4. 표적시장 선택 전략 중 집중마케팅은 무엇인가?

제3부

마케팅 믹스 모듈

제품전략 | 브랜드 자산의 개념 및 관리 | 신제품 개발과 제품수명주기 관리 | 가격전략 | 유통전략 | 마케팅 커뮤니케이션 전략 | 촉진수단

제7장

제품전략

MARKETING

TED 도입 사례

노든 폭격조준경에 관한 이상한 이야기

Carl Norden은 1880년에 태어난 스위스인 엔지니어로, 1차 세계대전 당시 비행기에서 폭탄을 떨어뜨리는 방법을 고민하고 있었다. GPS와 Radar가 없던 당시, 폭탄을 정확한 지점에 투하하는 것은 굉장히 어려운 물리학 문제였다. 수많은 사람이 1차 세계대전과 그 이후에 이 문제를 해결하려 했지만 대부분이 실패했다. 하지만 Norden은 이 문제를 해결하기 위해 무게 50파운드짜리 "Norden Mark15 폭격조준경"을 만들었다. 여기엔 온갖 종류의 장치와 측정기가 달려있고, 조종사는 비행기의 고도와 속력, 풍속, 표적의 좌표를 입력하기만 하면 되었다. 그러면 조준경이 조종사에게 언제 폭탄을 투하해야 할지 알려주었다. Norden은 "이것이 개발되기 전 폭탄들은 1마일 이상 표적을 비껴갔지만, Norden 폭격조준경은 20,000피트 상공에서 피클 통 안에 폭탄을 넣을 수 있다"고 말했다. 미군은 Norden 폭격조준경의 소식을 듣고 15억 달러를 개발에 투자했다. 2차 세계대전이 일어나기 전 미군은 개당 14,000달러의 Norden 폭격조준경 90,000개를 구입했으며, 5만 명의 조종사들은 장기간에 걸쳐 조준경을 사용하도록 훈련받았다. 왜냐하면, 조준경이 아날로그식 컴퓨터 방식으로 다루기가 쉽지 않았기 때문이다. 또한, 조준경 기술의 유출을 막기 위해 운반 및 탑재작업, 폭격수 훈련, 격추 시 자동폭발 장치 등에 엄청난 노력을 쏟아 부었다.

그렇다면 실제 2차 세계대전 당시에는 어떤 일이 일어났을까? 완벽한 상황의 연습에서는 Norden 폭격조준경을 이용하면 2만 피트 상공에서 피클 통에 폭탄을 떨어트릴 수 있겠지만, 물론 전쟁터의 상황은 절대 완벽하지 않았다. 무엇보다도 장치 자체의 사용이 매우 어려워 5만 명의 조종사 전부가 아날로그 컴퓨터를 사용할 수 있는 능력을 가지지 못했다. 또한 내구성이 떨어져 쉽게 망가졌으며, 높은 고도에서 빠른 속도로 비행하는 조건에서 Norden 폭격조준경은 제대로 작동되지 않았다.

우리가 살고 있는 시대도 이와 비슷하다. 사람들이 자유로워질 수 있는 웹사이트도 만들어졌고, 매우 똑똑한 사람들이 세상을 바꿔 놓을 이런저런 물건을 발명했다고 말한다. 그러나 그것들이 실제 시장에서 사람들에게 어떤 도움을 줄지는 아무도 알 수 없다. Norden 폭격기 이후, 꾸준한 기술의 발달로 인해 이러한 단점을 보완할 무기들이 끊임없이 개발되었다. 이라크 전쟁 초반 미 공군은 F-15E Fighter Eagle에 사막 전체를 볼 수 있게 해주는 500만 달러짜리 카메라를 장착시킨 후 보냈다. 그리고 그들의 임무는 이라크의 모든 스커드 미사일 발사 장치를 찾아 제거하는 것이었다. 천 개의 미사일을 투척했지만, 제거한 것은 단 하나도 없었다. Norden 폭격조준경처럼 성능에 관한 문제일까? 아니다. 문제는 피클 통 안으로 폭탄을 넣는 것이 아니라 피클통을 찾는 방법을 알아내는 것이었다. 즉, 스커드 미사일 위치에 관한 구체적인 정보가 없었던 것이다.

출처: Malcolm Gladwell, "The strange tale of the Norden bombsight", www.ted.com

도입 사례에서 볼 수 있듯이, 대부분의 소비자는 수많은 제품을 끊임없이 개발하고 사용하며, 이 제품들이 모든 문제를 해결하고, 대부분의 니즈와 원츠를 충족시킬 수 있다고 생각한다. 그러나 실제 문제들은 그보다 훨씬 더 복잡하다. 사례에서 볼 수 있듯이 문제는 폭탄의 정확도뿐만 아니라, 사용하는 방법과, 더 나아가 그 폭탄의 사용 이유에 대한 문제도 포함된다. 따라서, 마케팅 관리자는 이러한 의사결정을 효과적으로 수행하기 위하여 제품의 특성을 파악하고 관리해야 하며, 상황에 따라 제품에 관한 전략을 유연하게 수립할 수 있어야 한다.

7.1 제품의 정의

제품은 제1장에서 언급한바와 같이 가족 구성원에 비유하자면 아버지에 해당한다. 이는 아버지를 중심으로 가정이 형성되듯이, 제품은 기업의 얼굴이며 최전방에서 고객을 상대하고, 기업활동을 영위하는데 있어 핵심적인 요소이다. 또한 제품은 시장에서 고객에게 제공되는 물건에 국한되지 않고, 고객에게 전달되는 전체 혜택이다. 따라서, 제품을 충분히 표현하기 위해 총체적 제품(total products), 확장된 제품(augmented products), 통합적 제품(integrated products) 등 다양한 표현이 가능하다.

제품은 고객에게 다양한 형태로 가치를 전달한다. 물리적 제품, 브랜드명, 기업명성, 판매 전 교육 및 판매 후 지원, 파이낸싱, 구전효과, 신속한 배송 등이 가치창출에 기여한다. 예컨대, 홈쇼핑에서 제품을 주문했을 때 '신속한 배송과 불만족시 100% 환불' 등의 정책은 물리적 제품과 함께 고객에게 전달되는 총체적 가치를 구성한다. 제품에는 핵심기능(core products; 핵심 제품)만 있는 것이 아니라 핵심기능을 감싸고 있는 주변기능(peripheral products; 주변 제품)도 동시에 존재하기 때문이다.

제품은 시장에서 소비자의 니즈를 만족시키면서 여러 형태의 소비를 위해 제공되는 모든 것으로 정의할 수 있다. 따라서, 제품은 여러 가지 차원에서 분류가 가능한데 소비자의 구매행동 특성, 관여 정도, 이익의 종류, 유형성, 구매 목적에 따른 분류가 그것이다.

표 7.1 제품의 분류

소비자의 구매행동	관여 정도	편익의 종류	유형성	구매 목적
편의품, 전문품	저관여 제품, 고관여 제품	감성제품, 실용제품	유형재, 무형재	소비재, 산업재

① 소비자의 구매행동

일반적으로 생활용품 등의 편의품들은 깊은 의사결정 과정을 거치지 않고 구매되며, 이러한 상품들은 대체로 접근성이 용이하다. 반면, 자동차, 컴퓨터 등의 전문품들은 구매하기까지의 더 많은 계획과 비교, 의사결정 단계가 포함된다. 또한, 전문품들은 비교적 비탄력적인 수요 형태를 보이며, 소수의 전문점에서만 판매되는 등 심리적 · 물리적 접근성의 수준이 편의품에 비해 높지 않을 수 있다.

② 관여 정도

관여 정도에 따라 적은 의사결정 노력이 요구되는 저관여 제품, 많은 시간과 노력이 의사결정 과정에 소요되는 고관여 제품으로 나눌 수 있다. 저관여 제품은 보통 일상용품들이 포함되고, 고관여 제품은 자동차, 컴퓨터 등이 포함될 수 있다.

③ 편익의 종류

어떤 제품들은 감성을 자극하고 자신을 표현하고 싶어 하는 니즈를 충족시키려는 목적으로 제공되기도 하고, 어떤 제품들은 논리적, 합리적인 장점을 가짐으로써 실용적이거나 기능적인 효용을 주기 위해 제공되기도 한다. 이러한 제품 분류에 대한 사고는 같은 제품군 내에서 경쟁하는 제품일지라도 소비자의 마음속에서 경쟁제품과 비교해 서로 반대편 자리에 위치할 수 있음을 알려준다.

④ 유형성

제품은 유형 제품과 무형 제품로 나눌 수 있다. 유형 제품은 일반적으로 물리적인 제품을 말하며, 무형 제품은 서비스, 이벤트, 노동력, 장소, 아이디어 등이 해당한다. 서비스는 소유의 개념이 없는 제공물이다. 그러나 실제로 많은 제품은 유형적, 무형적 요소를 모두 가진 혼합물(hybrid offerings)의 형태이며, 순수한 형태의 유형 제품은 극히 드물다. 예를 들어 커피 전문점은 편안한 공간에서 커피를 판매하며, 소비자들이 원하는 만큼 오래 머물 수 있게 한다. 자동차 중개업자들은 주로 무료 정밀검사와 할인된 수리 서비스를 약속하면서 자동차를 판매하기도 한다.

⑤ 구매 목적

구매의 주체에 따라 제품을 소비재와 산업재로 나누어 볼 수 있다. 소비재는 소비자가 제품구매를 위해 많은 노력을 기울이지 않는 편의품(convenience goods), 제품의 질, 디자인, 포장 같은 제품 특성을 토대로 제품의 대안을 비교하는 선매품(shopping goods), 소비자가 그 제품을 구매하기 위해 특별한 노력을 기울이는 전문품(specialty goods) 등으로 구분할 수 있다. 산업재에는 제조업자인 기업이 완전한 제품을 생산하기 위해 제품의 한 부분으로 투입하는 원자재, 구성 원자재, 부품 등이 있다.

MARKETING INSIGHT

넘버원을 무색하게 하는 차별화

1) 후발주자들의 반란

'꼬꼬면'과 '프렌치카페 카페믹스' 등의 사례는 오랫동안 막강한 지배력을 행사해 오던 레드오션(red ocean) 시장에서 열위이거나 이제 막 시장에 진출한 후발주자가 혁신 신제품으로 성공을 거두었다는 점에서 주목할 만하다. 또한, 지금까지는 왜 그토록 오랫동안 수많은 후발주자가 넘버원 기업을 이기지 못했을까라는 의문이 들게 한다.

2) '차별화'를 다시 생각한다.

전략의 본질은 '다름(difference)'을 추구하는 것이다. 차별화의 길은 무궁무진할 수 있지만 혁신을 통해 남과 달라지기 위해서는 먼저 자기 자신이 중심이 되어야 한다. '넘버원 따라 하기'가 아니라 '넘버원 따돌리기'를 목표로 삼아야 한다. 아이폰이 처음 세상에 나오기 전후를 비교해보면 의미 있는 차별화가 어떤 것인지 누구나 공감할 수 있다.

① 경쟁 요소의 차별화: '다다익선'만이 정답은 아니다.

이때 무엇을 포기하고 무엇을 선택할 것인지 전략적으로 결정하는 게 성공의 관건이다. 미국에서 가장 맛있는 햄버거 체인점으로 뽑힌 '인앤아웃 버거(In-N-Out Berger)'가 대표적인 사례이다. 맥도날드를 제치고 컨슈머리포트에서 2년 연속 패스트푸드 체인점 소비자 만족도 1위를 차지했다. 맥도날드가 빠르고 간편한 식사에 초점이 맞춰져 있다면 인앤아웃 버거는 '신선한 맛'을 최우선으로 한다. 신선도 유지를 위해 포기하는 것들이 많다. 매장에는 얼린 재료를 사용하지 않으므로 전자레인지가 없고, 직영 육류가공 공장과 식자재 배급소를 운영하면서 식재료의 품질을 직접 관리하며, 질적 경쟁을 고수하다 보니 메뉴판도 단순하다.

② 경쟁방향의 차별화: 주류와 역방향으로 맞서기

주류가 전달해온 메시지, 가치 창출 방식 등과 역방향을 선택 · 공략하여, 제공하는 가치 간의 차이를 극대화하는 것이다. 도브(Dove)는 2004년부터 '리얼뷰티(real beauty)' 캠페인을 통해 인공적인 아름다움의 허구성을 폭로하고, 평범한 일반 여성들이 실현할 수 있는 차원에서 미의 개념을 재정의하였다. 기존 광고에 등장하는 아름답고 날씬한 모델 대신 나이, 신체 치수, 인종을 아우르는 진짜 소비자들을 광고에 내세워 이들이야말로 자연미인임을 강조했다.

③ 경쟁영역의 차별화: 카테고리 경계 허물기

카테고리 경계를 넘나드는 제품으로 기존 카테고리 내 넘버원이 우위에 있던 제공 가치를 무력화시키는 것이다. 이탈리아 주방용품 기업인 알레시(ALESSI)의 대표적 제품 중에 레몬즙 짜개인 '주시 살리프(juicy salif)'와 '안나G'라는 와인 따개가 있다. 디자인과 기능이 만나는 이 혁신적인 카테고리 안에서 주방용품들은 예술과 실용성을 겸비한 제품으로 새롭게 태어났다.

④ 경쟁 시기의 차별화: 넘버원에 앞서 올인(all-in)하기

투자비 회수에 집착하는 넘버원보다 차세대 시장에 한발 앞선 올인으로 제공 가치 선점 효과를 극대화하는 것이다. LG U+가 LTE 서비스로 이동통신 시장에서 일으킨 돌풍을 예로 들 수 있다. SKT, KT, LG U+의 빅 3체제로 재편된 이후 대략 5:3:2의 시장 점유율에 거의 변화가 없었다. 하지만 3G에서 4G로 넘어가는 시기에 LG U+는 'LTE올인' 전략으로 4G에 전사적으로 거의 모든 자원을 결집했다. LG U+의 LTE 서비스 가입자는 55만 7천여 명으로 SK텔레콤의 63만 4천여 명을 크게 뒤지지 않아 기존 시장 판도를 흔드는 데 성공했다.

3) 가지 않은 길

"두 갈래 길이 숲 속으로 나 있었다. 그래서 나는 사람이 덜 밟은 길을 택했고, 그것이 내 운명을 바꾸어 놓았다"라고 미국의 시인 로버트 프로스트(Robert Frost)가 지은 유명한 시 '가지 않은 길(The Road Not Taken)'의 마지막 구절이다. 남들이 가지 않을 길을 개척해 자신의 운명이 결정되었음을 회상하는 내용이다. 마찬가지로 기업도 성장 과정 속에 끊임없는 선택으로 서로 다른 위상을 갖게 된다.

출처: 김국태, '넘버원을 무색케하는 차별화',
www.lgeri.com, LG Business Insight, LGERI 리포트, 2012. 3. 14

7.2 제품의 구성과 관리

위의 사례들은 제품이 일반적으로 소비자 니즈를 만족시키는 편익의 묶음이

라는 것을 보여주고 있다. 제품의 구성은 핵심 편익과 이를 둘러싸고 있는 부가적 편익으로 구성되며, 핵심 제품은 소비자들이 실제로 구매하는 것으로 직접적이고 기본적인 편익을 제공하고, 확장된 제품은 부가적인 편익을 제공한다.

명품 가방을 예로 들어보자. 소비자들이 구매하는 본질적 제품은 가죽으로 만들어진 휴대용 가방이다. 그러나 휴대성 이외에 다른 혜택을 주기도 하는데, 예를 들어 소비자들은 스스로 특별한 대우를 받는다는 느낌을 받거나, 고급스러운 생활방식을 가진 사람들의 모임에 속해 있다는 느낌을 받게 된다. 이러한 부가적인 혜택을 원하는 소비자들에게 확장된 제품은 본질적 제품보다 더욱 가치가 있다. 따라서, 소비자들은 같은 모양과 성능의 가방이 있다 하더라도, 이 상표가 붙어있지 않은 가방은 명품과 같은 가격을 주고 구매하지 않는다. 〈그림 7.1〉은 제품 구성의 양파모양이다.

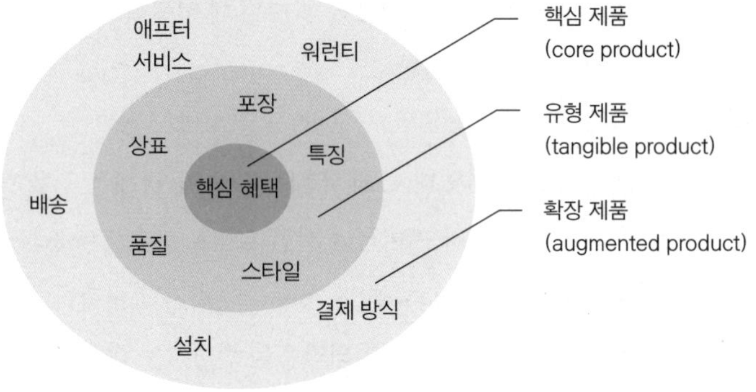

그림 7.1 제품 구성의 양파 모양

출처: Philip Kotler, Marketing Management, 9th ed., NJ; Prentice-Hall, 1997, p. 433

1) 핵심 제품

핵심 제품(Core product)이란 고객의 기본적 니즈를 해결하는 것으로 소비자들이 구매하려는 제품으로부터 기대하는 기본적이고 핵심적인 혜택이다. 따라서, 다른 속성들이 뛰어나다 할지라도 기본적인 제품의 역할을 수행하지 못한다면 제품의 존속이 불가능하다. 배고픔을 해결하기 위해 음식을 구매하는 경우나 목적지에 도달하기 위해 기차표를 구매하는 경우가 이에 해당한다.

2) 유형 제품

핵심 제품이 구체화되어진 것으로 볼 수 있는데, 예를 들어, 노트북 구매시 다양한 스펙과 성능 등으로 유형 제품(Tangible product)을 구성할 수 있다.

① 제품의 품질

제품이 지니는 기능을 발휘할 수 있는 능력을 말한다. 제품의 품질은 소비자가 주관적으로 느끼는 지각된 품질(perceived quality)과 특정 기준에 의해 과학적으로 평가되는 객관적 품질(objective quality)이 있다.

또한, 품질은 성능품질(performance quality)과 품질 일치성(conformance quality)의 개념으로 나누어 볼 수 있다. 성능품질은 제품 포지셔닝(positioning)을 지원해 줄 제품의 품질 수준을 의미하며, 예를 들어, 벤츠와 현대차는 성능품질이 서로 다르기 때문에 목표시장과 품질 수준이 서로 다르다고 할 수 있다. 품질 일치성은 제품 불량 발생률을 일관되게 유지하며, 소비자 모두에게 일관된 품질의 제품을 제공하는 것을 말한다.

② 제품의 특성

타제품과 구별되는 기본적인 기능으로 소비자의 지각가치와 제품 생산원가에 의하여 결정된다. 따라서, 경쟁제품들과 차별화시키기 위한 경쟁도구로서, 제품 포지션을 실제로 고객들에게 전달하는 데 사용된다. 예를 들어, 스포츠용으로 포지션된 고어텍스는 방수가 잘 되는 동시에 몸에서 배출되는 땀을 신속히 옷 밖으로 빼낼 수 있는 특수한 소재를 사용한다.

③ 제품 스타일

제품의 색, 크기, 모양, 성분, 무게, 유행 등을 총칭하는 것이다. 제품의 스타일은 제품 외형을 묘사하는 것이고, 제품의 디자인은 이보다 더 넓은 개념으로 미적인 측면뿐만 아니라, 기능적인 측면을 고려한다. 우수한 제품 디자인의 개발은 제품에 대한 설계에서부터 시작된다.

④ 제품의 포장

용기를 포함하여 제품을 감싸는 물건을 총칭하는 것이다. 원래 포장은 제품의 보호기능이 주요 목적이지만, 소비자들에게 편리함을 제공하거나 제품의 이미지를 향상해주는 기능을 한다. 또한 제품의 특성, 용도, 스토리텔링 등에 관한 정보를 제공해 줄 수 있는 커뮤니케이션 역할을 하며, 운반과 보관에 있어 편의성을 제공하는 기능을 한다. 최근에는 포장 재료의 안전성이나 환경친화성 등을 고려하여 지속가능한 브랜드 이미지와 부합시키기도 한다.

⑤ 상표명

문자, 단어 혹은 숫자 등으로 표현된 제품의 이름으로 상표명은 발음하거나 기억하기 쉬워야 하며, 제품의 특성과 편익을 효과적으로 전달할 수 있어야 한다.

3) 확장 제품

확장 제품(Augmented product)은 배달, 보증, A/S 등과 같은 유형적 제품 속성 이외의 부가적인 서비스를 포함한다.

① 보장(warranty)과 보증(guarantee)

보장은 제품에 문제가 발생하면 제조업자가 제공해야 할 서비스 및 제품으로부터 기대되는 기능을 기술한 공식적인 확약이고, 보증은 제품성능이 소비자의 기대에 미치지 못할 때 환불이나 교환과 같은 보상을 약속한 일종의 보험과 같은 것이다. 보장과 보증 프로그램은 소비자들에게 제품과 기업에 대한 신뢰감을 높일 수 있다. 현대차는 업계 최초로 하이브리드 배터리 평생 보증 프로그램을 실행함으로써, 소비자에게 배터리 기술에 대한 자신감을 보여주는 동시에 경쟁자와의 차별점을 강조했다.

② 대금결제방식

카드나 현금의 결정, 할부 계약 등의 소비자가 구입한 제품에 대해 대가를 치르는 수단이다. 소비자에게 편리한 대금결제방식을 선택하는데 있어 마케팅 관리자는 기업의 자금흐름에 대해 고려해야 한다. 특히 고가의 자동차나 귀금속과 같은 제품의 경우 소비자들에게 상당한 구매의사결정 요인으로 작용할 수 있다.

③ 배송

구매한 제품을 안전하고 신속하게 고객이 원하는 장소에 정확히 전달하는 행위이다. 효과적인 배송 체계는 고객들이 제품을 선택하는 강력한 유인책으로 작용할 수 있다. 아마존닷컴은 광고비를 줄이고 그 비용을 무료배송에 할당하여 매출액을 상당히 끌어올렸다.

④ A/S

고객이 구매한 제품에 대하여 보증하는 기간 내에 문제가 발생하면 제조업자가 약관에 따라 제공하는 서비스이다. 최근에는 문제가 발생하기 이전에 정기방문을 통한 소모품 교체 등으로 사전서비스를 하는 경우도 있다. 대표적으로 삼성전자가 A/S를 적극 활용하여 상표충성도를 구축한 사례에 해당한다.

⑤ 설치

구매를 한 고객이 즉각적인 사용과 작동에 어려움이 있는 경우 설비담당 기사를 파견하여 제품 사용이 가능하도록 준비하는 모든 과정을 의미한다. 예를 들어, 정수기의 경우 일반 사용자가 스스로 설치하기 어려우므로 즉각적인 사용을 위해 설비 담당기사가 방문 설치 및 점검을 한다.

MARKETING INSIGHT

사우스웨스트 항공사의 차별화된 서비스 정책

1971년 사우스웨스트 항공은 3대의 항공기로 미국 텍사스의 댈러스, 휴스턴, 샌안토니오 사이를 운항하는 작은 지역 항공사로 출발했다. 이 회사는 경쟁사와 차별화된 전략으로 고객에게 더 나은 가치를 제공하기 위해 지속적으로 노력한 결과, 지금은 미국 최대 국내선 항공사로 떠올랐다. 500여 대의 항공기를 보유하고, 미국 내 65개 도시에 취항하고 있으며, 연간 1억 명이 넘는 승객을 수송한다. 2008년 매출액은 110억 달러에 이른다. 이 회사는 1987년 이후 교통 당국이 조사한 고객만족 조사에서 탑승객의 불평이 가장 적은 회사로 평가돼 다른 회사의 벤치마킹 모델이 돼왔다.

특히 요금 체계, 당일 화물운송 서비스, 티켓없는 여행, 생생한 홈페이지, 최초의 항공사 블로그 등 업계 혁신을 주도해왔다.

2008년 말 통계에 따르면 이 항공사는 지난 36년간 지속적인 흑자를 내고 있으며, 종업원 수가 195명에서 3만 5000명으로 늘었음에도 한 번도 정리해고를 하지 않았다. 또한, 항공 사고도 없었다. 이 눈부신 성공은 사우스웨스트의 차별화 전략과 그에 맞는 탁월한 서비스 전달 시스템에서 비롯됐다. 이 회사는 늘 '누가 우리의 고객이고, 그 고객의 요구를 충족시킬 수 있는 상품은 어떤 것이며, 그 상품을 어떻게 제공해야 하는가?'에 대한 해답을 찾는 고객 중심 서비스 전략을 세워 실행하고 있다. 특정한 지역을 자주 왕래하는 중 · 단거리 비즈니스 승객들을 표적 세분시장으로 선정하고 분석한 결과, 고객들이 저렴하고 안전하며 자신의 일정에 맞춰 편리하게 이용할 수 있는 항공 서비스를 원한다는 사실을 파악했다. 이어 고객 욕구를 충족시키기 위해 다음과 같은 몇 가지 운영 원칙과 전달 시스템을 구축했다.

먼저 인터넷을 통한 항공권 판매를 최초로 실시하고, 기내식도 가장 기본적인 것만 공급했다. 보잉 737기종만 사용해 정비 작업, 보수용 부품 관리, 항공기 운항 및 훈련을 최소화함으로써 원가를 줄이고 항공료를 낮췄다. 신속한 탑승과 하역을 위해 좌석 배정도 하지 않았고, 환승 고객의 짐을 옮겨 실어주는 서비스도 없앴다. 여행 시간 단축과 항공 서비스의 편리성을 높이기 위해 출발지와 도착지를 한 번에 연결하는 직항 노선(point-to-point)을 이용했다. 그 결과 항공사 중 가장 높은 정시 도착률을 이뤄냈다. 사우스웨스트는 낮은 항공료, 빈번한 운항 빈도, 직항 노선 측면에서 가장 성공적인 미국 항공사다. 사우스웨스트 항공은 〈포춘〉이 선정한 미국에서 가장 존경받는 기업, 가장 일하기 좋은 100대 기업 중 최상위권을 매년 유지하고 있다.

출처: Dong-A Business Review, '글로벌 서비스 경영을 위한 글로벌 스탠더드: 서강대MBA스쿨의 서비스 혁신 사례 분석', August 2009, Vol.38

7.3 제품믹스

1) 제품믹스

제품믹스(Product mix)는 기업이 제공하는 모든 제품들의 집합으로, 이에 관한 것은 제품믹스의 폭(breadth), 길이(length), 깊이(depth)에 대한 의사결정이다.

① 제품믹스의 폭

제품믹스의 폭은 한 SBU 안에서 기업이 판매하는 제품계열(product line: 제품라인)의 종류이다. 〈그림 7.2〉를 보면, 삼성전자의 생활가전 사업부에서는 에어컨, 세탁기, 청소기, 에어케어, 소형가전 등 다양한 제품계열을 생산하고 판매한다. 폭에 관한 의사결정은 일관성과 유사성을 중심으로 시장에서의 포지셔닝 전략에 의하여 결정된다. 예컨대, 청소기에만 역량을 집중하는 기업과 우수한 전자기기 생산을 목표로 하는 기업 간에는 제품믹스의 폭에 있어 차이가 존재한다.

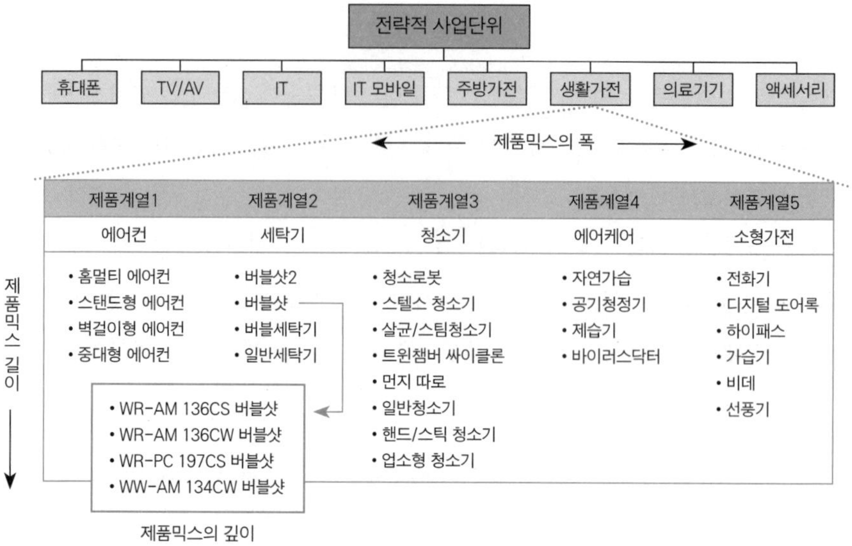

그림 7.2 삼성전자 '생활가전' 사업부의 제품믹스의 폭, 길이, 깊이

출처: 삼성전자 홈페이지www.samsung.com

② 제품믹스의 길이

제품믹스의 길이는 특정 제품계열에 속한 제품의 종류이다. 삼성전자 세탁기 제품계열 내에는 세탁기를 버블샷, 버블샷2, 버블세탁기, 일반세탁기로 구분하여 시장에 제공하는데, 이는 버블샷의 고객층과 일반세탁기의 고객층이 서로 다르기 때문이다. 이 경우 각각의 세탁기는 서로 가격과 성능이 다르다고 볼 수 있다.

③ 제품믹스의 깊이

제품믹스의 깊이는 특정한 한 제품의 종류를 의미한다. 예컨대, 버블샷에 속하는 136CS버블샷과 136CW는 서로 색상과, 세탁 용량, 크기 등이 다르다. 그리고 버블샷에 속하는 제품의 종류는 4종류이고, 버블샷2에 속하는 제품의 종류는 15종류이므로, 버블샷2의 제품믹스의 깊이가 버블샷보다 더 깊다고 할 수 있다.

삼성전자의 경우, 여덟 개의 전략적 사업단위(SBU)를 보유하고 있으며, 각 사업단위는 자체 제품믹스의 폭, 길이, 깊이로 구성되어 있다. 생활 가전의 경우, 에어컨, 청소기, 에어케어, 소형가전 등으로 총 5개의 제품계열이 존재하여 폭이 5개이고, 세탁기 제품계열의 길이는 4개이다. 또한, 버블샷에 해당하는 제품의 종류는 총 4개로 구성되어 있다.

2) 제품믹스의 고려 요인

폭, 길이, 깊이는 제품계열 계획 결정에 필요한 세 가지 요소이다. 이러한 결정에 있어 고려해야 할 문제들은 다음과 같은 것이 있다.

① 제품은 기업이 이윤을 창출할 수 있게 해주면서, 표적 소비자가 원하는 것을 만족시키고 있는가?

② 고객의 욕구를 전반적으로 충족시켜준다고 하였을 때, 경쟁사와 다른 어떤 차별점을 제공해주는가?

③ 인접한 제품계열에 미치는 영향력은 무엇이고, 제품이 고객 가치를 증가시키면서 다른 제품의 보완이 되는가?

④ 제품이 브랜드와 기업의 명성에 어떠한 영향력을 미치는가? 브랜드의 가치는 기업의 핵심자산이며, 제품은 브랜드의 가치를 높일 수도 있고 떨어뜨릴 수도 있다.

7.4 제품믹스에 관한 의사결정

1) 제품믹스 길이에 관한 의사결정

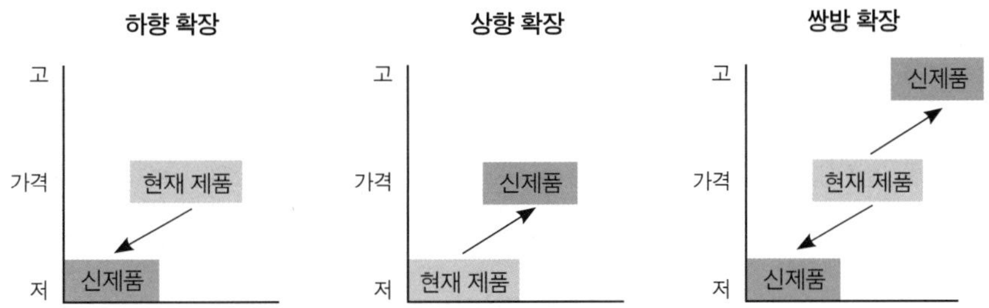

그림 7.3 제품 확장의 유형

① 하향 확장전략(Downward stretch)

초기에는 고품질/고가의 제품을 출시시켰다가 제품계열의 길이를 확장하면서 저가의 신제품을 추가시키는 전략이다. 이 전략은 구축했던 고급 이미지가 저가 제품에도 고급스러운 저가라는 이미지로 반영될 수 있으며, 저가 제품의 성장가능성이 높거나, 잠재적 경쟁자의 진출을 견제하는 역할을 한다. 그러나 하향 확장전략은 기존에 기업이 구축해놓은 고급 이미지를 훼손함으로써 기존 고객의 이탈을 유발할 가능성이 있어 매우 주의가 필요하다.

고급 보석 브랜드인 Tiffany는 1990년대 매출 증대를 위해 저가 제품을 출시하였으나, 기존 고객의 이탈로 브랜드 가치가 훼손되어 이를 회복하기 위해 많은 시간과 노력을 투입해야만 했다.

② 상향 확장전략(Upward stretch)

초기에는 저품질이면서 저가의 상품을 출시시켰다가 제품계열의 길이를 확장하면서 고가의 신제품을 추가시키는 전략이다. 기업이 상향 확장전략을 시행하는 이유는 대체로 고가의 제품이 상대적으로 높은 이익을 발생시키기 때문이다.

그러나 상향 확장전략은 고급 품질을 유지할만한 기업 내부적 역량이 갖추어져 있어야 하며, 기존 고급 시장의 고객들을 설득시켜 고급 이미지로 재포지션(reposition)하기까지는 막대한 비용과 시간이 소모된다. (일본의) Toyota자동차는 일반 자동차 브랜드에서 수준 높은 기술력을 바탕으로 Lexus라는 독립적 브랜드를 사용하여 고급 자동차 시장에서 성공한 사례이다.

③ 쌍방 확장전략(Two-way stretch)

기존 제품계열 내에서 품목의 추가를 통해 양방향으로 제품 확장을 도모하는 전략으로, 잉여설비의 활용, 매출의 증대, 세분시장의 침투 등에 긍정적 효과를 미칠 수 있는 전략이다. 제품계열 내 품목 수가 너무 적으면 매출 기회를 놓칠 수 있고, 품목 수가 너무 많으면 자기시장잠식(cannibalization) 등으로 수익성이 감소할 수 있다. 또한 과다한 품목 확충은 비용 상승만 초래하여 기업의 포지션을 모호하게 만들어 소비자를 혼동시킬 수 있다. iPhone은 기존의 iPhone5에서 5S와 5C의 2가지 형태로 신제품을 출시하고, 4S를 저가상품으로 계속 판매하였다. 따라서, 이러한 Apple의 마케팅은 제품계열 내 품목의 추가로 쌍방 확장전략의 사례로 들 수 있다.

2) 제품믹스 깊이에 관한 의사결정

① 제품 확충전략(Product filling)

기존의 제품계열 내에서 새로운 품목을 추가시키거나 제품의 다른 버전(version)을 중간에 끼워 넣음으로써 제품계열의 깊이를 확대하는 것이다.

이는 잉여설비의 활용, 매출의 증대, 여러 세분시장의 침투 가능성을 확대하는 긍정적 효과가 있는 반면에 과다한 확충 탓에 비용 상승과 수익성 감소를 초래할 수 있다.

② 제품의 퇴진전략(Product resign)

제품을 시장에서 퇴진시킬 때에도 일반적으로 〈그림 7.4〉에서 제시된 과정을 거치게 된다.

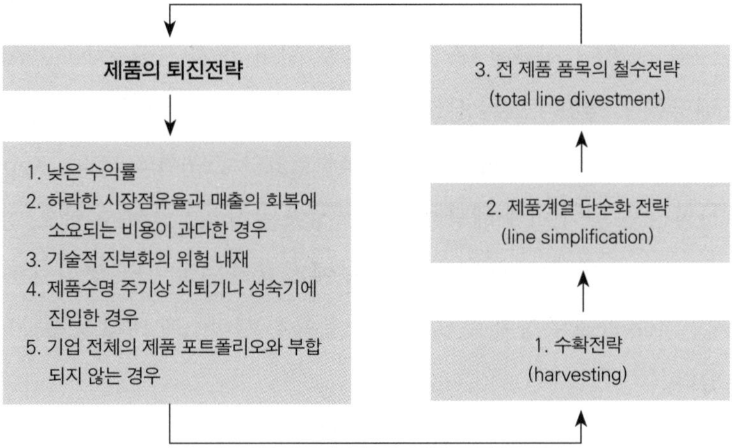

그림 7.4 제품의 퇴진전략

수확전략(harvesting)은 제품을 시장에서 서서히 철수하여 투자를 최소화하고 일시적인 현금회수를 통하여 이윤을 남긴다. 제품계열의 단순화 전략(line simplification)은 제품믹스와 관련된 계열을 삭제하거나, 제품믹스의 폭, 길이, 깊이 등을 축소시키는 전략이며, 전 제품 품목의 철수전략(line divestment)을 통해 제품을 최종적으로 시장에서 퇴진시킨다.

7.5 브랜드의 개념과 역할

개별제품에 대한 계획은 제품들이 연계되어 있으므로 회사 전체의 제품라인의 관점에서 이루어져야 한다. 즉, 포지셔닝과 개별 제품은 불가피하게 연결되어 있다. 상표는 제품 차별성을 강화하고자 소비자들이 받아들일 수 있는 이미지나, 언어로서 표현하는 것이다. 일반적으로 개별 제품에 대한 의사결정은 제품계열(라인)에서 삭제하기, 포지셔닝 다시하기, 포지셔닝 강화하기 등으로 구분된다. 이상의 대안이 여의치 않은 경우 신제품을 개발하여 시장에 도입한다.

브랜드는 특정 기업의 제품이나 서비스를 소비자에게 식별시키고 경쟁자들의 것과 차별화하기 위하여 사용되는 독특한 이름과 상징물들(로고, 디자인, 심볼 등)의 종합적인 결합체이다. 상표명, 상표마크, 등록상표 등이 상표의 역할을 한다.

브랜드명(상표명)은 상표를 구성하는 글자, 단어, 숫자 등으로 Nike, Apple 등이 이에 해당한다. 상표마크는 상표명 이외에 가시적인 디자인, 로고, 심볼, 글자 등의 조합이다. 예를 들면, Nike의 바람무늬 로고인 스우쉬(Swoosh), Apple의 한 입 먹은 사과 모양 등이 이에 해당한다. 등록상표는 상표명일 수도 있고, 상표마크가 될 수도 있다. 트레이드 마크는 연방정부에 등록하는 Ⓡ마크, 연방서류는 요구되지 않지만 소유권을 주장할 수 있는 TM, 독특한 서비스에 대해 등록하는 SM마크 등이 있다.

브랜드는 누가 소유권을 가졌는지 식별할 수 있게 하는 중요한 수단이므로 기업과 소비자를 보호하는 역할을 한다. 강력한 상표는 소비자의 브랜드에 대한 애호도를 높여 타 브랜드의 저가정책이나 공격적인 촉진활동에 대해 상표전환(brand switching)을 어렵게 한다. 또한, 유통업자의 협조를 쉽게 얻을 수 있어 더 좋은 상품 판매대를 확보하여 선반경쟁에서 우위를 차지할 수 있으며, 유통업자들의 가격할인 요구에 대응할 수 있다. 아울러, 신제품 개발과 도입에 있어, 강력한 상표를 부착함으로써 마케팅 비용을 절감하고 효과적인 신제품 출시 전략을 가능하게 해준다.

7.6 브랜드 의사결정

상표명을 최종적으로 결정하기까지 개별제품(상표)은 상표부착 여부, 소유, 제품의 특성에 따라 일련의 의사결정과 전략을 따르게 된다.

1) 상표전략

상표명을 결정하기 전에, 우선 상표를 부착할 것인가와 상표의 소유자를 누구로 할 것인가 등의 상표의 기본방향을 결정하는 의사결정을 거쳐야 한다. 이러한 상표명 결정의 초기 의사결정을 상표전략이라고 하는데 제조업자 상표(manufacturer brand: NB), 유통업자 상표(distributor brand), 무상표품(generic brand), SPA브랜드 등이 있다.

제조업자 상표는 national brand라고도 하며, 제조업자 자신이 상표명을 소유하게 되며, 생산된 제품의 마케팅 전략을 제조업자가 직접 통제하는 상표전략이다. 일반적으로 제조업자 브랜드의 강력한 힘을 활용하기 위한 것으로, 대부분의 기업이 제조업자 상표를 사용한다.

유통업자 상표는 도소매업자가 아웃소싱한 제품에 그들의 상표명을 부착시키는 상표전략으로 PB(private brand)라고 한다. 이 전략은 유통업자 자신의 상표명을 사용하기 때문에 소비자에게 상대적으로 더 저렴하게 공급하는 동시에 매장에서 선반 우위를 점할 수 있다는 이점이 있다. 메디안이나 페리오 등의 치약은 제조업자 상표로 분류할 수 있으며, 대형마트의 이름이 부착된 통큰 치약이나 이마트 치약 등은 유통업자 상표라고 할 수 있다.

무상표품은 제품에 상표를 붙이지 않고 맥주, 콜라, 설탕 등 제품의 내용만을 표시하는 상표전략이다. 그러나 상표가 없는 경우 브랜드 충성도를 확보하기가 매우 어렵다. 종종 해외 생산된 저가 제품이나 복제품 등의 지명도가 없는 경우에 이 전략을 사용하기도 한다.

자사의 기획 브랜드 상품의 모든 의사결정과 디자인, 제조, 유통과정 모두를 직접 수행하는 SPA(specialty store retailer of private label apparel)브랜드가 있다. 주로, 의류산업에서 종종 찾아볼 수 있다. 대표적인 SPA브랜드로는 ZARA, Uniqlo, H&M, Forever21 등이 있다. 이러한 SPA기업들은 브랜드 의사결정을 기업이 모두 수행하므로 시장변화에 빠르게 대응할 수 있다는 장점을 갖고 있어 패스트패션(fast fashion)이라고도 한다.

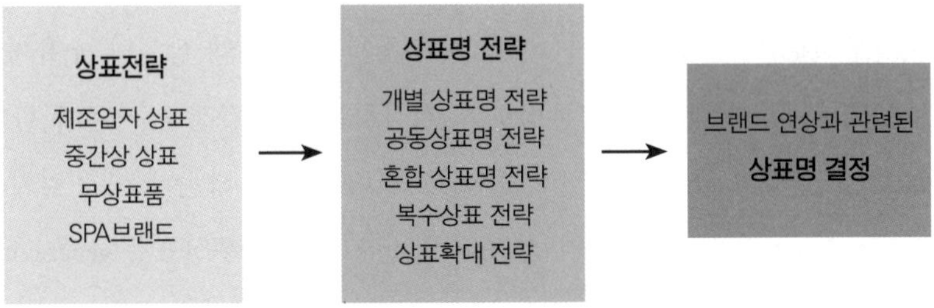

그림 7.5 상표의사결정의 과정

2) 상표명 전략

상표명 전략은 보통 개별상표(individual brand) 전략, 공동상표(co-brand) 전략, 혼합상표(separate family brand) 전략 등이 있다.

개별상표 전략은 생산된 제품에 각각 다른 상표명을 부착시키는 전략으로, 동일한 기업에서 출시한 제품이더라도 각기 다른 브랜드명을 가질 수 있다. 도요타의 렉서스 등이 그 예이다.

공동상표 전략은 다수의 생산자가 각각 생산한 모든 제품에 대해 동일한 기업명 또는 상표명을 사용하는 전략으로, 일반적으로 인지도가 낮은 중소기업들의 공동상표 전략으로 활용한다. 이는 소기업들의 자금력과 운영력을 한 브랜드에 집중하면서 대기업과의 경쟁을 가능하게 할 수 있다. Sunkist는 캘리포니아 지역의 농민 조합에 소속되어 있는 오렌지 농장들의 공동 브랜드이다.

혼합상표 전략은 복수의 제품계열에서 여러 제품들을 생산하고 있는 경우에 개별 상표명과 공동상표명을 조합하여 사용하는 전략이다. Apple은 아이폰5, 아이폰5S, 아이튠즈, 아이팟, 아이패드 등 공통적으로 아이(i)를 붙여 Apple의 제품임을 소비자가 쉽게 알아볼 수 있도록 브랜드 파워를 강조하는 동시에, 제품의 종류와 탑재 OS 시리즈에 따라 제품 특성을 알아볼 수 있도록 개별명칭을 뒤에 추가하여 붙였다.

이 외에도 본질적으로 동일한 제품에 대해서 두 개 이상의 상표명을 부착하여 별도의 상품으로 차별화하는 복수상표(multi-brand)전략, 인기 있거나 인지도가 높은 상표명을 이용하여 새로운 제품을 추가하거나, 개선하는 상표확대(brand extension)전략이 있다.

복수상표전략은 LG생활건강의 테크, 슈퍼타이 등을 예로 들 수 있는데 이러한 전략은 자기시장잠식(cannibalization)의 부정적인 효과를 야기할 수도 있다. 상표확대 전략은 라인확장 전략과 카테고리 전략으로 나누어 볼 수 있으며, 이는 다음 장에서 자세히 다룰 것이다.

3) 상표명의 결정

위와 같은 전략을 사용하여 최종적으로 상표명을 결정할 때에는 제품과의 어울림, 발음과 기억의 용이성 등을 고려하여야 한다. 이러한 상표명은 핵심 제품의 측면을 부각시켜 브랜드 연상(brand association)을 가능하게 한다.

Practice

연습문제

1. 다음 중 A/S는 어디에 속하는가?

   1) 확장 제품　　2) 유형 제품
   3) 핵심 제품　　4) 기본 제품

2. 다음 중 저관여 구매 상황에 가장 적합한 제품은?

   1) 편의품　　2) 선매품
   3) 전문품　　4) 산업재

3. 중소기업이 연합하여 개발한 브랜드를 무엇이라고 하는가?

4. 최근 의류업체를 중심으로 디자인에서 생산에 이르는 모든 과정을 한 기업이 관리하면서 통제권을 가지는 기업 유형을 무엇이라고 하는가?

제8장

브랜드 자산의 개념 및 관리

MARKETING

TED 도입 사례

물리학에서 배우는 브랜드 마케팅

1) 뉴턴의 법칙

'힘 = 질량×가속도', 또는 '가속도 = 힘/질량'이라는 공식을 쉽게 얻을 수 있다. 이 물리학의 법칙은 물체의 질량이 클수록 방향을 전환하기 위해 많은 힘이 있어야 한다는 것이나. 마케팅 또한 이와 마찬가지이다. 큰 브랜드일수록 브랜드 전환에 더 많은 어려움이 따른다. 이와 같은 물리학의 법칙이 마케팅에 적용되어 Unilever와 P&G 같은 회사가 하나의 큰 브랜드를 가지는 대신에 Oreo, Plingles, Dove와 같은 별개의 하위 브랜드들을 유지하는 것이다.

2) 하이젠베르크의 불확정성의 원리

관찰자와 관찰대상 사이에는 항상 일정한 정도의 불확정성이 존재한다는 원리이다. 즉, 무엇을 관찰하고자 하는 '측정 행동'이 상태나 입자를 변화시키기 때문에 이것을 완벽하게 측정하는 것은 불가능하다. 소비자들을 관찰하는 행위 자체는 소비자들의 행동을 변화시킨다. 예를 들어 어머니 집단의 구매행동을 살펴보면 자녀들의 건강을 위해 인스턴트식품을 거의 구입하지 않지만, McDonalds는 매년 수억만 개의 햄버거를 판매하고 있다. 만약 인터넷에서 포르노를 찾기 위해 검색하는 사람들을 생각해보면 그 수는 매우 적지만 관련 검색어에 관해서는 검색순위 1위라는 것을 알 수 있다. 하지만 최근 과학기술의 발달로 정확한 판매현황의 측정과 소비자 관찰조사가 가능해지고 있다. 마케팅에서 필요한 것은 소비자들이 미래에 할 행동을 예측하는 것이 아니라 현재 하고 있는 구매행위를 관찰하는 것이다.

3) 물리학의 가설을 증명하기는 어렵지만 부정하기는 쉽다

프톨레미는 그의 천동설을 지지할 수 있는 수십 개의 주요 정보를 가지고 있었다. 하지만 코페르니쿠스의 강력한 관찰을 통한 지동설은 천동설을 부정하기에 충분했다. 마케팅에도 이와 유사한 사례가 있다. 사소한 사건이 소비자의 브랜드에 대한 신뢰도를 무너뜨릴 수 있다. Toyota는 오랫동안 가장 믿음직한 자동차로 존경을 받았지만 대규모 리콜 사태가 발생하자 그 신뢰도가 바닥으로 떨어졌고, 영국의 석유회사인 BP

(The British Petroleum Co., PLC)는 오랫동안 친환경 브랜드라는 신용을 얻으려고 약 백만 파운드를 사용했지만 맥시코만 석유 유출 사고로 소비자들에게 외면을 받았다.

4) 열역학 두 번째 법칙인 '엔트로피의 불확실한 세계'

이 법칙은 독립된 시스템 속 혼란인 엔트로피는 시간이 지날수록 항상 증가한다는 것이다. 오늘날의 마케팅에서는 강력한 브랜드 이미지나 메시지를 통해 브랜드를 표현할 수 있지만 브랜드가 퍼져나갈수록 혼란스러워지고 통제할 수 없게 된다. 하지만 이러한 현상은 브랜드에 부정적인 영향을 미치는 것만은 아니다. 브랜드 에너지의 분배를 통해 소비자들에게 더 가깝게 다가가고 더 많은 사람과 함께할 수 있게 한다. 대중화된 에너지, 즉 힘의 분배를 만들어내는 것이다. 이 힘은 결과적으로 브랜드에 긍정적인 영향을 미치게 된다. 이러한 마케팅 엔트로피 현상을 수용하고 활용하여 함께 발전할 방향을 모색해야 한다.

출처: Dan Cobley, "What physics taught me about marketing", www.ted.com

도입 사례에서는 브랜드를 물리학에 빗대어 설명하고 있다. 첫째, 뉴턴의 가속도 법칙처럼 대규모의 브랜드가 방향 전환이 더 어렵다. 둘째, 하이젠베르크의 불확정성의 원리와 같이 관찰자와 관찰 대상 간에는 불확정성이 존재하여 소비자의 내재된 욕구나 태도를 관찰하기 어렵다. 셋째, 물리학의 가정을 증명할 수는 없지만 부정하기는 쉽다는 원리는 오랫동안 긍정적인 이미지를 위해 노력해 온 기업도 한 순간의 실수로 브랜드 이미지가 실추될 수 있음을 시사한다. 마지막으로, 시스템 속 혼란의 엔트로피가 항상 증가하는 물리학의 법칙과 같이 브랜드 역시 경쟁에서 살아남기 위해서는 지속적인 변화 노력이 필요하다. 이처럼 브랜드는 종종 살아 있는 유기체에 비유된다. 브랜드 자산을 수립하고 관리하는 것은 항상 계획대로 실현되지 않을 수 있고 매우 어려운 일이지만 강력한 브랜드 파워는 기업에 가장 큰 차별화 역량이 될 것이다. 이 장에서는 브랜드 자산의 개념과 관리, 전략 등에 대해 다룰 것이다.

8.1 브랜드 자산의 의미와 중요성

브랜드(brand)는 제품의 차별성을 확고히 하기 위한 것으로 기업의 제품들을 경쟁자가 제공하는 다른 제품과는 다르다고 주장하는 것이다. 브랜드의 어원은 본래 가축에 대한 본인의 소유권을 나타내기 위해 소인 찍는 것에서 유래되었다. 브랜드 자산(brand equity)은 기업 경영에서 가장 관심이 높은 분야 중 하나이다. 물리적인 공장을 소유하는 것보다 시장을 소유하는 것이 더 중요하고, 시장을 소유하는 가장 강력한 방법은 브랜드 자산을 구축하고 유지하는 것이다. 브랜드 자산을 구축하고 유지하기 위해 브랜드 충성도(brand loyalty) 관리가 필수적이다. 고객의 브랜드 충성도는 브랜드 자산의 핵심이 된다. 만일 고객들이 브랜드에 무관심하고 가격이나 편리성에 초점을 둔다면 브랜드 충성도는 낮은 것이고, 편리하고 저렴한 경쟁 상품에 아랑곳하지 않고 특정 브랜드를 계속 구입한다면 브랜드 충성도는 높은 것이다.

1) 브랜드의 역할

브랜드의 기본적인 역할은 기업 자신을 확인하고, 다른 경쟁자들과 구별시키는 것이다. 브랜드는 소비자들에게 제품, 서비스, 기업에 대한 전반적 느낌을 가져다준다. 그 외 기능으로는 네비게이션(navigation), 안전장치(safety), 브랜드 약속(brand promise)이 있다. 소비자는 시장에서 어떤 제품을 선택할지 모호하거나 특정 제품군에 대한 사전 정보가 적을 때 평소 선호하거나 긍정적 이미지의 브랜드를 선택하는 경우를 보인다. 또한, 브랜드는 제품 고유의 품질을 암시해주며, 고객들은 구매 후 그들이 옳은 결정을 했다고 확신시키게 하여 불안감과 후회로부터 안심시켜 주는 기능을 한다. 아울러, 브랜드 약속을 통하여 소비자는 제품의 핵심 기능 및 부가적 기능에 대한 예측이 가능하게 한다.

브랜드 정체성(brand identity)은 브랜드에 기초한 브랜드 인지 및 경쟁자와의 차별점을 통해 수립하는 전체 시스템으로 볼 수 있다. 브랜드 정체성의 실현은 브랜드 자산으로 연결된다. 따라서, 강력한 브랜드 자산을 구축하려면 다음과 같은 브랜드 정체성을 수립해야 한다.

표 8.1 브랜드 정체성의 요건

비전(vision)	열정적인 리더를 명시하며, 효과적이고 설득력 있는 비전은 최고의 브랜드가 되는 기본적 요건이며, 조직과 고객에게 영감을 준다.
의미(meaning)	최고의 브랜드는 아이디어, 전략적 포지션, 가치 설정의 정의, 경쟁자와 분명히 구분되는 의미를 담고 있다.
진실성(authenticity)	진실성은 기업의 시장, 포지셔닝, 가치 제안, 경쟁적 차별 없이는 구축할 수 없다.
차별화(differentiation)	브랜드는 항상 비즈니스 카테고리와 같은 레벨의 모든 브랜드와 경쟁한다. 이것은 고객의 관심, 로열티, 경제력을 원하는 것이다.
내구성(durability)	내구성은 기업이 끊임없이 변화하는 세상에서 오래 견딜 수 있는 능력을 말한다.
일관성(coherence)	고객은 어디에서든지 브랜드를 경험하므로 브랜드는 친숙해야 하며, 욕구에 영향을 주어야 한다. 그렇다고 이러한 일관성이 융통성 없는 처신이나 한계를 의미하지 않는다.
유연성(flexibility)	효과적인 브랜드 정체성의 위치는 미래의 변화와 발전에 전략적으로 대응해야 한다.
몰입(commitment)	조직은 브랜드 이름, 상징, 통합 판매, 마케팅 시스템, 시장 기준 등을 포함한 기업 자산을 원활히 관리할 수 있어야 한다.
가치(value)	인지, 인식의 증가, 커뮤니케이션, 품질, 경쟁적 차별화들은 기업의 가치를 측정가능하게 한다.

2) 브랜드 자산의 역할

브랜드 자산(brand equity)은 어떤 제품이나 서비스가 브랜드를 가졌기 때문에 발생하는 바람직한 마케팅 효과를 말하며, 브랜드 자산은 높은 상표 애호도, 높은 상표 충성도, 높은 시장 점유율의 형태로 발현될 수 있다.

습관적으로 동일한 브랜드를 구매하는 고객들은 장기간 수익을 창출하는 데 중요한 역할을 하므로 상당한 가치를 가진다. 강한 브랜드 충성도를 가진 고객들 역시 오랫동안 관계가 지속되므로 그들의 가치 또한 높다. 만약 충성도와 브랜드 구매빈도 간의 관계를 정확히 파악할 수 있다면 브랜드 충성도의 변화가 가져오는 영향도 평가할 수 있다.

브랜드 충성도는 계속된 제품의 사용 경험과 밀접한 관련이 있어서 본질적으로 브랜드 자산의 다른 요소인 브랜드 인지도, 소비자 지각 품질, 제품에 대한 친근감 등과는 구별된다. 브랜드 충성도는 사전 구매나 사용 경험 없이는 존재할 수 없다. 그러나 인지도, 친근감, 지각된 품질 수준 등은 사용 경험이 전혀 없어도 생성될 수 있는 특성들이다. 간혹 브랜드 충성도는 인지도, 친근감, 지각된 품질 수준이나 제품 특성과 관련되어 생성될 수 있지만, 이러한 요소들과는 독립적으로 발생하며 관계의 본질도 불명확한 경우가 많다. 맥도날드 햄버거의 경우는 수제 햄버거집이나 고급 레스토랑에 비해 품질 수준은 낮게 지각되지만 브랜드 충성도가 높은 경우가 있고, 미국 시장에서 일본 자동차들은 품질은 높게 지각되어도 큰 차를 선호하는 미국인의 경우 일본차에 대한 브랜드 충성도가 낮은 경우도 있다. 결국 브랜드 충성도는 브랜드 인지도, 브랜드 친근감, 지각되는 품질 수준과는 구별될 수 있는 브랜드 자산의 중요한 기본 요소이다.

고객의 브랜드 경험(brand experience)은 고객의 여행에 비유되기도 한다. 브랜드 인지는 구매의사결정의 훨씬 전부터 영향을 미치며, 브랜드 접점은 소비자가 지각하는 브랜드 이미지에 변화를 줄 수 있다. 또한, 구매가 종료된 시점 이후에도 브랜드 인지의 변화는 추가적인 외부자극이나 잔여 기억을 통해 계속될 수 있다. 따라서, 각각의 브랜드 접점은 고객의 브랜드 인지도를 높이고 고객 충성도를 구축하게 하는 기회라 할 수 있다.

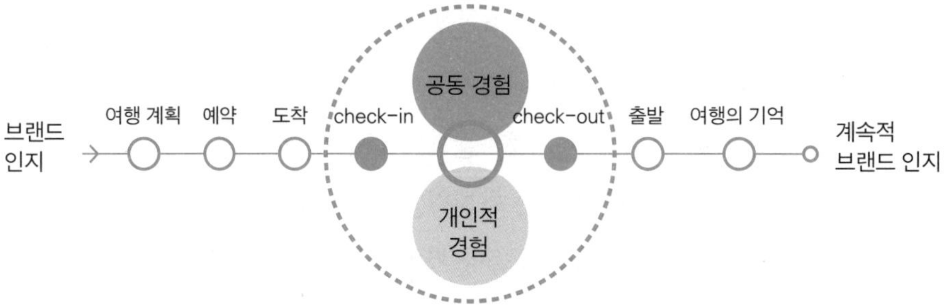

그림 8.1 브랜드 접점의 예

3) 브랜드 자산의 중요성

기업은 고객과 감성적으로 접촉하면서, 무엇과도 대체할 수 없는 평생 관계 창출을 위한 방법들을 끊임없이 찾는다. 또한, 치열한 경쟁과 무한한 의사결정을 한다. 이러한 과정에서 기준이 되는 지침이 바로 브랜드이고, 포화 시장에서 강한 브랜드는 고객에게 쉽게 눈에 띌 수 있다. 코카콜라, 크리넥스와 같은 시장 선도 상표들은 소비자들에게 브랜드와 관련하여 다양한 연상을 떠올리게 하며 강력하고도 호의적인 느낌을 불러일으킨다.

브랜드 충성도는 얼굴 없는 무형의 브랜드 자산이다. 이러한 특성 때문에 상당한 희생 없이는 그것을 다른 이름이나 상징으로 전환하는 것이 불가능하다. 아울러 브랜드 충성도의 구축 및 유지에 있어 고객의 역할이 매우 중요하다. 브랜드 자산을 구축하고 유지하기보다는 단기적 판매에만 관심이 있는 경우에는 고객의 중요성을 간과할 수 있다. 즉, 고객이 중요한 것이 아니라 겉으로 드러나는 매출실적에 초점이 맞춰지는 경우가 그렇다. 이 경우 브랜드 충성도는 무시되면서 충성도가 전혀 축적되지 않거나 개발되지 못한다. 만약 브랜드 충성도의 중요성을 조금이라도 인식한다면 고객은 브랜드 자산으로 취급되어야 한다.

포지셔닝과 브랜딩은 불가피하게 연결되어 있다. 브랜드는 마케팅 관리자들이 제품 차별성을 강화하기 위해 소비자들의 언어로 소개하는 것이다. 이러한 과정에서 자사의 제품이 최소한 경쟁자들이 제공하는 것과 비슷하지 않다는 것을 주장하며 이러한 제품과의 차이가 가치있는 것이라고 확신한다. 즉, 주장의 일부로 제품 속성에 대한 가능성이나 브랜드 약속을 보여주는 것이다.

가장 이상적인 브랜딩은 브랜드 자체가 하나의 카테고리화(categorization)되는 사례이다. 예를 들어 고급 화장지를 표현할 때 '크리넥스(Kleenex)'라고 쓰거나, 파리 · 모기 살충제를 '에프킬라'라고 하는 것, 투명접착테이프를 가리켜 '스카치테이프(Scotch tape)'라고 부르는 것 등이 이에 해당한다. 그러나 모든 브랜드가 마케팅 관리자가 의도한 대로 되지 않으며, 많은 브랜드는 소비자가 주목할 만한 것을 찾아내는 데 어려움을 겪는다.

8.2 브랜드 포지셔닝 수립

1) 경쟁준거 프레임

경쟁준거 프레임(Competitive frame of reference)은 우리의 브랜드가 어떤 다른 브랜드와 경쟁할 것인지, 브랜드가 앞으로 경쟁 분야에서 어떤 곳에 초점을 둘지를 보여준다. 이를 명확히 수립하기 위해서 브랜드는 카테고리 멤버십(category membership)을 결정해야 한다. 카테고리 멤버십은 기업의 제품이 경쟁자의 것 또는 대체재와 비교하여 어떤 기능에 초점을 두어야 할지를 제시한다. 기업의 현재 경쟁자와 잠재적 경쟁자는 예상보다 훨씬 더 많을 수 있다. 새로운 시장에 진입하여 브랜드를 성장시키기 위해서는 미래의 잠재적 경쟁자들을 최대한 고려하여 카테고리 멤버십에 반영해야 한다. 기업의 실패는 현재 경쟁자들의 공격보다 새로운 진입자나 새로운 기술에 의해 발생할 가능성이 높다.

2) POP와 POD

① POP(Point-of-Parity): 경쟁적 유사점

POP는 경쟁적 유사점이라고 하며, 오로지 그 브랜드에서만 독특한 것이 아니라 다른 브랜드와 공유하는 공통속성이다. 이런 유형의 연관성은 카테고리 POP와 경쟁적 POP로 나눌 수 있다.

카테고리 POP는 소비자들이 제품을 구매하기 위해 필수적으로 인식하는 연관성이다. 다시 말해, 브랜드 선택에 있어 반드시 있어야 할 필요조건인 셈이다. 예를 들어 '카스'는 소비자들이 그 브랜드와 관련한 무엇인가를 보았을 때 '맥주'라고 인식한다.

경쟁적 POP는 경쟁자의 강점을 무효화시키기 위해 만들어진 것으로, 경쟁자가 어떤 우위점을 소구하고자 할 때, 우리의 브랜드가 경쟁자의 것과 동등하다고 느끼게 하는 것이다. '맥주'의 여러 브랜드들은 '맛있다'라는 경쟁적 POP를 유지하기 위해 노력한다.

② POD(Point-of-Difference): 경쟁적 차이점

POD는 경쟁적 차이점이며, 브랜드가 경쟁자보다 월등히 갖추고 있는 것을 말한다. 경쟁자와 차이점이 있다면, 소비자는 그 브랜드를 긍정적으로 평가하고, 그와 경쟁하는 브랜드에서는 발견할 수 없는 독특한 속성이나 혜택이 있다고 믿는다. Wal-Mart의 저가격정책, 페레가모 가죽제품 품질 등을 예로 들 수 있다. 기업에 이러한 경쟁적 차이점을 만드는 것은 어려운 문제이지만, 시장에서 성공하기 위해서는 필수적으로 요구된다.

8.3 브랜드 자산의 체계적 관리

브랜드 자산은 높은 브랜드 인지도(brand awareness)와 강한 브랜드 연상(brand association)에 의해 형성된다. 즉, 고객이 한 상표에 대해 이미 알고 있고, 그 상표와 관련하여 경쟁 상표보다 긍정적이고(favorable), 독특하면서도(unique), 강력한(strong) 연상들을 기억 속에 갖고 있어야 한다. 가장 먼저 떠오르는 브랜드(top of mind brand)는 매우 강한 인지도를 가지고 있는 것이다. 〈그림 8.2〉에서 브랜드 인지도와 브랜드 연상으로 구성된 브랜드 자산 원천을 보여주고 있다.

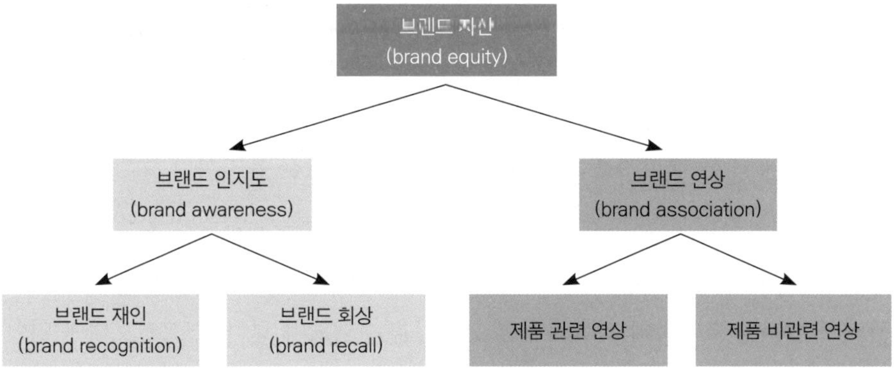

그림 8.2 브랜드 자산의 형성 요인

8.4 브랜드 인지도

1) 브랜드 인지도의 개념과 중요성

브랜드 인지도(brand awareness)는 소비자가 제품을 재인(recognition)하거나, 회상(recall)하는 정도를 말한다. 브랜드 재인은 소비자가 특정 브랜드의 이름을 알아보는 정도인데, 브랜드명을 들려주고 과거에 들어본 적이 있는가를 측정한다. 브랜드 회상은 브랜드 재인보다는 더 깊이 내재된 기억을 조사하는 것으로, 주어진 특정 범주에서 소비자가 떠오르는 브랜드를 나열함으로써 측정한다.

브랜드 자산 형성에 있어 브랜드 인지도는 매우 중요하다. 인지도를 지닌 브랜드는 소비자가 구매의 대안으로 인식하는 고려대상 상품군에 포함되기 때문이다. 또한 브랜드 친숙도(brand familiarity)를 쉽게 높일 수 있어 소비자의 선택 확률을 증가시킨다. 소비자는 일반적으로 반복 노출되어 친숙해진 브랜드를 구매하는 경우가 많다.

2) 브랜드 인지도의 증대 방법

브랜드 인지도를 증대시키려면 브랜드 재인과 회상의 수준을 높여야 한다. 이를 위해 마케팅 관리자는 브랜드 헌장(brand charter)을 구축하여 일관성 있는 브랜드 메시지를 전달해야 한다.

첫째, 반복적으로 브랜드 메시지를 전달한다. 대표적인 예로 광고를 들 수 있는데 제품에 대한 메시지를 소비자의 기억 속에 장기간 유지시킬 효과적인 방법이다. 그러나 최근 매체 노출량의 증가로 광고가 과다하게 반복되어, 광고 내용에 싫증을 느끼거나 거부감을 보이는 광고효과 감퇴현상이 드러나고 있다. 마케팅 관리자는 이를 조절하여 효율적인 광고계획을 수립해야 한다. 슬로건보다 수명이 짧은 캐치프레이즈를 일관성 있는 내용으로 미디어에 자주 노출함으로써, 감정적 반응을 떠올리게 하고, 브랜드 메시지를 강조할 수도 있다.

둘째, 시각적 · 청각적 정보를 함께 제공한다. 시각적 부호와 어문 부호를 동시에 노출하면 기억이 향상된다는 이중 부호화 이론(dual-coding theory)에 따르면, 사람은 단순한 언어적 자극보다는 자극이 복합되어 주어질 때 기억을 더 잘한다. 또한, 이러한 복합적 자극은 구매 시점에서 자사 브랜드에 대한 기억을 쉽게 떠올릴 수 있는 암시 또는 단서를 제공하기도 한다. 예를 들어, 광고에 이용했던 문구나 슬로건을 매장 내부에 부착하거나, 광고 모델을 보여주는 방법들은 브랜드 암시를 제공하여 브랜드에 대한 기억을 더 쉽게 이루어질 수 있도록 한다. Nike의 'Just do it', Adidas의 'Impossible is nothing'과 같은 슬로건은 계속된 광고를 통해 소비자에게 익숙한 느낌을 준다.

시각적 정보는 브랜드와 관련 있는 심볼(symbol), 로고(logo), 슬로건(slogan), 트레이드 마크(trade mark) 등이 있다. 또한 기억에 남는 타이포그라피, iPhone, iPad와 같은 언어규칙, 포장디자인 등 매우 다양한 시각적 이미지를 사용한다. 청각적 정보는 브랜드와 연관 있는 특정 소리를 들려줌으로써 기억을 용이하게 하며,

나이키의 심볼 페덱스의 브랜드 체계화 미쉐린(michelin)의 트레이드 마크 프링글스의 원통모양 포장

그림 8.3 시각적 정보의 예

소비자의 브랜드 인지를 증대시킬 수 있다. 슬로건이나 CF의 징글 사운드(jingle sound)가 대표적인 예이다. 흔히 CM(commercial music)이라고 불리는 징글(jingle)은 노래하는 커머셜(singing commercial)이라고도 한다. 베이비 붐 세대에게 익숙한 "12시에 만나요 브라보콘" 등이 이에 해당한다.

셋째, 고객에게 경험을 제공한다. 소비자가 특정한 경험에 대해 매우 만족하지 않았더라도, 그 경험을 기억할 수 있다면 흥미롭게 전환할 수 있다. 예를 들어, 대형마트의 음료 시음을 경험한 고객은 자신의 경험에 대해 특정한 감정을 느끼게 된다. 음료의 맛, 음료를 담아준 컵의 위생, 종업원의 태도, 고객의 상태나 기분 등 복합적 요소들이 감정을 형성한다. 이러한 감정은 추후 브랜드를 다시 접했을 때 기억을 떠올리기 쉽게 해준다. 또한, 경험에 근거한 감정으로 주변 사람들에게 확신 있는 입소문을 내기도 하며, 주변사람들은 경험자의 의견을 신뢰하는 경향이 있다. 브랜드 경험은 브랜드에 대한 기억을 지속적이며 강력하게 유지한다. 이것은 브랜드 충성도와 끊임없는 관계를 창출시키는 원동력이 된다. 그러나 부정적인 브랜드 경험은 브랜드 이미지를 악화시킬 수 있으므로 유의해야 한다.

8.5 브랜드 연상

1) 브랜드 연상의 개념과 중요성

브랜드 연상(brand association)은 브랜드에 대해 갖는 전체적인 인상으로, 브랜드와 관련하여 기억으로부터 떠오르는 모든 것을 말한다. 이는 브랜드 이미지로 이어지게 된다. 소비자는 특정 브랜드에 대한 광고 노출이 많을수록, 또한 그 광고가 독창적일수록 강한 브랜드 연상을 형성하고 각 연상들을 잘 결합시킨다. 앞서 언급했듯이, 브랜드 연상의 핵심은 FUS원칙에 기초한다. 즉, 긍정적이고(Favorable), 독특하면서도(Unique), 강력한(Strong) 브랜드 연상이 브랜드 자산에 효과적인 영향을 주는 것이다. 일단 브랜드와 관련한 여러 가지 연상들을 수립한 뒤, 브랜드 전반의 이미지를 구축해 나가는 것이 바람직하다.

브랜드 이미지가 소비자에게 한 번 인식되면 그것을 바꾸기는 매우 어렵다. 예를 들어, 저품질 이미지의 브랜드가 품질이 향상된 제품을 출시하였더라도 소비자는 기존의 이미지로 인하여 품질 향상에 대해 신뢰하지 않거나, 향상된 품질에 적합한 가격을 지불하려 하지 않을 수도 있다.

브랜드 연상은 크게 제품과 직접 관련된 연상과 그렇지 않은 연상으로 나눌 수 있다.

표 8.2 브랜드 연상의 유형 분류

브랜드 연상의 유형	
제품 속성과의 관련 연상	제품 속성과의 비관련 연상
카테고리 성능 용도 지각된 품질 또는 가격	기업이미지(corporate image) 브랜드 개성(brand personality) 원산지(country-of-origin)

2) 제품 속성과의 관련 연상

브랜드 연상의 유형 중 제품 속성과의 관련 연상은 제품 카테고리, 성능, 용도, 지각된 품질 또는 가격 등으로 제품의 특성과 직접적인 관계가 있는 것을 말한다.

① 카테고리 연상

'콜라' 하면 'Coca cola'가 바로 떠오르고, '살충제' 하면 '에프킬라'가 떠오르는 것처럼, 해당 제품 범주에 브랜드를 연결시키는 것이다. 강한 연상은 경쟁제품에 대한 기억을 방해할 수 있지만, 너무 강한 범주화는 브랜드가 다른 카테고리로 확장을 고려할 때 기존 이미지 탓에 확장에 어려움을 겪을 수 있다.

② 성능 연상

'Volvo' 하면 '안전'이 떠오르고, 'Lexus' 하면 '정숙'이 떠오르는 것처럼 제품 효능은 소비자가 바라는 제품 기능과 브랜드를 연결시키는 것이다. 너무 많은 효능을 강조하게 되면 이미지 형성에 혼란을 느낄 수 있다. 예를 들어 소비자는 안전하며, 조용하고, 승차감이 좋고, 출력성능이 높으며, 저렴하며, 유지비가 적게 든다는 자동차는 실제로 존재하지 않는다고 믿는다.

③ 용도 연상

핫식스의 용도연상 광고

'핫식스'하면 '피로회복'이 떠오르고, '헛개수' 하면 '숙취와 갈증해소'가 떠오르는 것처럼 제품의 특정 용도와 브랜드를 연결시키는 것이다. 이와 같은 제품들은 표적 고객에게 용도와 관련한 브랜드 이미지를 강하게 심어준다. 용도 연상은 경쟁 브랜드에 의해 모방이 쉬울 수 있다. 예를 들어, 충치예방을 강조한 롯데의 '자일리톨 껌'은 자일리톨 성분을 첨가하는 것만으로도 경쟁자의 모방이 가능하다.

④ 지각된 품질과 가격

샤넬의 고급 이미지

'Chanel' 하면 시장에서 판매하는 다른 여성 잡화나 화장품보다 '고품질 · 고가격'이 떠오르는 것처럼, 제품의 지각된 품질과 가격을 브랜드와 연결시키는 것이다. 지각된 품질이란 소비자가 브랜드의 전반적인 품질과 성능에 대해 갖고 있는 주관적인 생각과 믿음을 말한다. 품질에 대한 연상ㅈ은 고객들의 브랜드 애호도를 유지하는 결정적인 역할을 하며, 높은 품질은 고객이 계속해서 그 제품을 구입하게 하는 요건이 된다. 일반적으로 브랜드 파워가 강하면 품질이 우수하다. 혹은 높은 가격을 기꺼이 지불할 용의를 보인다. 따라서, 고품질의 제품으로 지각된 브랜드는 경쟁자보다 높은 가격을 부과하여 높은 수익성을 높일 수 있다.

3) 제품 속성 비관련 연상

브랜드 연상 중 제품 속성 비관련 연상은 제품과 직접 관련이 없는 연상으로 기업이미지, 브랜드 개성, 원산지 등을 말한다.

① 기업이미지

기업들은 기업이나 CEO의 이미지와 관련된 브랜드 연상에도 주의를 기울인다. 소비자는 구체적이고 명확한 이미지보다는 혁신성, 신뢰성, 기업의 사회적 책임, 고객지향성 등과 같은 추상적인 요소를 기업 이미지에 적용한다.

호의적인 기업이미지는 소비자가 해당 제품에 가치를 부여하는 반면, 부정적인 기업이미지는 소비자에게 직 · 간접적인 보이콧(boycott)을 유발시킨다. 또한, 최근 기업의 사회적 책임의 이슈가 대두되면서 기업뿐만 아니라 CEO의 이미지도 브랜드 자산 구축에 있어 매우 중요한 역할을 한다. 예를 들어, 현대차는 과잉정비 예방 프로그램으로 고객 지향적인 이미지와 gift car캠페인을 통해 '착한 기업'이라는 이미지 구축에 힘쓰고 있다. 반면 종합생활용품 전문기업인 피죤은 부정적인 사건으로 인해 기업이미지가 추락하여 소비자들에게 외면을 받게 되었다.

② 브랜드 개성

브랜드는 소비자 자신의 개성이나 자아를 표현할 수 있는 수단이다. 따라서, 특정 브랜드 개성을 지닌 브랜드를 소비자 자신과 동일시한다. 'Marlboro' 하면 남성적인 이미지가 떠오르듯이 '따뜻한, 세련된, 고급의, 강한, 활동적인' 등과 같은 특성을 떠올릴 수 있는 것이 바로 브랜드 개성이다.

브랜드 개성이 브랜드 연상에 중요한 이유는 소비자는 자신의 자아개념과 일치하는 정보를 더 잘 기억하는 경향이 있어서 다른 브랜드보다 더 선호하기 때문이다.

③ 원산지

패션 제품은 프랑스와 이탈리아, 차(tea)는 영국, 자동차는 일본 등 제품 브랜드가 생산된 지역이나 국가를 연상시킨다. 여러 화장품 기업이 프랑스 발음과 유사한 브랜드명을 사용하는 것은(예를 들어, 마몽드, 라네즈) 소비자로 하여금 프랑스 제품이라는 착각을 불러일으키거나, 브랜드 연상을 쉽게 하기 위해서이다. 외식 브랜드 Outback은 미국의 브랜드지만 캥거루, 부메랑, 코알라 등의 인테리어를 해서 정통 호주의 레스토랑으로 연상시켰다.

아웃백 로고

8.6 브랜드 확장 전략과 브랜드 평가

코카콜라의 비타민워터 글라소

브랜드는 단순히 상품에 부착하는 상표명이 아니라 제품에 의미를 부여하고 나아가 기업이 시장에서 존재할 수 있게 하며, 경쟁력을 획득·유지할 수 있게 하는 역할을 한다. 축적된 강력한 브랜드 파워와 브랜드 자산에 기반하여 라인확장 전략(line extension strategy)과 카테고리 확장 전략(category extension strategy) 등의 마케팅 전략을 수립할 수 있다.

1) 라인확장 전략

라인확장 전략은 전혀 다른 제품군을 출시하는 것이 아니라, 기존 제품군에서 색상, 성분, 패키지, 사이즈, 맛 등을 다양화하거나 추가하는 것이다. 따라서, 라인 확장은 기존 제품들에 대해 보완하는 역할을 한다. 라인확장의 장점으로는 소비자에게 선택의 폭을 넓혀주는 동시에 구매의 편의성을 제공한다. 또한, 기존 브랜드에 기초한 제품이기 때문에 광고 및 판촉 등의 출시비용을 줄일 수 있다. 그러나 확장된 제품들이 하나의 라인에 명확히 포함되는지 고려해야 할 것이다.

2) 카테고리 확장 전략

카테고리 확장 전략은 신제품을 출시할 때 이미 시장에서 강력한 자산을 구축해 놓은 브랜드명을 이용하거나 유사한 이름으로 사용해 다른 제품군으로 진출하여 라인을 추가하는 것이다. 예를 들어 파스퇴르가 기존의 우유에서 아이스크림으로 영역을 확장한 것이 이에 해당한다.

파스퇴르 아이스크림 광고

브랜드 확장 전략의 이점은 기존 친숙한 브랜드명을 사용하기 때문에 소비자가 신제품을 즉시 인지할 수 있고, 신제품보다 홍보나 광고 등의 마케팅 비용이 절감된다. 또한, 브랜드 확장을 통해서 호의적인 평가를 받게 되면 기존의 브랜드 자산을 강화해 기존 제품의 매출 또한 증대시킬 수 있다. 어떤 경우에는 로열티 수입 확보가 가능한데, Sunkist는 사탕, 아이스크림, 음료 등에 브랜드 사용권을 주는 대신 엄청난 로열티를 거둘 수 있었다.

그러나 강력한 브랜드 구축에도 불구하고 브랜드 확장 전략은 실패할 수도 있다는 것을 명심해야 한다. 지나친 브랜드 확장은 원래의 브랜드 이미지를 약화시키거나 소비자에게 혼란과 불만을 야기시킬 수 있다. 또한, 브랜드 전체의 매출에 상당히 부정적인 영향을 미칠 수 있다. Levi's는 청바지 등 활동적인 옷의 이미지가 강한데, 80년대 초 Levis Tailored Classics라는 세미 정장 스타일의 고품질 옷을 만들어 브랜드 확장을 시도하였다. 그러나 품질과 디자인 측면에서 경쟁자에 뒤지지 않았음에도 Levi's는 실패하고 말았다. 표적 고객층이 Levi's를 고품질의 고풍적인 이미지로 생각하지 않았기 때문이다.

3) 성공적인 브랜드확장을 위한 조건

① 이미지의 유사성

브랜드 이미지를 훼손하지 않으면서 매출 증대를 높이기 위해 가장 중요한 것은 유사성이 높은 제품으로의 확장이다. 제품 간의 이미지 유사성은 개인마다 차이를 보이지만 대체적으로 패션이나 화장품 등 감성에 소구하는 사업, 가전제품이나 산업재와 같이 이성에 소구하는 사업 간의 유사성이 높다.

② 제품의 위상

제품이 시장에서 저가의 브랜드라면 적당히 유사한 수준에서의 확장이 안전하다. 갑작스러운 높은 가격으로의 확장은 소비자에게 거부감을 불러일으킬 수 있다. 반면, 명품과 같은 초고가 브랜드의 경우 확장하는 일이 드물고, 확장하더라도 실패 확률이 높다. Chanel의 경우 남성용 향수를 출시했지만 '여성의 향기'라는 이미지가 매우 강한 상태였기 때문에 소비자들은 남성용 향수를 받아들이지 않았다.

③ 브랜드 전략의 일관성

브랜드 정체성이 약화되는 것을 방지하기 위해 기업은 기존 제품과 확장한 제품에 대해 유사한 브랜드 전략을 구사해야 한다. 예를 들어, Mercedes-Benz의 별 모양 로고는 브랜드 정체성을 존속시키는 강력한 도구이다.

4) 브랜드 평가

브랜드가 자산이라는 인식은 오랜 역사를 가지고 있다. 그러나 브랜드에 대한 재무적 평가에 관심을 가진 것은 1980년대 M&A의 물결에서 시작되었다. 브랜드를 평가하는 방법은 다양하게 개발되어 왔으며 브랜드 평가는 여러 컨설팅 기업이 수행하는 정기적인 서비스이다. 컨설팅 기업마다 브랜드 평가의 기준이 약간의 차이를 갖고 있지만 대체로 브랜드 파워를 측정하는 요소로 다음의 7가지를 평가한다.

① 리더십: 브랜드가 시장에 미치는 영향력

② 안정성: 소비자에게 안정적인 서비스와 제품을 공급할 능력

③ 시장 특성: 소비자들의 취향 변화나 기술의 급변에 따른 시장 수요의 취약성

④ 국제적 시각: 국가 간 또는 문화 간 지속적인 잠재성

⑤ 트렌드: 소비자에게 장기적으로 어필할 능력

⑥ 서포트: 소통의 능력

⑦ 보호: 법적 권리 및 소유권

그림 8.4 2019 Top 100 글로벌 브랜드

출처: 인터브랜드; www.interbrand.com

8.7 B2B 브랜드 개발 전략

인터브랜드(Interbrand)사가 매년 발표하는 세계적 브랜드 중에서 Microsoft, Intel, IBM, GE 등은 산업재 판매 비중이 매우 높은 글로벌 브랜드이다. 기업의 판매수익 구조를 보면, 일반적으로 소비재 시장보다 산업재 시장의 판매 비중이 훨씬 높다. 예컨대 Dell 컴퓨터의 경우 총매출 중에서 기업 고객에게 판매하는 비중이 평균 70~80%를 차지한다. 그러나 브랜드를 소비재 마케팅의 전유물로 생각하는 경향은 여전히 강하다. 중요한 것은 산업재 브랜딩에 소비재 모형을 수정 없이 적용하는 것은 위험한 시도라는 것이다. 산업재 브랜딩의 높은 가능성만큼이나 내재된 위험 역시 높으므로 신중한 접근이 필요하다. 따라서, 마케팅 관리자는 산업재 브랜딩 수립에 있어 다음과 같은 몇 가지 전략을 숙지해야 한다.

1) 수익모델, 가치 제공 동시 만족

브랜딩의 역할과 중요성은 회사의 비즈니스 수익모델과 가치 제공전략이 긴밀하게 맞물려 있어야 한다. 브랜드 구축의 궁극적인 목적은 수익창출과 가치 제공에 있기 때문이다. 브랜드 개발 단계에서는 반드시 상품성 있는 브랜드를 통하여 회사는 수익을, 고객은 가치를 얻는다는 내용이 브랜드 비전에 포함되어야 한다. 따라서, 단순히 현란한 로고나 슬로건의 외침보다는 현실적인 브랜딩 사고가 필요하다. 이를 위해 브랜드 투자수익률(brand ROI) 개념을 도입하여 브랜딩 비용지출과 대응수익을 철저하게 추적하여 측정하면 효과적으로 브랜드를 관리할 수 있다. 브랜드 개발의 지원부서인 엔지니어와 재무부서가 브랜드 투자수익을 명확하게 알 수만 있다면 전망 있는 브랜드 개발을 위해 전폭적으로 지원할 수 있다.

2) B2B 브랜딩의 고유성과 차별성 인식

산업재 브랜딩은 고유성과 소비재 브랜딩과의 차별성을 인식해야 한다. 무엇보다 거래의 특성이 다르기 때문이다. 산업재 시장에서의 거래는 단발성보다는 지속적인 관계를 기본으로 전제한다. 산업재 구매자는 공급자와 지속적인 관계를 유지함으로써 구매위험을 감소하고 거래비용을 낮추고자 한다. 결과적으로 구매자는 공급자의 명성에 의지하면서 브랜드 파워가 높은 공급자를 선호하는 경향이 강하다. 둘째, 고객의 특성이 다르다. 산업재 마케팅은 파생수요(예로 메모리 칩에 대한 수요)와 최종수요(예로 PC에 대한 수요)를 동시에 관리하기 때문에 고객접점이 소비재보다 더 다양하다. 일반적으로 산업재 마케팅은 최종수요를 풀(Pull)하는 전략과 파생수요를 푸쉬(Push)하는 전략을 함께 구사한다. 과거에는 푸쉬전략에 치중했지만 풀전략과 푸쉬전략을 함께 구사하는 것이 더욱 효과적이다. Intel의 펜티엄 광고에 나오는 징글사운드가 우리에게 친숙해진 이유도 풀전략의 결과라고 볼 수 있다.

3) CEO는 브랜드 치어리더

브랜드 개발 과정에서 top-down과 bottom-up 관리방식을 병행하는 것이 효과적이다. 우선 CEO는 브랜드 리더십을 발휘하여 관련 기업과의 파트너십을 구축해야 한다. 브랜드 대사(Brand ambassador)인 CEO는 브랜드 치어리더 역할을 수행해야 한다. 브랜드에 대하여 남다른 애착을 가지고 브랜드 스토리를 개발하여 전파해야 한다. 고급 초콜릿 브랜드로 널리 알려진 Godiva는 스토리텔링 마케팅으로 성공한 예가 된다. 일반적으로 산업재 브랜드는 기능적인 제품 속성을 강하게 연상시키지만, Godiva처럼 비기능적 속성과 연상시켜 브랜드를 포지셔닝할 수도 있다. CEO의 역할 못지않게 브랜드 관리자의 역할도 중요하다. 브랜드 관리자는 개별 브랜드의 자산을 극대화하기 위하여 마케팅 활동을 기획하고 집행한다. 브랜드 관리자는 내부 브랜딩(internal branding)작업도 함께 추진해야 한다. 내부 브랜딩이란 론칭 전 사내에서 먼저 브랜드에 대한 호응을 끌어내는 체계적인 작업이다. 신제품인 경우 필요하다면 브랜드의 가치가 무엇이고, 브랜드 가치를 전달하기 위해 각 직원들의 역할이 무엇인지 교육시킬 필요도 있다.

4) 통합커뮤니케이션 전략

호의적이고, 독특하고, 강력한 브랜드 포지셔닝을 위해서는 브랜드 커뮤니케이션을 통합해야 한다. 우선 회사의 분산된 웹사이트나 커뮤니케이션 채널을 통합하여 일관된 목소리를 냄으로써 커뮤니케이션 효과를 최대화할 수 있다. 브랜드커뮤니케이션 통합의 성공사례는 e-business로 기업변혁에 성공한 IBM사의 사례이다. PC업체 시절의 IBM은 사업단위 별로 광고를 집행했고 수십 개의 광고 대행사에 일을 맡겼다. 그러다 보니 광고내용이 통합되지 못했고, 이미지와 메시지가 서로 달랐다. 루거스너 회장이 취임하면서 전 세계 모든 광고 집행을 한 광고대행사에 맡겨 한 목소리의 통합된 이미지를 연출했다. 즉 IBM은 인터넷 비즈니스를 위한 통합 솔루션 기업으로 고객 옆에 머무르며, 매우 특별한 글로벌회사라는 메시지를 통합 전달하며 재확인시켜 주었다.

5) 패밀리브랜드를 우선, 하위브랜드는 선택

패밀리브랜드(GE, IBM, ABB, Zerox 등)를 사용하되 제품 카테고리별 하위브랜드가 필요한 경우 선택적으로 사용하는 것이 바람직하다. 하위브랜드를 사용하는 경우 체계적으로 구상된 브랜드 계층(brand hierarchy)에 기초하여 하위브랜드 전략을 전개해야 한다. GE사의 플라스틱 Lexan, 듀폰사의 코팅제품 테플론, 인텔사의 펜티엄 등은 체계적으로 전개된 하위브랜드의 보기들이다.

8.8 브랜드의 혁신과 디자인 사고

브랜드 정책에 있어 혁신과 디자인 사고(design thinking)는 필수적이다. 혁신이 변화를 지향하거나 변화하는 환경에 기발하게 대처하는 능력이라 한다면, 디자인 사고는 이를 균형 있고 조화롭게 적용시키는 역할을 한다.

1) 혁신 전략

과거와 달리 현대 사회는 경쟁자와의 뚜렷한 차별화없이는 생존하기 어려운 혁신의 시대이다. 빠르게 변화하는 경쟁 환경 속에서 기업은 혁신을 위한 연구개발, 디자인 등에 대한 투자를 확대하고, 고객 니즈에 대한 새로운 변화를 재빨리 감지해낸다. 이를 위해 많은 기업은 종전의 방식을 버리고 새로운 사고의 접근법을 활용하기도 한다.

최근 의료기기 블루오션으로 중국의 농촌이 급부상하자 다국적 기업들은 중저가 제품으로 중국의 농촌의료시장을 겨냥하고 있다. 이처럼 중국을 비롯한 신흥 개발국 시장의 대다수 소비자들을 고객으로 만들기 위해서는 선진국 제품을 일부 수정하는 수준이 아니라 전혀 다른 시각으로 처음부터 이들을 겨냥한 맞춤형 제품과 서비스를 제공할 수 있어야 한다. 지금까지 기업들은 신흥 개발국 시장도 선진국 시장처럼 진화할 것으로 생각했다. 그러나 이들은 독자적인 소비 패턴을 가지고 있으며 전혀 다른 새로운 시장을 형성하고 있다. 또한 신흥국의 기업들은 날이 갈수록 기술 수준이 빠르게 높아지고 있어 신흥국에서의 시장 기반을 바탕으로 선진국 시장을 공략할 기회를 노리고 있다.

GE의 '현지 성장팀' 모델을 살펴보면 역혁신전략(reverse innovation)의 성공 실마리를 발견할 수 있다. 이 모델의 핵심은 바로 창업정신이다. 즉, 제품 개발이나 조직설계, 성과 평가 등 모든 기준과 체계를 현지 사업부에서 자율적으로 운영하며 본사의 기존 체계나 제품 등에 전혀 얽매이지 않는 것이다. 아울러 중국 지방정부와의 파트너십 구축에 주력해 프로젝트 수주 가능성을 높이고 있다.

2) 디자인 사고

최근 브랜드와 디자인의 연관성이 중요하게 주목받고 있는데, 이를 연결하는 개념이 디자인 사고(design thinking)이다. 비즈니스 사고가 좌뇌적인 사고라면, 창의적 사고는 우뇌적인 사고로서 디자인 사고는 이를 넘나드는 통합적 사고라고 볼 수 있다. 제품디자인에만 국한되지 않고 기업 전반 디자인에 적용되기 시작하면서 최근 마케팅 철학으로 주목받고 있다.

표 8.3 디자인 사고

비즈니스 사고	디자인 사고	창의적 사고
좌뇌의 사용	뇌의 좌 · 우 영역을 모두 사용	우뇌의 사용
합리적 · 구조적 능력	합리적 · 구조적 접근과 감성적 · 직관적 접근을 자유로이 넘나들 수 있는 능력	감성적 · 직관적 능력
분석에 초점을 둠	분석과 통합의 반복	통합에 초점을 둠
잘 정의된 문제를 다룸	불완전하고 까다로운 문제를 다룸	정의되지 않은 문제를 다룸
문제는 탈피하는 것	문제란 프로세스의 시작	문제는 없다
분석 → 결정	분석 → 관념화 → 모델화 → 평가 → 결정	지각 → 관념화 → 결정
발생한 문제의 각 부분에 초점	다양한 방법을 통하여 문제를 재편성 해봄으로써, 내부와 외부 모두에 초점	총체적으로 관리

Practice

연습문제

1. 기존의 상표명을 사용하여 전혀 다른 제품군에 진출하는 전략은 상표확장 전략이다.

   맞다 (   ) 틀리다 (   )

2. 브랜드 자산의 원천은 브랜드 인지도와 (   )로 구성되어 있다.

3. 브랜드 인지도는 브랜드 재인과 (   )로 구성되어 있다.

4. Brand Equity는 우리말로 표현하면 (   )이다.

제9장

신제품 개발과 제품수명주기 관리

MARKETING

TED 도입 사례

좋은 아이디어는 어디에서 오는가?

과학자 Dunbar는 좋은 아이디어는 과연 어디서 나오는지 연구한 적이 있다. 그는 전 세계 여러 연구실의 사람들을 찾아다니면서 연구하는 모습들을 비디오에 담았다. Dunbar의 기록 비디오를 보면 대부분 중요하고 혁신적인 생각은 연구자 혼자 실험실에 있을 때가 아니라, 실험실 사람들이 모여 데이터나 연구과정에 대해 토의하거나, 그들이 저지른 실수 또는 예상치 못했던 발견을 함께 공유하거나 지혜를 모을 때 생겨났다. 다시말해 "유동적 네트워크(liquid network)" 환경, 즉 배경과 이해관계가 서로 다른 사람의 다양한 생각이 서로 충돌하는 환경 속에서 혁신이 창출된다는 사실을 발견하게 되었다. Dunbar에 따르면, 혁신을 저해하는 가장 큰 장애물은 혁신을 짧은 시간 안에 얻을려고 하는 경향이라는 것이다. 사람들은 "유레카!" 의 순간을 맛보길 원하지만 역사를 돌이켜보면 많은 중요하고 기발한 생각들은 아주 오랜 기간의 잠복기(incubation period)를 거치는 것을 알 수 있다. 이것을 "느린 직감(slow hunch)"이라고 부르는데, 실제로 많은 위대한 생각은 종종 오랜 세월 동안 사람들의 머릿속을 맴돌다가 발현되기도 한다. Google에서는 근무 시간의 20%를 혁신의 시간으로 활용하고 있다고 한다. 이 시간 동안은 다른 업무에 구애받지 않고 오직 혁신을 위해 몰두하게 된다. 이러한 방식이 조직에서 직감을 키우는 방식인데, 다른 사람의 직감과 서로 연결시키면 더욱 효과적이다. 다듬어지지 않은 생각을 갖고 있는 두 사람이 만나 위대한 창조물을 만들기도 한다.

GPS 또한 사소한 호기심과 여러 분야의 아이디어가 합쳐져서 개발된 것이다. 스푸트니크 1호가 발사된 당시 응용물리 실험실에서 연구원 두 명이 발사에 관한 뉴스를 듣고 있었다. 이 중 한 친구가 인공위성이 내는 신호를 잡을 수 있을 것이라 제안하였고, 다른 친구의 해킹 실력으로 인공위성 신호를 잡아 이를 녹음하는 데 성공했다. 그 후에 다른 분야의 연구자가 인공위성과 지구와의 거리를 측정하였고, 또 다른 연구자는 인공위성의 속도를 계산하였다. 인공위성의 신호를 포착하는데 성공한 연구자들은 반대로 인공위성에서 지구의 신호를 잡을 수도 있다는 기발한 생각을 하였고, 지금의 GPS가 만들어진 것이다. 이와 같이 위대한 작품은 어느 날 아침식사하다 떠오른 미미한 영감에서 시작된 것이다. 그 이후 레이건 미 대통령은 이 기술을 공개하여 개방형 플랫폼으로 만들면서 누구나 사용할 수 있도록 하였다. 이것이 혁신이 탄생하는 방식인 것이다. 기회는 생각이 서로 맞물려 있는 사람들에게 찾아온다.

출처: Steven Johnson, "Where good ideas come from", www.ted.com

도입 사례에서 좋은 아이디어를 얻기 위해서는 서로의 아이디어를 공유하고 유연하게 사고하는 유동적인 네트워크가 필요하고, 느린 직감, 즉 서서히 찾아오는 생각을 포착할 수 있도록 몰입이 필요함을 시사하고 있다. 혁신적인 아이디어는 우리에게 분명하게 다가오기보다는 처음에는 모호하고 어렴풋이 느껴지는 경우가 많다. 통찰력이란 우리 머릿속에 반짝 불을 켜주는 전구가 아니라, 바람에 흔들리는 촛불 같기 때문에 무척 꺼지기 쉽다고 표현하기도 한다. 이 장에서는 신제품에 대한 전반적인 개념과 신제품 개발과정을 소개한다. 이러한 활동을 통해 마케팅 관리자는 조직에서 창출되는 새로운 아이디어를 효과적으로 관리하여 새로운 가치를 창조하는 성장 동력으로 활용할 수 있다.

9.1 신제품의 정의 및 분류

신제품은 새롭게 창출된 것을 의미하지만, 이전에 없던 전혀 새로운 제품이나 서비스만을 지칭하는 것은 아니고 소비자와 기업 입장에서 참신성을 기준으로 다양하게 정의할 수 있다. 즉, 〈그림 9.1〉에서 요약된 것처럼 신제품은 네 가지 상황에서 만들어 질 수 있다.

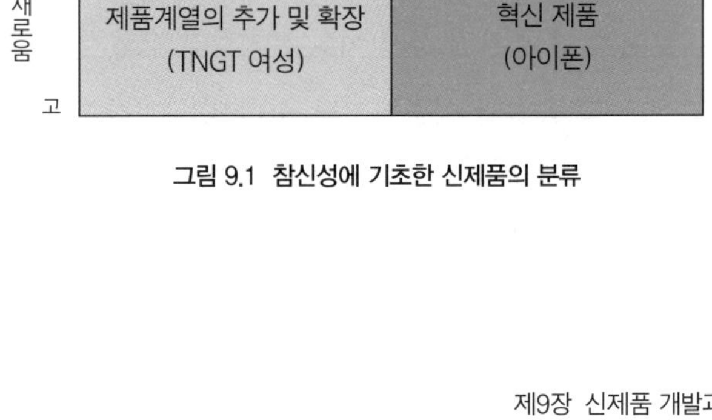

그림 9.1 참신성에 기초한 신제품의 분류

1) 제품개선

신제품의 가장 단순한 유형으로, 기업과 소비자가 지각하는 신제품의 참신성이 상대적으로 낮은 경우이다. 기업은 지속적으로 기존 제품들을 개선하고 있지만, 소비자들은 이를 느끼지 못하는 경우가 대부분이다. 라면과 타 식품의 경우 높은 수준의 나트륨 함량을 줄이는 활동을 시작했다. 기존의 1,930mg보다 140mg 정도 나트륨 함량을 낮추어 1,790mg으로 생산하고 있으나 이를 지각하는 소비자들은 많지 않다.

2) 제품계열의 추가 및 확장

소비자들에게는 상대적으로 참신성이 적지만 기업에게는 새로운 시도로 분류되는 경우이다. 이 경우 기업의 입장에서는 신제품으로 취급하지만, 소비자 입장에서는 참신성을 지각하는 정도가 약하다. 예를 들어, 남성 정장이 주력 제품인 의류 회사에서 여성 정장 라인을 새로이 추가했다면 소비자는 이를 신제품으로 인식하지 못하는 경우이다.

3) 재포지셔닝

기존 제품을 새로운 용도에 이용하도록 재포지셔닝하는 경우이다. 기술이나 기능적으로 크게 추가되거나 변화된 부분이 없음에도 불구하고 소비자는 참신성을 높게 지각할 수 있다. 중년 회사원이 주 고객층인 피로회복제의 경우 젊은층을 대상으로 재포지셔닝한다면 표적 소비자 대상의 연령대를 변경한 사례이다. Arm & Hammer의 경우 베이킹소다를 냉장고 탈취제로 용도를 변경함으로써 재포지셔닝에 성공했다. 보톡스 역시 원래 사시 치료 목적으로 쓰였으나, 최근 미용시술에 널리 사용되고 있는데 동일한 제품이지만 소비자가 지각하는 참신성은 매우 크다.

4) 혁신제품

혁신제품은 기업과 소비자 모두에게 참신성이 높은 신제품으로, 기술적인 큰 변화로 소비자에게 수용된다. 자동차의 대량생산이나 스마트폰의 등장 등이 이에 해당한다. 혁신제품의 수용에는 큰 리스크가 따르는데, 초기에는 소비자들이 받아들이는 과정에 있어 작동의 방법, 기존의 유사한 성능의 제품들과의 충돌, 소비자의 확신, 법적 · 정책적 문제, 특히 고비용의 문제로 인해 수용이 지체되거나 아예 진입에 실패하는 경우가 있다. 그러나 일단 시장에서 안정적으로 자리를 잡으면 새로운 기술이 대체하기 전까지는 지속적인 수요를 창출해 낼 수 있으며 시장을 독식할 가능성이 높다.

9.2 신제품 개발의 실패 요인

신제품이 시장에서 항상 성공하는 것만은 아니다. 여러 가지 이유로 기업이 개발한 신제품은 실패하게 된다. 그 이유로는 크게 소비자 관련 요인, 마케팅 전략 관련 요인, 기타 요인들이 있다.

1) 소비자 관련 요인

① 독특한 편익의 부재

신제품이 기존 제품과 차별화된 독특한 편익을 소비자에게 제공하지 못한다면 신제품이라는 이유만으로 선택받기는 어렵다. 코카콜라가 2004년에 출시한 C2는 오리지널 Coke 맛은 유지하면서 기존 칼로리의 반 정도였지만 이 제품은 독특한 편익의 부재로 실패하였다. 적은 칼로리를 선호하는 일시적인 유행에 편승하고자 했으나, 목표시장이었던 20~40대 남성은 오리지널 Coke 맛에 칼로리가 거의 없는 것을 원했던 것이다.

② 기존의 선호 고수

이미 시장기반을 구축한 선도제품에 대한 선호도가 높기 때문에 후속 신제품이 따라잡기 매우 힘든 경우이다. 소비자에게 후속 신제품을 선택하는 것이 또 다른 위험의 감수로 받아들여질 수 있다. 그러나 선도제품에 대해서는 그러한 위험이 이미 수용된 상태이므로 후속 신제품은 가격이나 편익에 의미 있는 차별성을 가지고 있어야 한다.

③ 소비자 기호의 변화

독특한 편익을 제공하는 신제품도 소비자들의 기호가 바뀌면 성공을 거두지 못할 수도 있다. Ford사의 'Edsel'은 1950년대에 3억 5천만 달러를 투자하여 제작, 출시하였지만 소비자들의 선호가 대형차에서 중형차로 변화하면서 결국 1959년 생산을 중단할 수밖에 없었다.

④ 소비자 시장의 부재

아무리 혁신적인 제품일지라도 시장이 존재하지 않는다면 신제품은 성공하지 못한다. 유명한 발명가인 Dean Kamen이 자동차를 대체할 수 있는 놀라운 제품을 출시한다고 했을 때 많은 사람들이 기대를 가지고 지켜보았던 Segway는 한 주에 10,000대가 팔릴 것이라는 당시의 기대와 달리 지금은 경찰순찰, 여행가이드, 창고관리 용도 정도로만 훨씬 저렴한 가격에 판매되고 있는 실정이다. 아무리 혁신적인 제품이라도 누가 구매할 것이고, 얼마의 가격이 적정한지에 대한 기본적인 답은 가지고 있어야 한다.

2) 마케팅 전략 관련 요인

① STP 관점

또 다른 신제품 개발 실패의 원인은 시장세분화 자체에 오류가 있거나, 표적시장을 잘못 선정하거나, 또는 표적시장에서 적합한 포지셔닝을 수행하지 못한 경우이다. Meisterbrau가 개발한 저칼로리 Light 맥주는 살이 찔 것을 두려워하는 여성들을 표적으로 출시되었지만 그 시장 규모가 너무 작았다. 그 후 Miller가 Meisterbrau를 인수하여 표적시장을 다량음용자인 남성 근로직 종사자로 바꾸어 새로운 Miller Lite를 출시하여 큰 성공을 거두었다.

혁신의 대명사라고 할 수 있는 P&G는 2004년 페브리즈 계열의 Scent-stories라는 방향제를 출시하였지만 포지셔닝하는 데에 실패하였다. CD 플레이어 모양의 본체 안에 방향 디스크를 삽입하면 30분마다 향을 분사하는 제품인데, 소비자들은 음악과 향이 같이 들어있다고 생각하였다. 더욱이 가수 Shania Twain이 론칭 광고에 등장하면서 소비자 혼란을 가중시켰던 사례이다.

② 촉진과 유통

광고, 판촉, 유통에 대한 불충분한 투자로 실패하는 경우이다. 광고, 판촉 및 영업활동 그리고 적절한 A/S는 신제품의 성패를 좌우하는 매우 중요한 요소이다.

③ 내부 마케팅

사내의 영업조직이나 유통경로 구성원들이 신제품의 취급을 꺼리거나 이들의 반응이 좋지 않은 경우, 신제품의 실패확률이 높다. 전사적인 품질관리와 고객지향적인 기업문화가 결여되어있을 때 이와 비슷한 상황이 발생한다. 특히 연구개발, 마케팅, 생산, 영업부서 간의 협조와 조정이 부족한 경우에도 신제품 개발이 실패할 수 있다.

④ 부적절한 출시 타이밍

신제품의 출시 타이밍이 너무 늦거나 빠른 경우 신제품은 실패하기 쉽다. 2000년 West Nile 바이러스가 기승을 부릴 때 American Biophysics사는 모기를 유인하여 잡는 Mosquito Magnet을 개발하였는데 폭발적인 수요를 충족시키지 못해 신제품 론칭에 실패하였다. 그 이유는 중국 공장까지 증설하면서 생산량을 늘렸지만 품질이 떨어지면서 소비자가 외면하게 된 것이다. 이 때문에 연간 영업이익이 7천만 달러였던 이 회사는 6백만 달러의 헐값에 Woodstream사에 팔리게 되었다. 준비되지 않은 신제품의 또 다른 실패 사례는 마이크로소프트사의 2007년 출시된 Windows Vista이다. 호환성과 성능 문제로 기존의 충성스러운 고객조차 외면하면서 5억 달러의 마케팅 비용에도 불구하고 실패하였다.

3) 기타 요인들

기술의 변화와 진부화 속도가 빠른 분야에서 기술개발의 속도가 느린 경우, 수요예측이 잘못된 경우, 신제품 출시 후 경쟁상품을 더 선호하는 경우, 기업을 둘러싼 경제적, 법적, 정치적 환경 등이 바뀌는 경우 실패할 가능성이 있다. 또한 신제품이 실패하게 되는 요인은 기업 내부 문제뿐만 아니라 각종 외부 환경에도 많은 영향을 받는다.

혁신적인 신제품을 개발하고자 할 때 기업은 몇 가지 착오를 범하기도 한다. 〈표 9.1〉에 제시된 것처럼 R&D 중심의 개발, 글로벌 제품개발, 별도의 조직 추진, CEO 후원 등이다. 그러나 이러한 오해는 여러 가지 부작용이 따를 수 있으므로 이를 해결하기 위해서는 개발팀과 최고경영자뿐만 아니라, 기업 전체의 총체적인 노력과 지지가 필수적이다.

표 9.1 혁신제품 개발활동에서 오해와 극복 방향

구분	오해하기 쉬운 내용	극복 방향
전략과 주체	R&D 부문 중심으로 추진해야 한다는 오해. 이는 기술성 확보에 치우친 개발활동 가능성 있음	혁신의 일관성과 지속성 확보를 위해서는 전사차원의 추진체계와 공감대 확보가 필요. 이를 위해 중장기 사업 전략과 혁신 전략 간의 연계 강화 필요
포트폴리오	New to the world 제품 개발을 추구해야 한다는 오해. 이는 결과 불확실, 자원낭비 가능성 있음	변화형 혁신을 추진하는 것이 바람직. 이는 기존 사업의 견고한 구축 및 현금 창출에 기여
조직 체계	별도의 독립된 조직으로 추진해야 한다는 오해. 이는 고립될 가능성 있음	기존 조직과 혁신조직 간에 연결 메커니즘을 구축, 조직 운영의 선순환 체계가 필요. 이를 위해 인력 교류, 평가제도, 회의체 등
경영층 역할	CEO의 강력한 후원을 받으면 잘 실행될 수 있다는 오해	사업부장이나 CFO 등의 C레벨 임원의 지원과 신뢰 관계를 형성해야 함. 이를 위해 최고경영팀의 양손잡이 리더십 발휘

출처: '혁신제품 개발활동에서 빠지기 쉬운 오해', www.lgeri.com, LG Business Insight, Weekly 포커스, 2012. 3. 21

MARKETING INSIGHT

Lego: 고객이 더 신나서 혁신을 만들어줬다

1) Lego 사용자 커뮤니티의 등장

1990년대 말부터 Lego에 두 가지 현상이 나타났다. 먼저 Lego가 Star Wars, Lego Mindstorms 등 연령대가 높은 사용자들이 좋아할 만한 제품을 출시했고, 둘째, 인터넷 덕에 사람들이 과거와는 전혀 다른 방식으로 연결됐고, 수많은 성인들이 다시 Lego 놀이에 빠져 성인용 취미생활로 변모시켰다.

성인 Lego 사용자들은 혁신을 위해 Lego 제품라인, Lego의 가능성, Lego의 한계 등에 대한 깊이 있는 이해와 지식을 적극적으로 활용했다. 예를 들어, 1995년 한 학생이 동작 로봇 'Mindstrom'의 내장 소프트웨어를 개조해 자신만의 로봇을 만든 후 해킹법을 인터넷에 공개했을 때 Lego는 오히려 개조를 장려하였다. 그 결과 사용자가 폭증하였고 역대 최고로 히트를 쳤다. 2005년에는 고객이 소프트웨어로 직접 디자인한 제품을 받아 볼 수 있는 'LEGO Design By Me' 서비스를 론칭했다. 이와 같은 사용자 제작 혁신(user-created innovations)으로 Lego 놀이가 확대됐으며, 1995년 도입된 Auczilla라는 이름의 서비스 혁신은 자신이 원하는 수량의 Lego 조각을 구입할 수 있게 했다. 2000년 등장한 BrickLink는 5800개가 넘는 온라인 매장을 통해 Lego 조각을 판매한다.

2) Lego는 사용자 그룹과의 관계를 어떻게 발전시켰을까

Lego는 과거 자사제품 및 지적재산을 엄격하게 통제하며 극도로 공개를 꺼리는 기업이었다. 해킹법이 공개됐을 때 Lego는 소송할 것인지, 신제품의 제작을 장려할 것인지에 심각하게 고민해야 했다. 2004년에 신임 CEO 외르겐 비 크누

드스토르프를 고용한 Lego는 자사와 사용자 커뮤니티 간의 관계가 얼마나 가치 있는지 돌아보고 Lego라는 브랜드가 가진 의미를 곰곰이 생각해봤다. 그 결과 2005년 열린 북미 사용자 대회에서 커뮤니티와의 대화를 통해 혁신이 이뤄진다고 밝혔고, 이를 기점으로 Lego는 개방성과 협력을 위해 새롭게 경주하기 시작했다.

Lego는 2004년 3월 성인 팬들로 구성된 팀에서 리더를 선발했고 성인팀 리더는 사용자들이 설계를 공유할 수 있도록 포럼을 개설했다. 이후 Lego는 대사 프로그램을 통해 성인 팬 커뮤니티와의 관계를 공식화했다. 그 후, 기술 분야에 전문성을 갖고 있던 사용자들은 Lego 경영진에게 다양한 센서를 활용하도록 권유했고, 개발팀에 참여했던 사용자 중 한 사람이 하이테크 센서 제조업에 있다는 사실이 밝혀져, 이 회사와 협력하여 고급 센서를 만들어 마인드스톰 NXT의 기능이 대폭 향상됐다. 마찬가지로, Lego의 성인 팬들은 Lego가 건축학적으로 중요한 건물들을 모형으로 만들어낸 새로운 라인을 비롯해 새로운 제품라인 및 유통 전략을 발굴하는 데 많은 도움이 됐다.

출처: Dong-A Business Review, [유 미 안토리니 · 알버트 M. 뮤니츠 주니어 · 토어모드 아스킬드센, MIT Sloan Management Review] 'Collaborating With Customer Communities: Lessons From the Lego Group', 2012, Spring호

9.3 신제품 개발 과정

신제품 개발(New Product Development: NPD)을 할 때는 〈그림 9.2〉와 같이 일반적으로 아이디어의 창출과 평가 → 제품 콘셉트의 개발과 평가 → 마케팅 전략개발 및 사업성 분석 → 시제품(prototype)의 개발과 테스트 마케팅 → 시장 출시의 단계를 거친다.

이 모든 각각의 단계를 충실하게 진행해야 하지만, 특히 아이디어 수집 단계에서는 고객, 영업사원, 유통업자, 경쟁자, 공급업자 등 다양한 정보 원천에 귀를 기

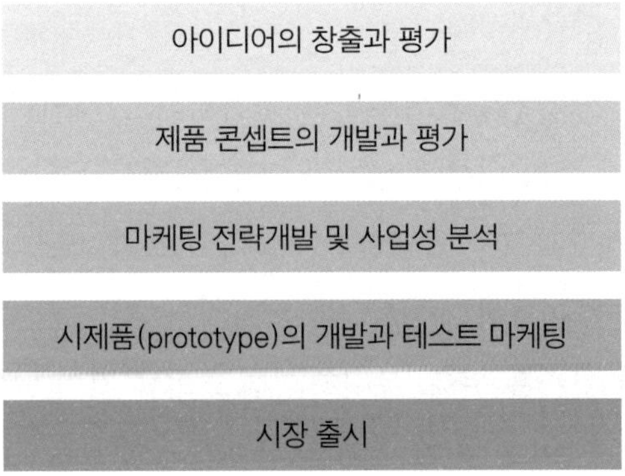

그림 9.2 신제품 개발 과정

울여야 한다. 또한, 세 번째 단계인 마케팅 전략개발 및 사업성 분석 단계에서는 목표시장 및 제품 포지셔닝 계획을 철저히 수립해야 하며 그에 따른 마케팅 믹스 전략은 물론, 예상 매출액과 비용, 이익 추정 등에 만전을 기해야 한다.

소비자의 구매의사결정에 많은 영향을 미치는 마케팅 변수로 브랜드 및 포장, 디자인, 색상 등이 주목을 받고 있다. 이러한 제품 본질 외적인 기능은 제품의 본질적 기능인 원자재의 품질이나 제조기술보다 더 중요할 수 있다. 더욱이 신세대 고객들은 제품 외적 측면을 중시하는 경향이 매우 강하므로 이를 제품개발과정에서 충분히 반영하여야 한다. 마지막 단계인 상업화 단계에서는 제품의 출시 시기와 장소, 초기 목표고객의 선정과 접근방법에 대한 계획을 수립해야 한다.

마케팅의 성공은 충실한 제품개발 과정에서 시작된다. 기본적인 제품개발 과정에 충실한 것이 신제품의 실패율을 줄이는 지름길이다. 기업의 자원이 상대적으로 부족한 경우 신제품개발에 있어 단계별 계획을 치밀하게 수립하지 못하는 경우가 있다. 자체적인 제품개발보다는 외국의 기술을 단순하게 도입하거나 외국 제품을 모방하는 사례도 있을 수 있다. 또한 만들기만 하면 무조건 팔리던 시대가 아니기 때문에 다시 기본으로 돌아가 '성공하는 제품, 경쟁력 있는 제품'을 만들어야 할 때인 것이다. 또한 소비자의 공감을 얻는 제품만이 팔려나갈 수 있다.

1) 아이디어 창출과 평가

신제품에 대한 아이디어를 탐색하고 평가하는 단계이다. 아이디어의 창출은 판매사원, 경영자 등의 내부적 원천과 고객, 경쟁사 등의 외부적 원천에 기초해 창출된다. 구체적으로 표적집단면접, 브레인스토밍, 에스노그라피(ethnography technique) 등의 방법을 이용한다.

3M은 아이디어 창출을 위해, 공식적으로 회의를 갖지 않더라도 종업원들이 평소에 생각나는 것은 언제, 어떤 것이든 상관없이 Post-it에 자율적으로 붙이게 한다. 이를 일정 기간 수집한 후 정리 · 조합하면 우수하고 창의적인 아이디어 개발에 도움이 될 수 있다. 아이디어 평가는 아이디어 창출단계에서 창출된 수많은 아이디어를 일정기준에 의해서 평가하여 축소시키는 단계이다. 일반적으로 아이디어를 축소시키는 방법은 체크리스트를 이용하며 이는 특성의 가중치와 만족 정도를 고려해 기술한다.

2) 제품 콘셉트의 개발과 평가

제품 콘셉트(product concept)는 아이디어와 분명히 구분된다. 아이디어 평가 과정을 통과한 매력적인 아이디어는 제품 콘셉트의 개발과 평가를 통해 구체화한다. 여기서 제품 콘셉트란, 제품 아이디어를 소비자가 사용하는 단어로 전환하는 것을 의미한다. 〈표 9.2〉는 아이디어 개념화(idea conceptualization)의 예이다.

제품 콘셉트의 평가는 소비자 조사를 통하여 제품 콘셉트의 적합성을 검증하는 절차로, 각각의 제품 콘셉트를 글, 그림으로 소비자에게 제시하여 소비자들의 반응을 조사하는 것이다.

표 9.2 아이디어 개념화의 예

아이디어(idea)	개념(concept)
몸에 좋은 웰빙 시리얼	바쁜 직장인의 아침 대용 마시는 씨리얼 환자를 위한 식사 대용 간편 씨리얼 성장기 어린이를 위한 영양 균형 씨리얼 운동 마니아와 여성을 위한 저지방 씨리얼

3) 마케팅 전략 개발 및 사업성 분석

마케팅 전략의 개발은 성공적으로 제품 콘셉트의 평가를 마친 후 기업이 신제품에 대해 사전적으로 세 가지 전략에 대해서 그려보는 것이다. 첫 번째는 목표시장의 크기, 구조, 행태이다. 이것은 기업이 신제품을 가지고 포지셔닝하는데 이용되며, 도입 초기의 판매액, 시장 점유율, 목표수익 등을 결정하게 한다. 두 번째는 가격, 유통전략 등 마케팅 예산에 관한 문제이다. 세 번째는 장기적인 관점에서의 목표 판매량과 수익의 결정이다. 이러한 장기적인 관점은 사업성 분석을 통해 그 전략 개발이 가능하다.

사업성 분석은 신제품의 매출액, 비용, 이익 등에 대한 추정치를 토대로 이 사업이 기업 목적과 현금흐름에 기여하는 지 판단하는 것이다. 사업성 분석의 대표적인 예로는 수요예측, 제품원가분석, 총이익 추정 등이 있다. 신제품에 대한 사업성의 추정치가 기업의 목표를 만족시켰다면, 3단계에서 평가된 제품 콘셉트는 시제품 개발 단계로 넘어갈 수 있다.

4) 시제품 개발과 테스트 마케팅

제품 개념에 대한 평가 결과, 사업성이 충분하다고 판단되면 실제로 물리적 형태의 제품을 개발하게 된다. 제품개발 부서와 엔지니어링 부서와의 긴밀한 협조관계가 필요하며, 막대한 연구개발비가 소요되는 단계이다. 시제품이 개발되면 신제품 및 마케팅 프로그램을 실제로 시장에 도입하여 소비자 반응을 시험하는 단계를 거친다. 시장 진입 초기에 발생할 수 있는 많은 문제점을 큰 비용 없이 해결할 수 있어서 시장세분화, 목표시장선정, 포지셔닝, 제품정책, 가격정책 등 전반적인 마케팅 프로그램의 점검과 제품점검이 가능한 단계이다.

5) 시장 출시

시험 마케팅 결과를 토대로 제품이나 전략의 수정 · 보완 등을 거쳐 최종적으로 전국 시장에 신제품을 도입할 것인지 결정하는 단계이다. 신제품의 출시 시기나 지역 등을 이 단계에서 결정하게 된다. 이때는 전반적인 경제 상황이나, 경쟁자의 동태를 파악한 전략적인 의사결정이 필요하다. IT 제품의 경우 초기 진입은 시장 선점효과가 매우 높다. 그러나 기능과 품질이 경쟁자보다 뒤지는 상황에서는 소비자들이 외면할 수 있다. 후발 진입은 시장에서 새로운 카테고리를 형성하기에는 부족한 상황일 때 택한다. 선발 기업이 이미 진입하여, 제품에 대한 이해를 형성했으므로, 마케팅 비용이 줄고 무임승차 효과를 누릴 수 있다.

9.4 신제품 개발의 효과적인 프로세스

신제품 개발의 일상적인 과정 이외에, 기업에 적합하면서도 면밀한 프로세스를 가지고, 이것들을 실제로 사용하고 조절하는 것이 중요하다. 많은 기업은 공식화되고 구조적인 과정들을 가지고 있다. 이러한 프로세스를 아무런 생각없이 따라하기만 한다면, 효과적인 신제품 개발로 이어질 수 없다. 효과적인 프로세스는 다음의 몇 가지 특징을 갖고 있다.

① 고객 중심 개발

소비자의 목소리를 통해서 프로세스를 개발한다. 소비자 조사와 같은 연구 기법들은 소비자의 욕구를 파악하는 데 유용하지만 최근 경험과는 관련 없는 혁신 신제품을 개발할 때에는 도움이 될 수가 없다. 여러 가지 사례 속에서 소비자의 목소리는 예상되고 감지되어야 하며 이 상황들에 따라 마케팅 전략은 공감디자인(empathic design)으로 설계되어야 한다.

② 교차기능 협력체계

신제품 개발 과정에 다양한 기능이 관여한다. 제품을 디자인하는 디자인부서, 생산하는 생산부서, 영업과 판매를 담당하는 마케팅부서, 연구개발을 담당하는 엔지니어 및 R&D부서 등 다양한 기능이 관여한다. 신제품 개발의 공유된 목표는 같을지라도 부서 간 이해관계가 상충되는 경우가 종종 발생한다. 예컨대 고객 만족을 최우선으로 하는 마케팅부서와 제품 원가를 고민해야 하는 생산부서 또는 부품의 구매 원가를 고민해야 하는 구매부서 간에는 이해관계가 충돌할 수 있고, 신제품을 지속적으로 개발해야 하는 R&D부서와 회사 재정을 관리하는 재무부서의 이해관계도 상충될 수 있다. 이러한 상황이 발생하면 고객의 시각에서 접근해야 하고 고객의 가치를 우선시해야 한다. 이러한 관점에서 마케팅부서는 핵심부서 역할을 수행한다. 동시에 사일로(silo)가 아니라 마케팅부서와 타 부서와의 협력관계가 중요하고, 갈등 해소를 위해 부서 간 협조체제가 강조된다.

③ 아이디어 선별의 계층성

프로세스는 실제로 가능한 의사결정요소와 불가능한 의사결정요소를 동시에 가진다. 적절한 신제품 개발 과정은 '깔때기(funnel)'라고 표현되는데, 각 개발 단계를 진행하면서 대부분의 아이디어는 탈락되고 일부분만 채택되며, 이러한 과정은 소수만 남을 때까지 계속된다. 초기의 미약한 실험은 우수한 아이디어를 버리게 하거나, 불가능한 안건에 대해 필요 없는 실험비용을 지출하게 할 것이다.

④ 기업 능력의 전반적 평가

프로세스는 기업의 독특한 숙련도를 파악한다. 신제품 프로세스는 제품과 시장과의 조화를 평가할 뿐만 아니라, 시장과 기업과의 조화도 평가하며, 어떻게 기업의 능력이 경쟁사 또는 협력자들과 조화를 이루는지도 고려한다. 신제품 개발 프로세스의 최종적인 목표는 표적고객에게 뛰어난 가치를 제공하는 것이다. 새로운 시장에서는 직접적인 경쟁제품이 없을 때, 소비자들은 기존의 방식과 비교해 봄으로써 새로운 제품에 대해 가치를 평가한다. 기존의 시장에서는 더욱 직접적으로 경쟁제품과 비교하여 신제품에 대한 가치를 평가한다. 기존 제품과 비교하여 훨씬 우수하고 차별화된 제품들은 모방제품들보다 더 높은 성공률을 보인다.

MARKETING INSIGHT

고객이 중심이 되는 나선형 개발(Spiral development)

신제품 개발 프로세스에 있어 전 세계 기업의 70% 이상이 사용하고 있는 Stage-gate model의 창시자인 Robert G. Cooper는 전 세계 500여 개 기업의 2,000여 신제품 프로젝트를 대상으로 실증분석을 수행하였다. 수익성 있고 신속한 제품 개발을 가져오는 몇 가지 원칙 중 하나가 나선형 개발이다. 이것은 '제작-테스트-피드백-개선'의 작업을 반복하는 것이다.

일반적으로 기업의 신제품 개발 프로세스는 선형(linear)적인 모습을 보이는 경우가 많다. 개발 초기 고객들의 요구사항을 수집하는 모습은 나선형 개발과 비슷하지만, 그 후 단계부터 경직된 프로세스를 거쳐 개발 막바지에 거의 완성품에 가까운 제품이 나오고 그제야 고객 테스트를 받으려는 계획을 세운다. 그러나 이 단계에 오면 무엇인가 잘못되었다는 것을 깨닫는다. 테스트 고객들은 '우리가 생각했던 것과는 다른데요'나 '그 동안 변경된 것이 있어요' 등의 반응을 보인다. 요점은 개발 기간 동안 변화된 정보에 대응하지 못했다는 것이다. 초기에 수집한 정보만을 기반으로 개발을 진행해왔기 때문에 그동안의 변화를 수용하지 못한 것이다.

변화하는 것에 대응하려면 시제품(prototype)이 단계적으로 고객에게 선보이고 평가 · 개선하는 것이 필요하다. 이렇게 해야 하는 이유는 고객들은 그들이 보거나 경험하기 전까지는 자신들이 무엇을 기대하는지 진정으로 알지 못하기 때문이다. 초기에 고객에게 선보이기 위해서는 신속하고 저비용으로 시제품을 만들 수 있어야 한다. 일반적으로 개발팀은 완벽하게 Prototype을 만든 다음 테스트를 받고 싶어서 시간과 비용을 많이 소모하며, 그만큼 테스트는 늦어진다. 그러나 이는 개발에 도움 되지 않고, 시간이 지남에 따라 변화와 멀어질 뿐이다.

시간과 비용을 많이 들이지 않고 고객 피드백을 빠르게 받는 방법은 신속한 견본제작(rapid prototyping)에 있다. 세계적인 디자인 컨설팅 기업 이데오(IDEO)는 신속한 견본 제작으로 유명한데 이와 관련해서 "3R's"이라는 원칙을 갖는다. 이는 대략의(Rough), 신속한(Rapid), 올바르게(Right)인데 이 중 가장 중요한 것은

'Right'이다. 즉, 모든 것을 다 완성할 필요는 없고 개발 제품에서 추구하거나 변화하는 부분만 올바르게 만들어 보여주는 것이다. 이는 신속한 견본 제작을 고려할 때 중요하게 염두해 두어야 할 원칙이다.

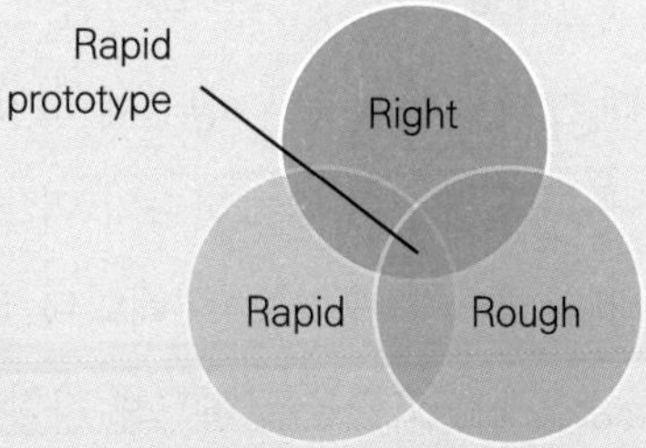

출처: 황혜정, '나선형 개발, 신제품 성공의 묘수', www.lgeri.com, LG Business Insight, Weekly 포커스, 2011. 4. 21

9.5 제품수명주기

제품 개발은 제품수명주기(PLC: product life cycle)의 가장 첫걸음이 된다. 제품수명주기 관리는 하나의 제품이 시장에 나온 후 성장과 성숙과정을 거쳐 결국은 쇠퇴하여 시장에서 사라지는 과정을 의미한다. 대부분의 제품은 시장에 처음 나와 도입기를 맞이하고, 성장기, 성숙기, 쇠퇴기를 맞는데, 제품수명주기의 형태는 제품에 따라서 매우 다양하게 나타나기 때문에 일반화시키기는 곤란하다. 전형적인 제품수명주기는 시간이 지남에 따라 매출과 이익이 S자 형태의 곡선을 그린다.

제품수명주기는 기업이 제품과 브랜드 포트폴리오를 관리하고 제품계열 간 제품들의 상호관계와 상태를 평가하는 데 매우 중요하다. 각 단계는 서로 다른 특성을 가지고 있으므로, 기업은 단계별로 차별화된 효율적 전략을 수립해야 한다. SBU의 관점에서 보면 BCG매트릭스의 문제아(problem child), 별(star), 자금젖소(cash cow), 개(dog)는 도입, 성장, 성숙, 쇠퇴와 대응할 수 있다.

1) 제품수명주기의 형태

〈그림 9.3〉에서 (a)는 단기간에 매출이 급속히 상승하였다가 급속히 감소하는 형태로 패션 등과 같은 산업에서 일시적인 유행으로 인해 발생할 수 있다. (b)는 시간에 따라 매출이 감소하다가 어느 시점부터 다시 상승한다. 이는 주로 재포지셔닝 제품에서 볼 수 있는 형태이다. (c)는 시간이 지남에 따라 매출이 꾸준히 완만하게 상승하는 모습을 그리므로 가장 이상적인 형태라고 할 수 있다. (d)는 매출의 등락이 반복되는 형태로, 신제품을 꾸준히 제공하는 제품군이나, 계절적 요인을 가진 제품 등에서 볼 수 있다.

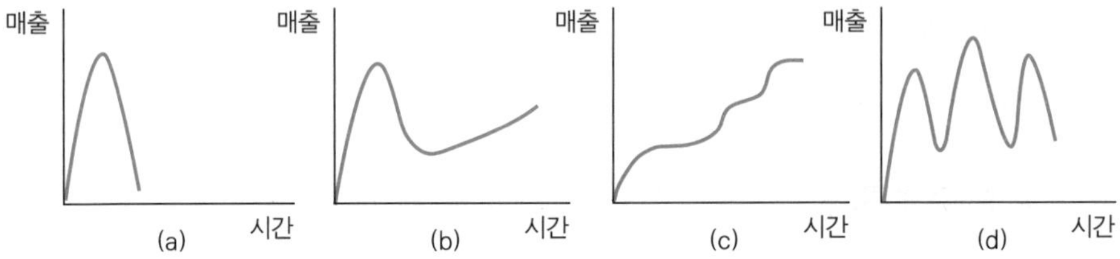

그림 9.3 특수한 제품주기의 형태

일반적 제품수명주기는 도입기를 시작으로 매출이 천천히 증가하여, 성장기 때는 급속하게 매출이 증가하다 성숙기에 이르러 절정에 달하고, 이 후 쇠퇴기 때는 감소하는 모습을 보인다. 이와 관련하여 이익 측면에서, 도입기는 거의 없거나 손실이 발생하는데, 초기 R&D 비용의 회수, 진입비용 등이 원인이 된다. 이를 지나면 매출과 마찬가지로 성장기를 거쳐 성숙기 때 이익의 절정을 달성하고 그 후 쇠퇴기에 접어들면서 이익이 서서히 감소한다. 〈그림 9.4〉는 제품수명주기의 일반적인 모양으로, 시간에 따른 매출과 이익의 증감을 S자 곡선으로 보여주고 있다.

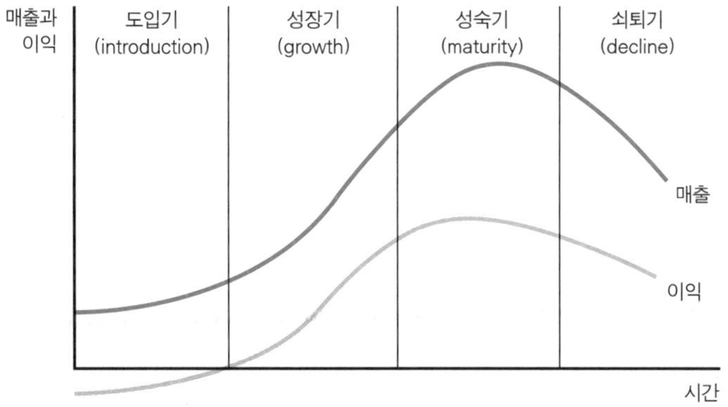

그림 9.4 일반적 제품주기의 형태

9.6 PLC의 단계별 특성과 마케팅 전략

1) 도입기(Introduction)

제품이 시장에 처음 소개되는 시기이다. 신제품에 대한 낮은 인지도와 기존 제품의 소비습관 때문에 매출이 완만한 형태로 증가하며, 대체로 낮은 수준의 매출을 달성할 수 있다. 높은 유통 개척비용과 R&D 비용의 회수, 광고 및 판촉비용의 지출로 인하여 고객 당 비용은 매우 높고 이익에 있어서는 손실이 발생하거나, 이익이 발생한다 하더라도 매우 낮은 수준이다. 이때에 경쟁자는 시장진입이 빠른 소수 몇 개에 불과하다.

도입기에는 무엇보다도 제품의 인지와 사용을 증대시키는 전략이 효과적인데, 오래 머물러 있게 되면 그 만큼 초기 마케팅 비용이 막대하기 때문이다. 따라서, 기업은 버즈마케팅(buzz-marketing)을 이용해 도입기의 기간을 줄이고, 신속한 성장기로의 진입을 촉진해야 한다.

도입기에는 표적고객을 의견 선도자층(opinion leaders)과 혁신 소비자층(innovators)으로 하는 것이 좋고, 가격은 조기 수용자층(early adopters)을 겨냥한 초기 고가격전략이나 원가가산법을 사용한다. 또, 인지도 향상을 위해서 다른 때보다 광고비나 판매촉진에 높은 비용과 자원을 투입해야 한다.

도입기에서의 전략 대안은 크게 두 가지(skimming strategy, penetration strategy)로 구분할 수 있지만, 상황에 따라 더 구체적으로 분류할 수 있다. 초기 고가 전략인 급속한 스키밍 전략(rapid skimming strategy), 완만한 스키밍 전략(slow skimming strategy), 초기 저가 전략인 급속한 시장침투 전략(rapid penetration strategy), 완만한 시장침투 전략(slow penetration strategy)이 그것이다.

유통 경로는 보통 선택적 유통전략으로 시작하여 시장의 반응을 살핀 후 점차 유통 범위를 확대할지, 더 축소할지에 대한 의사결정을 추후에 다시 하게 된다. 촉진 전략으로 광고는 조기 수용자층과 유통업자들을 대상으로 한, 제품 인지 중심 내용의 광고를, 판촉활동으로는 시용유도용 강한 판촉을 수행한다. 도입기 초기에는 소비자의 인지가 무엇보다 중요한 시기이므로 제품의 품질 관리를 매우 철저히 해야 한다.

2) 성장기(Growth)

신제품이 목표시장 내 고객들을 만족시키면서, 판매가 급속하게 증가하는 성장 단계이다. 혁신 소비자층과 조기수용자층 등의 호의적인 구전(word-of-mouth)이 시장확대에 매우 중요한 역할을 수행하게 된다. 성장기는 어느 정도 시장에서 인지도가 형성된 단계이므로, 고객 당 비용은 평균 정도이며, 매출이 증가함에 따라 이익도 서서히 증대되는 시기이다. 시장이 안정화되어감에 따라 경쟁자 또한 증가하고, 시장이 커짐에 따라 경쟁의 강도가 심해진다. 따라서, 이때는 시장점유율을 극대화하는 전략을 사용하는 것이 좋다.

증가하는 경쟁자들과 대항하기 위해서 기업은 제품의 질을 향상시키고 새로운 속성을 부가하거나 새로운 표적시장 개발을 통해 고객층의 범위를 확대하는 전략을 사용하거나, 고객의 선택적 수요를 자극하기 위한 제품차별화 전략을 사용한다. 가격전략으로는 시장점유율을 높이기 위한 저가격 정책을 도입하거나 기존 가격을 유지하여 높은 이익을 실현할 수도 있다. 또한, 유통경로는 급속한 시장의 성장에 맞추어 가능한 점포 수를 확대하는 등 경로 정책을 분명히 하여 집중적으로 유통 경로를 관리한다. 광고는 정보제공형 광고에서 제품선호형 광고로 전환하여 대중시장에서의 관심과 선호를 구축해야 한다. 판촉활동은 도입기와 동일한 수준으로 유지하여 관심을 지속해서 증가시키거나, 충분한 관심을 얻었다고 판단될 만큼 수요 확대가 상당하다면 이에 힘입어 판촉을 감소시키기도 한다.

3) 성숙기(Maturity)

가장 높은 최대의 매출액과 이익을 달성하는 시기이며, 이미 시장이 충분히 포화하였고, 달성된 이익을 통해 고객 1인당 비용을 현저하게 줄일 수 있다. 매출액의 절대값은 증가하지만 매출의 성장률은 지속적으로 둔화되기 시작한다. 이때 주요 고객은 후기 다수 수용자들이며, 취약한 경쟁제품들의 도태로 말미암아 시장의 경쟁구조가 재조정되는데 이에 대한 방어전략으로는 시장 개발, 제품 개선, 마케팅 믹스의 수정이 있다.

시장 개발은 자사 제품에 대한 매출을 증가시키기 위해 새로운 소비자의 유인, 사용 빈도의 증가 유도, 새로운 용도 등을 개발하는 것이다. 제품 개선은 제품의 품질, 특성, 스타일 등에 변화를 주는 것으로 제품 전략에 있어 다양화를 추구한다. 마케팅 믹스는 정체된 매출의 증대를 위한 가격할인정책, 공격적인 판촉활동을 통한 상표 전환 시도(경품이나 컨테스트), 비교 광고를 통한 상표차이와 편익(혜택)의 강조, 할인 유통업체들과의 거래와 기존 유통업체들과의 강력한 관계유지 등에 힘쓴다.

이 시기까지 경쟁에서 살아남았다면, 그 후의 경쟁자는 점차 감소하며 강한 몇몇의 경쟁자들만이 비교적 안정된 시장에서 경쟁한다. 따라서, 이때는 시장점유율의 방어와 이익극대화를 목표로 사업의 전반적 전략을 수립하는 것이 좋다.

4) 쇠퇴기(Decline)

제품의 절대적 매출액이 감소하는 단계로서 감소의 속도는 상품에 따라 완만하거나 급격할 수 있다. 제품이 쇠퇴기에 접어드는 이유는 시장수요의 포화, 신기술의 출현, 사회적 가치의 변화, 고객 욕구의 변화 등이다.

고객 1인당 비용은 낮으며 최후수용층이 고객이 된다. 쇠퇴기에는 많은 기업들이 시장에서 철수하며 시장에 남아있는 기업들은 경쟁력이 취약한 제품을 제거하는 등의 제품 수를 축소시키는 전략(제품계열의 길이 축소)을 사용한다. 이 시기에 기업이 제품을 철수하지 않고 보유할 경우, 기업 평판에 부정적인 영향을 미칠 수 있고 투입되는 판매원과 광고비가 낭비되므로, 이 시기에는 지출되는 비용의 절감과 투자액의 회수가 마케팅 목표가 된다.

가격전략으로는 재고 소진을 위해 가격을 인하하거나, 투자액의 회수, 수익 등을 위해 가격을 인상하기도 한다. 이익이 적은 경로는 폐쇄함으로써 유지 비용을 줄이고, 광고는 최저 수준으로 조정하며, 남아있는 핵심 충성고객들을 대상으로

표 9.3 PLC 단계별 특성과 마케팅 전략

특성 \ 단계		도입기	성장기	성숙기	쇠퇴기
특성	매출	낮음	급속 성장	최대 매출	매출 감소
	고객 당 비용	높음	평균치	낮음	낮음
	이익	적자	증대	최대	감소
	고객	혁신수용자	조기수용자	후기다수자	최후수용자
	경쟁자	소수	점차 증대	안정적, 점차 감소	소수
목표	전략적 마케팅 목표	제품의 인지와 사용의 증대	시장점유율 극대화 전략	시장점유율의 방어와 이익 극대화	비용의 절감과 투자액의 회수
전략	제품전략	기본 제품 제공	제품과 서비스의 확대, 제품 품질 보증	모델의 다양화	경쟁력 없는 제품의 철수
	가격전략	원가가산가격	시장침투가격	경쟁대응가격	가격인하/인상
	경로전략	선택적 유통전략	집중적 유통전략	집중적 유통전략의 강화	이익이 적은 경로를 폐쇄
	광고전략	조기 수용자층과 유통업자들을 대상으로 제품 인지 확대	대중시장에서의 관심과 인지의 구축	상표 차이와 효익의 강조	필요한 최저 수준으로 조정, 핵심 충성고객들을 대상으로 함
	판매촉진전략	시용유도용 강력한 판촉시행	수요 확대에 힘입은 판촉의 감소	판촉을 통한 상표 전환 시도	최저 수준으로 줄임
	중점 활동	품질	광고	가격	전략적 의사결정

한다. 이때 사업을 유지할 것인지, 완전히 철수할 것인지에 따라 이러한 마케팅 믹스의 전략이 수정되기도 한다.

제품수명주기의 단계별 특징과 마케팅 전략을 정리하면 〈표 9.3〉과 같이 나타낼 수 있다.

9.7 기술 수용 주기

혁신제품의 마케팅 전략을 수립하기 위해서는 세분시장의 규모나 성장 가능성 등에 대한 분석뿐만 아니라, 새로운 것에 대한 소비자의 수용도를 파악해야 한다. 이에 대해 Everett Rogers는 혁신기술 채택에 소요되는 시간에 따라 소비자를 다섯 개의 범주로 구분하고, 공략 순서 및 방법을 제시하였다.

1) 혁신수용자

혁신수용자(Innovator)들은 항상 새로움을 지향하는 특성이 있다. 새로운 제품 경험과 그로 인한 신제품의 지식 자체에서 즐거움을 얻으며, 실용적인 부분에는 큰 관심이 없다. 보통 전체 소비자 중 2~3%로 추정되며, 특정 제품은 혁신 수용층이 존재하지 않는 경우도 있다.

2) 조기수용자

조기수용자(Early adopter)들은 일정 수준의 위험을 감수하더라도 제품을 통해 원하는 편익을 달성하기를 원한다. 조기수용자는 실용적인 측면 이외의 또 다른 부분에서 자신의 니즈를 충족시키기를 기대하면서 제품을 구매한다. 또한, 자신의 구매에서 그치는 것이 아니라 호의적 또는 비호의적 구전을 통하여 다른 잠재적 고객군에 영향을 미친다. 전체 고객의 13~14%로 추정되어 그 수가 많지는 않지만, 이들 채택여부에 따라 신제품의 잠재적 성공 여부를 추측할 수 있다.

3) 조기다수자

조기수용에 비해 조기 다수 수용자(Early majority)는 실용성을 중시한다. 또한, 위험 회피 성향으로 다른 소비자들에 의해 검증된 제품을 구매하고자 한다. 전체 고객의 34% 정도를 차지하고 있는 주요 시장으로, 경쟁자 중 가장 강력한 기업이 점유하기 때문에, 조기다수 수용자에 대한 공략은 어렵지만 가장 중요한 시장이다.

4) 후기다수자

후기다수자(Late majority)는 남들보다 조금 늦은 구매행위를 한다. 이들은 혁신 제품이 이미 시장에서 다수를 차지하면서부터 구매 여부를 고민하기 시작한다. 다른 그룹에 비해 가격민감도가 대체로 높지만 전체 고객의 34% 정도로 상당한 규모를 차지한다. 따라서, 규모 경제를 통한 원가 감소 시스템을 갖출 경우, 큰 성과를 거둘 수 있다.

5) 지각수용자

지각수용자(Laggard)들은 매우 보수적인 층으로, 애초에 생활패턴을 바꾸고 싶은 생각이 없는 집단이다. 이들에게 마케팅 활동은 의미가 거의 없다. 약 16%로 추정되는 이 집단은 기업의 입장에서 버리기는 아깝고, 집중하기에는 효율성이 떨어지는 힘든 존재이다.

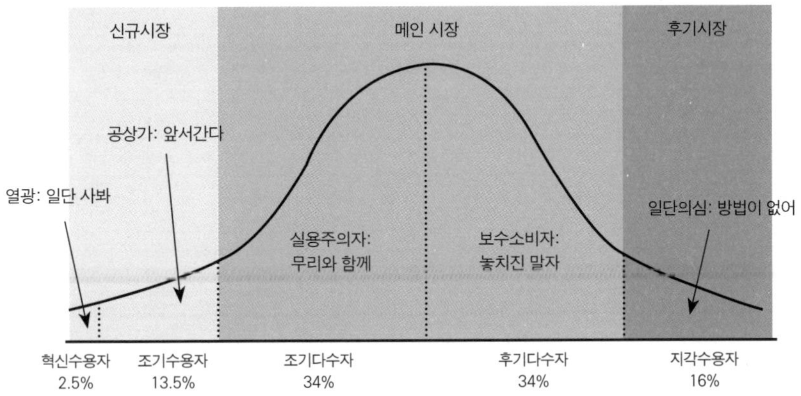

그림 9.5 기술수용주기

출처: 매일경제, "혁신제품은 마케팅도 달라야 한다", 2012. 7. 25

Practice

연습문제

1. 다음 중 제품수명주기의 도입기 특징이 아닌 것은?

1) 급속한 매출 성장　　2) 높은 고객당 비용
3) 적자 이익　　4) 소수의 경쟁자

2. 제품수명주기 단계 중 가장 이익이 높은 단계는?

1) 도입기　　2) 성장기
3) 성숙기　　4) 쇠퇴기

3. 기존 제품의 개선 모델이 출시되었다면 이 모델은 신제품이다.

맞다 (　　　)　　틀리다 (　　　)

4. 신제품 개발의 실패 요인을 설명하시오.

제10장

가격전략

MARKETING

TED 도입 사례

행복의 가격

1985년 12월 5일. 1787년산 라피트 와인 한 병이 이전 세계 기록의 9배에 달하는 105,000파운드에 팔렸다. 구매자는 킵 포브스로 20세기에 가장 유명했던 백만장자 중 한 명의 아들이었고, 원소유자인 로덴스톡은 18세기 가장 열정적이었던 와인광 중 하나였다. 그는 파리에서 노동자들이 벽을 허무는 작업을 하다가 자산가의 숨겨져 있던 와인 저장소를 발견했다고 했으며, 정확히 그것들이 몇 병인지, 어디에 있는지 밝혀지는 않았다. 이러한 비밀은 20년간이나 지속되었다. 그러다 2005년, 빌 코치라는 억만장자가 와인의 진품 여부에 의심을 품었다. 결국 이 수수께끼를 파헤치기 위해 100만 달러 이상을 투자하였고, 로덴스톡은 사기꾼이며, 제퍼슨 와인 병들은 가짜였던 것이 드러났다. 하지만 놀랍게도 20년간 이 가짜 병들에 이끌려 다녔던 와인계의 뛰어나고 저명한 인사들은 수없이 많았다. 그들은 제퍼슨 와인이 세계에서 가장 비싼 와인이며, 품질도 세계 최고로 가장 희귀한 와인이라고 믿었다. 여기서 이런 의문을 가져볼 수 있다. 왜 사람들은 단지 와인에만 그런 것이 아니라 수많은 다른 것들에도 미친듯이 돈을 쓰는가? 또 그런 행동을 통해 과연 그들이 돈을 쓰기 전보다 더 나은 삶을 살고 있는가?

그래서 화자는 세계에서 가장 최고이거나 가장 비싼 12종류의 물건을 꼽아보았다. 이 12종류의 물건들은 화자가 느끼기에 가격에 비해 그만한 가치가 있는 것도 있었고 그렇지 못하다고 생각되는 물건도 있었다.

Benjamin Wallace가 선정한 12종류의 물건

1. 고베(일본 도시)소고기	2. 흰 송로버섯
3. 건축가 I. M. Pei가 설계한 호텔 스위트룸	4. 은나노 기술로 만든 비누
5. 짐바브웨산 유기농 면바지	6. 토스카나산 올리브유
7. 일본산 최고급 골프채	8. 사향 고양이의 배설물을 정제한 커피
9. 손을 전혀 쓰지 않아도 되는 최고급 변기	10. 최고급 침대
11. 세계에서 가장 빠른 자동차	12. 1947년산 슈발 블랑 와인

Stanford대학 연구원들은 아주 흥미로운 연구를 했었다. 그들은 내용물은 똑같지만 다른 가격표가 달린 와인을 사람들에게 주었다. 그 결과 많은 사람들이 비싼 와인이 더 좋다고 말했다. 사실은 같은 와인이지만 사람들은 가격이 더 비싼, 다른 종류의 와인을 마셨다고 생각을 한 것이다. 더욱 놀라웠던 것은 와인을 마시는 순간에 사람들의 뇌 사진을 MRI로 찍었는데 사람들이 비싼 와인을 선호한다고 말했을 경우 실제로 뇌도 같은 반응을 보였다는 것이다. 같은 와인인데도 더 비싼 가격표를 보고 뇌가 더 큰 만족감을 느꼈다는 것이다.

출처: Benjamin Wallace, "The price of happiness", www.ted.com

도입 사례는 가격에 대한 사람들의 심리를 단편적으로 보여주는 예이다. 경제학의 기초 원리인 의사결정의 합리성은 이미 다양한 실험을 통해 무너지고 있다. 예전에는 낮은 가격만이 소비자에게 매력을 줄 것이라 생각했지만, 최근에는 제품이나 소비자 개인의 특성에 따라 가격전략이 더욱 다양해지고 있다. 또한, 인터넷과 통신기기의 발달로 소비자는 실시간으로 제품 간의 가격 비교가 가능하기 때문에 기업은 이를 고려하여 가격 정책을 수립한다. 가격은 마케팅 믹스 중에서 소비자와 가장 밀접하기 때문에, 가격 결정은 기업에 매우 중요하다. 따라서, 마케팅 관리자는 가격의 특성을 파악하고, 이를 마케팅 믹스와 가장 잘 부합하는 가격전략으로 실현시켜야 한다. 이 장에서는 가격에 대한 기본 개념과 가격 결정의 요인, 가격정책에 대해 알아볼 것이다.

10.1 가격전략의 기초

제품, 유통, 촉진의 세 가지 마케팅 믹스 요소는 표적고객이 제품 가치를 지각하는데 결정적인 영향을 미친다. 이 지각된 가치에 대하여 고객이 기꺼이 지불하고자 하는 것이 가격이다. 즉 가격은 고객이 특정 제품을 구매함으로써 얻게 되는 효용에 부여된 가치이다.

마케팅 믹스에서 가격의 역할은 기업의 현재가치 창출활동을 위한 재원을 마련하고, 미래의 가치 창출을 이끌어 나갈 연구 및 기업 활동을 보조하기 위함이다. 또한, 기업의 활동으로 발생하는 이윤은 가치로 전환시킨다.

1) 가격의 중요성

최근, 정보의 양이 증가하면서 가격에 대한 정보 또한 증가하였다. 서비스 상품의 범용화로 소비자는 가격에 민감해지고 가격은 기업 경쟁력의 중요한 요소로 부상하게 되었다. 가격 비교 사이트의 등장, 블로그, SNS 등의 발달로 상품의 가격과 혜택 관련 정보에 접근하는 소비자들이 많다. 대한상공회의소(2012)에 따르면 스마트폰 사용자들이 가장 많이 이용하는 상품 정보는 가격 비교(76%), 할인정보(62.9%), 매장정보(55.9%), 배송상태(37.7%)의 순서였다. 연구에 의하면 가격을 1% 높이면 기업 수익성은 약 10% 정도 증가하여 가격이 수익성 개선에 가장 큰 영향력이 있는 것으로 나타났다.

가격 비교 사이트

또한, 가격 민감도가 높아지는 불황기에는 새로운 가격정책을 시도해볼 수 있는 적기로 인식하고, 가격을 기업의 수익성 향상을 위한 가장 전략적 도구로 활용할 수 있다. 아울러, 가격은 소비자들에게 자사 제품에 대한 차별적 가치를 제공하며, 가격의 정당성을 설득력 있게 제시한다면, 기업에 대한 신뢰도와 충성도를 제고시킬 수 있으므로 성공적인 포지셔닝에 있어 매우 중요한 역할을 한다.

〈그림 10.1〉은 가격이 산업별 수익성에 끼치는 영향을 나타낸 것이다. 모든 산업에서 가격이 변동비나 판매량, 고정비에 비해 수익성에 더 많은 영향을 주었다. 판매량에 따라 수익이 결정될 것이라는 생각이 일반적이지만 이와 같은 결과는 가격전략의 중요성을 알려준다. 또한, 8개의 산업 중에서는 도소매업에서 가격의 영향이 20% 정도로 가장 높게 나타났으며, 그 다음은 제조업이 10% 정도로 나타

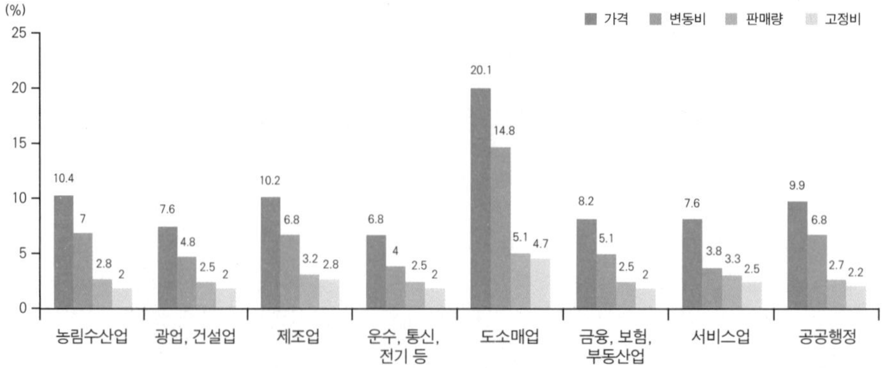

그림 10.1 가격이 산업별 수익성에 끼치는 영향

출처: Raju, J. & Zhang, Z. J. (2010), Smart Pricing. Wharton School

났다. 가격에 가장 민감한 산업은 국가산업이나 산업재보다는 보통 소비재를 다루는 산업임을 알 수 있으며, 최종소비자의 가격 인식이 수익성에 지대한 영향을 주는 것을 알 수 있다.

2) 가격전략의 목적

가격은 마케팅 믹스 중에서 유일하게 수익을 창출하는 요소이므로, 경쟁에 매우 민감하게 반응하며, 마케팅 믹스 중 가장 조심스럽게 접근해야 하는 요소이다. 경쟁사의 마케팅 프로그램에 대응할 때 제품이나 유통과 같은 마케팅 믹스 요소들은 짧은 기간에 대응이 힘들지만 가격은 가능하기 때문에 단기간에 가장 큰 효과를 기대하는 경향이 있다. 그러나 경쟁자와의 과도한 가격 경쟁은 lose-lose 상황을 초래할 수 있기 때문에 가격은 4P 중 최후의 수단으로 활용되기도 한다.

3) 전략적 가격 책정의 과정과 필요성

전통적으로 가격 결정은, 가격 결정의 목표 설정 → 시장수요와 원가 추정 → 경쟁자 가격 분석 → 가격 결정 방법 선택 → 최종 가격 결정의 단계를 거친다. 이 과정은 원가중심적 가격 책정을 염두에 둔 것으로, 전략적 가격 책정을 가정한 가격 책정 과정을 정리하면 〈그림 10.2〉와 같다.

가격 책정(price setting)과 전략적 가격 책정(strategic pricing)은 서로 다른 의미를 가지고 있다. 단순한 가격 책정은 시장 상황에 반응하는 수동적 의미가 강하고, 전략적 가격 책정은 적극적으로 가격을 관리하는 의미가 강하다. 비슷한 시장 점유율과 기술을 보유하고 있더라도 전략적 가격 책정을 통하여 전혀 다른 시장성과를 얻는 기업을 종종 보게 된다.

전략적 가격 책정에 성공하기 위해서는 무엇보다 공동목표를 달성하기 위한 마케팅과 재무 기능의 통합이 필요하다. 마케팅의 목표인 가치 창출과 재무의 목표인 이윤 창출이 조화롭게 균형을 이루어야 한다. 마케팅과 재무의 공동 목표를

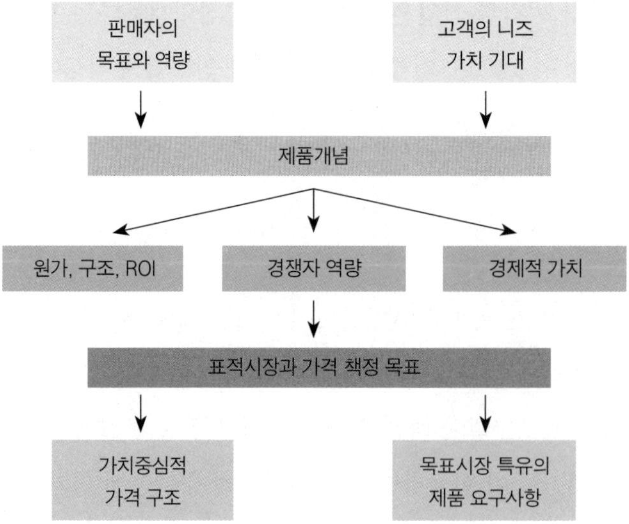

그림 10.2 전략적 가격 책정 과정

전략적 가격 책정을 통한 이윤창출로 삼고 이해관계의 갈등 구도가 아닌 새로운 패러다임에 기초하여 공동보조를 맞추어야 한다. 가격은 원가에 의해 결정되기 때문에 외부적인 요인으로 원가가 상승하면 가격을 인상해야 하고 가격경쟁력은 약화된다. 우리나라의 경우 해외원자재나 부품 의존도가 상대적으로 높기 때문에 기업의 가격전략은 마케팅 전략에 있어 가장 중요한 핵심 이슈로 떠오르게 된다.

그렇다면 원가인상분을 모두 소비자에게 부담시켜야 하는가? 아니면 기존 고객을 유지하기 위해 손해를 보면서도 기존의 가격을 유지해야 하는가? 가격인상 이외의 다른 방법은 없는가? 가격을 담당하고 있는 경영자들은 이러한 질문들을 끊임없이 하게 되고 또한 이에 관한 해답을 찾고자 여러 가지 노력을 하지만 결국 가격 책정에 관한 회사 결정은 종래에 해오던 방식의 틀에서 벗어나지 못하는 경우가 대부분이다.

MARKETING INSIGHT

아마존과 월마트의 가격전략

아마존과 월마트는 소매 유통업에서 서로 강력한 경쟁자다. 온라인 강자인 아마존은 오프라인 점포인 아마존 GO를 미국 시애틀에 오픈하고, 식품 소매업체인 홀푸드 인수를 발표하면서 오프라인 진출을 본격화하였다. 오프라인 강자인 월마트 역시 온라인 사이트를 정비하여 가격 경쟁력을 내세워 아마존의 아성을 위협하고 있다. 이런 와중에 미국에서 라이언 그랜트는 월마트에서 구매해서 아마존에서 되팔아 수백만 달러를 버는 방법을 소개하여 화제가 되고 있다. 2014년 3천 달러로 홀로 사업을 시작한 후 2017년 직원 11명, 월 매출이 20만 달러에 이르고 있다. 그의 전략은 우선 제품을 잘 고르는 것이다. 시간과 물류비용을 줄이기 위해서 집 근처 월마트에서 제품을 구입하는데, 주로 도서, 장난감, 인테리어 장식품 등 배송 때 손상 위험이 적은 제품을 취급한다. 시장조사를 통해서 오프라인보다 온라인에서 인기가 많은 제품을 취급하는데, 그랜트는 "오프라인보다 높은 가격으로 온라인에서 팔려면 온라인 수요가 많아야 한다. 온라인일수록 사람들은 인기제품에 웃돈 주고라도 물건을 사는 경향이 더 강하다"라고 말한다. 그랜트는 가격설정을 절묘하게 해왔다고 한다. 아마존에 판매자로 등록을 하면 몇 명의 판매자가 얼마에 판매하는지를 알 수 있는데, 아마존이 직수입해 판매하면서 아마존과 경쟁하는 제품과 아마존과 경쟁하지 않는 제품으로 구분한다. 후자에 속하는 제품의 가격은 최저가+1.5%에 판매하는데 직접 물건을 볼 수 없는 온라인에서는 너무 저렴하게 판매하는 것이 오히려 불신을 가져올 수 있다고 판단했다. 전자의 상품은 인기제품과 비인기제품으로 나누어 비인기제품은 무조건 아마존 가격에 맞추지만, 인기제품은 아마존 가격보다 높게 책정하여 아마존에서 품절이 되는 경우를 노린다고 한다.

출처: 티타임즈, 네이버 모바일, 2017년 11월 16일 기사 참조

10.2 가격 정책의 관점

1) 원가 중심적 가격 책정

원가는 가격 결정에 가장 기본적인 요소이며, 원가는 최저가격을 결정한다. 간혹 시장점유를 높이기 위해 원가 이하로 판매하는 경우가 있지만 소비자에게는 최초가격이 준거가격(reference price)으로 형성되어버리기 때문에 나중에 가격을 인상하면 소비자가 외면할 수 있다. 준거가격이란 소비자의 마음속에 자리 잡고 있는 특정 제품의 가격범위를 말한다.

원가에 기초하여 가격을 책정하는 관례는 오랫동안 기업에서 선호되어 왔는데 이는 수치에 기초한 가장 가시적인 가격 책정 방법이기 때문에 객관적인 방법으로 인식되어져 왔다. 원가 중심적(Cost-based) 가격 책정의 가장 큰 단점은 생산수량에 따라 생산원가가 가변적이라는 사실을 무시하고 있다는 점이다. 제품의 단위 원가는 단위당 변동비와 단위당 고정비로 구성되는데 단위당 변동비는 생산수량에 관계없이 일정하지만, 단위당 고정비는 생산수량이 증가하면서 하락한다.

결국 원가 중심적 가격 책정은 생산수량에 영향을 미치지 않고 가격을 책정할 수 있다는 가정을 무리하게 설정한다. 가격은 수량에 영향을 미치고, 수량은 원가에 영향을 주므로 원가 중심적 가격 책정은 자칫 기업의 수익에 치명적인 영향을 미칠 수 있다.

2) 가치 중심적 가격 책정

고객가치에 중심을 둔 가격 책정은 단순히 고객을 만족시키는 목적만을 추구 하는 것은 아니다. 단적으로 가격을 충분히 할인해주면 고객을 만족시킬 수 있다. 가치중심적 가격 책정은 소비자에게 제공되는 가치를 기반으로 가격을 책정, 일반적으로 높은 이윤을 창출한다. 원가 중심적 가격 책정과 가치 중심적(Value-based) 가격 책정을 비교하면 〈그림 10.3〉과 같다.

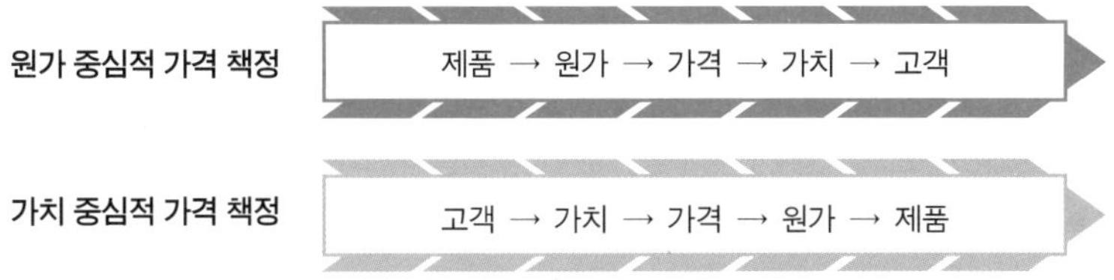

그림 10.3 원가 및 가치 중심적 가격 정책

3) 신제품 가격전략

고객의 가치지각에 기초하여 가격을 책정하면 상대적으로 높은 가격으로 제품 판매가 가능하지만 이보다 앞서 마케팅 목표가 무엇인지, 가격전략의 목표가 무엇인지에 대한 답을 가지고 가격의사결정에 임해야 한다. 일반적으로 단기이윤을 극대화하고자 할 경우에 시장침투를 극대화하는 경우보다 가격이 높게 책정된다.

제품 도입 초기에 높은 가격을 책정하는 스키밍 가격(skimming pricing)은 신제품 도입 초기 고가격으로 시장진입을 하는 경우에 사용한다. 이러한 전략은 고객이 높은 가치를 지각할 경우 가능하다. 예컨대, 동일한 도서의 경우 도입 초기 하드커버 책을 고가에 판매하고, 시간이 지나면서 도서의 인기가 감소하면, 저가의 소프트커버 책이 시판되기도 한다.

반대로 침투가격(penetration pricing)은 도입 초기 저가격으로 시장에 진입하는 것이다. 이는 경쟁을 선점하거나 초기에 많은 수의 고객을 확보하고자 하는 경우에 사용된다. 물론 이 경우 제품에 대한 고급 이미지와 고가격전략을 포기하는 상황이 발생할 수 있지만, 고객의 가격 민감도가 높은 경우나 규모의 경제가 중요한 경우, 또는 생산능력을 충분히 보유하고 있는 경우, 경쟁의 위협이 존재하는 경우에 침투가격이 효과를 발휘한다.

10.3 최적 가격 결정의 지원 요소들

가격의 결정은 대개 자사, 경쟁자, 소비자 중심으로 나누어 볼 수 있다. 자사중심 가격 결정은 자사의 비용을 고려하여 목표 수준의 이익을 달성하기 위한 것이고, 경쟁자 중심의 가격 결정은 시장가격이나, 경쟁 입찰(bidding process)을 통해 이루어진다. 소비자 중심의 가격 결정은 소비자의 가치 중심적 가격(value-based pricing)에 입각한다. 특별한 경우 법적 규제가 가격에 상당한 영향을 미치기도 한다.

기업은 자사 중심, 소비자 중심, 경쟁 중심 가격 결정을 종합적으로 모두 고려하여 가장 이상적인 가격 결정을 하는 것이 바람직하다.

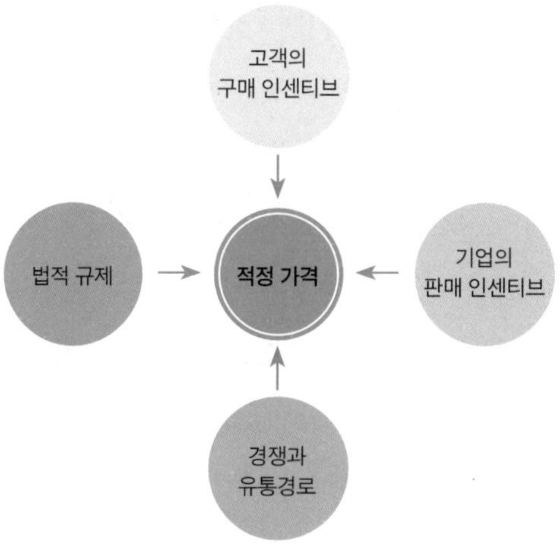

그림 10.4 최적 가격 결정의 영향 요소들

1) 가치가격(Value price)

제품의 가격 결정에 있어서 적정 가격 접근은 〈그림 10.5〉에서 볼 수 있듯이 몇 가지 요소들로 구성되어 있다. 이 요소들은 소비자가 그러한 혜택을 취득한 것을 인식했는지 여부와는 관계없이, 제품이 소비자들에게 전달하는 편익을 측정하는 것이며 객관적인 가치 혹은 실제 경제적 가치라고도 한다. 두 번째 중요한 요인은 제품의 지각된 가치인데, 소비자가 제품이 전달하고자 하는 것을 이해함으로써 얻는 가치이다.

지각된 가치가 실제 가치와 차이가 나는 원인은 크게 두 가지가 있다. 첫째, 제품의 혜택이 분명하지 않거나 제품-고객 간 커뮤니케이션이 원활하지 않을 때 제

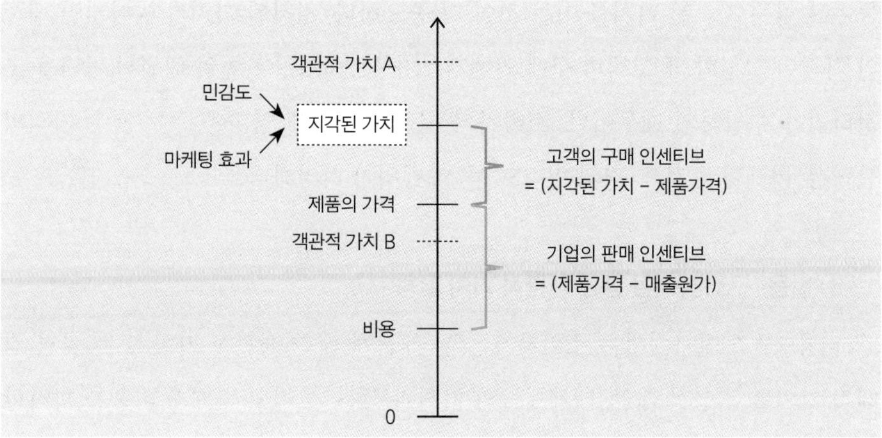

그림 10.5 가격의 "온도계"

품의 지각된 가치는 일반적으로 객관적인 가치보다 떨어진다. 둘째, 지각된 가치는 경쟁사 제품이나 대체재 가격에 영향을 받을 수 있다. 가령, 기업 A가 소비자에게 더 큰 객관적 가치를 만들어주는 제품을 개발한다고 가정해보자. 소비자들은 이 가치를 인식할 것이고, 그 제품을 얻기 위해서 다른 제품보다 높은 가격을 지불할 의사가 있을 것이다. 그러나 만약 기업 B가 더 저렴한 가격으로 비슷한 제품을 출시한다면, 기업 A제품의 처음 지각된 가치는 기업 B의 제품 가격으로 줄어들 것이다.

제품에 대한 최적의 가격을 책정할 때 기업은 제품에 대한 소비자의 지각된 가치를 상한선으로 설정한다. 이와 동시에, 기업은 그들의 매출원가를 하한선으로 설정한다. 이렇게 설정된 가격은 기업에게 인센티브를 제공하게 되는데 이것은 (제품가격)-(매출원가)로 계산된다. 반면, 소비자들은 (지각된 가치)-(제품가격)이라는 계산을 통해 인센티브를 얻는다.

2) 고객의 구매 인센티브

고객의 구매 인센티브(Purchase incentive)를 결정하는 요인은 지각 가치이다. 제품이 출시될 때 객관적인 가치를 이해하는 것도 중요하지만, 실제로 고객이 받아들이고 있는 지각된 가치를 아는 것이 더 중요하다. 지각된 가치가 높아지면 제품의 가격이 일정할 때 고객의 구매 인센티브가 상승하고, 그 범위 내에서 가격을 조정하기가 수월하기 때문이다. 소비자의 지각된 가치에 영향을 주는 것은 가격의 탄력성, 마케팅 효과, 가격의 민감도 등 그 범위가 다양하다.

① 비용-구조 분석을 통한 객관적 가치 결정

비용--구조 연구에서는 소비자가 갖는 제품에 대한 객관적 가치 또는 실질 경제적 가치를 경쟁적 대안, 대체재들의 가격과 품질, 그리고 구매자 비용을 파악함으로써 평가한다. 실질 경제적 가치는 차선안의 비용과 실행차이의 가치를 더하여 계산한다.

예를 들어, 어떤 목적지까지 가는 운송수단이 비행기와 버스 둘밖에 없다고 가정하자. 이때 비행기 운임의 실질 경제적 가치는 버스의 운임과 시간 및 편익 등 기타 가치를 더한 것이 된다.

② 수요의 가격 탄력성

가격 탄력성은 제품의 가격이 변화함에 따라 판매량이 얼마나 변화하는지 나타내는 지표이다. 즉, 가격 변화에 대한 수요의 민감도를 나타낸다. 탄력성의 절대값이 1을 초과하면 탄력적, 1미만이면 비탄력적, 1이면 단위 탄력적이라고 한다. 따라서, 비탄력적인 제품의 경우가 탄력적인 제품의 경우보다 가격에 비해 덜 민감하다고 본다.

예를 들어, 배추의 가격과 딸기의 가격의 각각 10%씩 인상되었다고 가정하자. 배추는 가격이 올라도 계속 먹어야 하기 때문에 판매량의 변화율이 거의 없어 판매량이 2% 감소했다. 배추의 가격 탄력성은 0.02/0.1=0.2(〈1)이므로 가격에 대해 비탄력적이다. 딸기는 가격이 올라, 딸기 대신 가격이 오르지 않은 포도를 사먹는 사람이 많아져 판매량이 15% 감소했다. 딸기의 가격 탄력성은 0.15/0.1=1.5(〉1)이므로 가격에 대해 탄력적이다.

$$\text{가격 탄력성} = \frac{\text{판매량의 변화율(\%)}}{\text{가격의 변화율(\%)}} = \frac{\dfrac{\text{가격 변화 후 판매량} - \text{변화 전 판매량}}{\text{가격 변화 전 판매량}}}{\dfrac{\text{가격 변화 후 가격} - \text{변화 전 가격}}{\text{가격 변화 전 가격}}}$$

즉, 수요의 가격 탄력성은 대체재의 여부, 대체재와의 지각된 성능 차이, 관여도, 가격지불의 주체에 따라 달라진다. 일반적으로 대체재가 거의 없는 통신 요금, 특수 산업재, 생필품의 경우 비탄력적일 수 있다. 따라서, 이러한 제품은 가격의 폭등을 방지하기 위해 정부가 개입하는 경우가 많다.

③ 마케팅 효과

지각된 가치는 정보의 배열이나 구조에 따라서도 달라질 수 있다. 상대에게 정보를 제시하는 방법에 따라 심리적인 효과가 달라지는 것을 프레이밍 효과(framing effect)라고 한다.

대표적인 예로 살짝 아래 가격(just-below pricing)을 들 수 있다. 47,900원, 1.99$ 등과 같이 소량의 금액을 할인하여 가격을 제시하는 경우를 흔히 볼 수 있다. 극적인 경우 "제품을 무료로 드립니다"라는 문구와 "배송료 4.95$"라는 정보를 함께 제시한다. 이는 실제로 제품 가격이 4.95$이고, 배송료가 무료라는 정보보다 더 효과가 있을 것이다. 보편적으로 사람들은 배송료보다는 제품이 더 큰 가치가 있다고 지각하고 있기 때문이다.

프레이밍 효과 이외에도 외적 준거가격을 제시하여 가격할인 폭을 크게 지각하도록 하는 준거가격 효과(reference price effect), 제품에 대한 확정가격은 제시하지 않고 그 제품이 속한 계열의 가격 범위만을 제시하는 팽창가격(tensile pricing) 등이 있다. 준거가격 효과는 광고된 가격과 판매자의 할인 전 가격을 비교하는 방법으로 홈쇼핑이나 할인매장 등에서 쉽게 접할 수 있다. 할인 전 가격이 소비자의 마음속에서 닻(anchor)으로 작용함으로써, 이후에 제시된 할인가격이 더욱 저렴하게 받아들여지는 것이다. 팽창가격은 가격이나 할인폭의 범위만을 제시하는데 예를 들어 '최대 90% 할인'이나 '모든 생활용품 1,000원부터~' 등의 광고문구가 이에 속한다. 이러한 가격전략은 소비자의 제품 관여, 개인적 특성에 따라 그 효과성이 달라지므로 표적고객을 신중히 분석한 후 시행해야 한다.

3) 기업의 판매 인센티브

거의 모든 기업은 투자한 비용 이상의 가격을 받고, 이윤을 창출하기를 원한다. 기업의 판매 인센티브는 주로 원가(비용)에 의해 하한선이 정해진다. 따라서, 매출원가가 상승하면 기업의 판매 인센티브가 감소하여 가격 조정의 어려움을 겪게 될 수 있다.

① 비용과 마진

비용은 고정비와 변동비로 나누어 볼 수 있다.

표 10.1 고정비용과 변동비용

고정비용	제품의 생산량이나 판매량과 상관없이 일정하게 고정되어 있는 비용이다. 기업의 광고비 지출을 예로 들 수 있다. 스타벅스 커피나 리바이스 청바지가 얼마에 판매되거나, 얼마만큼 판매되는 것과는 상관없이 매스컴에서는 광고시간이나 광고나 지면의 등급에 따라 비용을 받는다.
변동비용	제품의 생산량이나 판매량에 따라 달라지며 커피나 청바지가 더 많이 팔리게 되면, 그들의 주문비용, 포장비용, 운송비용 등은 더욱 커지게 된다.

한 단위에 대한 판매가격과 단위당 변동비용의 차이를 단위 마진이라고 하며 다른 말로는 단위당 공헌이라고도 한다. 예를 들어 볼펜 하나를 생산하는 데 드는 변동비용이 600원이고 얻는 볼펜의 가격이 1,000원이라고 하면 마진 = 1,000원 - 600원 = 400원이 된다. 때에 따라서 마진을 퍼센트(%)로 표시하는 것이 유용한데, 위 경우 단위당 공헌에 대한 마진은 400원/1,000원 = 0.40(40%)가 된다.

② 손익분기점

기업이 마진을 남기게 하려면 기업의 고정비용을 커버할 수 있으면서 수익을 창출해야 한다. 기업이 고정비용을 만회할 수 있도록 하는 판매 단위의 수를 손익분기 판매량(BEP: Break Even Point)이라고 한다.

손익분기 판매량은 고정비용금액을 단위당 마진금액으로 나누어 계산한다.

$$BEP = \frac{\text{고정비용}}{\text{단위당 마진비용}} = \frac{\text{고정비용}}{\text{판매가격} - \text{단위당 변동비용}}$$

예를 들어 볼펜제조 생산자들이 빨간색 볼펜을 생산하기 위해서 9,000만 원의 고정비용(공장, 설비 등)을 가지고 있다고 해보자. 볼펜이 몇 개가 팔리더라도 이 고정비용은 변하지 않는다. 볼펜 하나당 마진이 400원이라고 할 때, 초기에 투자하였던 9,000만 원을 만회하려면 생산자는 적어도 BEP = 9,000만 원/400원 = 225,000 단위(개)를 판매해야 하는데, 이것이 손익분기 판매량이다.

4) 경쟁과 유통경로

① 경쟁

경쟁기업들의 가격전략은 고가격 정책과 저가격 정책 등의 가격 결정에 영향을 준다. 시장에서 치열한 경쟁을 벌이고 있는 상황에서는, 개별기업의 가격 결정이 시장가격 결정에 크게 영향을 미치지 못하며 경쟁기업들에 의해 형성된 시장가격을 그대로 수용하는 것이 일반적이다. 일반적으로, 주된 경쟁자의 제품가격과 동일하거나 비슷한 수준에서 가격을 책정한다.

또한, 두 개 이상의 기업들이 각자 독자적으로 특정 제품이나 서비스, 프로젝트 등에 가격을 제시하는 방법으로 경쟁 입찰에 따른 가격 결정(bidding pricing) 방법이 있다.

② 유통경로

유통경로 구성원들의 매출 확대와 적정이윤 확보를 위한 노력은 제조업자의 제품가격 결정에 영향을 준다. 재고품의 반품, 저수익 제품의 납품 거절, 디스플레이 불이익을 통해 제조업자에게 가격압박을 행사할 가능성이 있다.

또한, 유통채널 때문에 마케팅 관리자는 마진 구조를 살펴보기도 한다. 〈그림 10.6〉은 생산자는 도매업자에게, 도매업자는 소매업자에게, 소매업자는 소비자에게 제품을 판매하는 유통채널이다. 각 유통채널(생산자, 도매업자, 소매업자)은 역할을 수행하고 그들이 받을 마진을 남기게 되는데 마진 금액은 각 채널이 단위당 얼마만큼 판매하였는가를 통해 측정할 수 있다. 위의 사례에서는 소매업자의 퍼센트 마진이 13%이고 (소매업자가 소비자에게 1,000원에 판매하였을 때, 130원 남기는 것), 생산자의 퍼센트 마진은 46.67%, 도매업자의 퍼센트 마진은 13.79%가 된다.

5) 법적 규제

가격 정책은 기업이 활동하는데 있어 여러 가지 법적 · 윤리적 문제들을 불러일으킬 수 있다. 이러한 문제들은 가격 정책 수립과정과 가격을 포함한 마케팅 믹스 전략에서 충분히 고려되어야 한다.

이러한 맥락에서 몇 가지 짚고 넘어가야 할 이슈들이 있는데 우선, 같은 제품들에 대해서 서로 다른 가격을 부과하는 것은 불법이 아니라는 것이다. 어떠한 사람들은 이것이 불합리하다고 생각하지만, 관리비용과 유통비용이 더 들어가는 24시간 편의점에서는 대형 마트보다 더 높은 가격을 지불해야 한다. 반면에, 기업이 반경쟁적인 행동에 대해서 처벌을 받는 경우도 있다. 다음과 같은 가격전략은 법적 문제를 야기한다.

① 약탈적 가격 결정: 경쟁자를 시장에서 내몰 정도로 낮은 가격의 설정

② 가격 담합: 경쟁자들과 공모하여 가격을 설정하는 것

③ 가격 유지: 유통업자들이나 도소매업자들에게 특정 가격으로만 판매하도록 요

구하는 것, 제조자는 소매가격을 제안할 수는 있지만 그 가격을 유지하도록 강요하는 것은 불법이다.

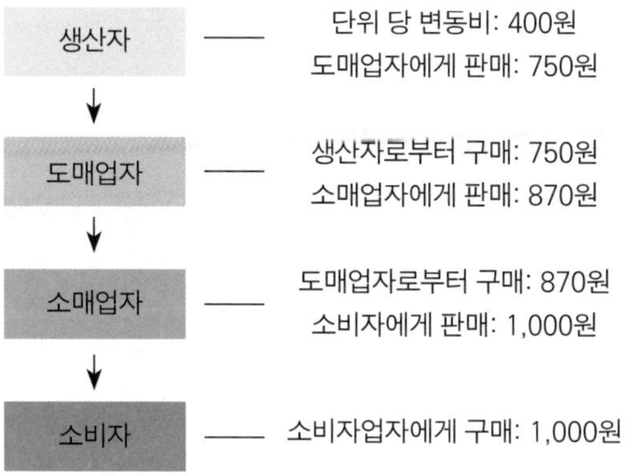

그림 10.6 각 유통구조에서 가격과 비용의 수준의 예

10.4 가격변동의 레버리지 효과

1) 판매가격에 따른 마진의 레버리지 효과

기업은 소비자에게 판매되는 제품의 가격을 직접적으로 조정함으로써 총 마진의 변화를 가져올 수 있다. 그러나 이러한 가격전략은 상당한 지렛대 효과를 유발할 수 있으므로, 매우 신중한 의사결정이 필요하다. 다음의 예시를 살펴보자.

생산자가 볼펜을 1년에 1,000만 단위(개)의 판매성과를 올릴 수 있으며, 단위(개)당 판매가격이 1,000원, 단위(개)당 변동비가 600원이라고 가정하면, 생산자의 마진은 단위(개)당 400원이 된다. 〈그림 10.7〉의 사례 A가 이 내용을 나타내고 있는데 색칠된 직사각형 부분은 총 마진이 40억 원(1,000만 개의 총 단위 × 단위당 마진 400원)이라는 것을 나타낸다. 총 투자금액과 마진은 항상 가격과 수량 그래프의 직사각형 부분으로 나타낼 수 있다. 제품의 단위당 마진이 직사각형의 가로부분이고, 단위당 판매량이 직사각형의 세로부분이기 때문이다. 이 사례에서 경영자는 현재 1,000원의 판매가격을 ±20% 범위에서 조정하여(800원~1,200원), 지금의 총 마진(40억 원)이 달성 가능한 판매량에 대해 알고자 한다.

① 사례 B: 20%의 가격 인하 시나리오

변동비가 변화하지 않고, 판매가격만을 20% 인하하는 시나리오이다. 사례 A와 비교하여 단위당 마진이 400원에서 200원으로 줄어든다. 따라서, 이 기업은 40억 원의 이윤을 달성하기 위해서 현재 판매량의 두 배의 양을 판매해야 한다(200원×2,000만 개). 단위당 800원에 2,000만 개를 판매한다면 판매수익은 160억으로 늘어나지만 총 마진은 40억으로 유지된다. 총 마진이 변동되지 않기 때문에 색칠된 직사각형의 넓이는 사례 A와 같다. 즉, 가격의 20% 할인은 단위당 마진을 50% 감소하게 한다. 따라서, 기존의 총 마진을 유지하려면 판매량을 100%나 증가시켜야 한다. 판매가격이 감소할수록 직사각형은 얇고 길어지며, 판매가격이 증가할수록 직사각형은 넓고 낮아진다. 그러나 총 마진의 넓이는 동일하다.

② 사례 C: 20% 가격 인상 시나리오

변동비가 변화하지 않고, 판매가격만을 20% 인상하는 시나리오이다. 사례 A

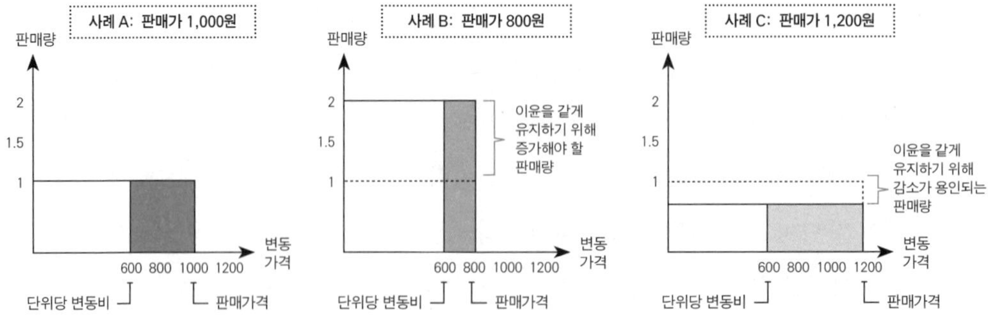

그림 10.7 총 마진에 대한 가격의 레버리지 효과(Y축단위: 천만 개, X축단위: 원)

와 비교하여 단위당 마진이 400원에서 600원으로 늘어난다. 즉, 이 기업은 40억 원의 이윤을 달성하기 위해서 약 667만 개를 판매할 필요가 있다(600원×667만 개). 따라서, 판매량을 33.3% 감소시키면 총 마진을 유지시킬 수 있다. 만약 판매량 감소가 33.3% 미만이라면, 가격 인상은 총 마진을 상승시킬 것이다.

위 사례에서 살펴볼 수 있듯이 가격할인과 가격상승은 높은 지렛대효과를 갖고 있다. 겉보기에는 적은 폭의 가격하락이 제품 이윤에 크게 부정적인 영향을 미칠 수 있다. 동일한 이윤을 얻기 위해 막대한 판매량의 증가를 필요로 하기 때문이다. 반면, 적은 비율로 가격을 인상하면 단위당 마진에 굉장히 긍정적인 영향을 줄 수 있다. 그러나 가격은 4P중 소비자와 가장 밀접한 관계를 맺으며, 가장 민감한 부분이기 때문에 가격 상승 전략을 위해서는 이와 같은 계량적 접근 이외에도 통합적인 마케팅 전략이 동반되어야 한다.

2) 고정비와 변동비에 따른 마진의 레버리지 효과

고정비나 변동비가 변화하면 BEP도 달라지게 된다. 다음의 사례는 고정비와 변동비 변화에 대한 단위당 마진의 변화를 보여주는 사례이다.

① 고정비의 변화

특정 투자안을 선택할 때는 고정비용과 마진이 동시에 고려되어야 한다. 예를 들어, 유명한 소설 작가가 한번에 1,000만 원에 홍보를 해준다고 가정해보자. 이는 홍보 이후에 판매가 홍보비용을 초과해야만 홍보가치가 있을 것이다. 즉, 증가된 고정비(홍보비) 만큼 손익분기 판매량 또한 증가해야 한다. 따라서, BEP = 1,000만 원/400원 = 25,000 단위(개) 만큼, 더 판매해야 한다.

② 변동비의 변화

볼펜을 홍보해 준 작가가 고정 홍보비용으로 1,000만 원을 받는 대신에, 볼펜

한 개가 팔릴 때마다 100원의 로열티를 요구한다고 가정하자. 이것은 고정비용의 변화는 발생하지 않지만, 생산자의 마진을 볼펜 한 개 당 400원에서 300원으로 감소시킨다. 변동비가 100원 증가했기 때문이다. 이러한 변화를 BEP로 계산하면,

BEP = 9,000만 원 / 300원 = 300,000 단위(개) 가 된다. 이것은 홍보가 없었을 때 한 단위당 225,000개였던 BEP가 33% 증가했다는 것을 보여준다.

10.5 가격의 고객화

소비자 개개인은 각자 느끼는 지각된 가치가 매우 다를 수 있다. 지각된 가치는 매우 주관적이기 때문이다. 소비자의 마음속에는 나름대로의 경제활동과 관련된 여러 가지 계정이 설정되어 있는데, 이를 심적 회계(mental accounting)라고 한다. 이러한 심리적 구조가 개개인마다 서로 다르므로 적정가격을 설정하기란 쉽지 않다.

수많은 요인이 소비자의 심적 회계에 영향을 줄 수 있으며 대표적으로 개성, 기능의 중요성, 사용량 정도, 범주에 대한 지식, 인구통계적인 원인들이 있다.

1) 개성

어떤 사람은 고급커피만을 선호하지만, 보통은 적절한 수준의 커피만 마셔도 괜찮다고 생각한다. 전자의 경우 고급커피에 대해 가격프리미엄을 붙여 고수익을 창출할 수 있고, 후자의 경우 보통 품질의 커피를 제공한다.

2) 기능에 대한 지각된 중요성

컴퓨터프로그래머들은 일반사용자에 비해서 컴퓨터의 속도나 그래픽카드 등의 기능적인 부분에 더 가치를 둔다.

3) 사용량 정도

보험 가입시 자신의 건강에 취약한 부분에 일반적으로 더 보험료를 지급하려고 한다.

4) 범주에 대한 지식

중고차를 구입하는 소비자의 경우 자신이 조사한 정보와 가치를 기준으로 평가한다. 반면, 시장조사가 빈약한 일반 구매자들은 표시가격을 기준으로 평가한다.

5) 인구통계적 변수

영화관은 어린이와 노인에 대한 할인을 제공하는데, 이것은 그들이 붐비지 않은 시간대에 영화관의 수요를 증가시킬 것이라고 예상하기 때문이다.

10.6 가격전략의 실행

1) 가격과 다른 마케팅 믹스 요소들의 통합

효과적인 가격 정책의 핵심은 다른 마케팅 믹스 요소들과의 조화를 이루는 것이다. Glaxo는 자사의 핵심 제품이었던 Tagmet에 상당한 가격 프리미엄을 붙여 첫 위궤양 약인 Zantac을 출시했다. 시장의 후발주자였음에도 불구하고 잔탁의 탄생으로 인하여 시장의 리더가 될 수 있었다. 제품이 우수하기도 했지만, Glaxo는 잠재고객들로부터 우위를 가질 수 있도록 활발한 커뮤니케이션 활동을 하는 등 마케팅 활동에 많은 노력을 기울였다. 즉, 잔탁은 제품의 높은 객관적 가치를 지니고 있었으며, Glaxo의 마케팅 노력이 소비자의 지각된 가치를 끌어 올리는 데 성공했다. 그 결과, 프리미엄 가격정책으로 얻게 된 높은 마진으로 마케팅 활동에 더욱 매진할 수 있었다.

이와는 반대로 저가격으로 진입하여, 소비자가 구매하는 가격장벽의 높이를 낮추고 점차 시장 점유를 확대해 나갈 수 있다. 현대차와 삼성이 처음 국제 시장에 진입했을 때 취했던 전략이 대표적이다. 여기서 핵심은 특정 가격전략을 설정하였을 경우, 그 만큼 소비자의 지각된 가치를 높이기 위해 제품의 품질, 커뮤니케이션 방법, 유통 구조가 일관성 있게 통합되어야 한다.

이마트와 종근당이 협력하여 PL(Private label)상품으로 저가의 '이마트 홍삼정'을 출시하였다. 이는 고가격전략을 취하고 있는 '정관장'과는 대조적이나 두 기업 모두 가격과 유통구조면에서는 일관성을 유지하고 있다. '정관장'은 고가격으로 '정관장 대리점'이나 백화점의 개별부스를 이용하여 유통구조 전략 또한 고가격 전략과 일치시키고 있다. 반면 '이마트 홍삼정'은 저가격으로 대형마트 유통을 통해 가격 및 유통구조의 일관성을 유지한다.

MARKETING INSIGHT

볼빅의 고가격전략

볼빅은 골프공 제조업체로, 특히 컬러 골프공 제작으로 유명하다. 한국 골프공은 원래 소비자들에게 저가제품으로 인식되어 왔지만, 볼빅 브랜드는 해외의 유명 브랜드를 제치고 브랜드 출시 1년 만에 내수 시장 점유율 1위를 차지하였다. 이러한 성장에 긍정적인 영향을 준 요인으로 볼빅의 고가격전략을 들 수 있다.

골프공이라는 제품의 특성상 선물용으로 구매하는 사람들이 많은데, 선물용 제품에 대해 소비자들은 초저가 제품보다는 고가 제품을 선호하는 경향이 있다. 특히 골프공은 전문품에 속하지만 그에 대한 전문 지식이 부족한 경우 높은 가격대의 브랜드를 선택할 가능성이 크다. 이는 정보의 결핍으로 사람들이 공의 품질을 가격으로 유추하기 때문이다. 또한, 경쟁 브랜드이며 당시 시장점유율 1위였던 Titleist와 제품의 가격을 유사하게 설정함으로써 소비자들에게 볼빅과 Titleist

는 가격은 물론 품질 또한 유사할 것이라는 인식을 심어주었다. 이러한 가격전략의 성공이 단순한 고가정책 때문만은 아니다. 고가전략을 지원해 줄 공의 품질이 우수했으며, 원산지가 중국인 Titleist와는 달리, 볼빅은 한국에서 제조하기 때문에 원산지 효과를 누릴 수도 있었다. 이처럼, 가격전략은 나머지 마케팅 믹스들과 일관되게 수립되어야 한다.

출처: 볼빅 대표이사의 대학 특강 내용 중에서 일부 인용

2) 가격할인과 가격차별화

① 가격할인

가격할인은 대부분의 기업에서 소비자를 유인하기 위해 시행하고 있다. 대표적인 것으로 현금할인, 수량할인, 계절할인, 공제(allowances)등이 있다. 현금할인은 거래시 외상이나 어음이 아닌 현금으로 지불할 경우 가격을 일정부분 할인해 주는 것이다. 수량할인은 대량구매자에게 가격을 할인해주는 것이고, 계절할인은 계절이 지난 제품이나 서비스에 대해 할인해 주는 것이다. 공제는 기존 제품을 신형제품과 교환할 때 기존의 제품가격을 적절히 책정하여 신제품의 가격에서 공제해주거나, 제조업자의 광고나 판매촉진 프로그램에 참여하는 중간상에게 주는 인센티브로 가격을 할인해주거나, 일정 금액을 주는 것이다.

② 가격 차별화

같은 제품에 대해 서로 다른 가격을 책정하는 것으로, 세분시장, 가격계열, 이부제 가격, 묶음 제품(bundling)에 따라 달라진다. 가격 변화에 비탄력적인 세분시장에 대해서는 고가격전략을, 탄력적인 시장에 대해서는 저가격을 제시하는 대표적인 것으로 공연 좌석의 등급에 따른 가격 책정을 들 수 있다.

가격계열은 한 제품에 대해 단일가격을 설정하는 것이 아니라 품질이나 디자

인의 차이에 따라 가격구간을 설정하고, 그에 따라 개별 상품에 대한 구체적 가격을 결정하는 것이다.

2부제 가격(two-part price)은 가격 체계를 기본가격과 사용가격으로 구분하여 2부제로 부가하는 것이다. 그 예로, 통신회사는 기본요금과 사용료에 대해 가격을 따로 부가하고 있다.

묶음 제품은 기본 제품, 서비스, 부속품 등을 하나의 패키지 형태로 묶어서 단일 가격을 제시한다. 예를 들어, 면도기의 경우 면도기, 면도날, 면도기크림을 함께 묶어서 판매하는 경우가 있다.

연습문제

1. 다음 중 가격탄력성에 영향을 미치는 요인이 아닌 것은?

1) 판매량
2) 가격
3) 원가
4) 가격의 변화율

2. 소비자중심적 가격 결정 방식이 아닌 것은?

1) 직접가격평가법
2) 직접지각가치평가법
3) 진단적 방법
4) 경쟁입찰에 따른 가격 결정

3. 고객이 지각하는 가치에 기초하여 가격을 책정하면 일반적으로 높은 가격을 받을 수 있다.

맞다 (　　　　　)　　　　틀리다 (　　　　　)

4. BEP 공식을 설명하시오.

제11장

유통전략

MARKETING

TED 도입 사례

마시멜로우 게임을 통해 배운 새로운 협동의 형태

Peter는 마시멜로우 게임을 소개한 적이 있다. 방식은 아주 단순한데 4명이 한 팀을 이뤄서 탑을 가장 높이 쌓는 것이다. 20개의 스파게티 국수 가락, 약 90cm의 테이프와 실, 마시멜로우가 재료이다. 마시멜로우는 탑의 꼭대기에 놓아야 한다. 정말 간단해 보이지만 사실 굉장히 어렵다. 왜냐하면, 팀원들이 빠르게 협동해야 하기 때문이다. 이 게임은 디자인 워크숍에서 한 번 진행되었는데 아주 성공적이었다. 그 이후로 70여 회의 워크숍이 세계 곳곳에서 개최되어 학생, 디자이너, 건축가들이 참여하였으며, 그 중에는 포춘이 선정한 기업 50개 사의 CTO(최고기술중역)들도 있었다. 이 게임은 협동의 본질에 대한 아주 중요한 사실들을 알려준다.

일반적으로 대부분의 사람은 게임이 시작되면 방향 설정을 한다. 어떻게 만들지에 대해서 이야기를 시작하고, 팀에서 주도권 다툼을 하며, 계획하여 스케치를 한 다음 스파게티를 배치하고 가장 많은 시간을 탑을 쌓는 데 활용한다. 그리고 결국 제한된 시간이 다가오면 마시멜로우를 놓는 순간 탑이 무너져 버리는 경우가 많다. 특히 가장 많이 실패한 사람들은 경영대학원을 막 졸업한 사람들이다. 반면, 유치원을 막 졸업한 아이들이 가장 탑을 잘 쌓는다. 이는 놀라운 사실이다. 아이들의 탑이 가장 높을 뿐 아니라 그 구조도 매우 재미있다. 여기서 '어떻게, 왜, 아이들이 더 잘할까?'라는 의문이 든다.

첫 번째 이유는 아이들은 주도권 다툼을 하지 않는다는 것이다. 또 다른 이유는 유일하고 완벽한 방법을 찾으려고 집착하지 않는다는 것이다. 경영학도들은 한 가지 최적의 방법을 찾는 것을 배우고 그것을 실행한다. 그리고 마시멜로우가 꼭대기에 놓여질 때는 시간이 모자란 상황이 된다. 그래서 쉽게 공황상태가 된다. 반면, 아이들은 마시멜로우를 처음부터 이용했다. 그리고 초기모델을 만들고 탑의 형태를 바꿔가면서 마시멜로우를 떨어뜨리지 않으려고 한다. 디자이너들은 이러한 형태의 협동방식의 핵심이 반복이라는 것을 알게 되었다. 최고경영자들은 평균보다 조금 더 높이 쌓았다. 팀에 수행 비서를 뒀다면 더 좋은 결과를 보였을 것이다. 이들은 작업을 촉진시키는 기술을 가지고 있다. 과정을 관리하고 이해하고 있는 것이다. 어떤 작업이든 간에 세밀한 관심과 관리는 수행능력을 크게 향상시키며, 전문적 기술과 노련한 관리기술이 성공의 지름길이다.

또 다른 재미있는 현상은 포상금이 있는 경우 아무도 탑을 쌓지 못했다는 것이다. 이는 큰 상이 오히려 협동에는 도움이 되지 않을 수 있음을 알게 해준다. 마시멜로우 경기는 공통의 문제를 가진 사람들에게 숨어있는 가설들을 찾아내는데 도움을 준다. 그 이유는 각 작업에는 그 자체의 마시멜로우(지혜)가 있기 때문이다. 특정 경험을 일상의 언어로 나누고 작은 실험모델을 만들어 봄으로써 우리는 실패의 순간을 성공의 순간으로 전환시킬 수 있다. 그것이 팀 성과에 있어 아주 큰 변화를 불러일으킬 수 있다.

출처: Tom Wujec, "Build a tower, build a team", www.ted.com

도입 사례는 마시멜로우 게임을 통해 협동의 중요성과 의미를 조금 다른 관점에서 해석하고 있다. 기업은 가치를 창출하고 이를 전달하기 위한 네트워크를 창조하고 운영한다. 물적 유통을 포함한 모든 재화의 가치 네트워크는 사회가 복잡해짐에 따라 다양하고 광범위하며 복잡하다. 이로써 한 기업이 독자적으로 이러한 전달 체계를 모두 소유하고, 관리하기는 매우 어렵게 된 것이다. 이러한 관점에서 기업과 파트너들과의 협업의 중요성이 더욱 대두되고 있다. 유통은 크게 유통관리와 공급망 관리로 나누어 볼 수 있다. 이 장에서는 기업의 유통 관리와 공급망 관리에 대한 개요와 중요성, 관리 과정에 대해 알아볼 것이다.

11.1 가치 네트워크와 유통 관리

1) 유통경로의 개념과 필요성

가치 네트워크(value network)란 전체 거래 시스템의 성과를 위해 파트너 관계를 형성한 제조업체, 공급업자, 유통업자, 최종고객으로 구성되어 있다. 고객에게 가치를 제공하기 위해 기업은 전방 거래(forward) 경로 파트너만큼 후방 거래(backward) 공급자의 협력도 필요로 한다.

공급업자, 제조업자, 유통업자, 소비자 전체를 하나의 파이프라인(pipe line)에 비교한다. 파이프라인을 따라 물적 흐름이 발생하며, 물적 흐름을 관리하는 것을 물류관리라고 한다. 물류 관리(logistics management)가 최근에는 좀 더 광범위해지면서 공급체인 관리(SCM: Supply Chain Management)라는 용어를 쓴다.

유통경로(distribution channel)는 제품의 외부 조달, 기능 확대, 혜택 전달을 위해 기업이 활용하는 파트너십과 제휴의 총체적인 가치 네트워크 시스템을 의미한다. 원자재 구매에서 최종 소비자에게 전달하는 과정에 중간상(intermediaries)이 개입할 수 있고, 이들 중간상의 선발, 교육, 보상, 평가 등을 유통 관리(channel management)라고 한다. 중간상의 대표적인 형태로 도매상과 소매상을 들 수 있고, 이들 중간상이 유통경로에 개입하지 않으면 직접유통(direct distribution)이라고 한다.

2) 유통 구조의 분류

일반적으로 중간상이 개입하면 유통경로 상에서 개별 소비자의 거래 수를 감소시켜줌으로써 경제성, 시간, 장소, 소유의 측면에서 거래 효율성을 높여 준다. 이러한 중간상은 생산업자와의 계약에 의해서 또는 독립적으로 중개 기능을 수행한다. 간접유통은 경로 효율성을 제고한다는 장점은 있지만 경로 구성원 간 갈등의 발생 소지가 상대적으로 높다. 반면에 직접유통은 경로 통제가 쉽고 고객과 직접 접촉할 수 있다는 장점은 있지만 효율성이 낮다는 단점이 있다. 기업은 다양한 시장을 표적으로 선점할 수 있기 때문에 목표시장의 특성에 따라 유통경로에 대한 니즈를 다양하게 분석할 수 있다. 따라서, 다양한 경로를 복합적으로 사용하는 혼합유통(hybrid distribution)을 택하는 경우가 증가하고 있다.

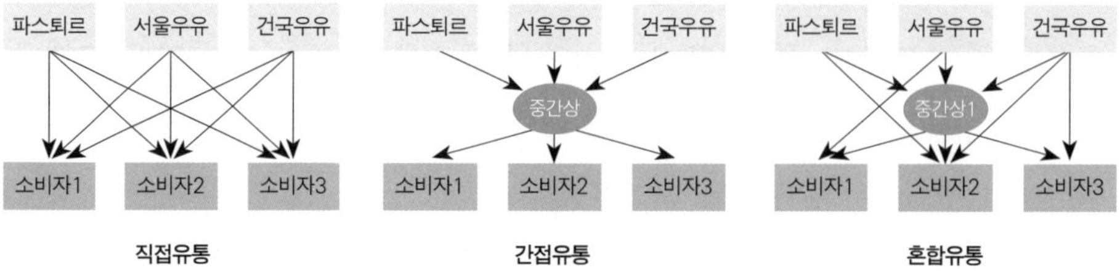

그림 11.1 유통구조의 분류

11.2 유통경로의 분류와 시장 커버리지 전략

1) 전속적 유통

전속적 유통(Exclusive distribution)은 극히 제한적으로 유통점을 허용한다. 즉, 생산자는 제품을 각 지역으로 유통시키기 위해서 지역 당 딱 하나, 또는 극히 소수의 판매업자만을 가진다.

표 11.1 시장 커버리지 전략

	전속적 유통	선택적 유통	개방적 유통
목표	정보 제공의 편의성, 고급 이미지 구축	전속적 유통과 개방적 유통의 중간 형태, 효율적 운영	특정 브랜드의 애호도가 낮은 경우, 소비자 인지도 확대, 편의성 증가, 충동구매 유발
점포수	극소수	소수	다수
통제 정도	매우 높음	보통	낮음
관리 비용	중간상에 대한 강력한 관리와 통제 비용	비교적 낮은 비용	광고와 영업사원 관리, 중간상 동기부여 비용
관여 정도	고관여	보통	저관여
제품 유형	전문품	선매품	생필품, 일용품
예	고급의류, 악기	의류, 가전	면도기, 맥주

Yamaha 피아노는 이 정책을 사용하고 있다. 독점판매권은 제조업자가 바란다면 전속적인 정책으로 인정되며, 소비자들은 어떠한 할인점이나 대형마트가 아닌 그 브랜드를 살 수 있는 지역의 전속매장으로 가야 한다. 상품의 범주화 관점에서 볼 때에는 대체로 전문품이 전속적 유통체인을 가지고 있다.

2) 선택적 유통

전속적 유통과 개방적 유통의 중간 형태이다. 이들 대안을 선정하기 위하여 경제성, 통제성, 협조지향성 등의 기준에 기초하여 평가한다. 즉, 각 시장에서 하나 이상의 판매자가 있지만 그 수가 제한된다.

선택적 유통(Selective distribution)은 명품브랜드를 취급하는 고급 의류 회사 등에서 실행하고 있다. 유통점의 수를 제한하는 목적은 전속적인 유통일 때보다 해당 브랜드에 대한 소비자의 편의가 증대될 수 있고, 개방적 유통보다는 전문성이 더 확보되기 때문이다. 일반적으로 선매품이 선택적 유통체인을 가지고 있다.

3) 개방적 유통

많은 기업들은 그들의 제품을 가능한 한 많은 판매처로 유통시키기를 원한다.

'소매점의 선반 점유율(share of space)'이 '시장 점유율'로 이어진다는 믿음이 개방적인 유통을 원하게 되는 이유이다.

Gillette 면도기, Asahi 맥주 등은 소매 시장에서 개방적 유통(Intensive distribution)을 하는 사례이다. 일반적으로 일용품(convenience good)은 개방적 유통체인을 가지고 있다.

11.3 경로 디자인 설계

효과적인 유통경로 시스템을 구축하기 위해서는 다음과 같은 체계적인 경로 디자인 의사결정을 거친다.

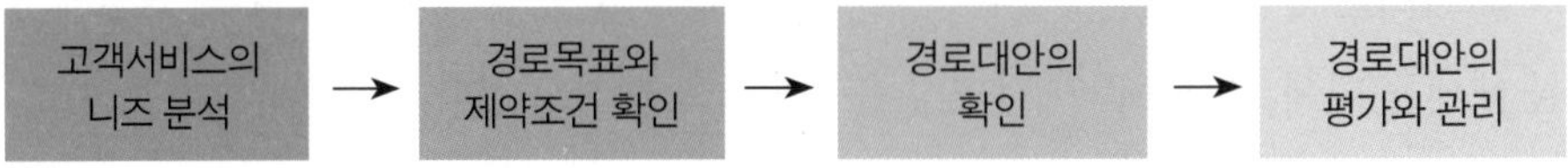

그림 11.2 경로 디자인 의사결정 과정

1) 고객 서비스 니즈분석

유통경로는 고객에게 가치를 전달하는 과정이다. 이 과정에 관여하는 경로 구성원은 고객을 위한 가치를 창출하기 위하여 노력한다. 따라서, 경로 디자인의 첫 단계는 목표고객의 니즈를 파악하는 작업이다. 이때, 입지의 편의성, 최소구매단위의 크기, 대기시간, 제품의 다양성 등을 고려한다.

가까운 매장을 선호하는 고객이 있는가 하면 거리는 멀지만 대형 할인매장을 선호하는 고객도 있다. 상품의 품질보다는 신속한 배달을 원하는 고객이 있는 반면에 더 나은 상품이 배송되기를 원하는 고객도 있다. 이렇게 서로 상충되는 고객의 니즈를 동시에 충족시키는 것은 거의 불가능하다. 따라서, 서비스 제공가능성, 비용, 고객의 가격에 대한 선호도 등도 다각적으로 고려되어야 한다.

2) 경로목표와 제약조건의 확인

경로목표는 목표고객이 바라는 서비스 수준의 관점에서 명시되어야 한다. 일반적으로 고객 집단마다 서로 다른 수준의 경로 서비스를 요구한다. 따라서, 회사는 어떤 고객층을 대상으로 어떠한 경로를 통하여 서비스를 제공할 것인지 결정해야 한다. 일반적으로 고객 집단에 관계없이 회사의 경로 목표는 최소의 비용으로 고객이 원하는 것을 충족시키는 것이다. 이러한 경로목표는 상품의 성격, 회사의 방침, 경로 구성원의 특성, 경쟁기업의 경로, 환경적인 요인 등에 영향을 받는다.

3) 경로대안의 확인

경로대안은 경로 길이와 중간상의 수에 따라서 다양한 형태를 생각할 수 있다. 경로 길이는 기업 규모와 자금력과 같은 기업 특성, 제품 유형, 부패 가능성과 같은 제품의 특성, 시장 규모, 고객 분산 정도에 따른 시장 특성, 경쟁사 유통경로를 고려하여 결정한다. 경로 길이에 따라서는 브랜드가 직접 노출되는 직접 유통경로와 브랜드가 직접 노출되지 않는 간접 유통경로로 나누어 볼 수 있다.

또한, 중간상의 수에 따라서 전속적, 선택적, 개방적 3가지의 유통경로를 생각할 수 있다. 위에서 살펴보았듯이 전속적 유통 경로는 전문품과 같이 한정된 취급점으로 제한하고자 하는 경우에 사용되며, 개방적 유통 경로는 가능한 광범위한 많은 판매 경로를 하고자 하는 경우에 사용된다. 선택적 경로는 전속과 개방의 중간 형태를 취하게 된다. 또한 중간상의 종류도 다양하다. 예를 들어, 자동차 판매 대리점의 경우, 우리나라에서는 회사에 소속된 판매 대리점이지만 미국에서는 독립된 사업주가 판매와 서비스 계약을 하는 프랜차이즈이다. 따라서, 중간상의 책임 정도에 따라 여러 가지 대안을 생각할 수 있다.

4) 경로대안의 평가와 관리

① 경로대안의 평가기준

- 경제성: 경제성 평가에서는 각 경로대안으로부터 기대되는 판매 수준과 판매하는 데 드는 비용을 추정한다. 이때, 직접 유통경로는 매출량과 관계없이 판매비용이 일정한 고정비로 지출되며, 간접 유통경로에서는 매출량이 증가함에 따라 판매비용이 일정 비율로 함께 증가하므로 이를 고려하여 유통경로의 구조를 적절히 혼합하여 사용하는 것이 일반적이다.
- 통제가능성: 경로대안을 선택할 때에는 경제성뿐만 아니라 기업이 경로대안에 대한 통제가 어느 정도 가능한가를 고려한다. 일반적으로 간접 유통경로보다 직접 유통경로를 사용하는 것이 통제가 용이하다.
- 유연성: 선택한 경로대안들은 급격한 환경변화에 효과적으로 적응할 수 있어야 한다. 경로 구성원들이 유통 환경변화에 적극적으로 대응하는지의 여부와 계약상 효율적인 운영이 가능한가를 검토해야 한다.

② 유통 구성원의 평가

경로대안의 디자인이 결정되고 나면, 이를 시행할 구체적인 유통 구성원을 평가하고 감독한다. 유통 구성원의 평가는 입지, 신용 능력, 명성, 판매원의 능력, 기존 고객의 여부, 수익성과 성장성 등 다양한 기준을 적용한다.

선발된 유통 구성원들에게는 지속적인 동기부여를 제공해 주어야 하는데 높은 마진, 특별 세일, 진열 지원금과 같은 긍정적 수단의 동기부여와 마진 삭감, 제품 인도의 지연 등과 같은 부정적 수단을 적절히 활용한다. 유통 구성원들과의 관계는 기업 성과에 직접적인 영향을 미치기 때문에 유통 구성원들의 특성을 고려한 합리적인 관리와 감독이 지속적으로 수행되어야 한다.

11.4 수직적 마케팅 시스템

전통적 유통경로는 독립적인 유통기관들로 구성된 경로 조직으로, 마케팅 기능에 거의 관심을 가지지 않고 자기들에게 주어진 기능들만 수행한다. 따라서, 경로 구성원들 간의 결속력이 매우 약하고 경로 구성원들은 공통의 목표를 가지고 있지 않거나 그 관계가 매우 미약하였다. 따라서, 구성원들이 비교적 쉽게 유통경로로 진입하거나 철수할 수 있었다.

반면 수직적 마케팅 시스템(VMS: vertical marketing system)은 산업혁명 이후 대량 생산에 의한 대량 판매, 가격안정, 유통 비용의 절감, 경쟁자에 대한 효과적 대응의 필요성이 대두되면서 발달하기 시작했다. 수직적 마케팅 시스템은 유통경로 조직의 협업 형태를 말한다. 운영상의 경제성과 시장에 대한 최대한의 영향력을 획득하기 위해 전문적으로 관리되며, 본부에 의해 설계된 네트워크 형태의 경로 조직이다. 따라서, 전통적 유통 경로에 비해 구성원들 간의 공동의 목표를 수립하고, 협조를 이끌어 내기가 더 수월하다. 또한 계약적 관계에 의해 혁신적인 기술을 안정적으로 보유할 수 있으며 잠재적 경쟁자에 대한 진입장벽을 구축할 수 있다. 그러나 유통 시스템의 구축은 초기에 막대한 자금이 소요되며 시장이나 기술의 변화에 대해서 재빨리 대응할 수 있는 유연성을 필요로 한다. 수직적 마케팅은 구성원들에 대한 소유권의 정도에 따라 크게 관리형, 계약형, 기업형 VMS로 나누어 볼 수 있다.

1) 관리형 VMS

수직적 마케팅 시스템 중에서 경로 구성원들의 통제의 정도가 가장 낮은 유형이다. 경로 구성원들의 마케팅 활동이 소유권이나 계약에 의한 것이 아니라 자발적인 경영지원에 의해 서로 활동을 조정하고, 협조를 얻는 유통 시스템이다. 일반적으로 기업은 소매점에게 소매상 지원 시스템(retail support system)을 통해 선반진열, 판촉 등의 경영지원을 한다. 예를 들어, 롯데제과는 소매점에 아이스크림 전용

냉장고를 설치해주고, 소매점이 자사 제품에 대해 유리한 마케팅 활동을 하도록 협의한다.

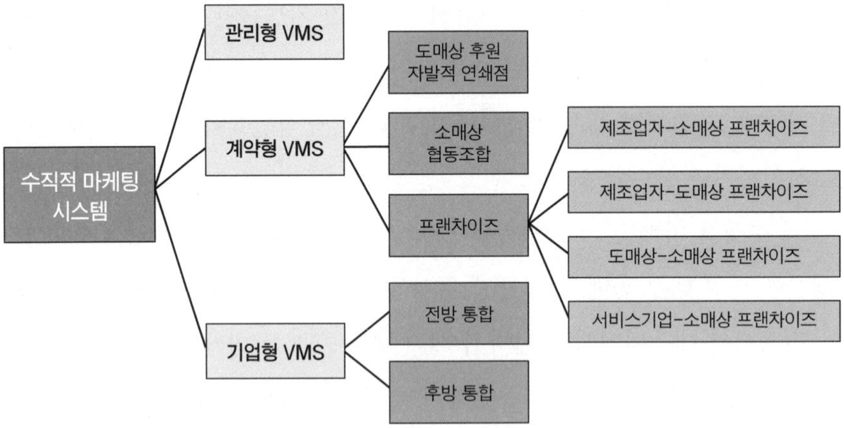

그림 11.3 수직적 마케팅 시스템의 유형

반면, PB상품의 경우 유통업자는 아웃소싱된 제품에 자신의 상표를 부착함으로써 이를 유통업자의 브랜드 인지도와 좋은 선반 자리를 이용해 소비자에게 판매한다. 롯데마트는 친환경 '손큰 액체세제'를 출시함으로써, 테크, 리큐 등 경쟁 NB 상품과의 경쟁에서 최고의 실적을 거두었다. 이는 유통매장의 이점을 최대한 활용한 동시에 제조업자에 비해 소비자와 가까운 유통업자가 브랜드를 기획함으로써 소비자의 니즈를 더 잘 제품에 반영했기 때문이다.

2) 계약형 VMS

경로 구성원들이 공식적으로 합의한 경로조직으로, 계약에 의해서 구성원들은 각자의 마케팅 기능을 수행하며 공식적인 경로 관계를 형성한다. 계약형 VMS는 다시 도매상 후원 자발적 연쇄점(wholesaler-sponsored voluntary chain), 소매상 협동조합(retailer cooperatives), 프랜차이즈 시스템(franchise system)으로 분류할 수 있다.

도매상 후원 자발적 연쇄점은 공급업자가 아닌, 도매상을 중심으로 독립적인 소매상들이 수직 통합된 형태의 유통 체인이다. 미국의 대형 식품 도매업체인 Fleming사를 중심으로 조직된 Independent Grocers Alliance(IGA)가 대표적인 예이다. IGA에 가입한 소매상들은 공동 구매와 공동 촉진활동으로 규모의 경제를 달성할 수 있으며, PB상품개발과 경영자문 등을 통해 대형 슈퍼마켓과 경쟁할 수 있게 된다.

소매상 협동조합은 독립된 소매상들이 연합하여 도매기능의 역할을 하는 조식체를 형성한 것으로, 소매상들에 의해 공동으로 운영된다. 공동구매, 공동소유 창고, 공동 촉진활동 등을 통하여 연쇄점과 마찬가지로 규모의 경제를 달성하는 것이 목적이다. 우리나라에서는 지역 슈퍼마켓 협동조합의 형태로 운영되고 있다.

프랜차이즈 시스템은 가맹점(franchisee)과 본부(franchisor)가 계약을 통하여 일정기간 동안 정해진 범위 내에서 본부의 상호명, 상표, 경영방식 등을 사용할 수 있도록 허가하는 시스템으로, 본부는 제품이나 서비스를 판매할 수 있는 권한을 부여하며, 가맹점은 이에 대한 대가로 가입비나 매출액에 대한 로열티 등을 지급하는 형식이다. 본부의 가맹점 통제와 관리 정도는 계약에 따라 달라질 수 있다. 일례로 카페베네의 경우 판매하는 메뉴의 종류, 매장의 배경 음악 등을 본부에서 통제한다.

프랜차이즈 시스템은 본부와 가맹점의 계약 주체에 따라 다음과 같은 네 가지 형태로 분류할 수 있다.

① 제조업자 – 소매상 프랜차이즈

제조업체가 프랜차이즈의 본부가 되어 소매상을 가맹점으로 가입시킨 형태이다. 예를 들어, 자동차 딜러는 자동차 제조업체와 계약한 일종의 소매상으로 제조업체의 직원이 아닌 독립적인 마케팅 기능을 수행하는 역할을 한다.

② 제조업자 – 도매상 프랜차이즈

제조업자가 프랜차이즈의 본부가 되어 도매상을 가맹점으로 가입시킨 형태이다. 예를 들어, Coca-Cola, Pepsi 등의 음료 제조업체는 음료수 원액을 생산하여 가맹점이 된 도매상에게 판매하며, 도매상은 이를 음료수 형태로 제작해 소매상들에게 유통시키는 것이다.

③ 도매상 – 소매상 프랜차이즈

도매상이 프랜차이즈 본부가 되어 소매상을 가맹점으로 가입시킨 형태이다. 우리나라의 경우 석유 공급 유통 체인에서 이와 같은 구조를 볼 수 있다.

④ 서비스 기업 – 소매상 프랜차이즈

서비스 기업이 프랜차이즈 본부가 되어 소매상을 가맹점으로 가입시킨 형태이다. 외식업체 대부분이 이 형태에 속한다. KFC, 맥도날드와 같이 미국에 본사를 둔 패스트푸드 사업, Hertz, Avis와 같은 렌트카 사업, Ritzcarlton 등의 숙박 사업 등이 여기에 해당한다.

MARKETING INSIGHT

아마존의 홀푸드 인수

아마존의 음식료품 판매는 미미한 실적이다. 신선도가 생명인 음식료품을 배송하기가 쉽지 않다. 하지만 홀푸드를 인수하고 음식료품 시장에 침투를 확대하고 있다. 아마존 멤버십 서비스인 프라임을 통하여 홀푸드 제품 판매를 본격화하고 있다. 특히 홀푸드 365 제품의 경우 아마존 2시간 배송 서비스인 프라임 나우를 통해 구매가 가능하다. 결국 아마존은 홀푸드 인수를 계기로 온라인 판매가 약세였던 음식료품 시장에서 전자상거래 침투율을 상승시킬 수 있으며, 판매 카테고리 확대로 이어질 전망이다. 온라인과 오프라인의 시너지 창출도 예상된다. 아마존의 온라인 매출과 소비자 홀푸드 매장 방문이 확대되면서 오프라인 매출에도 기여한다.

출처: "Amazon to Buy Whole Foods for $13.4 Billion," New York Times, 2017년 6월 16일

3) 기업형 VMS

기업형 VMS는 계약형 VMS와 달리 한 구성원이 다른 유통 구성원에 대해 법적으로 소유의 권리가 있다. 기업형 VMS에는 전방 통합(forward integration)과 후방 통합(backward integration)이 있다. 대표적인 예로 SPA브랜드를 들 수 있다. SPA브랜드는 7장에서 언급한 바와 같이 기획에서 판매까지의 전반적인 모든 활동을 스스로 수행함으로써 일관된 품질 관리와 원가절감을 달성한다. 이는 미국 청바지 회사인 Gap이 처음으로 도입하였고, 현재 대표적인 SPA브랜드로는 UNIQLO(일본), ZARA(스페인), H&M(스웨덴) 등이 있으며, 한국 기업은 에잇세컨즈(제일모직), 스파오(이랜드) 등이 있다.

① 전방 통합

다운 스트림(down stream)을 따라 제조업체가 도소매상을 소유하거나 도매상이 소매상을 소유하는 것을 말한다. SK 에너지는 SK 주유소를 소유하는 전방 통합의 형태와 프랜차이즈 형태를 혼용하여 유통망을 강화하였다. 전방 통합은 전방 유통 구성원들의 권력을 견제하고 장악함으로써 시장비용을 감소시킬 수 있고, 고객과의 접점을 직접 관리함으로써 서비스 품질을 향상시키거나 균일하게 유지할 수 있다.

② 후방 통합

업 스트림(up stream)을 따라 도소매상이 제조업체를 소유하거나, 제조업체가 공급업자를 소유하는 것을 말한다. 현대차는 만도기계라는 부품공급업체를 소유함으로써 후방 유통망을 강화하였다. 후방 통합은 원재료나 부품에 대한 원가를 유리한 조건으로 조달가능하며, 제품에 대한 품질을 원재료에서부터 총체적으로 관리할 수 있다.

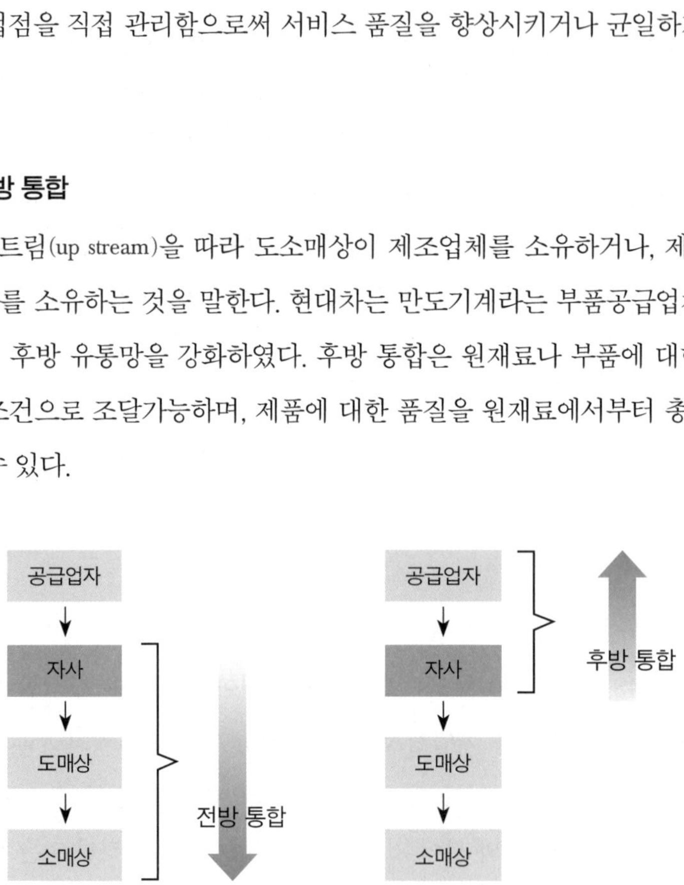

그림 11.4 기업형 VMS의 예

11.5 수평적 마케팅 시스템

1) 수평적 마케팅 시스템

수평적 마케팅 시스템(HMS: horizontal marketing system)은 같은 경로 단계에 있는 둘 이상의 기업들이 새로운 마케닝 기회를 이용하기 위해 협력하는 것이다. 이는 유통 과정에서 발생하는 위험을 감소시키고 구성원 간의 유통 효율을 높이기 위하여 노하우와 시스템 등을 공동으로 관리한다. HMS는 다른 기업과 상호 협업함으로써 시너지 효과를 얻을 수 있는 기회를 제공하기 때문에 공생적 마케팅(symbiotic marketing)이라고도 한다. 예를 들어, 더페이스샵과 한국 Coca-cola는 전략적 파트너십을 체결하여 더페이스샵 전국 매장에서 고객들을 대상으로 '산뜻한 하루 녹차'를 무료로 증정하는 행사를 한 적 있다. 또한, 옥션과 G마켓은 롯데닷컴과 제휴를 맺고, 각각 롯데백화점의 700개 브랜드 20만여 개의 상품을 선보였다. 공생적 마케팅은 마케팅 측면에서 기업 간 협동의 중요성을 강조한다. 효율적 마케팅 시스템을 위해 경쟁사와 제휴하는 경우도 쉽게 볼 수 있는데 CJ몰이 경쟁사인 현대백화점을 입점시킨 경우가 이에 해당한다. 이처럼 소비자에게 슬쩍 다가가 구매를 유도한다는 점에서는 공생마케팅을 '넛지 마케팅(nudge marketing)'이라고도 한다.

최근 복잡한 시장 환경에서 다양한 유통경로를 활용하기 위해 복수유통경로(multi channel)의 사용이 증가하고 있다. 예를 들어, 삼성전자는 대리점은 물론이고, 이마트, 롯데마트 등에도 제품을 납품한다. 소비자는 복수의 유통경로 상에 존재하는 제품의 기능과 가격을 비교함으로써 다양한 욕구를 충족할 수 있다. 유통경로를 혼합하여 사용한다는 점에서 하이브리드 채널(hybrid channel)이라고도 한다.

2) 경로 갈등의 관리

유통 구성원들은 서로 다른 특징을 가지고 있다. 예를 들어, 대형마트는 가격이 저렴하고 비교적 시설이 편리하며, 전문 대리점은 특정 전문품에 대한 구색이 다양하고, 재래시장은 가격이 저렴하다. 이들은 상호의존적 관계가 있지만, 때때로 이러한 서로 다른 특성 때문에 경로 갈등(channel conflict)이 발생하기도 한다. 대형마트와 재래시장 간의 갈등은 경로 갈등의 흔한 사례이며, 사회적 문제를 야기하기도 한다. 마케팅 관리자는 경로 구성원 전체의 목표를 효율적으로 관리하기 위해 경로 갈등을 해소하고 적절히 관리해야 한다.

경로 갈등은 크게 수평적 갈등과 수직적 갈등이 있다. 수평적 갈등은 유통경로상의 동일한 단계에 있는 유통 구성원들끼리의 갈등으로, 한 동네에 SK 주유소에 대한 영업권이 여러 개 존재할 경우, 기존 SK 주유소를 운영하던 유통 구성원이 반발하는 등의 갈등을 말한다. 수직적 갈등은 유통경로상의 서로 다른 단계에 있는 구성원 간의 갈등으로, 본사와 대리점 또는 도매상과 소매상의 갈등 유형이 이에 해당한다. 예를 들어 SK 이노베이션과 SK 주유소 간의 갈등은 수직적 갈등이다.

경로 갈등은 경로 구성원 간의 관계를 발전시키고 성과를 향상시키는 순기능과 관계를 악화시키고 효율성을 저하시키는 역기능적 효과를 동시에 가지고 있다. 따라서, 경로 갈등의 적절한 완충 방안을 강구하여 전체 경로의 목표를 달성하는 방향으로 많은 노력을 기울여야 한다.

11.6 전략적 물류 관리

1) 물적 유통의 개념

① 물류의 역할

물류(logistics)는 고객의 니즈를 충족시키기 위하여 상품, 서비스, 정보의 흐름(flow)과 보관(storage)을 효율적으로 계획, 집행, 통제하는 공급체인 활동이다. 특히 이러한 물류에 관한 계획, 집행, 통제 활동이 전략적인 차원에서 수행된다면 이를 전략적 물류 관리(strategic logistics management)라 한다.

물적 유통은 공급체인의 구성 요소인 공급업자, 원자재의 획득과 제조과정, 유통경로, 고객으로의 부가가치 흐름(value-added flows)을 관리함으로써 기업 전체 활동의 균형을 유지하는 역할을 담당한다. 즉, 제조, 공급, 유통 및 판매, 고객 관리 등의 활동을 중앙에서 통합, 조정하는 역할을 하며 부가가치를 창출시킨다는 것을 인식하여야 한다.

물류에서 부가가치는 지속가능한 경쟁적 우위가 된다. 만약 물류 시스템이 고객이 원하는 것을 충족시켜 준다면 이는 경쟁자가 쉽게 모방할 수 없는 경쟁적 우위가 된다. 예를 들어, 창고 네트워크나 정보 시스템의 재구축은 짧은 시간 내에 이루어지기 어렵다. 아울러 물류 관리자가 성공하기 위해서는 그들 조직 내에서 다양한 물류의 역할을 개발하고, 물류의 기능에 대해 전략적 사고가 필요하다.

이를 위해서는 우선적으로 물류 기능을 경영전략 범위 내에서 인식하여야 하고, 그 기능들이 물류 파이프라인을 흐르면서 가치가 부가되고 조직의 수익성에 중요한 역할을 한다는 인식이 필요하다. 지속가능한 경쟁적 이점(SCA: sustainable competitive advantages)을 획득하기 위해서는 물류 활동이 직접적으로 조직의 전략계획에 접목되어야만 비로소 가능하다.

② 물류의 목표

물적 유통의 목표는 크게 고객 서비스와 비용 최소화의 두 가지 측면을 고려하여야 한다. 고객 서비스는 서비스 제공능력과 서비스의 질을 향상시키는 것이다. 기업의 서비스 제공능력은 고객의 주문에 적시에 그리고 신속하게 반응하며, 유연하게 대처할 수 있는 능력을 말하며, 서비스의 질은 배송의 정확성, 불량품의 처리능력 등을 포함한다.

또한, 기업은 전체 물류 시스템을 최소비용으로 운영하기 위해 가치사슬의 전반적인 비용을 감소시키는 방법을 선택한다. 물류비용은 개별 물적 유통 간의 상

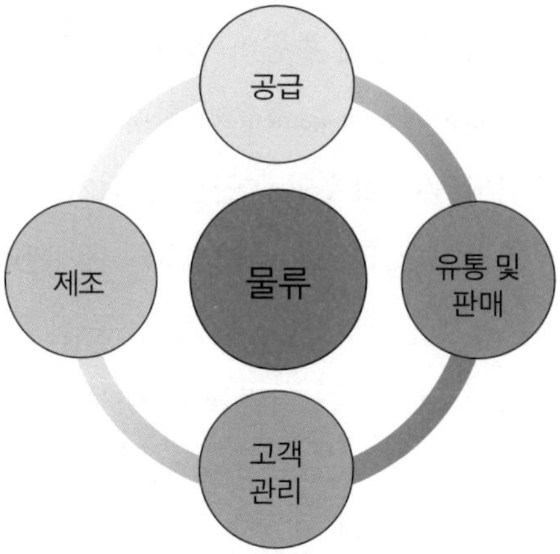

그림 11.5 물류의 역할

충관계가 존재하는데, 예를 들어 재고비용을 감소시키기 위해 물류 구조를 조정하면, 제조, 공급, 유통 및 판매, 고객 관리 측면에 전반적인 영향을 미치게 된다. 이러한 물적 유통의 목표를 효율적으로 달성하고자 최근에 기업들은 유통 파트너로서 제3자 물류(third party logistics)를 자주 사용한다. Fedex, DHL 등과 같은 기업은 전문적인 수송수단과 정보체계를 이용하여 기업의 활동을 지원 · 보조하는 역할을 수행한다.

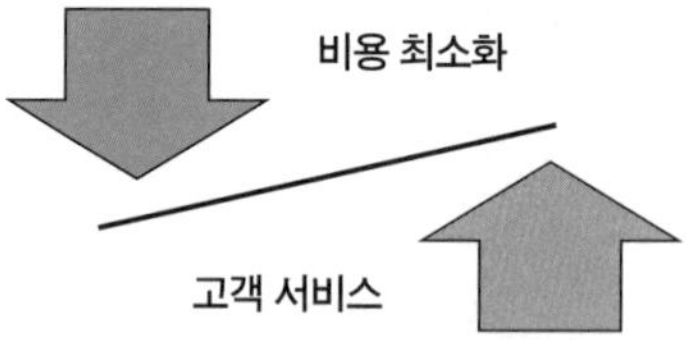

그림 11.6 물류의 목표

2) 물적 유통의 계획

최근에는 경쟁적 이점의 도구가 4P를 넘어 3R, 즉 신뢰성(reliability), 반응성(responsiveness), 관계(relationship)로 확장되고 있다. 물류전략은 궁극적으로 이러한 목표를 달성하기 위해 수립된다. 또한 물류전략의 궁극적인 목표를 경영전략과 일관성을 유지하면서 물류역량을 시장 니즈에 맞추는 것이다. 시장에서 경쟁력을 가질 수 있도록 물류를 관리하고 조직을 구축하는 내용도 포함한다. 다시 말해, 세분화된 고객 집단에 독특하고 차별적인 물류 서비스를 제공하는 것이다.

물류전략의 개발 과정은 일반적으로 다음의 5단계로 구성되어 있다. 이들의 과정은 단순화시킨 물류전략 또는 특정 고객만족 과정으로 표현할 수 있다. 물류전략 개발의 궁극적 목표는 기업이 물류를 통해 독특한 사업을 영위하기 위한 것으로 요약할 수 있다.

① 물류와 관련된 구매 기준에 기초하여 고객을 정확히 세분화
② 서로 다른 고객 집단마다 적절하고 차별화된 서비스 수준을 결정
③ 새로이 정해진 서비스 수준을 지원하기 위하여 기존의 물류 경로를 재구축
④ 표적고객 집단에 서비스를 제공하기 위해 서로 다른 물류 경로 간의 규모의 경제(예; 물류자산의 공동 활용)를 활용
⑤ 통합된 보고 시스템을 구축하고 부서 간의 협조를 증진

3) 물류 서비스의 구성요소

물류 시스템 전체의 목표를 달성하기 위해 개별 물적 유통의 관리가 이루어져야 한다. 고객 서비스 관리, 주문 처리, 재고 관리, 창고 관리, 수송 관리 등은 물적 유통의 주요한 요소들이다. 이들은 정보 시스템을 바탕으로 운영되고 있으며 상호 밀접한 관련이 있다.

① 주문 처리(Order processing)

물류 서비스는 일반적으로 고객의 주문에서부터 시작된다. 본격적인 거래가 시작되지 않더라도 시장에서 고객의 욕구가 발생하면 기업은 고객에게 거래 이전 서비스를 제공해야 한다. 예를 들어 기업은 주문의 편의성을 위해 콜센터, 인터넷 주문 사이트 등을 개설하고, 고객에게 명문화된 주문 절차를 제공할 수 있는 능력

을 사전에 갖추고 있어야 한다. 주문 처리는 신속하고 간편하게 이루어져야 하며 이는 기업의 이익증대와 고객만족에 영향을 미친다.

② 재고 관리(Inventory management)

물적 유통의 원활한 흐름과 재고 관리를 위해서 창고(warehousing) 관리가 수반된다. 창고는 제품의 저장을 주요 목적으로 하는 저장용 창고(stocking locations)와 상품 저장보다는 상품의 효율적 이동을 위해 설계된 유통 센터(distribution center)로 나눌 수 있다. 유통 센터는 보통 대규모이며 고도로 자동화된 시스템을 갖추고 있다. 기업은 설치할 창고의 수와 최적 입지를 선정해야 하는데, 제품의 특성과 시장의 성격, 유통 구조 등에 따라 그 전략을 달리 할 수 있다. 예를 들어, 중간유통업자는 창고의 입지를 수요의 중심지에 위치하는 전략을 취한다.

재고 관리의 목표는 수요, 비용, 고객 서비스 간의 균형과 총 재고비용을 최소화하는 것이다. 예컨대, 재고를 많이 확보해 두는 것은 고객 서비스를 높일 수 있지만 관리에 따른 추가비용이 발생한다. 따라서, 물류 관리는 한 부분의 비용을 감소시키면 다른 쪽의 비용이 증가하게 되는 상충관계가 존재한다. 재고는 재고 유지비용(inventory carrying cost), 주문비용(procurement cost), 재고 부족비용(out-of-stock cost) 간의 관계를 파악하여 최적의 서비스 수준을 결정할 필요가 있다.

③ 수송(Transportation)

수송비용은 일반적으로 물류비 중에서 가장 많은 비용을 차지한다. 수송의 형태는 상품 가격, 배송 시간과 효율성, 인도시 상품 상태에 주는 영향, 비용 등을 다각적으로 고려한다. 수송수단은 철도, 트럭, 해상운송, 파이프라인, 항공 등이 있으며 이들은 상대적으로 서로 다른 특징을 가지고 있다.

철도는 다양한 상품을 취급할 수 있다는 장점이 있으나, 운반 시 파손의 가능성이 가장 크며, 트럭은 공항이나 항구 등의 대형 인프라가 구축되지 않은 장소에까지 배달이 가능하다는 이점이 있다. 해상운송은 대체적으로 가장 저렴하며 파이프라인은 제품의 파손이나 유실 등의 가능성이 가장 적다. 항공은 배달 속도에서 가장 우월하지만 가격이 가장 비싸다는 특징이 있다. 마케팅 관리자는 제품의 특성과 소비자의 욕구를 반영하며, 비용을 감소시킬 수 있는 수송수단을 선택해야 한다. 최근에는 복합수송(intermodal transportation)을 주로 사용한다. 예를 들어 트럭과 철도를 혼용하는 피기백(piggyback), 해상운송과 철도를 혼용하는 피쉬백(fishback), 트럭과 항공을 혼용하는 버디백(birdyback) 등이 있다.

Wal-mart의 성공 요인 중에서 크로스도킹(cross-docking) 기법을 들 수 있다. 크로스도킹은 중앙집중식 분배 방법(source-based distribution)과 지역 분할식 분배(market-based distribution) 방식의 장점을 혼합한 것으로, 상품을 보관하지 않고 곧바로 각 매장에 전달하는 방식이다.

④ 정보 시스템

컴퓨터 소프트웨어와 하드웨어의 급속한 발전은 물적 유통 시스템의 신속성과 효율성을 지속적으로 향상시키고 있다. Wal-mart는 물류 및 재고 관리의 효율성을 위해 전파 식별 장치(RFID: Radio Frequency Identification)를 도입하여 판매하는 모든 제품과 배송 차량에 전자 태그를 부착, 유통의 전 단계를 실시간으로 추적하여 관리한다. 이는 물류의 흐름을 효율적으로 관리할 뿐만 아니라 재고부족 비용을 상당히 감소시킬 수 있다. 일본의 미쓰이사는 고객이 배달을 맡긴 후 배달품의 운송위치를 컴퓨터를 통해 항상 고객에게 제공함으로써 서비스 품질을 향상시키기 위해 노력하고 있다.

4) 본원적 물류전략

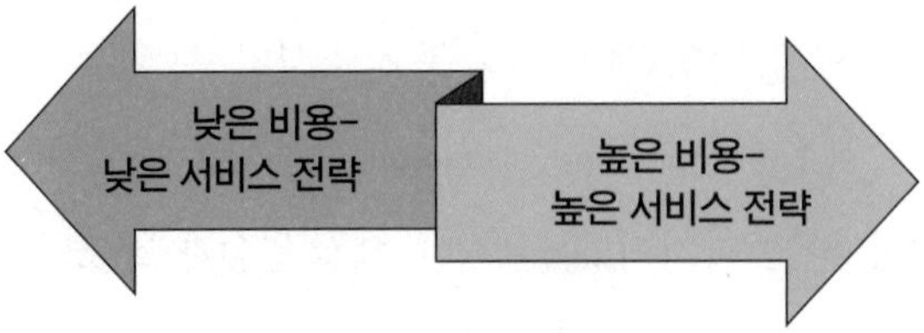

그림 11.7 본원적 물류전략

경쟁우위 확보를 위한 2가지 본원적 물류전략은 원가우위(cost advantage)와 차별화(differentiation) 전략으로 구분할 수 있다.

대표적인 원가우위 전략은 낮은 비용-낮은 서비스 전략이다. 낮은 비용은 효율적 물류운영을 통하여 물류비를 절감함으로써 달성 가능하다. 예를 들어, 공동배송 시스템을 구축하여 원가 우위를 얻을 수 있다.

반면에 차별화 전략은 높은 비용-높은 서비스 전략이다. 높은 서비스를 제공함으로써 물류 서비스를 차별화할 수 있다. 차별화 전략은 경쟁자와 다른 독특한 서비스를 고객에게 제공하는 전략이다. 예를 들어, 소화물 배송 서비스는 배달시간에 의하여 차별화된다. 익일 배송 서비스는 가격을 가장 높게 부가하면서 긴급한 고객이 원하는 특별한 서비스를 충족시켜 준다. 그러나 차별화는 반드시 높은 가격을 부가하는 것만을 의미하지는 않는다. 예를 들어, 피자배달의 경우 정해진 시간을 넘으면 가격을 할인해 주는 서비스 차별화 전략도 있다. 원가우위 전략과 차별화 전략을 혼합한 물류전략도 가능하다.

그러나 Michael Porter가 제시한 바와 같이 전략이 모호하면 기업이 곤경에 빠질 수 있다. 본원적인 전략들이 추구하는 궁극적인 목표는 지속가능한 경쟁우위를 구축하려는 것이다. 기업이 물류의 전략적인 가치를 인식하더라도 이를 집행하기는 쉽지 않다. 물류전략의 효율적이고 효과적인 집행을 위해 필요한 것은 물류 시스템 구성요소들의 조화로운 작동이다. 이를 토대로 물류전략은 인바운드(in-bound) 물류와 아웃바운드(out-bound) 물류를 구분하여 디자인된다. 인바운드 물류의 주요 고객은 내부고객이다. 따라서, 생산부서의 니즈가 인바운드 물류전략 구상에 적극 반영된다. 반면에 아웃바운드 물류의 주요 고객은 외부 고객이다. 따라서, 소매업자나 OEM업자들의 니즈가 아웃바운드 물류전략에 충분히 고려되어야 한다.

11.7 공급체인 관리

공급체인 관리(SCM: Supply Chain Management)는 원재료 구매에서부터 최종고객까지의 전체 물류흐름을 계획하고 통제하는 통합적인 관리 방법이다. 공급체인 관리는 공급업자, 최종고객, 유통경로 구성원, 제3자 물류의 업무까지 통합함으로써 전체 경로 효율성을 높이자는 목적에서 출발했다. 조직 안팎을 망라해 물류와 관련된 모든 기능을 하나의 단위로 보고 물적 흐름과 정보의 흐름을 체계적으로 관리하여 전체 흐름을 최적화하기 위한 기법이다.

원재료나 상품, 서비스가 흘러가는 네트워크를 공급체인(supply chain) 또는 파이프라인(pipe line)이라고 한다. 과거에는 물적 유통에 관여하는 주요 집단을 제조업자, 도매업자, 소매업자에 한정했지만 공급체인 관리에서는 공급업자와 최종고객까지 포함시킨다.

1) SCM의 주요 활동

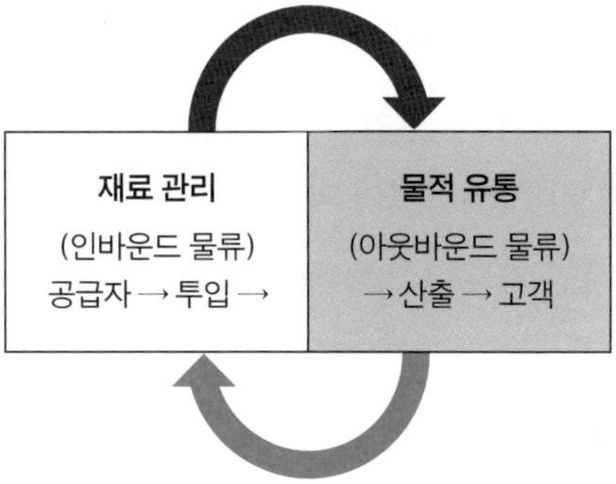

그림 11.8 공급체인의 활동

재료 관리는 원재료의 공급처에서 제조공정 전반의 제반활동을 관리하는 것을 의미하며, 물류는 생산된 제품을 최종고객에게까지 옮기는 활동의 관리이다. 재료 관리와 물적 유통 관리 중에서 재화나 용역의 수송이 중요한 활동으로 등장한다. 이러한 관점에서 재료 관리는 제조공정에의 투입과 관련된 활동으로 볼 수 있기 때문에 인바운드 물류라 하고, 물적 유통 관리는 생산된 제품의 산출과 관련되어 있다고 볼 수 있으므로 아웃바운드 물류라고 한다.

2) SCM의 원칙

① 고객지향성

공급체인 관리의 기본 원칙은 고객의 가치와 니즈를 이해하는 것에서 출발한다. 고객의 니즈에 따라 시장을 세분화하고 세분화된 고객층의 서로 다른 니즈를 충족시키는 것을 공급체인 관리의 기본으로 삼는다.

② 강력한 파트너십 구축

파트너십은 합의된 기간 동안 물류파트너들이 상호 이익과 위험을 공유하는 것을 의미한다. 공급체인 상에서 두 개 또는 그 이상의 기업들은 자산 소유 및 시장 위험을 분산시키면서 장기적인 사업관계를 유지하게 된다. 이 과정에서 필수적인 것은 상호 협력과 원활한 커뮤니케이션이다. 물류파트너십은 소유, 장기계약, 상호이해 등의 다양한 법적 또는 계약적 형태를 취하게 된다. 그러나 공급체인 관리가 성공하려면 무엇보다도 공급체인 구성원 간의 파트너십을 유지하겠다는 신뢰가 중요하다. 이러한 신뢰가 가능할 때, 자동재고보충과 같은 기법들이 그 효과를 발휘할 수 있다. 만약 소매업자가 제조업자에게 판매 정보와 재고 정보를 공개하지 않는다면 장기적인 파트너십을 통한 효과를 상호 기대할 수 없다.

③ 계획수단과 정보수단의 활용

공급체인 관리의 성공을 원하는 기업은 지속적으로 물류계획의 제 수단들을 활용해야 한다. DRP(distribution resource planning), MRP(material requirement planning), MRP II, JIT(just in time), JIT II 등의 활용이 도움이 된다. 그러나 공급체인 관리는 재고 관리 이상의 의미를 담고 있어서 EDI(electronic data interchange)나 시뮬레이션 패키지와 같은 정보활용수단도 함께 활용되어야 한다.

④ 경로 전체를 통합하는 정보 시스템

정보 시스템은 공급체인 관리에서 핵심 성공 요인이다. 컴퓨터 기술의 발달로 다루기 쉬운 소프트웨어가 개발되어 MRP II, DRP, 수요예측, 입지선정, 배차 등의 문제를 손쉽게 해결하고 있다. 공급체인 활동을 시뮬레이션 할 수 있는 소프트웨어도 개발되어 있다.

최근에 인터넷의 발달로 엄청난 양의 정보에 접근이 가능해졌고 자료의 이동도 용이하고 신속해졌다. 바코드 스캐너와 자동인식 기술이 확산되면서 자료 입력 시 오류도 많이 줄일 수 있다. 또한 판매 시점에서 즉시 스캐너를 이용하여 판매 및 소비 자료를 입력할 수 있다. 스캐너 자료는 데이터베이스에 거래 자료로 기록되면서 재고상태를 즉시 알려 준다. 이 자료는 자동보충을 위해서 활용된다.

공급체인 파트너들 간의 커뮤니케이션은 적시에, 효과적으로 이루어져야 한다. 이는 수량, 품질, 재고에 관한 정확한 정보가 공급체인에 참여하는 집단에 적시에 제공되어야 함을 의미한다. 또, 데이터베이스를 상호 공유하여 접근을 용이하게 함으로써 수요 및 판매 자료, 재고 상황, 배송, 주문 수량 등의 정보가 어떤 장소에서든 언제라도 제공되어야 한다. 이를 위해 EDI를 활용하면 표준화된 형태로 자료를 손쉽게 교환할 수 있다. 정보 공유가 원활해지면 단기적으로는 주문을 무재고 원칙 하에서 충족시킬 수 있고, 중기적으로는 자재계획을 효율적으로 수행할 수 있으며, 장기적으로는 전략계획과 고객과의 협상을 효과적으로 이행할 수 있다.

⑤ 상품과 서비스 품질의 제고

기업은 고객의 니즈를 충족시키기 위해 상품을 생산하고 공급한다. 고객이 원하는 것은 상품의 사양에 반영된다. 그러나 기술적인 사양은 항상 고객이 원하는 것을 반영해 주지는 못한다. 왜냐하면, 상품을 디자인하고 생산하는 시스템이 완벽하지 못할 경우가 있기 때문이다. 결과적으로 완성된 상품을 평가할 품질 시스템 기준이나 지침 개발이 필요하다.

공급체인 파트너 간에 상호 만족할 수 있는 품질 보증 절차가 있다면 상품의 흐름은 훨씬 개선될 수 있다. 이러한 관점에서 ISO 9000과 같은 인증은 상품, 서비스, 절차의 품질 수준을 높여 준다.

Practice

연습문제

1. 다음 중 중간상 이용 시의 이점이 아닌 것은?

1) 거래의 경제성　　2) 물류비용 절감
3) 시간적 제약 극복　　4) 장소적 제약 극복

2. VMS 중 프랜차이즈는 어떠한 형태에 속하는가?

1) 기업형　　2) 계약형
3) 관리형　　4) 종속형

3. 같은 경로단계에 있는 둘 이상의 기업들이 새로운 마케팅 기회를 이용하기 위하여 함께 협력하는 것을 무엇이라고 하는가?

(　　　　　　　　)

4. 경로 갈등을 설명하시오.

제12장

마케팅 커뮤니케이션 전략

MARKETING

TED 도입 사례

트위터 사용자를 주목하라

Odeo의 CEO인 Evan Williams가 엔지니어로 채용한 Jack Dorsey는 수년간 골몰해 온 아이디어를 제안한다. 그것은 친구들에게 간단한 안부 메시지를 전송하는 시스템이었다. 선택과 집중이 중요한 신생기업에서 사이드 프로젝트는 어렵지만, 이전의 회사에서 작은 프로젝트라고 생각한 Blogger를 성공했기 때문에, 직감을 따르기로 했다. 그리고 그 성공이 다시 Twitter에서 일어난 것이다.

Twitter는 무척 쉽고 평범한 개념을 기반으로 한다. 140자 내외로 내가 뭘 하는지 이야기를 하고 관심 있는 사람들은 몇 초 만에 그 메시지를 보게 된다. 여기에서 가장 핵심적인 아이디어는 Twitter가 중대한 사건이거나 평범한 것들이나 상관없이 사람들 삶의 순간을 언제나 그들이 원할 때 공유하게 해 준다는 것이다. 이것이 초기부터 우리가 보아 온 Twitter의 주요 기능이다.

예상하지 못했던 것 중 하나는 이 단순한 시스템으로부터 진화된 다양한 접근 방법이다. 그 중 하나는 Twitter가 실시간으로 사건의 현장을 전달하는 데 중요한 역할을 하는 것이다. San Diego에서 2007년 10월에 산불이 번졌을 때 사람들은 이웃들로부터 정보를 얻고자 Twitter에 접속했으며, L,A. Times, L.A. 소방국, 적십자도 Twitter를 사용했다. 로스앤젤레스 주변에서 인기 있는 한국식 불고기 타코 트럭도 흥미로운 사례이다. 트럭의 위치를 Twitter를 통해 서로 알려주고 Twitters들은 불고기 타코를 쉽게 구매한다.

사용자들이 만든 다양한 Twitter의 진화 중 하나는 특정 사람 또는 특정 메시지에 대해 회신을 하는 방법이다. "@username" 구문도 전부 사용자들에 의해 만들어졌으며, 많은 사용자가 쓰기 전까지 Odeo는 시스템 상에 이것을 구현하지 않았다. 이것이 바로 사용자들이 시스템을 만들었다는 증거 중 하나이다.

Summize라는 버지니아의 작은 회사는 Twitter의 검색엔진을 개발했다. 그리고 전 세계에 어떤 일들이 일어나고 있다면, 어떤 토픽이나 이벤트도 실시간으로 찾아낼 수 있다는 엄청난 사실을 깨달았다. 예를 들어 애틀랜타의 기름 부족 사태와 관련된 일을 찾아볼 수 있다. 또한, 누군가 기름을 판매하고 있는 주유소를 발견하고 어디에서 얼마에 판매하고 있는지 Twitter하였고 #atlgas라는 키워드를 붙여 다른 사람들이 스스로 검색하여 찾아내도록 하였다. 그리고 사람들이 통신 네트워크를 이용하여 서로서로 도와나가는 이러한 트렌드는 단순히 가족이나 친구 간에 상황을 알고자 한 원래의 아이디어를 한참 뛰어넘는 것이었다. 최근에는 집 없는 사람들 또는 아프리카의 식수공급 문제, 위험에 처한 사람들 등을 위해 기부금을 모으는 일들이 잦아지고 있다. 사람들은 Twitter를 통해 몇 차례나 짧은 기간에 수만 불의 기금을 모을 수 있었다. 더 쉽게 사람들과 정보를 공유함으로써 더 많은 좋은 일들이 일어나는 것이다.

출처: Evan Williams, "Listening to Twitter users", www.ted.com

도입 사례는 Twitter의 사례를 통해 사람들의 커뮤니케이션에 대한 욕구 형성과 과정, 커뮤니케이션의 발전 과정을 보여주고 있다. 최근 IT기술과 전자산업의 발달로 기업의 커뮤니케이션은 일방적인 메시지 전달에서 고객과의 양방향, 선택적 수용 등으로 그 형태가 변화하고 있다. Twitter는 커뮤니케이션 욕구를 자극하여 매우 단순한 정보 전달에서부터 사회적 모금 운동에까지 많은 영향을 끼치고 있다. 기업의 커뮤니케이션 전략 또한 단순한 정보 전달이나 광고의 형태가 아닌, 고객이 능동적으로 커뮤니케이션 과정에 참여하여 스스로 커뮤니케이션 가치를 창조할 수 있도록 수립되어야 한다. 이 장에서는 마케팅 커뮤니케이션의 역할과 구성요소들, 전반적 과정에 대해 살펴볼 것이다.

12.1 마케팅 커뮤니케이션의 역할

마케팅 커뮤니케이션(marketing communications)은 기업의 제품이나 브랜드에 대해 직접적 또는 간접적으로 소비자에게 정보를 전달하고, 설득하며, 기업에 대해 상기시키는 등의 역할을 한다. 이러한 과정은 여러 가지 형태로 고객과의 대화나 관계를 수립함으로써 진행된다. 구체적으로 마케팅 커뮤니케이션은 어떠한 고객들이 언제, 어떻게, 어디서 제품을 사용하게 될지 알려주며, 그 제품을 누가 만든 것인지, 그 기업의 브랜드는 어떤 것인지 알려준다. 이러한 일련의 활동들은 결과적으로 브랜드 자산에 영향을 미친다. 즉, 마케팅 커뮤니케이션을 수행함으로써 즉각적인 판매활동과 함께 브랜드 인지도와 브랜드 연상을 형성한다. 또한 장기적으로 고객 로열티, 기업 장기성과, 심지어는 기업의 주가에도 영향을 미치게 된다.

정보통신기술이 발전함에 따라 고객들의 커뮤니케이션 과정도 급격히 변화하였으며, 심지어는 모든 커뮤니케이션 프로세스를 고객들이 선택할 수도 있다. 스마트폰과 인터넷의 급격한 확산, 광고 생략(Ad-skipping) 디지털 비디오 등은 매스미디어의 효과를 크게 감소시켰다. 고객들은 이제 미디어 선택에 있어 더욱 다양함을 추구할 뿐만 아니라, 그들이 원하는 내용만을 선택할 수 있다. 상업적 광고는 이미 우리의 생활에 너무나 만연해 있어서 소비자는 그것을 모두 받아들이려고 하지 않으며 커뮤니케이션 매체들에 대해 짜증을 내기도 한다. 따라서, 마케팅 관리자는 고객들의 생활에 방해를 주지 않는 방법 안에서 커뮤니케이션 기술들을 개발해야 한다.

12.2 마케팅 커뮤니케이션 과정

마케팅 커뮤니케이션의 효과를 이해하기에 유용한 두 가지 모델이 있다. 첫 번째는 마케팅 커뮤니케이션 과정의 8가지 구성요소들을 제시한 거시적 관점에서의 모델이고, 두 번째는 커뮤니케이션 과정에서 소비자의 특정한 반응에 집중하는 미시적 관점의 모델이다.

마케팅 관리자는 효과적인 커뮤니케이션의 기본적인 8가지 구성요소를 알아야 한다. 이러한 모델은 거시적인 관점에서의 과정을 보여준다. 〈그림 12.1〉과 같이 발신인의 메시지가 여러 과정을 거쳐 수신인에게 전달되고, 수신인이 해석하여 받아들인 반응이 다시 발신인에게 돌아오는 형태의 구조로 이루어진다.

발신인(sender)은 메시지를 보내는 사람으로, 이들은 누구에게 자신의 메시지가 전달되는지, 어떤 반응을 획득하기를 원하는지 알아야 한다. 발신인은 자신이 목적에 맞는 메시지를 결정하여 수신인이 어떤 방식으로 이를 해독하는가를 고려하여 메시지 내용을 그림, 문자, 언어 등으로 가공한다. 이러한 과정을 부호화(encoding)라고 한다. 이때, 메시지(message)는 발신인이 수신인에게 전달하고자 하는 것으로 매체를 통해 보내진다.

매체(media)는 메시지를 발신인으로부터 수신인에게 전달하는 경로이다. 발신인은 메시지가 표적 청중에게 효율적으로 노출될 수 있는 매체를 선정해야 한다. 매체를 통해 메시지가 전달되면 메시지를 받은 수신인(receiver)은 발신인이 부호화한 메시지를 해독(decoding)하는 과정을 거치게 된다.

수신인이 부호화된 메시지를 해독한 후의 행동이나 감정의 변화를 반응

(response)이라 하는데 수신인은 이러한 변화 중 일부를 특정 형태로 발신인에게 피드백(feedback)한다. 발신인은 사전에 반응을 효과적으로 감지할 피드백 채널을 확보하는 것이 중요하다. 이러한 마케팅 커뮤니케이션의 과정 중 잡음(noise)이 발생하게 된다. 잡음은 발신인이 전달한 내용을 수신인이 완벽하게 받지 못하게 하거나 왜곡시키게 하는 다양한 환경을 의미한다.

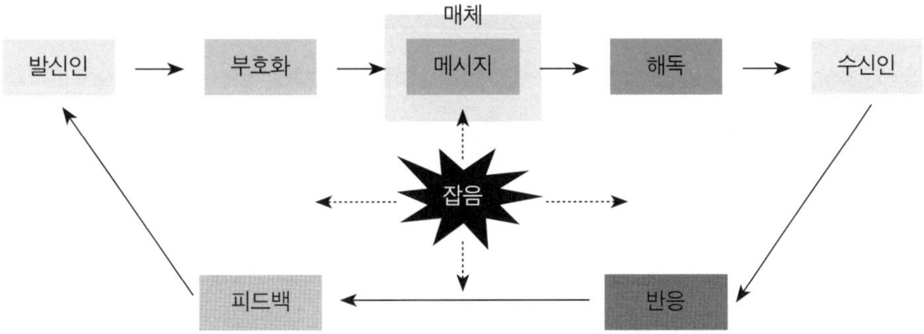

그림 12.1 마케팅 커뮤니케이션 과정의 구성요소들

출처: George E. Belch and Michael A. Belch, Introduction to Advertising and Promotion: An Integrated Marketing Communications Perspective, 6th ed., Irwin, 2004, p. 139

12.3 마케팅 커뮤니케이션의 반응 계층 모델

1) 반응 계층 모델

전통적인 반응 계층 모형으로 AIDA 모델, 계층효과모델(Hierarchy-of-Effects Model), 혁신수용모델(Innovation-Adoption Model), 커뮤니케이션 모델(Communications Model)을 들 수 있다.

AIDA 모델은 광고에 처음 노출된 소비자가 주의(attention), 관심(interest), 욕구(desire), 행동(action)의 단계를 거친다.

계층효과모델은 인지(awareness), 지식(knowledge), 호감(liking), 선호(preference), 확신(conviction), 구매(purchase)를 거친다.

혁신수용모델은 인지(awareness), 흥미(interest), 평가(evaluation), 시도(trial)를 거쳐 수용(adoption)하게 된다는 것이다.

또 커뮤니케이션 모델은 한 방향에서 쌍방향, 순환형, 나선형의 구조로 발전해 왔으며 대체로 노출(exposure), 수신(reception), 인식반응(cognitive response), 태도(attitude), 의도(intention), 행동(behavior)을 거쳐 반응이 일어난다.

이러한 반응 프로세스는 모두 인식의 단계에서부터, 정서적 단계, 행동적 단계라는 일련의 과정을 거친다는 공통점이 있으며, 과정적 개념이 유사하다. 여기서는 계층효과모델에 대해서 자세히 알아 볼 것이다. 아래 그림은 촉진에 있어 계층효과모델의 일련의 프로세스를 나타낸다. 각 단계는 다음과 같은 특성을 갖는다.

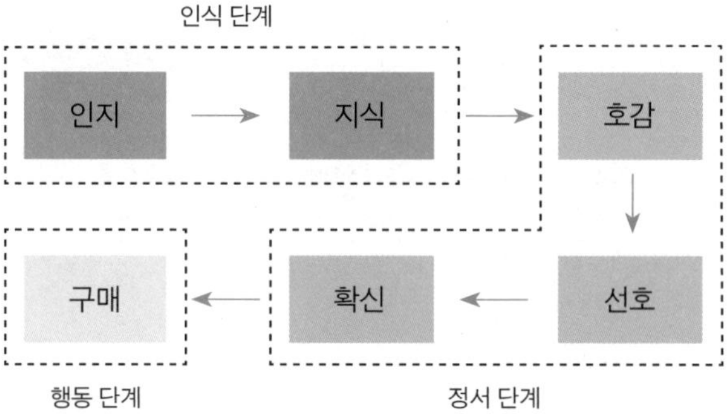

그림 12.2 촉진의 계층효과모델

① 인지: 표적 청중이 제품이나 기업을 인지하도록 하는 노력으로, 상표명이나 회사명을 반복적으로 노출한다. 반복적 광고는 인지도를 향상시키기 위한 대표적인 수단이다.

② 지식: 표적 청중이 회사명이나 상표명을 알고, 그 이상의 기업이나 제품에 대한 구체적 정보에 대해 알게 되는 과정이다.

③ 호감: 표적 청중은 인지하여 받아들인 정보를 바탕으로 기업이나 제품에 대해 호의적이거나 비호의적인 평가를 하게 된다.

④ 선호: 표적 청중은 제품에 대해 호감이 있더라도, 경쟁제품과 비교하여 선호하

지 않을 수 있다.

⑤ 확신: 표적 청중에게 제품의 구매로 인하여 효용을 얻고, 만족할 것이라는 확신을 심어줄 필요가 있다.

⑥ 구매: 기업은 가격할인, 행사, 용이한 접근 등을 통하여 소비자의 즉각적인 구매를 유도한다.

커뮤니케이션 과정이 진행되면서 소비자들은 학습-느낌-행동(learn-feel-do)의 과정을 거치게 된다. 이러한 학습체계는 관여도에 따라 다르게 나타날 수 있다.

고관여 구매의사결정 시, 구매에 대한 관여 수준이 높고, 상표 간에 뚜렷한 차이가 있을 때는 학습-느낌-행동(learn-feel-do)의 과정을 거치고, 고관여 제품이지만 상표 간 차이가 미미한 경우는 행동-느낌-학습(do-feel-learn)의 인지 부조화 과정을 거친다.

저관여 구매의사결정 시, 상표 간 차이가 크거나 적은 경우 모두 학습-행동-느낌(learn-do-feel)의 과정을 거치고, 습관적인 구매의 경우 행동-느낌(do-feel)만을 거치게 된다. 예를 들어, 자동차 구매 시 광고와 같은 자극으로부터 충분히 정보를 수집하고 학습하여, 구매하고자 하는 자동차에 대한 지식을 축적한다. 그 후 호의적인(또는 비호의적인) 평가를 하게 되고, 경쟁 제품과 비교하여 선호하게 되면, 제품 구매에 대한 확신을 느끼게 되고, 마지막으로 구매행위를 하게 된다. 반면, 관여도가 낮은 아이스크림의 경우 광고와 같은 자극을 통해 학습하게 되지만, 확실한 선호나 구매에 대한 확신이 없는 상태에서도 기분에 따라 구매하고 아이스크림을 먹고 그에 대해 평가를 하게 되는 것이 일반적이다.

2) 소비자의 선택적 특성

마케팅 커뮤니케이션 과정에 있어, 일반적으로 발신인은 판매자가 되며 수신인은 소비자가 된다. 소비자들이 모든 정보를 완벽하게 받아들이고, 해석하며, 기억하는 것은 불가능하다. 이러한 이유는 다음과 같은 소비자 지각(perception)의 특성 때문이다.

① 선택적 주의(Selective attention)

소비자들은 선택적으로 주의를 기울여, 자극이 크거나 개인적으로 관심이 있는 자극에만 주의를 집중하여 이 외의 자극들은 무시하기 때문에 모든 자극을 감지하는 것은 어렵다.

② 선택적 왜곡(Selective distortion)

소비자들은 그들이 원하는 것만 듣고 싶어하는 경향이 있어서 메시지를 자의적으로 변형하여 수용한다.

③ 선택적 보유(Selective retention)

소비자들이 그들의 장기기억 속에 메시지의 일부만 간직할 뿐만 아니라 정보를 검색할 때도 선택적으로 검색하기 때문에 노출된 정보 중에 일부만을 기억한다.

12.4 마케팅 커뮤니케이션 전략 계획

커뮤니케이션 전략을 계획함에 있어 다음과 같은 모델을 활용할 수 있다. 효과적인 커뮤니케이션 전략을 실행하기 위해서는 구매의사결정 단위(DMU: Decision Making Unit)에 대한 이해가 선행되어야 한다.

1) 대상

표적 청중을 파악한다. 청중은 제품의 잠재적 구매자나 현재 사용자들로서 직접 구매를 결정하거나 의사결정에 영향을 줄 수 있는 사람이다. 이들은 개인 소비자인 경우도 있고, 집단일 수도 있다. 표적 청중은 시장세분화와 표적시장 선택 등

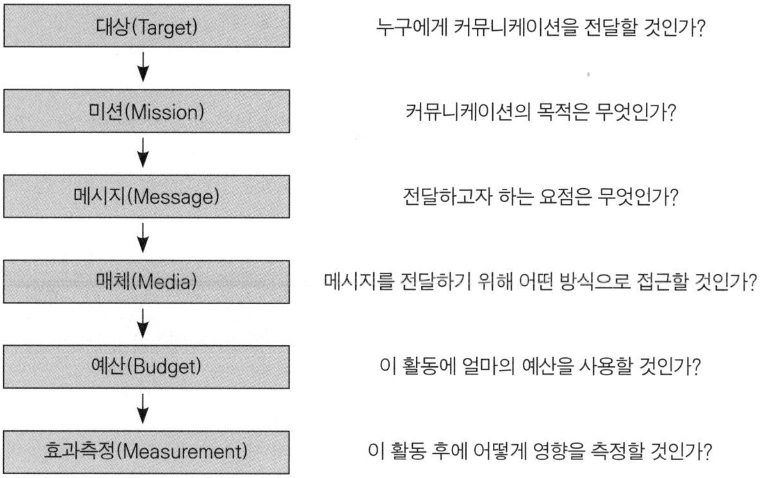

그림 12.3 효과적 마케팅 커뮤니케이션을 위한 전략적 계획

의 중요한 지침이 되며, 표적 청중에 따라 메시지의 내용과 형태, 전달매체를 결정하게 한다.

2) 미션

커뮤니케이션의 궁극적인 목적과 표적 청중으로부터 원하는 반응을 결정하는 과정이다. 마케팅 커뮤니케이션의 최종목표는 소비자의 구매이다. 소비자의 최종 반응은 위에서 언급한 반응 계층 모델 등 일련의 과정을 거쳐 형성된다.

3) 메시지

효과적인 메시지란 충분히 주의를 끌 수 있어야 하며, 흥미를 유발하고 욕구를 자극하며 행동을 이끌어 낼 수 있어야 한다.

① 메시지 내용

의사전달자가 원하는 반응을 얻어낼 수 있는 메시지의 소구(appeals) 방향이나 주제를 말한다. 소구방법으로 이성적 소구, 감성적 소구, 도덕적 소구가 주로 이용된다.

이성적 소구는 제품 구매가 청중에게 경제적 편익을 제공한다고 강조한다. 예를 들어, 제품의 품질, 경제적 편익, 가치, 성능 등을 강조한다. 현대차는 'Energy first class'라는 문구로 연비를 강조하였다.

감성적 소구는 구매를 유도할 수 있는 부정적 또는 긍정적 감성을 유발하는 것이다. 예를 들어, 보험광고의 경우 보험에 가입하지 않을 시 돌아오는 손실을 제시하고, 공포를 야기시켜 보험의 중요성을 환기시킨다.

도덕적 소구는 소비자로 하여금 어떤 것이 도덕적으로 옳은지 생각하게 한다. 예를 들어, 불우이웃 돕기나, 환경 보호 캠페인과 같은 내용을 사용한다.

현대차의 이성적 소구: 연비 강조

알리안츠의 감성적 소구: 다치는 장면

유한킴벌리의 도덕적 소구: 환경 캠페인

② 메시지 구조

메시지를 제시하는 방법은 다양하다. 메시지의 결론을 제시할 것인지 아니면 청중에게 결론 도출을 맡길 것인지에 대한 선택, 제품의 장점만을 일면적으로 제시할 것인지 아니면 장점 및 단점을 함께 제시할 것인지에 대한 선택, 강한 주장을 처음에 제시할 것인지 마지막에 제시할 것인지에 대한 선택을 해야 한다.

메시지의 형태는 문구, 삽화, 색상, 광고모델의 특징 등 시각적인 이미지를 활용해 나타낼 수도 있고, 의사전달자의 대사, 배경음악, jingle sound 등의 청각적 정보를 활용해 나타낼 수도 있다. 메시지 형태 중 어떤 것을 강조할 것인지에 따라, 매체의 선택이 달라질 수 있다.

③ 메시지 원천

유명 작가를 등장시킨 현대증권 "able"의 광고

메시지는 일반적으로 신뢰성이 높은 원천에 의해 전달될 때 설득 효과가 높게 나타난다. 신뢰성(credibility)은 메시지가 전달하고자 하는 내용을 믿을 수 있는지, 그 정보를 충분히 의지할 수 있는지에 관한 것으로, 메시지 전달의 수체, 원천에 따라 정보의 신뢰성이 달라질 수 있다. 높은 신뢰성을 확보하기 위해서는 전문성(expertise), 진실성(trustworthiness), 매력도(attractiveness)가 충족되어야 한다. 전문성은 의사전달자의 권위와 전문적 지식으로 확보할 수 있다. 진실성은 정보원천이 얼마나 정직해 보이는가에 관한 것이며, 매력도는 정보원천에 대한 소비자의 호감이다.

4) 매체

매체는 크게 인적 의사전달 경로와 비인적 의사전달 경로로 나누어 볼 수 있다.

① 인적 의사전달 경로

두 명 이상의 사람들이 직접적으로 서로 소통하는 방법으로, 의사전달자에 의한 직접 통제가 가능하고, 고가격, 고위험 제품군의 경우 효과적이다. 비인적 경로 중 시승 경험은 인적 경로와 비슷한 효과를 낼 수 있다.

② 비인적 의사전달 경로

개인적 접촉이나 피드백 없이 메시지를 전달할 수 있는 매체이다. 매체는 인쇄매체(잡지, 우편), 방송매체(라디오, TV), 전시매체(포스터, 옥외간판), 온라인매체(웹, 앱) 등이 있다. 대중매체를 이용한 의사전달이 소비자의 반응을 직접 유발하기도 하지만, 비인적 매체가 활발한 구전을 유발할 수 있으므로 간접적인 영향을 주기도 한다.

5) 예산

마케팅 커뮤니케이션에서 예산의 크기는 흔히 기업에서 큰 논란의 대상이 되는 부분이다. 대부분의 기업이 마케팅 비용의 지출을 위해 경험적 법칙을 사용하기도 하며, 예산과 관련한 사항들은 타 부서들(예: 연구개발, 재무, 생산 등)과의 갈등을 불러일으킬 수 있어 조심스럽게 다루어야 할 부분이다. 효율적인 예산의 배분을 위한 두 가지 원칙은 다음과 같다.

첫째, 소비자의 의사결정 프로세스가 어디서 멈추는지 파악한다. 의사결정 프로세스의 다양한 단계는 예산의 분배와 관련이 있다.

둘째, 커뮤니케이션 방법들의 효과성은 매우 다양하며, 기업은 비용 대비 가장 높은 효과를 거둘 수 있는 방법을 채택해야 한다.

커뮤니케이션 예산의 책정은 그 효과를 직접 매출액의 증가나 이익의 증가로 측정하기가 어렵기 때문에, 예산의 수준이 과도한지 또는 너무 적은지를 측정할 방법이 많지 않다. 아래는 일반적으로 기업들이 사용하는 마케팅 커뮤니케이션의 예산을 책정하는 네 가지 방법이다.

① 매출액 비례법(Percentage-of-sales rule)

매출액 비례법은 가장 간편하기 때문에 실제로 기업들이 주로 쓰는 방법이다. 현재 또는 예상되는 매출액의 일정 비율 또는 제품 판매가격의 일정비율을 예산으로 결정한다. 예를 들어, 연매출액의 10%를 커뮤니케이션 예산으로 할당할 수 있다,

② 가용예산 할당법(All you can afford rule)

기업 자금사정을 고려하여, 다른 비용을 모두 책정한 후, 나머지를 예산으로 사용하는 방법이다. 기업의 재무상황에 따라 커뮤니케이션 예산이 거의 없을 수 있고, 매우 많은 비용을 차지하게 될 수도 있다.

③ 경쟁자 준거법(Competitive parity rule)

기업의 커뮤니케이션 예산을 경쟁자의 예산과 비슷한 수준으로 맞추는 방법으로, 산업 평균에 근거하여 예산을 책정하거나 강력한 라이벌 관계에 있는 경쟁자의 예산 수준에 맞춘다. 이는 경쟁자와 자사의 규모가 매우 유사할 때 가능하다.

④ 목표 및 과업 기준법(Objective and task rule)

구체적인 목표를 정의하고, 그 목표를 달성하기 위해 수행해야 할 과업이 무엇인가를 정한다. 그 후 과업을 수행하는데 드는 비용을 산정하여 예산을 결정한다. 일반적으로 AIDA 또는 소비자의 반응에 기초하여 '인지도 향상', '정보 전달', '긍정적 이미지 구축', '로열티 제고' 등의 목표를 설정하게 된다. 따라서, 특정 목표를 달성할 때까지 예산이 지속적으로 소요된다.

6) 효과 측정

마케팅 커뮤니케이션 활동 중 중요한 부분은 투입물의 효과에 대해 알기 위한 메커니즘을 수립하는 것이다. 이것은 미래의 소비정도, 미디어에 대한 예산할당, 특정 커뮤니케이션 메시지에 대한 중대한 의사결정의 도구로 이용된다. 일반적으로 메시지 기억여부, 노출 횟수, 회상 내용, 메시지에 대한 전반적 느낌, 메시지를 보기 전과 후 제품 및 기업에 대한 평가 등의 내용들을 조사한다. 그러나 이러한 내용들이 순수한 커뮤니케이션 활동으로 달성된 것인지 여부를 측정하기란 매우 어려운 일이다.

마케팅 효과를 측정하기 위해서는 고객 관계 관리의 노력이 동시에 요구된다. CRM 데이터베이스는 마케팅 관리자들에게 테스트 프로모션 도구들을 사용할 수 있게 하며 커뮤니케이션을 고객화할 수 있는 유용한 정보를 제공한다.

MARKETING INSIGHT

광고에서 소통을 배우다

기업이 다양한 방법을 동원해 고객과 소통하려고 노력하는 것처럼, 일상의 소통에도 소통전략의 지혜를 활용할 필요가 있다. 광고를 통해 도출된 소통 전략은 광고에만 해당하는 것이 아니라 이미 우리 사회 곳곳에 일상화되어 있어서 사회와 기업경영 전반에 소통의 지혜를 적절히 구사하는 것이 중요하다.

1) 소통의 달인들

사례1. Ronald Reagan

1980년 美 대선에서 Ronald Reagan은 통계 수치로 경제정책을 설명하는 대신 유권자의 공감을 얻는 간단한 질문을 던져 대통령에 당선되는 계기를 마련하였다. "여러분, 투표하기 전에 마음속으로 한 번만 물어보십시오, 과연 나는 4년 전보다 더 잘 살고 있는가?"

사례2. Barack Obama

美 상원의원이었던 Barack Obama의 2004년 전당대회 연설은 무명의원에 지나지 않던 그를 일약 슈퍼스타로 만든 공감소통으로 유명하다. 이 연설에서 Obama는 "빈민가에 글을 못 읽는 아이가 있다면 비록 제 아이가 아니더라도 저한테는 중요한 일입니다. 어떤 어르신이 약값을 낼지 집세를 낼지 고민하고 계신다면 비록 그 분이 제 할머니, 할아버지는 아니더라도 제 인생이 가난해집니다."

2) 소통은 공감에서 출발

서로 통(通)하기 위해서는 '지시'와 '전달' 위주의 소통에서 벗어나 타인의 입장이 되어 함께 느끼고 이해하는 마음으로부터의 '공감'이 필수적이다. 사회변화를 예측하는 세계 유명 석학들도 21세기를 지배하는 정신적 가치가 바로 공감이라고 전망했다. 『공감의 시대』의 저자인 제레미 리프킨은 "공감의 확장은 갈수록 복잡해지는 사회적 교류와 인프라를 가능하게 하는 사회적 접착제다"라고 했다.

상대에 대한 깊은 이해를 바탕으로 '나도 당신과 같은 생각을 하고 있다'는 확신을 심어주려는 노력이 공감의 출발점이다. 무엇을 이야기하는가보다는 '이야기하는 방법'이나 '상대를 대하는 방식'에서 먼저 공감 확보의 성패가 좌우된다. 자신이 전달하고자 하는 주장에만 매몰되지 말고 상대의 입장에서 어떻게 해석될지 염두에 두고 끊임없이 상호작용하려는 노력이 필요하다.

출처: 김경란 외 '광고에서 소통을 배우다', SERI.org, CEO Information, 제854호, 2012. 5. 23

12.5 커뮤니케이션 믹스의 결정

1) 커뮤니케이션 수단들의 특징

마케팅 커뮤니케이션 수단은 광고(advertisement), 판매촉진(sales promotion), 홍보(PR: public relation), 인적 판매(personal selling), 경험(experiences), 직접 마케팅(direct marketing), 입소문(word-of-mouth)으로 나누어 볼 수 있다. 이들은 효과성의 측면에서 서로 다른 특성을 가지고 있으며, 비용 또한 서로 다르다. 따라서, 마케팅 관리

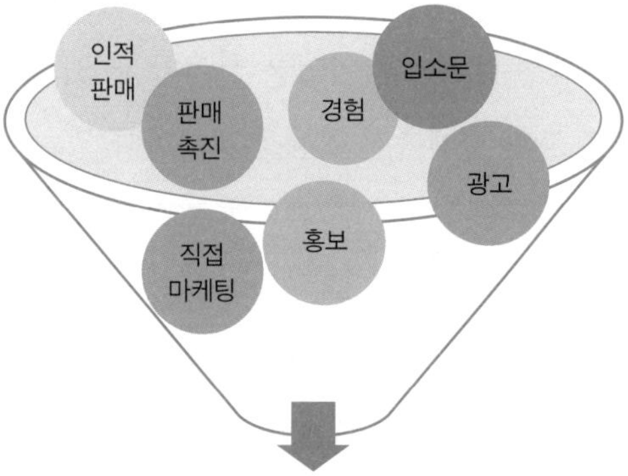

그림 12.4 촉진 믹스의 종류

자는 이들의 특성을 활용하여 효율적인 마케팅 커뮤니케이션 전략을 수립해야 한다. 각 수단에 대한 더 자세한 내용은 제13장에서 다룰 것이다.

① 광고

광고되는 제품은 표준적이고 합법적인 제품임을 암시하며, 같은 메시지를 반복적으로 사용할 수 있어서 소비자의 인지도를 향상하는데 가장 유용한 방법이다. 또한 메시지의 깊이를 전달하고 경쟁기업들과의 간접적인 비교가 가능하다. 또한, 매체를 통해 전달되기 때문에 메시지를 멀리, 한 번에 많은 지역에, 신속하게 보낼 수 있다는 장점이 있다.

LG전자 정수기 광고

그러나 비인적 커뮤니케이션 수단이기 때문에 판매원들의 방법보다 효과적이지는 못한 점도 있다. 일방적인 메시지 전달로 인해, 소비자들은 광고에 반응해야 한다는 의무감이 없고, 특별한 관심이 없으면 주의를 기울이지 않는다. 또한 TV 광고의 경우 매우 큰 비용이 소모된다.

② 판매촉진

샘플, 쿠폰, 증정품, 가격 할인, 콘테스트 등과 같은 다양한 방법을 사용하여 매출이나 이익을 단기적으로 향상시키거나, 재고를 단기간에 소진하는 것을 목표로 한다. 예를 들어, 정수기를 판매하는 기업은 설치비 무료, 필터교체 서비스, 선물 증정, 공동구매 이벤트 등의 판매촉진 활동을 시행한다.

③ 홍보

홍보는 기업의 이미지를 제고시키기 위한 커뮤니케이션의 형태로서 다른 커뮤니케이션 요소들과 혼합하면 상당한 효과를 누릴 수 있다. 이는 기업의 신뢰성을 높이거나 기업, 브랜드, 제품의 스토리에 대해서 소구할 때 효과적이다. 예를 들어, 기업의 고위관리자나 기술자들은 정기적으로 언론과 인터뷰를 하는데, LG전자는 인터뷰에서 '그린 신사업'과 관련, 정수기에 대한 깨끗한 이미지를 강조한다.

④ 인적 판매

소비자들의 선호를 높이고 확신을 갖도록 사용하는 촉진 방법이다. 인적 접촉은 소비자들의 욕구를 보다 직접적으로 알 수 있고, 소비자에게 즉각적 반응을 보낼 수 있다. 또한, 소비자와 판매원의 긍정적 관계가 형성되면 광고보다 메시지에 더 많은 관심을 보이고 반응하는 경향이 있다. 그러나 판매원의 임금과 운영비 등 상당한 고정비용이 발생하게 된다. LG정수기는 방문판매를 활용하여 매출을 증대시키고자 하는 전략을 혼용하고 있다.

⑤ 경험

이벤트를 제공하거나 특정 경험을 하게 해주는 것은 고객들과 강한 관계를 형성하고, 기업과의 친근감을 유발한다. 이러한 방법의 효과는 촉진 성과로 즉각 드러나지 않을 수 있지만 소프트셀(soft sell) 방법으로서, 간접적으로 판매를 향상시키거나 기업의 브랜드 이미지를 긍정적으로 제고할 수 있는 확실한 기회이다.

⑥ 직접마케팅

많은 기업은 카탈로그나 텔레마케팅과 같은 직접마케팅 또는 웹 사이트 운영을 통해 상호작용 마케팅을 한다. 이러한 활동은 소비자 개인에게 적합한 정보를 제공할 수 있으며, 소비자의 반응을 더 빠르게 감지하고, 반응에 따라 커뮤니케이션의 방향을 바로 수정할 수 있다.

⑦ 입소문

사람들끼리의 상호작용으로 자연스럽게 퍼지는 커뮤니케이션 효과나 SNS를 이용한 블로그나 Twitter와 같은 것을 통해 이루어진다. 온라인과 오프라인에서 모두 발생하며 기업에 큰 영향력을 줄 수 있고, 개인적이며 타이밍에 민감하다는 특징이 있다.

2) 커뮤니케이션 믹스 선정의 결정 요인

① 제품의 유형과 기업의 특성

소비재를 판매하는 B2C 기업의 경우 주로 광고를 가장 많이 사용한다. 그다음은 단기적 효과를 위한 판매촉진, 인적 판매, 홍보의 순서로 촉진비용을 지불한다.

산업재를 판매하는 B2B 기업의 경우 인적 판매가 촉진의 가장 큰 부분을 차지하며, 그 다음으로는 판매촉진, 홍보의 순서로 촉진에 비중을 두는 편이다. 산업재의 판매촉진 활동은 전시회와 같은 형태로 이루어지며, 제품을 설명하고, 관련 책자 등을 배포하는 것이 일반적이다. 또한 최근 홍보의 중요성이 더욱 부각되고 있는데, 기업의 잘못된 명성관리가 기업 이미지에 치명적인 결함이 되기 때문이다.

커뮤니케이션 비용의 분배는 기업의 성향과도 관련 있다. 같은 산업에 속한 기업일지라도 기업의 특성에 따라 촉진비용을 서로 다르게 부가할 수 있다.

② 푸쉬 전략(Push-strategy)과 풀 전략(Pull-strategy)

푸쉬 전략은 유통업자들(대리점, 중간상 등)을 상대로 인적 판매, 유통업자 판매촉진 등과 같은 마케팅 활동을 수행하여 결과적으로 최종소비자가 제품을 구매하게 하는 것이다. 광고의 역할은 소비자들이 제품을 의식하도록 하는 것이지만, 거래를 성사시키는 것은 유통업자들의 몫으로 남게 된다. 기업은 유통업자로 하여금 소비자를 효과적으로 유인하도록 유통 구성원들에게 인센티브(incentive)나 리베이트(rebate)를 제공한다.

풀 전략은 최종 소비자들을 상대로 직접 구매를 유도하는 것이다. 기업이 광고와 같은 촉진수단을 이용하여 소비자를 자극하면, 소비자는 제품을 구매하기 위해 유통업자를 찾게 된다. 즉, 소비자들이 제품을 직접 요구하기 때문에 유통 채널을 통해 제품을 당기는(pull) 것이다. 이때 유통업자들의 역할은 단지 제품을 편리하게 구할 수 있도록 해주는 것이다. 보통 기업들은 푸시 전략과 풀 전략을 함께 사용하고 있다.

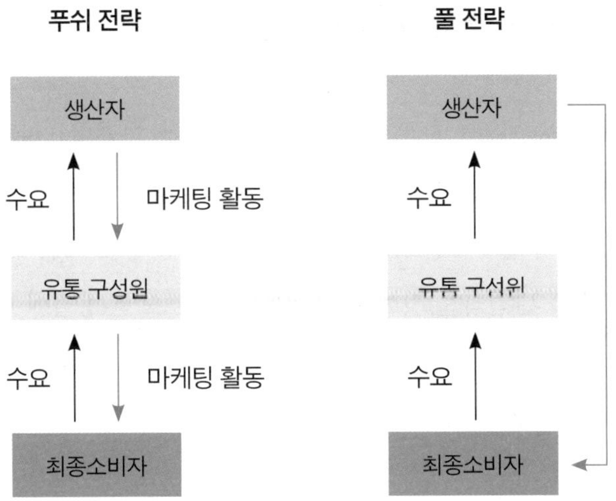

그림 12.5 푸쉬 전략과 풀 전략

③ 제품수명주기상의 위치

도입기에는 제품의 인지도와 사용을 증대시키기 위해, 반복적인 광고와 홍보를 이용한다. 또한, 판촉 행사를 하면서 소비자가 제품의 시험구매를 할 수 있도록 유도한다.

성장기는 이미 시장에 기본적인 인지가 형성되어 있고, 경쟁자가 증가하는 시기이다. 따라서, 대중의 관심과 인지를 확고히 구축하는 내용의 광고와 홍보 전략을 사용한다. 이때, 판매촉진 활동보다는 제품품질의 보증이나 서비스의 확대를 통하여 경쟁자와의 차별적인 위치를 제고하는 것이 중요하다.

성숙기에는 성장기를 거치면서 강력한 경쟁자 몇 만이 남게 된다. 따라서, 경쟁 브랜드와의 상표 차이와 편익을 강조하고, 소비자를 안심시키고 확신을 심어줄 수 있는 광고 내용으로 구성한다. 또한 경쟁적인 판매촉진 활동으로 시장점유율을 방어하는 전략을 사용할 수 있다.

쇠퇴기는 비용의 절감과 투자액의 회수가 중요한 시기이므로 전반적인 촉진비용은 감소시킨다. 광고는 필요한 최저 수준으로 조정하며, 가격인하 등의 판매촉진 활동을 통해 재고를 처분하는 것이 유리하다.

12.6 통합적 마케팅 커뮤니케이션

IMC(integrated marketing communications), 즉 통합적 마케팅 커뮤니케이션은 커뮤니케이션 요소들을 적절하게 조합하여 마케팅 활동을 하는 것이다. 이를 수행하는데 있어 두 가지 필수적인 요소가 있다. 첫째는 이 장의 초반에서 언급했던 의사결정 프로세스를 발견하는 것이고, 두 번째는 프로모션 방법에 대한 내부적 일관성을 살피는 것이다.

MARKETING INSIGHT

영국의 브랜드 경찰?
- 런던 올림픽 앰부시 마케팅

올림픽 때마다 어김없이 등장하는 용어가 '앰부시(ambush) 마케팅'이다. 앰부시 마케팅이란 공식 후원사가 아니면서 교묘한 방법으로 스폰서인 것처럼 활동해 광고 효과를 올리는 마케팅 기법이다. 올림픽의 독점적인 권리를 사수하려는 IOC와 기상천외한 전술로 '특수'를 노리는 비후원 기업 간의 보이지 않는 전쟁은 갈수록 치열해지고 있다.

1) 런던, 역대 가장 강력한 단속

런던 올림픽은 역대 올림픽 가운데 가장 강력한 앰부시 마케팅 단속을 했다. 영국 의회의 승인을 받아 '브랜드 경찰' 300명까지 배치했다. 브랜드 경찰들은 올림픽 공식 후원사들의 이익을 침해하는 기업과 가게를 찾아다녔다. 위반하다 걸리면 2만 파운드(약 3,500만 원)의 벌금을 내야 한다. 올림픽 주 경기장 근처의 한 카페는 '올림픽(Olympic)'이라는 이름으로 불렸지만 '림픽(lympic)'으로 바뀌었고, 정육점을 운영하는 한 주인은 소시지로 '오륜' 모양을 만들어 세일행사를 하다가 다섯 개의 원을 네모 모양으로 바꿨다.

2) 라이벌 기업 신경전 치열

올림픽 공식 후원사가 아닌 Nike는 YouTube에 '너의 위대함을 찾아라(Find your greatness)'라는 제목으로 60초짜리 광고를 만들었다. 이 광고는 전 세계에 '런던'이라는 이름을 가진 곳에서 운동하는 모습을 촬영하고, 영국식 발음의 내레이션이 "여기는 화려한 개막식도 없고 슈퍼스타도 없지만 진정한 위대함은 이러분의 것"이라고 말한다. Nike를 적발해낸 것은 공식 후원사인 아디다스이다. 아디다스는 올림픽 후원에 6,200만 달러를 쏟아 부었다. 런던에서는 펩시콜라의 티셔츠를 입고 올림픽 경기장에 들어갈 수 없다는 소문이 돌았지만 조직위는 개인의 복장에 대해서는 단속하지 않겠다는 입장을 밝히기도 했다.

3) 또 하나의 장외 올림픽

기업들은 올림픽과 관련된 단어를 써서는 안 된다. 가장 위험한 용어는 게임, 2012년이다. 여기에 런던, 메달, 스폰서, 하계, 금, 은, 동 같은 단어와 올림픽 공식 엠블럼, 마스코트를 사용할 수 없다. 그러나 앰부시 마케팅 규제는 갈수록 어려워지고 있다. 올림픽을 원하지 않았다는 이유만으로 무조건 규제에 나서다 보면 기업들의 정상적인 영업 활동마저 제한할 소지가 크기 때문이다. 게다가 규제를 피해가려는 기업들의 '아이디어 경쟁'이 워낙 치열해 앰부시 마케팅은 또 하나의 '비공식 올림픽'으로 불리기도 한다.

출처: 한국경제, "런던올림픽 앰부시 마케팅 숨바꼭질", 2012. 7. 25

① 구매 및 의사결정 프로세스의 발견

기업이 가장 먼저 해야 할 일은 표적 소비자들을 제품에 대해 모르는 상태에서 인지단계와 호의의 단계로 이동시키는 것이다. 소비자들은 신속하게 인지계층을 이동시킬 수 있기 때문에, 소매 유통은 광고가 시작되기 전에 시작되어야 하며, 소매 진열과 판매촉진은 소비자에게 특별한 체험이 될 수 있도록 계획되어야 한다.

기업은 구매와 의사결정 프로세스를 분석하여 어떤 매체를 통해 정보를 전달하는 것이 가장 적합한지 추정할 수 있다. 예를 들어, P&G는 립스틱을 광고하기 위해 음식점 내의 여성용 화장실에 있는 거울을 사용했다. 밤중에 여성이 음식점 화장실을 사용하는 것은 화장실 거울 앞에 멈춰 서서 화장을 고친다는 것을 파악하여 끌어낸 아이디어이다. 소비자를 이해하는 것은 커뮤니케이션 활동이 복잡하거나 비싸지 않더라도, 효과성을 증대시키고 어떤 미디어보다 더 뛰어난 이점을 가져올 수 있다.

전달 매체의 새로운 종류가 아니더라도, 소비자를 브랜드와 연관시켜 효과적인 광고효과를 창출할 수 있다. 예를 들어, 일본 버블경제 붕괴 후 10년 넘게 불황이 지속되는 2001년 일본 조지아 캔커피는 '내일은 있다, 젊은 내게는 꿈이 있다'라는 가사의 기분 좋은 노래를 회사원, 택시기사, 승객, 안내원들이 함께 불러 힘든 현실 속에서도 용기를 잃지 않는 서민의 모습을 그렸다. 소비자를 응원하는 메시지는 제품을 사라고 외치는 광고보다 효과적이었다. TV 광고는 크고 다양한 목표시장에 다가가기 위한 좋은 수단이다. 시각적 · 청각적 요소의 결합이 유머러스하거나, 감동적인 메시지를 쉽게 전달할 수 있기 때문이다.

② 일관성 고려

어떻게 기업이 구매 프로세스의 모든 단계에 영향을 미칠 수 있는지 고려한 후에, 마케팅 관리자는 어떻게 커뮤니케이션 도구들이 서로 상호작용하게 만들 것인가를 고려해야 한다. 모든 커뮤니케이션 도구들은 메시지를 전달하며, 이러한 메시지들이 어떻게 상호작용하는가는 전적으로 마케팅 커뮤니케이션 과정 전체 효과성에 영향을 미친다. 메시지의 일관성은 마케팅 믹스의 일관성과 같이 매우 중요하다.

커뮤니케이션 메시지 간의 갈등을 관리하는 것은 매체에서 제공되는 모든 포지셔닝에 일관성을 유지하는 것과, 미디어에 따라 메시지가 서로 겹치지 않도록 조정하는 것이다. 예를 들어, Volkswagen New beetle의 목표 포지셔닝은 인구통계학적 그룹과 자동차를 연관시키지 않겠다는 것이었다. 이에, 뉴비틀은 광고를 사용할 뿐만 아니라, 대리점의 판매직원들이 나이가 많은 고객들에게는 꽃병을(실제로 뉴비틀 내부에 꽃병이 있음), 나이가 어린 고객들에게는 MP3 사운드 시스템을 강조하여 제품을 어필했다.

IMC 관리자는 기업에서 수행하는 수많은 커뮤니케이션 활동들이 단편적으로 흩어지지 않고 서로 보완하여 궁극적으로 시너지 효과를 나타낼 수 있도록 커뮤니케이션 믹스를 묶어낼 수 있어야 한다. 이를 통해 커뮤니케이션 일관성과 판매증진의 효과를 획득하여 일관성있는 기업 이미지를 구축하고 커뮤니케이션 예산 집행의 효율성을 얻을 수 있다.

연습문제

1. 다음 촉진 믹스 중 단기적 효과가 가장 높은 수단은?

   1) 광고 2) 홍보
   3) 인적 판매 4) 판매촉진

2. 발신자가 원하는 메시지가 제대로 전달되지 못하는 이유를 설명하는 개념은?

   1) noise 2) decoding
   3) encoding 4) response

3. 촉진 예산 책정 방법 중 매출액 비례법이 가장 접근하기 쉬운 방법이다.

   맞다 ( ) 틀리다 ( )

4. 촉진의 푸쉬와 풀 전략을 비교 설명하시오.

제13장

촉진수단

MARKETING

TED 도입 사례

소셜미디어에서 뜨는 방법

Greenpeace는 일본 정부에 고래 포획 중단을 촉구하는 환경단체이다. 이들은 혹등고래 포경행위를 막고자 하였다. 혹등고래 내부에 추적 칩을 부착하는 등 여러 방식으로 추진하고 있는데, 이 운동에 이름을 지어 특색을 살리고자 시도하였다. 이름 선정을 위해 Reddit.com에서 투표를 진행했다. (Reddit.com은 사이트 방문자가 가장 마음에 드는 콘텐츠에 투표하는 방식의 웹 사이트) 다양한 이름들이 제안되었는데, 어떤 이름은 페르시아어로 "불멸"을 뜻하고, 어떤 이름은 폴리네시아어로 "대양의 신성한 힘"이라는 뜻을 가졌다. 그런데 특별하게도 미스터 스플래쉬 팬츠(역자 주: 스플래쉬 - 쿨하고 섹시하다는 뜻의 유행어)라는 이름이 제안되었다. 미스터 팬츠나 스플래쉬와 같은 말은 인터넷 상에서 섹시함을 나타내는 말들이다.

Reddit의 관계자들은 스플래쉬 팬츠를 마음에 들어 했고, 투표를 돕고자 Reddit의 외계인 로고를 스플래쉬 고래로 바꾸기도 했다. 얼마 지나지 않아 Fark나 Boing Boing에서도 스플래쉬를 찬성하고, 5%였던 초반 지지율이 막바지에는 70%까지 치솟았다. 굉장히 인상적이었고, 미스터 스플래쉬 팬츠를 지지한 사람들은 매우 환호했다. 그러나 Greenpeace는 이 결과를 좋아하지 않았다. 그들은 품위 있는 이름이 뽑히길 원했기 때문이다. 그래서 Greenpeace는 투표 기간을 일주일 연장하기로 하였다. 그런데 이것이 스플래쉬 팬츠 지지자들을 화나게 하였다. Reddit 커뮤니티와 그 외에 누리꾼들은 도리어 그 이름을 더 지지하기 시작했다. Facebook에 그룹을 만들고 Facebook 어플리케이션을 만들었다. 최종투표 결과 78%로 미스터 스플래쉬 팬츠가 이겼고, 2등은 3% 득표였다. 이 사건에는 분명한 교훈이 있다. 인터넷이 미스터 스플래쉬 팬츠를 사랑했다는 것이다. 모두들 뉴스 아나운서가 "미스터 스플래쉬 팬츠"라고 말하는 걸 듣고 싶어 했으며, Greenpeace에서도 이 이름을 대대적으로 마케팅하였다. 미스터 스플래쉬 팬츠 셔츠와 친구들에게 춤추는 스플래쉬를 보낼 수 있는 e-card도 만들었다. 여기서 가장 중요한 사실은 Greenpeace가 본래 목적을 달성했다는 점이다. 일본 정부가 포경 활동을 중지하였기 때문이다.

즐겁게 참여한 Reddit 사용자들은 사실 고래 애호가들이 아니다. 이 대단한 문화현상의 일부가 된다는 것만으로도 즐겁게 참여했던 다수가 대부분이었다. 이것이 인터넷

상에서 행해지는 일종의 방식이며 위대한 비밀이다. 인터넷은 대중의 놀이터이기 때문이다. Greenpeace가 배운 중요한 교훈은 통제력을 잃어도, 조금 덜 진지해도 괜찮다는 것이었다. 심지어 매우 진지한 이유가 있다고 해도 결국은 이룰 수 있을 것이다. 메시지를 꼭 상의하달 방식으로 전달하지 않아도 된다. 성공하려면 통제력을 잃는 것을 두려워하지 말아야 한다.

출처: Alexis Ohanian "How to make a splash in social media", www.ted.com

도입 사례는 환경단체인 Greenpeace가 Reddit이라는 웹사이트에서 환경운동 이름을 공모하고, 이것이 사람들에게 어떻게 관심을 받게 되었으며 실제 Greenpeace 운동에 어떤 식으로 영향을 주었는가를 보여준다. 기업이나 조직의 목적을 달성하고자 많은 커뮤니케이션 수단을 사용한다. 또한 전달매체의 종류도 매우 다양해지고 있다.

오프라인, 온라인, 모바일 경로를 통한 노출의 경쟁 속에서 기업이 소비자의 눈에 띄고, 의도한 바를 정확히 전달하기 위해서는 커뮤니케이션의 목표를 명확히 하고, 그에 적합한 수단을 선정하는 것이 중요하다. 따라서, 마케팅 관리자는 커뮤니케이션 수단 각각의 특성을 이해하고 이를 효과적으로 믹스해야 한다. 이 장에서는 다양한 촉진수단의 더 세부적인 내용에 대해 알아볼 것이다.

13.1 광고의 역할

광고는 직접적으로 판매 증대에 공헌하거나 간접적으로 소비자의 심리적 변화를 야기한다. 일반적으로 마케팅과 경제학은 광고를 보는 시각이 서로 다르다. 마케팅에서의 광고연구는 기본적으로 광고와 소비자와의 관계에 초점을 두고, 경제학에서는 광고와 경쟁 또는 산업구조와의 관계에 관심을 둔다.

비록 입장은 다르지만 경제학의 영역에서 광고의 역할이 꾸준히 연구되어 왔고 오랫동안 논란의 대상이 되어 왔다. 광고의 역할을 비판하는 입장에서는 한 마디로 광고가 국가의 산업에 미치는 효과가 바람직하지 못하다는 것이다. 한 예로 시장에서 소비자가 완전한 정보를 얻을 수 있다고 가정하는 고전 경제학자의 시각에는 광고가 제공하는 정보는 소비자의 의사결정에 불필요하거나 낭비요소로 보인다. 완전경쟁시장을 가정하지 않더라도 특히 과소비를 조장하는 광고는 비도덕적이며 반윤리적인 활동으로 비난받을 수도 있다. 결국 광고는 시장에서 비효율적인 요소라는 지적이다.

그러나 광고에 대한 시각이 반드시 이렇게 부정적인 것만은 아니다. 광고의 정보제공 역할을 강조하여 광고가 소비자, 기업, 국가 경쟁에 주는 영향이 긍정적인 측면에서 지대하다는 견해도 있다. 개별 기업의 입장에서 살펴보면 기업이 새로운 산업에 진입하려 할 때 광고는 그 산업의 경제 구조에 관한 정보를 간접적으로 제공함으로써 진입 여부의 결정에 주요한 지침이 될 수도 있다. 또한 국가 경제적 입장에서도 수요를 탄력적으로 만들어 가격을 낮추는 역할도 한다.

결과적으로 광고는 긍정적인 점과 부정적인 점을 모두 가지고 있다. 광고의 아버지로 불리는 David Ogilvy의 저서 『어느 광고인의 고백』에서는 “어떤 목표를 달성하는데 있어서 부족한 광고비를 쓴다는 것은 결국 광고비를 낭비하는 결과를 가져온다. 그것은 유럽에 가는 데 티켓을 4분의 3만 사는 것과 같이 돈은 썼으면서도 목적지에 도착하지 못하게 되기 때문이다”라고 언급하면서 광고는 필요하지만 낭비의 요소가 있음을 암시한다.

13.2 광고의 분류

최근 매체가 다양해지고 기업 간 경쟁이 더욱 치열해지면서 광고에 대한 새로운 아이디어가 끊임없이 창출되고 있다. 광고는 더욱 다양해지고 혁신적으로 진화하고 있다. 광고는 다양한 기준에 의해 분류할 수 있다.

1) 광고 성격에 따른 분류

광고는 일반적으로 광고 전달의 범위와 성격에 따라 〈그림 13.1〉과 같이 분류될 수 있다. 예를 들어 SNS와 같은 수단으로 광고를 하게 되면, 동시에 인터넷망을 통해 거의 전 세계에 퍼져나가는 효과를 가지고 있으며, 소비자들의 반응을 즉각적으로 알 수 있다. 반대로 라디오는 주파수 영역에 따라 광고메시지 도달의 범위가 한정되어 있으며, 소비자가 그 광고를 보고 어떤 반응을 보이는지 바로 알 수 없다.

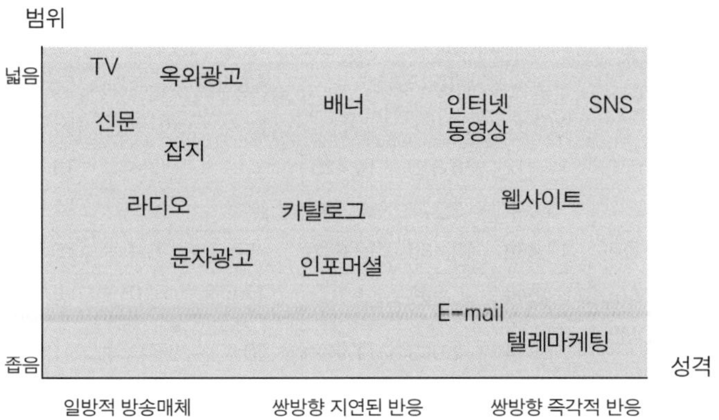

그림 13.1 광고 성격에 따른 분류

출처: What Is Marketing? Alvin J. Silk, 2006, p.136

MARKETING INSIGHT

2018년 국내 총 광고비 분석

2018년 광고 시장 규모는 전년 대비 4.6% 성장한 11조 7,020억 원을 기록했다. 이는 평창동계올림픽과 월드컵, 아시안게임 등 스포츠 빅이벤트와 같은 환경적 호재를 비롯해 CATV 및 종합편성채널의 자체 제작 콘텐츠의 경쟁력 강화, 그리고 디지털 광고 상품 다양화에 따른 모바일 광고 성장이 주효했던 것으로 풀이된다. 특히 2018년은 디지털 광고비가 전년 대비 14.4% 성장, 최초로 방송 광고비를 역전하면서 매체 광고 시장의 지각 변동을 예고했다.

1) 방송 광고 시장: 엇갈린 명암, 지상파 시장의 약세와 CATV 및 종편의 성장 논의

2018년은 케이블 TV와 종합편성채널(이하 종편)의 성장이 두드러진 한 해였다. 지상파 TV가 전년 대비 5.8% 감소해 1조 4,425억 원을 기록한 반면 케이블 TV(종편 포함)는 전년 대비 6.4% 상승한 1조 9,632억 원으로 집계됐다.

케이블 TV(종편 포함) 광고비가 지상파 TV 광고비를 역전한 2016년 이후, 그 격차는 지속적으로 벌어지고 있다. 2016년 방송 매체 내 케이블 TV 점유율은

구분	매체	광고비(억 원)			성장률(%)		구성비(%)	
		2016	2017	2018	2017	2018	2017	2018
방송	지상파TV	17,312	15,313	14,425	-11.5	-5.8	13.7	12.3
	라디오	3,040	2,777	2,503	-8.7	-9.9	2.5	2.1
	케이블/종편	17,488	18,455	19,632	5.5	6.4	16.5	16.8
	IPTV	846	994	1,163	17.5	17.0	0.9	1.0
	위성, DMB 등 기타	1,814	2,003	1,913	10.4	-4.5	1.8	1.6
	방송 계	40,499	39,542	39,636	-2.4	0.2	35.4	33.9
인쇄	신문	14,938	14370	14294	-3.8	-0.5	12.8	12.2
	잡지	3,780	3,437	3,082	-9.1	-10.3	3.1	2.6
	인쇄 계	18,718	17,807	17,376	-4.9	-2.4	15.9	14.8
디지털	PC	16,372	16,245	15,924	-0.8	-2.0	14.5	13.6
	모바일	17,453	22,157	28,011	27.0	26.4	19.8	23.9
	디지털 계	33,825	38,402	43,935	13.5	14.4	34.3	37.5
OOH	옥외	3,512	3,392	3,255	-3.4	-4.0	3.0	2.8
	극장	2,251	2,280	2,213	1.3	-2.9	2.0	1.9
	교통	4,328	4,352	4,874	0.6	12.0	3.9	4.2
	OOH 계	10,091	10,024	10,342	-0.7	3.2	9.0	8.8
제작		6,425	6,072	5,731	-5.5	-5.6	5.4	4.9
총계		109,558	111,847	117,020	2.1	4.6	100.0	100.0

43.2%였지만, 2년 새 49.5%로 6.3%p 상승했고, 이에 반해 지상파 TV는 6.3%p 감소했다.

지상파 TV의 부진과 케이블 TV(종편 포함)의 성장에는 예상치 못한 스포츠 빅이벤트의 부진과 파업에 대한 후유증 등이 지상파 TV에 부정적 요인으로 일부 작용한 점도 있지만, 무엇보다 지상파 TV와 케이블 TV의 희비를 가른 요인은 자체 제작 콘텐츠의 경쟁력이었다.

2) 디지털 광고 시장: 디지털 광고비 4조 원 돌파, 방송 광고비 첫 추월

2018년은 디지털 광고 시장이 총광고 시장의 성장을 이끌었다 해도 과언이 아니다. 지난해 14.4%라는 최대 성장률을 기록, 방송 광고비를 역전했다. 이는 디지털 광고 시장 집계 이후 최초의 기록이다.

특히 모바일의 강세가 공고하다. 전년 대비 2% 감소한 PC와는 달리, 모바일 광고는 전년 대비 26.4% 성장했다. 그 요인으로 맞춤형 광고 기술의 향상과 이에 따른 광고 상품 다양화를 통한 동영상 광고 및 검색 광고의 동반 성장을 꼽을 수 있다. 모바일의 강세는 광고비 내 단일 매체 기준 점유율로도 확인된다. 2017년 1위를 차지한 이후, 2018년에는 4.1%p 상승한 23.9%로 가장 큰 광고 시장임을 입증했다.

3) 인쇄 시장: 저성장 지속, 디지털 플랫폼 연계 등 새로운 사업 모색

인쇄 시장은 2018년에도 역성장을 기록했다. 전체 인쇄 광고비는 전년 대비 2.4% 감소한 1조 7,376억 원을 기록했고, 그중 잡지가 전년 대비 10.3%로 대폭 감소했다(신문은 0.5%로 전년과 유사). 지난 5년간(2014~2018) 인쇄 시장은 지속적으로 감소하고 있다. 디지털화에 따른 인쇄 매체 이용 감소로 주요 3대 주간지(조선, 중앙, 동아)의 광고가 줄어들었고, 매거진 지면 광고 물량 역시 감소하면서 여성지 및 패션지들이 폐간, 매거진 시장이 전면 축소됐다. 잡지사들은 오히려 디지털 채널을 연계, 확대함으로써 광고 매출을 증가시키려는 시도를 하고 있다.

4) OOH 광고 시장: 교통 광고 확대와 자유표시구역 내 DOOH 론칭

2018년 옥외 광고 시장은 순풍이 불었다. 지난 2년간 1% 미만대에서 등락을 반복하다 2017년 대비 3.2%의 성장률을 보였다. 특히 교통 광고가 전년 대비 12% 성장했는데, 이는 서울 버스 외부 광고의 판매 호조와 인천 공항 2청사 광고 매출 증가에 따른 것이다.

반면, 6년 연속 관객수 2억 명을 달성한 극장 광고는 집계 이후 처음으로 역성장했다. 극장 매체 단가가 상승함에 따라 중소형 광고주가 디지털 등 대안 매체로 이동한 것이 일부 원인으로 풀이된다.

주목할 만한 이슈는 자유표시구역 내 론칭한 DOOH매체다. K-pop 스퀘어의 건물을 휘감은 81m 광고 영상, 브랜드 에비뉴에 늘어선 10대의 DOOH는 아직 광고비 규모는 작지만, 소비자와 광고주의 주목을 이끌었다. DOOH는 앞으로 양과 크기의 확장을 통해 성장할 것으로 보인다.

출처: 제일기획, 2018년 총광고비

2) 광고 목적에 따른 분류

광고의 내용은 광고의 목적에 따라 달라질 수 있다. 광고의 목표가 기업과 제품에 대한 인지도를 높이려는 것인지, 구매를 촉진하는 설득을 하려는 것인지 등에 따라 전반적인 광고 구성이 달라질 수 있다. 목적에 따른 광고의 내용을 세 가지로 분류하면, 정보전달(informative), 설득(persuasive), 상기(reminder)가 그것이다.

정보전달 광고는 신제품을 시장에 알리거나, 기존 제품의 새로운 용도를 제안하거나, 제품의 가격 변화를 알릴 때 주로 사용된다. 또는 제품의 기능, 구체적인 유용성 등의 정보를 제공하기도 한다. 예를 들어, DSLR 제품의 광고에서 구체적인 렌즈의 사양과 해상도에 대한 정보를 직접 제시함으로써 향상된 제품의 기능을 소구한다.

캐논의 DSLR 광고

설득 광고는 시장에 충분한 인지도가 형성되어 있고, 경쟁이 심화될 때 사용하여 브랜드 선호를 구축하는 방법이다. 아울러 다른 기업의 소비자를 자사 브랜드로 전환하도록 유도하거나 제품 속성에 대한 지각도를 긍정적으로 변화시키고자 한다. 예를 들어, 카메라 회사는 '우리가족 첫 번째 DSLR'이라는 문구로 가족의 사랑을 주제로 소비자로 하여금 공감을 불러일으키게 하였다.

상기광고는 제품수명주기 상의 성숙기에 진입한 제품이거나 비수기에 접어든 제품에 효과적인데 주로 소비자가 제품을 잊지 않게 하기 위해 사용된다. 또는 제품을 어디서 구입할 수 있는지 기억하게 하거나, 이미 시장에서 선두의 자리에 오른 기업이 자사의 제품을 최초상기도(top-of-mind)로 계속 인지할 수 있도록 사용되기도 한다. Coca-cola는 설득 노력보다는 이미지를 지속해서 노출함으로써, 단지 Coca-cola의 이미지만을 소비자에게 상기시키기도 한다.

코카콜라 트럭

3) 광고 대상에 따른 분류

광고는 그 대상에 따라 제품광고, 기업광고, 비영리 단체의 광고 등으로 구분할 수 있다. 광고는 제품뿐만 아니라 기업 이미지에도 큰 영향을 준다. 최근 기업의 명성관리가 더욱 중요시되면서 기업의 전반적 이미지 제고를 위한 광고가 증가하고 있으며, 비영리 단체나 정부의 공익 광고도 눈에 띄기 위해 점점 창의적이고 흥미롭게 구성되고 있다.

제품광고는 가장 흔하게 접할 수 있는 것으로 기업이 판매하는 제품과 서비스를 광고하는 것이다.

기업이미지 광고는 기업의 사명, 철학 등을 이성과 감성에 호소하여 기업 특유의 이미지를 통하여 시장에 긍정적인 인상을 심어주려 한다. 또는, 기업의 앞선 기술력, 뚜렷한 업적, 향후 정책 방향, 오랜 역사 등을 광고함으로써 소비자와 시민 단체, 협력자 등 기업의 이해관계자들에게 신뢰와 호의를 획득하고자 하는 광고전략이다. 좀 더 구체적으로 인권 문제, 에너지 문제, 환경 문제 등과 같은 사회적 쟁점과 관련한 기업의 입장을 광고를 통해 표명함으로써 쟁점광고의 형태를 취하기도 한다.

기업이미지 광고

비영리 광고는 공공의 이익을 위한 공익광고의 형태가 대부분이지만, 최근 정부나 지방자치 단체의 이미지나 관광지, 특산품에 대한 광고도 쉽게 눈에 띈다. 환경보호단체, 인권단체 등의 NGO들은 광고를 통해 문화, 교육, 복지 등 사회 전반의 문제들을 다루고, 이를 개선하고자 대중의 공감을 이끌어낸다. 정부기관의 각 부처, 지방자치에서는 새로운 정책을 시행하게 되면 이를 신속히 알리기 위해 광고를 사용한다. 예를 들어, 정부는 디지털 방송으로의 수월한 전환을 위해 '굿바이 아날로그'라는 슬로건과 함께 '소녀시대'를 광고모델로 광고를 제작하기도 하였다. 또한, 지방자치단체의 긍정적인 이미지 홍보와 관광 활성화를 위해 광고를 하기도 한다. 여수시는 '살아 있는 바다, 숨 쉬는 연안'이라는 슬로건과 함께 여수 앞바다 사진을 광고에 함께 등장시켜 '여수 엑스포'와 더불어 지역 인지도를 확대시키고자 하였다.

4) 광고 매체에 따른 분류

광고는 전달 매체에 따라 방송매체, 인쇄매체, 옥외광고, 인터넷/웹, 뉴미디어 등으로 구분이 가능하다.

방송매체는 라디오 광고, TV 광고 등으로 일반적으로 전파를 사용하여 전달하는 방법이다. 동시에 여러 사람에게 신속하게, 광범위한 지역으로 전달하는 것이 가능하다. 라디오 광고의 경우 청각적 이미지만을 사용하고, 제품의 속성으로 시각적인 특성이 중요한 경우에는 TV 광고를 사용한다.

인쇄매체는 신문, 잡지, 책자 등의 인쇄물로, 한 번 발행하면 지속적으로 보존할 수 있어서 반복적으로 사용할 수 있으며 문자의 특성상 기억효과가 비교적 높다. 그러나 정보가 업데이트 되어야 할 경우 배포한 인쇄물의 수정이 매우 어렵고, 최근 뉴미디어의 등장으로, 인쇄매체의 비중이 상대적으로 감소하고 있다.

옥외광고는 지하철, 버스, 전광판, 에드벌룬, 광고탑, 현수막 등 불특정 다수를 대상으로 광고하며, 반복적인 시각적 자극이 가능하다. 광범위한 의미에서 사이니지(signage)는 모든 신호를 의미하는데, 이러한 사이니지의 활용은 중요한 광고

수단이 될 수 있다. 옥외 사이니지는 운전자나 보행자의 동선과 시선을 고려하여 설치되는데, 정기적인 관리가 필요하다.

인터넷/웹은 온라인상에서 웹사이트, 블로그, 배너, 이메일을 통해 이루어진다. 인터넷은 때로 현실보다 더욱 효과적이고 빠르며 친숙할 수 있다. 또한, 고객에게 판매에 대한 압박감이 비교적 적으므로 소비자들의 부담이 적다. 효과적인 웹사이트는 사이트의 목적을 분명히 하고, 소비자의 욕구와 선호를 이해하고 반영한 것이다. 파비콘(favicons)은 16*16픽셀의 아이콘으로 웹 브라우저의 주소 바에 위치해 브랜드 표식을 축소해 놓은 모양이다. 기업은 경쟁에서 두드러져 보이려고 이러한 작은 부분도 신경 쓴다.

뉴미디어는 다양한 모바일기기를 활용하여 정보통신기술과 전자기술의 융합으로 형성된 광고 형태로, SNS 등을 이용해 광고하는 것이 대표적이다. 뉴미디어의 등장으로 네트워크상에서 소비자 데이터가 소비자의 생각과 트렌드를 분석할 수 있는 환경을 제공해주고 있지만 정확성과 신뢰성의 문제로 최근 SNS에 대한 가치가 재평가받고 있다.

표 13.1 광고 매체에 따른 분류

매체의 분류	종류와 특성
방송매체	라디오 광고, TV 광고로 소비자가 가장 손쉽게 접할 수 있으며 전파를 사용하여 동시에 여러 사람에게, 광범위한 지역으로 전달 가능
인쇄매체	신문, 잡지, 책자 등으로 한 번 발행하면 지속적으로 보존하여 반복 사용할 수 있고, 기억 효과가 높음
옥외광고	지하철, 버스, 전광판, 에드벌룬, 광고탑, 현수막 등 불특정 다수를 대상으로 광고하며, 반복적인 시각적 자극이 가능
인터넷/웹	온라인에서 인터넷과 웹을 통해 웹사이트, 블로그, 배너, 이메일 등의 형태로 광고하는 것으로, 정보교환이 비교적 양방향으로 발생 가능
뉴미디어	휴배폰, DMB 등 여러 가지, 전자 등의 기술이 복합적으로 작용한 광고 형태로, 카카오톡의 '플러스친구' 등 접근 방법이 다양하며, 고밀도 쌍방향 커뮤니케이션을 가능하게 함

5) 광고 전략에 따른 분류

광고의 종류만큼 광고의 전략 또한 매우 다양하다. 제품의 수명주기에 따라 다르게 대응하는 전략은 매우 효과적이다. 제품 출시 이전에 호기심을 자극하고, 제품에 대한 정보 노출을 자제함으로써 소비자의 호기심을 자극하는 티저광고(teaser advertising)가 대표적이다. 또, 스토리를 이용해 고객의 관심을 불러일으키고, 궁극적으로 같은 메시지를 전달하면서도 지루함을 덜 느끼도록 하는 시리즈 광고(series advertising) 등이 있다. 비교 광고(comparative advertising)는 경쟁이 치열한 경우 경쟁자와의 차별점을 나타내거나, 후발주자가 선발주자와 비슷하게 경쟁력이 있음을 소비자에게 심어주기 위해 사용한다.

13.3 판매촉진

1) 판매촉진의 역할

모기퇴치용품을 위한 판매촉진

판매촉진은 기업이 설정하는 목표에 따라 다양하게 이용될 수 있으며, 일반적으로 구매를 유도하기 위한 단기적인 인센티브이다. 판매촉진의 대상은 단지 소비재 구매자에 국한되지 않고 중간상, 산업재 구매자, 판매원 등 다양하다. 최근 판매촉진은 소비재 포장제품의 경우 마케팅 지출에서 차지하는 비중이 광고, 인적판매보다 훨씬 높다. 이는 기업이 단기성과 위주를 중시하여 판매를 증가시키고자 하는 니즈에 기인한다. 또한, 소비자 역시 가격에 민감해지면서 인센티브를 구매의 주요 기준으로 삼고 있기 때문이다. 결국, 인센티브 강도가 높아지면서 소비자는 평범한 판매촉진에 둔감해지면서 더 강도 높게 인센티브를 제공하는 현상을 보이고 있다.

판매촉진의 수단으로는 무료 샘플을 제공해 주는 것, 구매시점 이후에 구매금액의 일부를 환급받을 수 있는 리베이트, 제품을 구매하면 동일한 제품이나 다른 제품을 추가로 주는 프리미엄 제공, 일정금액을 구매시점에서 할인받을 수 있는 할인쿠폰, 가격할인 등이 있다.

2) 판매촉진의 구분

판매촉진은 소비자 대상과 유통업자 대상으로 구분할 수 있다.

① 소비자 대상 판매촉진

소비자 대상 프로모션은 제품의 시용, 반복구매 유도, 큰 사이즈의 구매, 신제품에 대한 인식 제고, 경쟁적 광고나 프로모션 활동의 상쇄 등 여러 가지 목적을 달성할 수 있다.

소비자 프로모션은 주로 무료 샘플, 리베이트, 프리미엄, 쿠폰의 형태로 제공된다. 또한, 광고를 포함하여 풀 전략(pull-strategy)으로 운용된다.

이러한 프로모션은 판매와 구매 시점에 따라 구매시점촉진(POP: Point of purchase)과 판매시점관리(POS: Point of sales)로 나누어 볼 수 있다. 구매시점 촉진은 소비자가 제품을 선택하는 시점에 맞추어 수행하는 판촉수단으로 특정 제품에 대한 구매시점 광고, 제품의 특별전시 등이 있다. 대표적인 예로, 대량 전시(mass display)를 들 수 있는데, 특정 제품을 대형 마트나 할인매장에 대량으로 쌓아두고 판매하는 경우이다. 판매시점 관리는 마케팅 조사시스템의 일환으로, 스캐너를 통해 수집된 데이터를 활용하여 재고 수준, 주문, 판매촉진 등의 활동에 적용한다.

② 유통업자 대상 판매촉진

유통업자 대상 판매촉진은 트레이드 프로모션이라고 하는데, 근본적으로 제품의 마진과 제품이 진열대에 오르는 속도 및 공간 확보 등을 다룬다. 금전적 인센티브는 소매 마진을 직접적으로 증가시키거나, 소비자들에게 일시적인 가격할인, 쿠폰 등을 통해 이루어진다. 트레이드 프로모션이 소비자에게까지 전달이 완료되면 유통업자들은 프로모션으로 인한 제품금액과 최종 판매금액 사이 마진에서 이득을 보게 되는 것이다. 트레이드 프로모션이 채널을 통해 생산자가 제품을 밀어내는(push) 형식이므로, 이를 푸쉬 전략(push-strategy)이라고 한다.

트레이드 프로모션에는 다양한 유형이 있다. 트레이드 프로모션 중 가장 사용빈도가 높은 것이 할인(discount)이다. 주로 수량할인이 이에 해당한다. 생산자는 제품을 유통시키기 위해 유통업자에게 선반 보조금(slotting allowance)을 지불해야 한다. 선반 보조금은 유통점 선반에 제품을 진열하고자 공간을 확보하기 위한 비용이다. 생산자들은 유통점에서 소비자의 눈에 가장 띌 만한 자리에 제품을 진열하려고 비용을 지불한다. 또한, 생산자들은 자주 협동 광고(cooperative advertising)에 참여하기도 하는데, 유통업자의 광고에 한 종류의 제품만을 내보내거나, 특정 수준 이하의 가격으로 광고하지 않는 등의 조건으로 계약한다.

아울러, 트레이드 쇼(trade show)와 같은 행사를 이용하여 소비자나 유통업자에게 직접 제품에 대한 정보를 제공하기도 한다.

2012 워싱턴 자동차 쇼

13.4 홍보

기업은 자사와 제품에 대한 호의적이고 긍정적인 이미지를 사회 전반에 홍보하기 위한 노력을 한다. 대표적인 사례는 언론을 이용하여 대중으로부터 주목을 받거나, 입소문을 통하여 간접적으로 기업과 제품에 대해 알리는 것이다.

1) 홍보

홍보(PR)는 대체로 비용을 지불하지 않는 커뮤니케이션 활동으로 보지만, 실질적으로 언론과의 관계, 정계와의 관계 등의 목적으로 간접적인 비용이 상당히 소모된다. 홍보는 광고에 비해 적은 비용으로 소비자로 하여금 높은 신뢰를 획득할 수 있다. 또한 한 번 호의적인 인식이 사회 전반으로 파급되면 긍정적인 효과가 매우 강하며, 비교적 지속적인 효과를 누릴 수 있다. 소비자들이 PR에 사용되는 메시지가 판매를 유도하려는 내용이 아닌 일종의 객관적인 정보라고 받아들이기 때문이다.

경영자나 고위 관리자의 언론 공식성명(press release), 산업 세미나에서의 연설, TV 프로그램에서 경영자가 출현하는 경우 등은 기업이 해당 매체에 따로 출현 비용을 지불하진 않지만, 호의적인 내용구성을 위해 기업은 꾸준히 외부와의 관계를 긍정적으로 유지할 필요가 있다.

그러나 기업의 부정적인 소문이 한 번 확산되면, 기업의 전반적인 이미지와 브랜드 로열티에 치명적인 영향을 받아 회복하기까지에는 막대한 비용과 시간이 소요된다. 트위터 등 SNS의 부정적 또는 긍정적 내용의 댓글 또한 기업 이미지는 물론 기업의 이해관계자들에게도 영향을 미칠 수 있다. 홍보 활동은 외부의 뉴스 보도뿐만 아니라, 연설, 사회 봉사활동, 자선 행사 등과 같은 광범위한 영역을 포함한다. 따라서, 홍보는 다른 촉진수단들과 통합되어 기업의 커뮤니케이션 목적에 부합하도록 치밀한 계획과 관리를 요구한다.

기업의 PR 활동은 조사, 계획, 커뮤니케이션, 평가의 4단계를 거친다. 여기서 조사는 문제가 무엇인지 파악하기 위해 기업의 내부 및 외부 자료를 수집하는 과정이다. 기업의 커뮤니케이션 목표를 설정하여 기업이 궁극적으로 PR을 통해 얻고자 하는 것이 무엇인지 명확히 규명하는 것이 중요하다. 계획은 조사활동을 통해 수집된 정보들을 토대로 자신의 조직에 적합한 효과적인 전략을 세우는 단계이다. PR의 핵심 메시지를 설정하고, 전달수단을 선택한다. 이슈가 되지 않을 만한 스토리일지라도 관심을 끌 수 있도록 전반적인 스토리의 디자인을 포장하거나 언론과의 인맥을 통해 전달할 수 있다. 커뮤니케이션은 PR의 계획을 실행하는 단계로, 기업의 PR 담당자가 조직이 설정해놓은 목적을 효과적으로 달성하기 위해 대중에게 메시지를 전달하게 된다. 이러한 커뮤니케이션 접점에서 소비자는 기업과 제품의 메시지를 받아들이게 된다. 실행과정이 끝나면 반드시 평가한다. 목적에 부합하는 계획이 수립되어 제대로 실행되었는지 평가하기 위해 PR에 대한 노출 횟수나 목표 청중의 반응을 조사한다. 그러나 PR은 일반적으로 다른 촉진수단들과 함께 사용되고, 그 결과가 매우 간접적으로 드러나는 경우가 많기 때문에 PR을 객관적으로 평가하는 것은 매우 어려운 일이다.

그림 13.2 PR 활동의 과정

2) 명성관리

PR활동과 더불어 명성관리(PA: Public Affairs)가 중요하다. 명성은 조직 내 무형자산 중 큰 비중을 차지하고, 특히 최종 소비자를 상대하는 조직에서 더욱 중요하게 나타나고 있다. 특히, 〈그림 13.3〉처럼 Hill & Knowlton의 조사에 따르면, 기업명성에 영향을 주는 요인 중 가장 영향력 있는 것은 CEO와 경영진의 명성으로 나

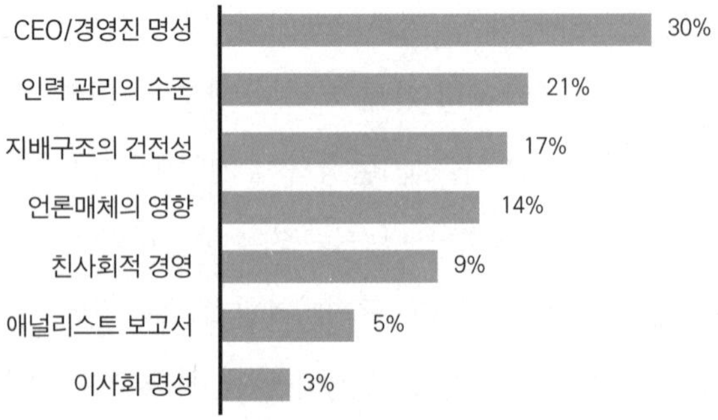

그림 13.3 기업 명성에 영향을 주는 요인

출처: Corporate Reputation Watch 2004. Hill & Knowlton

타났다. 지금까지 명성관리는 기업에서 생소한 분야로 여겨졌지만, 최근에는 명성이 브랜드 마케팅과 접목되어 브랜드 가치를 높이는 활동으로 전개되고 있다.

명성관리 전략을 위해서 기업은 몇 가지 활동에 집중해야 한다. 첫째는, 차별화된 특징을 보이는 것이다. Disney가 고객의 행복을 추구했듯이 소비자의 지지를 얻으려면 차별화된 소구로 긍정적인 인상을 남겨야 한다. 둘째, 사회적 성과를 높이는 것이다. 기업 명성의 근본은 신뢰의 구축이다. 신뢰를 구축하기 위해서는 사회적 책임을 다하는 일이다. 셋째, 상호작용을 해야 한다. 여기서 상호작용은 고객은 물론, 종업원을 포함한 기업의 모든 이해관계자와의 원활한 소통을 의미한다. 일방향 소통만으로는 강한 신뢰관계를 형성하기 어렵다. 넷째, 투명해져야 한다. 명성이 높은 기업은 재무, 조직구성, 운영체계 등에 있어 투명한 경우가 많다. 정보의 균형은 대중이 요구하는 민주적 권리이다.

13.5 인적 판매

1) 인적 판매의 역할

인적 판매는 현장에서 판매원과 잠재 구매자가 상호작용하기 때문에 마케팅 커뮤니케이션 중 가장 융통성 있지만 가장 비싼 유형이다. 이 유형은 순간적인 피드백, 높은 고객 맞춤화를 가능하게 한다. 판매원은 잠재 구매자의 지각과 선호도를 이해하고 특정 상황에 맞추어 커뮤니케이션 메시지를 즉각적으로 변화시킬 수 있다. 특히 제품이 복잡하고 잠재 구매자를 교육시킬 필요가 있는 상황에서는 인적 판매 기법이 매우 효과적이다. 예를 들면 제약업체 판매원이 병원을 대상으로 신약에 대한 정보를 제공하고 사용에 대하여 교육을 효과적으로 수행한다. 인적 판매는 촉진의 다른 수단과 차별적으로 작용하기 때문에 고유한 기능이 있다. 광고는 고객의 수가 많을 때 효과를 발휘하고, 인적 판매는 고객의 정보 욕구가 클 때, 구매량 및 구매 액수가 클 때, 구매 후 서비스가 필요할 때 그 효과를 발휘한다.

판매원은 다양한 역할을 수행한다. 마케팅 노력에 의하여 형성된 거래를 완결하는 기능이 가장 보편적인 기능일 것이다. 새로운 고객을 탐색하거나 고객의 문제를 해결하기 위해 자문 기능 역시 판매원이 수행한다. 거래가 이루어진 후 사후 서비스를 제공하거나 고객데이터를 시장조사 자료로 변환하는 작업도 판매원이 수행 가능하다. 이러한 판매원의 역할을 분명히 이해하면 판매원에게 필요한 기술을 제공할 수 있고 바람직한 행동을 기대할 수 있다. 판매원 선발과 교육 프로그램은 필요한 역량을 제공할 것이고, 평가, 보상, 동기부여 프로그램은 판매원에게 필요한 노력을 발휘할 수 있도록 할 것이다.

인적 판매의 세 가지 접근 방법이 진화하고 있다. 인적 판매 1.0은 접대와 인맥을 중시한다면, 인적 판매 2.0은 고객만족 스킬을 강조한다. 최근에는 협상과학을 활용하는 인적 판매 3.0의 접근방법이 강조되고 있다.

2) 인적 판매 과정

① 사전 준비

판매활동이 수행되기 전에 몇 가지 기준에 의해 잠재고객을 예측한다. 이때 유망고객으로 발굴된 고객은 판매원의 커뮤니케이션 상대가 되며, 판매원은 이 유망고객의 특성을 파악하여야 한다. 고객의 유형은 성격에 따라 크게 과업 지향적, 관계 지향적, 자기 중심적 고객으로 분류할 수 있다. 이러한 성격 특성을 활용하여 성공적인 설득이 이루어질 수 있다. 예를 들어 과업 지향적인 고객에게는 자사의 제품이 고객의 비즈니스를 성공으로 이끄는 데 매우 효과적으로 기여할 수 있다는 것을 강조하며, 구체적인 계량적 자료를 근거로 이성에 소구한다. 특히, B2B 산업의 판매원들은 잠재 고객(기업)과의 효과적인 커뮤니케이션을 위해, 제품을 소개하고 설득하는 데 필요한 구체적인 자료를 미리 수집하고 정리하게 된다.

기업의 정보수집 능력은 판매원으로 하여금 고객의 유형(과업 지향적, 관계 지향적, 자기 중심적)에 맞추어 판매효과를 극대화시키는 맞춤판매의 기본이 된다. 맞춤판매는 자사 핵심 고객을 구분하고, 그 유형에 맞추어 판매활동을 수행하는 고객지향적 판매 기법이다.

② 커뮤니케이션

커뮤니케이션의 과정은 고객 접근, 제품 소개, 구매권유로 이어진다. 구매권유 이전의 관계 형성이 무엇보다 중요하다. 판매원이 어떻게 접근하는가에 따라 그 후에 일어나는 의사소통 과정에 긍정적 또는 부정적인 영향을 줄 수 있다. 신뢰감의 형성은 고객으로 하여금 근본적인 커뮤니케이션의 태도를 결정짓는 중요한 요소이다. 아무리 논리적인 설명을 하더라도 진정성과 신뢰감이 없으면 고객은 판매원의 어떤 말도 들으려고 하지 않을 것이다.

제품을 소개하는 것은 판매원의 기본적 활동이다. 판매원은 고객을 제품 소개 설명회에 초청하여 제품을 소개하고 관계를 형성할 수 있다. 제품 소개에 대한 훌륭한 기술은 천부적인 경우도 있지만 대개는 지속적인 훈련을 통해 달성된다.

제품을 충분히 소개한 후 판매원은 고객에게 구매를 권유하고 구매 의도를 타진하게 된다. 이때 긍정적인 반응은 구매로 이어지게 된다. 구매 권유 단계에 있어 강압적인 구매 설득은 소비자로 하여금 제품에 대해 부정적 태도를 갖게 하므로, 권유의 시기나 방법에 있어 세심한 주의가 필요하다.

③ 사후 관리

성공적으로 판매가 이루어지면 그때부터 사후 관리가 이어진다. 고관여 제품의 경우 구매자는 인지부조화를 느낄 가능성이 크다. 그러므로 판매원들은 지속적으로 고객에게 제품에 대한 확신을 심어줌으로써, 인지부조화를 감소시킬 필요가 있다.

13.6 판매원의 역할과 관리

1) 판매 담당자

판매원들은 기업과 소비자의 접점에 있다. 그들은 기업의 대표로서 소비자를 대하게 된다. 판매원들은 소비자에게 기업의 실제적인 모습이며, 기업에게 소비자의 목소리가 된다. 이 접점을 연결하는 역할에 있어 특별한 긴장감을 만들어 낸다. 기업과 소비자 사이에 있는 영업사원은 종종 상충되는 원칙과 절차에 직면하게 된다. 마케팅이나 제품 담당 책임자는 마케팅 정책과 프로그램이 '영업사원을 도울 수 있는 것인지'와 '영업사원이 어떻게 할 것인지'를 고려해야 한다.

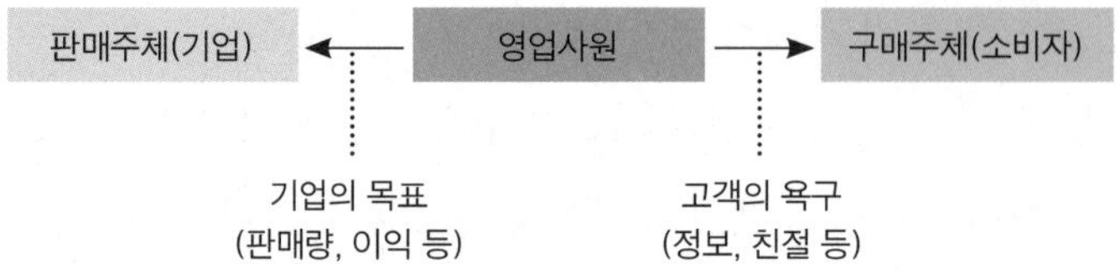

그림 13.4 접점에서의 판매원 역할

2) 판매업무의 정의

영업사원의 업무는 기업과 소비자가 영업사원에게 원하는 일의 환경에 따라 변하게 된다. 판매원이 업무를 이해하기 가장 좋은 방법은 업무의 리스트를 제공하는 것이다. 이러한 행동을 판매업무라고 한다. 수행해야 할 판매업무에 따라 영업사원을 주문접수직원(order takers)과 주문 창출직원(order getters)으로 나눌 수 있다.

주문접수직원은 기업의 제품에 대한 수요를 만들어 내는 것은 아니지만 소비자의 주문을 기다린다. 이들의 주된 업무는 소비자의 욕구를 만족시키는 것이다. 어떤 경우 이들은 반복 판매 또는 교차 판매의 기회를 찾아내고 추구해야 한다는 기대를 받고 있다. 패스트푸드점의 직원, 백화점 매장 판매원 등이 주문접수직원에 속한다.

주문창출직원은 소비자로부터 비즈니스를 얻고 유지하며 증대시킨다. 이들은 창조적인 판매 전략과 유용한 판매접근법을 사용하여 새롭고 반복적인 비즈니스를 추구한다. 주문창출직원의 전형적인 판매업무는 소비자 유인, 정보 제공, 소비자 설득, 매출 마감 등이다. 실제로 주문창출자를 분류하기 위해서 일반적으로 사용되는 범주는 '사냥꾼(Hunters)'과 '농부(Farmers)'이다. 사냥꾼은 새로운 가능성을 찾고, 판매하는 것에 스릴을 즐기고, 농부는 기존고객의 거래를 유지하고 성장시키는 데 강점을 가진 영업사원에 비유된다. 그러나 모든 판매원을 두 가지 유형으로 분류하는 것은 부정확하며 지나치게 단순할 수 있다. 주로 판매 기능을 수행하는 판매원들은 다음과 같이 세분화될 수 있다.

① 선교적 판매원(Missionary salespeople)

새로운 제품과 서비스에 대하여 소비자에게 정보를 제공하며 교육한다. 이들은 일반적인 방법으로 판매를 끝맺지 않는다. 이런 판매업무를 수행하는 전형적인 사례는 제약 산업의 판촉사원들이다. 이들은 정기적으로 병원을 방문하여 의사들이 그 기업의 제품을 처방하도록 설득한다.

② 거래 판매원(Trade salespeople)

소비재 제품의 경우 판매원은 소비자를 매장에서 돕게 되는데 특히 판매를 촉진하고, 선반을 정리하거나 재배치한다. 거래 판매원들은 주문접수 직원들과 비슷한 업무를 수행하기도 한다.

③ 기술적 판매원(Technical salespeople)

기술집약적 제품을 판매하는 기업은 기존고객들에게 기술적인 지원을 제공하기 위해 판매원들을 고용한다. 이러한 판매지원 인력들은 일반적으로 전문적인 기술적 판매원으로 훈련받는다. 이들의 주된 업무는 고객 관계를 관리하는 판매원들을 돕는 것이다.

3) 판매원 관리

판매원은 고객과 기업의 접점에서 기업을 대표하는 역할을 하므로, 판매원 관리는 기업의 긍정적인 이미지 제고와 효율성 증대를 위해 필수적이다. 효율적인 판매원 관리는 일반적으로 다음과 같은 프로세스를 따른다.

그림 13.5 판매원 관리 프로세스

① 채용

판매 직무를 잘못된 사람들로 채우는 것은 단기적으로는 기업의 효율에 타격을 줄 뿐만 아니라, 장기적으로는 높은 이직률과 연수비용을 초래하게 된다. 따라서, 올바른 판매원을 채용하는 것은 효율적 판매 조직을 만드는 데 필수적이다. 지원자가 판매조직에 적합할지 여부는 개인적인 성격과, 본인의 기술이 업무에 얼마나 적합한지 등에 달려있다. 대기업들은 종종 지원자들의 호감, 고집, 공감능력 같은 성격 특성을 테스트함으로써 판매소질이 있는지에 대한 조사를 한다. 판매원들은 소비자로부터 긍정적인 답변을 듣지 못할 경우가 많으며, 문전박대를 종종 당하기도 한다.

② 훈련

일관된 기업 이미지를 제시하고자 할 때, 제공하는 제품과 서비스가 복잡할 때, 판매 사이클이 길고 복잡할 때, 신입사원들의 판매 경험이 적을 때 더 많은 훈련이 필요하다. 판매원이 기업의 정책과 절차에 익숙해지고 실제로 생산성 있는 판매원이 되려면 보통 몇 달 이상이 걸린다. 효과적인 훈련은 이 과정 자체를 가속할 수 있지만, 학습 곡선(learning curve)을 완전히 무시할 수는 없다. 판매 훈련의 가장 중요한 목적은 판매사원들이 제품과 서비스가 소비자의 니즈를 만족하도록 돕는 것이다. 복잡한 환경에서는, 판매사원들은 어떻게 소비자의 비즈니스가 작동하고 어떻게 기업의 제품과 서비스가 그 소비자의 니즈로 이어지는가에 대한 깊은 이해가 필요하다.

③ 감독

철저한 감독은 자율성을 위축시킬 수 있지만, 업무만족도에 영향을 미친다. 판매원들은 고객의 시간에 맞추어 사무실 밖에서 주로 활동한다. 새로운 고객을 찾을 때 이들은 성공보다는 거절을 당하기도 한다. 이들은 거래를 성사시키기 위해 오직 경쟁자를 견제하는 데에만 시간을 보낼 수도 있다. 통제할 수 없는 소비자에 대해 책임져야 하는 판매원들은 비정기적인 상황에 자주 노출되기 때문에 더 철저한 감독이 요구되기도 한다.

④ 평가

판매 할당량이 가장 일반적인 판매실적을 평가하는 방법이긴 하지만, 다양한 방법으로 판매원을 평가한다. 관리자들은 판매원들에 대한 지역 개발 전략계획을 평가하고, 판매원들이 소비자를 방문하는 동안 그들을 관찰하며, 소비자 만족 정도에 대한 설문조사를 활용한다.

평가의 근본적인 목표는 피드백을 제공하는 것이다. 이 피드백은 판매원들의 미래 실적을 개선하는 것을 도울 것이다. 관리자들을 얼마나 그들의 판매원들이 소비자들과 함께 일하는가를 평가하며, 그러한 판매원들의 효과성을 개선할 방법을 제안한다. 관리자들은 판매원들이 새로운 소비자들을 만나는 방법과, 계약을 성사시킬 더욱 효과적인 방법을 제안한다. 생산성이 판매직원의 태도를 평가하는 유일한 방법은 아니다.

⑤ 보상

급여는 판매원들에게 안도감을 주며, 인센티브는 판매원들이 더 열심히 일할 수 있도록 동기를 부여한다. 금전적인 인센티브는 기업의 목표에 따라 행동기반 또는 성과기반으로 제공된다.

- 행동 기반 보상 시스템(Behavior-based compensation system): 결과가 긍정적인지 여부와 상관없이 판매원들에게 보상을 부여한다. 상품 구매와 관계없이 소

비자를 유도한 것에 대한 인센티브가 그 예가 된다. 그러나 무임승차 등의 문제점이 있다.

- 성과 기반 인센티브 시스템(Outcome-based compensation system): 긍정적인 결과가 있을 경우에만 판매원들에게 보상하는 것으로, 판매원들의 목표를 기업의 목표에 맞추어 조정하지만 판매원들의 노력에 대해 통제가 적을 때나 실적이 없을 때 좌절감을 준다.

기업은 동기부여된 상태를 유지시키고자 내부적인 보상 시스템과 외부적인 보상 시스템을 모두 사용한다. 판매사원들은 보통 목표 지향적이기 때문에 판매 할당량 방식이 주로 쓰인다. 기업은 때때로 이 판매 할당량을 조절하여 동기부여를 한다. 때로는 할당량이 과도하게 높게 책정되어 비현실적인 경우에는 오히려 더 좋지 않다. 자신감을 주고자 낮은 할당량을 부여하는 경우에는 세심한 모니터링을 요한다.

MARKETING INSIGHT

고객의 마음을 여는 체험 마케팅

체험 마케팅이란? 고객에게 특별한 체험을 제공해 감동을 선사함으로써 기업에 대한 긍정적 인식을 유도하고 수익을 제고하는 마케팅 기법이다.

1) 설득형 마케팅 vs 체험 마케팅

설득형 마케팅		체험 마케팅
제품의 기능과 혜택	강조 포인트	고객이 인식하는 경험과 추억거리
산업 내 경쟁자로 좁게 규정	경쟁 범위	산업을 초월하여 소비대상 전체로 규정
합리적 의사 결정자	고객 인식	상황별로 예민하게 반응하는 감성적 존재
계량적, 언어중심적 접근	소통방식	감성적, 공감각적 접근

2) 마케팅 사례

① 감각체험

Coca-cola는 2009년 자판기 속에 서비스맨들이 들어가 직접 서비스 하는 'Live Vending Machine' 캠페인을 실시하였다. 버튼을 누르면 자판기 안에 사람 손이 나와 콜라를 내밀며 친절히 마개까지 따주는 자판기를 미국 4개 도시에 설치했다.

② 감성체험

Macy's 백화점은 주로 옷을 갈아입는 여성뿐 아니라 동반한 남성, 아이들까지 배려한 피팅룸을 설치하였다. 게임기, 대형 TV 등의 다양한 멀티미디어 시설과 안락한 소파가 있는 대기실을 갖춘 새로운 개념의 피팅룸으로 쇼핑을 하는 여성뿐 아니라 가족 전체의 만족도를 제고하였다.

③ 관계체험

Zappos 신발을 구입한 고객이 가족상(喪)으로 인해 환불받으려던 신발을 기한 내에 반품하지 못하자 반송비도 받지 않고 반품해 주었으며 조의 화환까지 배달하여 주었다. 그 외에도 주문한 신발이 없는 경우, 재고가 있는 경쟁업체로 연결하거나 밤중에 문을 연 피자집을 알려달라는 요청까지 응대해 주었다.

④ 지성체험

삼성전자와 SKT는 한국 모바일 콘텐츠 개발자를 위해 500억 원을 투자해 '오픈 이노베이션' 센터를 설립하였다. 손쉬운 앱 개발환경을 제공하고 창업까지 전 과정의 비용을 지원하며, 개발된 앱의 다운로드 횟수에 따라 최대 800만 원까지 인센티브를 제공한다.

⑤ 행동체험

Gap adventure 여행사는 여행 상품에 특별한 체험과 모험을 제공하여 궁극적으로 고객의 라이프스타일 변화를 유도한다. CEO로 지칭되는 직원들이 화산, 사막, 아마존, 야생 서식지 등으로의 여행 프로그램을 설계해주거나 여행팀 리더로 직접 참여한다.

출처: 이민훈, '고객의 마음을 여는 체험 마케팅', SERI.org, CEO information, 제824호, 2011. 10. 5

연습문제

1. 다음 중 판매촉진의 유형이 아닌 것은?

1) 소비자판촉 2) 중간상판촉
3) 대리인판촉 4) 판매원판촉

2. 인적 판매 과정 중 구매를 권유하는 단계는?

1) prospecting 2) approaching
3) closing 4) presenting

3. 판매원으로 하여금 고객의 사회적 유형에 판매효과를 극대화시키는 마케팅 기법을 무엇이라고 하는가?

4. 인적 판매 과정을 설명하시오.

제4부

마케팅 특수문제 모듈

서비스 마케팅 | 마케팅 윤리

제14장

서비스 마케팅

MARKETING

MARKETING

TED 도입 사례

인식이 모든 것이다

인식은 매우 중요한 문제이다. 같은 물건, 같은 행동이더라도 보는 관점에 따라 우리의 기분을 굉장히 좋게 하기도, 나쁘게 할 수도 있다. 예를 들어, 연금 수급자들이 젊은 실업자들보다 훨씬 행복하다. 두 집단 모두 많은 시간과 충분치 않은 돈을 가지고 있는 점은 같지만, 연금 수급자들은 굉장히 행복하다고 느끼는 반면에 실업자들은 대단히 불행하고 우울하다고 느낀다. 그 이유는 연금 수급자들은 자신 스스로 연금 수급자가 되기로 선택했다고 믿지만, 젊은 실업자들은 자신들에게 실업이 강요되었다고 믿기 때문이다. 행복은 자신의 삶이 어느 정도 통제 가능한지에 의해 영향을 받는다. 세금을 걷을 때, 세금의 액수도 중요하지만 어디에 어떻게 쓰일지에 대한 통제력도 매우 중요하다. 예를 들어, 20,000파운드를 국민건강보험금으로 내면 당신은 사기를 당했다고 느낀다. 하지만 20,000파운드를 서민을 위한 병원에 기부했다면 당신은 자선가라고 칭송받을 것이다.

서비스 산업도 이러한 심리적 차이가 존재한다. Eurostar(유럽 지하철도)의 예를 들면, 파리와 런던 간 이동시간을 40분 줄이기 위해 6백만 파운드를 사용했다. 만약, 그 비용의 0.01%를 열차 내 무선인터넷을 설치하는 데 썼다면 이동시간을 줄이지는 못했겠지만 아마 승객들의 여행 시간을 훨씬 더 즐겁고 유용하게 만들 수 있었을 것이다. 10%의 비용을 투자해서 전 세계의 최고 남녀 슈퍼모델을 고용해 모든 승객들에게 무료로 최고급 와인을 나눠 준다면, 사람들은 기차가 좀 더 느려지기를 원할지도 모른다. 또 다른 예로 런던 지하철의 비용 대비 승객 만족감을 개선할 수 있었던 가장 좋은 방법은 더 많은 열차를 구입하거나 발차간격을 줄이는 것이 아니라 열차의 도착 예정시간을 알려주는 것이었다. 기다림의 성격은 기다리는 시간 같은 정량적인 수치에 의해서만 결정되는 것이 아니라, 체감하는 불확실성에 의해서도 결정되기 때문이다. 사람들은 가치를 두 가지로 생각하는 경향이 있다. 하나는 우리가 공장에서 뭔가를 만들거나 서비스를 제공할 때 발생하는 실질적 가치고, 다른 하나는 우리가 사람들의 인식을 바꿀 때 생기는 일종의 의심스러운 가치이다. 하지만 이 둘은 결국 같다.

영국에서 우체국은 1급 우편을 바로 다음날 배달하는 데 98%의 성공률을 갖고 있다. 하지만 그들은 그것이 충분치 않다고 결론내리고 성공률을 99%까지 올리려고 시도하였다. 그 노력 때문에 우체국은 파산지경에 이르렀다. 만약 그 시기에 사람들에게 "몇 퍼센트의 1급 우편이 다음날 배달되나요?"라고 물었다면 평균적 대답은 아마 50~60%라고 말했을 것이다. 이처럼 사람들의 인식된 현실이 실제 현실보다 훨씬 나쁘다면 대체 왜 현실을 바꾸려고 노력하고 있는 것인가? 사람들의 인식은 언제나 한결같지 않다. 때로는 물리적 현실이 아닌, 그들의 인식을 개선하기 위해 먼저 노력해야 할 때가 존재한다.

출처: Rory Sutherland, "Perspective is everything", www.ted.com

도입 사례에서 Rory Sutherland는 인식의 중요성에 대해 언급하고 있다. 실제 객관적인 현실보다 인식의 차이가 행복과 불행을 결정하고, 만족과 불만족을 결정하는 중요한 기준이 된다. 또한, 같은 사실을 전달한다고 할지라도 표현의 방식이나 수단에 따라 받아들이는 사람의 인식이 쉽게 전환될 수 있으며, 작은 단서들이 모여 품질평가에 있어 큰 역할을 할 수 있다. 이러한 주관적 인식은 특정한 사실보다는 포괄적인 전체 맥락에 대한 지각에서 형성된다고 볼 수 있다. 따라서, 인식의 이슈는 소비자의 지각된 가치를 다루는 영역에 시사하는 바가 매우 크다고 볼 수 있다.

서비스 마케팅은 무형적인 특성 때문에 인식의 차이가 매우 중요시되며, 일반적인 순수 유형재와는 관리방법이 본질적으로 다르다. 정보기술과 인터넷이 발달하고, 산업의 경쟁이 치열해짐에 따라 차별화 요소로서 서비스는 그 중요성이 점점 더 부각되고 있다. 마케팅 관리자는 이러한 관점에서 서비스의 인지적 특성을 파악하여 기업목표에 부합하는 서비스 마케팅 전략을 수립해야 한다. 이 장에서는 서비스의 정의와 특성, 서비스 마케팅 믹스, 고객접점 관리, 서비스 마케팅의 전략적 관리 등을 다룬다.

14.1 서비스의 정의와 특성

1) 서비스의 정의

많은 학자들은 오랜 세월 동안 서비스를 정의하기 위한 시도를 하였다. 경제학자들은 서비스를 가치의 생산과 소유의 관점에서 일반 유형재와 구분하였다. Adam Smith는 서비스를 유용하고, 필수적이지만 서비스의 생산과 동시에 소멸하기 때문에 비생산적인 용역으로 간주하였다. 프랑스의 학자 Jean-Baptiste는 서비스의 생산과 소비의 비분리성 때문에 이러한 측면에서 서비스를 무형재라고 정의하였다.

오늘날 우리는 많은 서비스에 있어 생산과 소비의 분리가능성을 체험하고 있다. 예를 들어, 드라이 크리닝, 잔디 깎기 서비스, 기상예보와 같은 것들은 효율적인 생산방식으로 바뀌고 있으며, 소비자가 원하는 시간과 장소에서 소비가 이뤄질 수 있도록 되어 있다. 또한, 모든 서비스의 성과가 즉시 소멸하는 것은 아니다. 콘서트나 스포츠 경기의 비디오 녹화 파일이 그 예이다. 최근 기술이 발달함에 따라 많은 부분에 있어 서비스는 지속적인 가치를 창조할 수 있다.

서비스는 매우 다양하고 복잡한 활동이다. 서비스라는 단어는 원래 servants(하인)에서 유래하였다. 이를 토대로 초기 마케팅에서는 서비스를 "활동, 행위, 성과, 노력" 등으로 정의하는 반면 일반 유형재에 대해서는 "물품, 장비, 재료, 물건" 등으로 정의하였다. 이러한 초기의 정의는 제품과 서비스를 구별함에 있어 무형성과 소멸성에 입각한 것이다. 그러나 우리는 소유의 권리라는 측면에서도 제품과 서비스를 구분할 수 있다. 따라서, 전통적인 서비스의 정의 대신에 우리는 더 포괄적인 개념으로 다음과 같은 정의를 사용할 수 있다.

서비스는 생산자와 소비자가 상호작용하는 경제적 활동이다. 종종 시간 의존적(time-based)이며 소비자가 원하는 것을 달성하거나 문제를 해결하기 위해 제공된다. 구체적으로 소비자는 돈, 시간, 노력 등을 투입하여 기대하는 가치를 얻기 위해 재화, 노동력, 전문적 기술, 시설, 네트워크, 시스템 등을 이용하게 된다. 그러나 이러한 서비스는 대체적으로 물리적 요소의 소유권은 주어지지 않는다.

출처: Christopher Lovelock and Jochen Wirtz.(2011) "Services Marketing", Pearson, p. 37

2) 서비스의 중요성

전 세계 모든 국가에서 서비스 산업은 크게 증가하고 있다. 국가 산업 발달 추이를 농업, 제조업, 서비스 분야로 분류하여 그 상대적 중요성을 비교해 보면, 〈그림 14.1〉과 같이 서비스 부분의 영역이 크게 확장되고 있음을 볼 수 있다. 또한 GDP에서 서비스가 차지하는 비중도 꾸준히 증가하는 실정이다. 즉, 서비스가 기업의 경쟁우위에 있어 차지하는 역할이 점차 중요해지는 것이다.

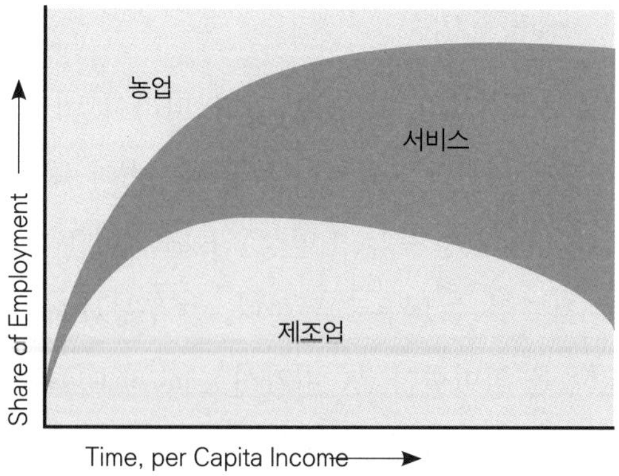

그림 14.1 산업 비중의 변화

이러한 변화는 고용시장에서도 서비스가 큰 부분을 차지하고 있음을 입증한다. 미국과 같은 선진국들은 지식기반의 서비스 산업에서 새로운 직업군을 탄생시키기도 한다. 이는 최근 고학력 위주의 교육문화를 반영하는데 대체로 서비스 부분의 직군은 상당한 전문성을 요구하기 때문이다. IBM은 '서비스 과학'이라 불리는 시스템을 도입해 디자인, 성능의 향상, 서비스 시스템 등을 통합한다. 이때 IBM이 요구하는 인재상은 'T형 인재'로 비즈니스, 엔지니어링, 컴퓨터 공학 등 여러 분야 중 한 분야에 있어서 깊이 있는 전문성을 가지고 있으며 다른 서비스 관련 이슈에 대해 폭넓은 이해를 가진 인재상을 뜻한다. 따라서, 우리는 서비스 분야 전체의 전문가가 되지 않더라도, 전반적인 서비스 분야의 특성에 대해 이해할 필요가 있다.

서비스 분야의 급진적 성장은 정부정책, 사회적 변화, 산업 트렌드, 정보 기술의 진보, 세계화 등에서 그 원인을 찾을 수 있다. 다시 말해, 이러한 영향력은 수요, 공급, 경쟁우위, 소비자의 의사결정 스타일에까지 영향을 미친다. 예를 들어, 인터넷의 보급은 공급자, 중간상, 고객 사이의 전통적인 관계의 변화를 가져왔다. 고객은 인터넷을 통해 공급자와 중간상의 정보를 파악하고 비교하며, 점점 더 가치 있고 차별화된 서비스를 요구하게 된다.

3) 서비스의 특성과 마케팅적 이슈

유형재와 서비스는 여러 가지 차이점이 있다. 따라서, 이러한 차이점들은 서비스 부분에 있어 마케팅적 시사점을 가져다준다. 서비스의 특성은 크게 8가지로 구분할 수 있다. 먼저 ① 비재고성 또는 소멸성(perishability)은 판매되지 않은 서비스는 재고로써 창고에 보관할 수 없음을 뜻한다. ② 무형성(intangibility)은 서비스의 기본적인 형태가 없음을 의미한다. ③ 비가시성(invisibility)은 소비자가 서비스에 대해 미리 느끼거나 경험할 수 없음을 뜻한다. ④ 비분리성(inseparability)은 서비스 공급자와 소비자가 서비스를 동시에 생산하고 소비함을 의미하는데 헬스장 트레이너와 고객이 대표적인 예이다. ⑤ 이질성(heterogeneity)은 생산에서 소비까지 여러 가변적 요소가 많기 때문에 한 고객에 대한 서비스와 다른 고객에 대한 서비스가 충분히 다를 수 있음을 뜻한다. ⑥ 광범위성은 서비스의 생산과 소비가 장소와 시간에 구애받지 않고 광범위하게 동시다발적으로 일어날 수 있음을 의미하며

표 14.1 서비스 특성에 대한 문제점과 대응전략

특성	문제점	대응전략
비재고성	소비자가 원할 때 서비스를 구매하지 못하거나 기다려야 한다.	촉진, 가격정책, 예약제 등을 통해 수요를 조정한다.
무형성	진열하거나 설명하기 어렵고, 경쟁자의 상품과 구분이 어려워진다.	물리적 단서를 통해, 서비스를 강조하고, 광고나 브랜드 전략에 있어 눈에 띄는 이미지를 사용한다.
비가시성	소비자가 서비스 구매에 대해 불확실성을 느낀다.	소비자가 올바른 선택을 하도록, 정보를 충분히 제공하고 보장제도 등을 통해 안심시킨다.
비분리성	소비자의 과실로 인해 서비스 품질이 떨어질 수 있다.	고객에게 편리한 장비나 시설을 제공하며, 고객을 충분히 교육시킨다.
이질성	서비스에 대해서 표준화와 품질관리가 어렵다.	서비스 표준을 규정하고, 품질통제에 대한 종업원 교육을 철저히 한다.
광범위성	서비스 실패에 대해 대응하기 어렵다.	고객-제공자 간 자동화된 상호작용을 위한 장치를 마련한다.
시간 의존성	고객은 기다리는 것을 싫어하고, 각자 다른 편한 시간에 서비스를 제공받기를 바란다.	경쟁적인 빠른 배송수단, 대기시간의 최소화, 서비스 운영시간의 연장 등을 고려한다.
비물리적 유통경로	핵심 제품이 물리적 활동일 수도 있고 그렇지 않을 수도 있다.	웹사이트를 편리하게 구성하고, 고객이 필요한 정보를 찾아볼 수 있게 한다.

출처: Christopher Lovelock and Jochen Wirtz.(2011) Services Marketing, Pearson, p. 43

⑦ 시간의존성은 서비스 제공에 있어 일반적으로 공급시간이 상당히 중요한 요인임을 의미한다. ⑧ 비물리적 유통경로는 서비스의 소비가 인터넷 등을 포함한 가상공간에서도 이루어질 수 있음을 의미한다. 〈표 14.1〉은 서비스의 특성을 8가지로 분류하고, 이에 따르는 문제와 마케팅 관점에서의 대응전략을 보여준다. 마케팅 관리자는 이를 고려하여 유형재와는 다른 서비스 제품 전략을 수립해야 한다.

14.2 서비스의 영역과 분류

1) 가치창출의 무형성 영역

전통적으로 무형성, 소멸성 등으로 서비스와 유형 제품을 구분할 수 있다. 그러나 서비스에 있어서 호텔의 침대, 식당의 음식, 은행의 카드 등과 같이 유형적 요인이 중요할 때가 많다. 따라서, 서비스는 유형성과 무형성이 복합적으로 결합된 재화이며, 서비스의 종류에 따라 무형성이 강하거나 약한 서비스 제품이 있을 수 있다. 무형성은 정신적인 것과 물리적인 것 두 가지 차원으로 구성된다. 정신적 무형성(mental intangibility)은 쉽게 볼 수 없고 이해하기 어려운 것이고, 물리적 무형성(physical intangibility)은 감각에 의해서 만져지거나 경험할 수 없다. 이러한 차원이 제품과 서비스를 구분하는 척도가 되며, 〈그림 14.2〉는 유형적 차원에서 무형적 차원까지의 영역을 스펙트럼 형태로 나타내고 있다.

어떤 제품이나 서비스는 무형성의 정도가 모호한 경우가 많다. 레스토랑의 경우 일반적으로 소비자가 지불하는 금액에서 20~30%가 실제 음식값에 해당한다. 나머지 대부분은 음식준비도구, 테이블 서비스, 레스토랑의 환경, 주차장 등과 같은 부가적 서비스를 위한 것이라고 할 수 있다.

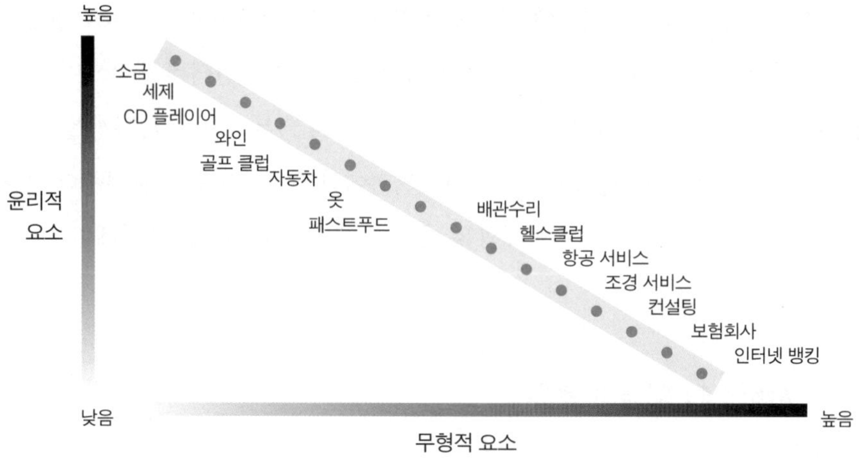

그림 14.2 무형적 요소의 제품 스펙트럼

2) 프로세스 관점에서의 서비스 분류

서비스에 있어서 사람, 물리적 제품, 자료 등은 프로세스 과정에서 눈에 보일 수도 있고, 그렇지 않을 수도 있다. 서비스의 주체와 서비스 활동의 가시성에 따라 네 가지의 차원으로 서비스를 분류할 수 있다. 비록 모든 산업이 4개의 차원으로 명확히 구분되지는 않으나 각각의 차원은 실제적인 산업의 유사성을 기준으로 군집되어 있다. 따라서, 이러한 서비스 산업의 분류를 통해 마케팅, 운영, 인적자원 관리 관점에서 유용한 통찰력을 얻을 수 있다. 〈표 14.2〉는 서비스의 네 가지 카테고리 영역을 나타낸다.

표 14.2 서비스의 4가지 카테고리

	누구 또는 무엇이 서비스의 직접적인 대상이 되는가?	
	사람	소유물
가시적 활동	사람 중심 프로세스(서비스 팩토리): 운송업, 호텔	제품 중심 프로세스(서비스 숍): 수리센터, 드라이 크리닝
비가시적 활동	정서적 자극 프로세스(대중 서비스): 교육, 광고	정보 중심 프로세스(전문적인 서비스): 회계, 법률, 컨설턴트 서비스

① 사람 중심 프로세스

Service factory라 불리는 이 영역은 사람 또는 기계가 물리적 공간에서 고객의 욕구를 충족시키기 위해 가치를 창조한다. 이 영역은 낮은 노동전문성을 가지고 있으며, 고객과의 상호작용과 개별화의 정도가 낮은 경우이다. 따라서, 서비스 제공에 있어 주로 정해진 매뉴얼을 따르면 된다. 운송업, 호텔업 등이 이에 속한다.

② 제품 중심 프로세스

Service shop이라 불리는 이 영역은 대체로 고객이 그들의 물건을 맡겨놓고 다시 찾으러 오는 경우로 생산과 소비가 분리가능하다. 이 영역은 낮은 노동의존성을 가지고 있지만, 고객과의 상호작용과 개별화 정도가 큰 경우에 해당한다. 수리센터, 드라이 크리닝, 택배 서비스 등이 대표적인 예이다.

③ 정서적 자극 프로세스

서비스가 신체적 접촉이 아닌 소비자의 마음에 관여하는 것이 이 영역에 해당한다. 이는 대체로 낮은 노동의존성과 낮은 고객과의 상호작용 또는 개별화의 특성이 있다. 이러한 영역에는 대표적으로 교육, 광고/PR 서비스, 엔터테인먼트 등의 분야가 해당된다. 이러한 서비스 영역에서의 핵심은 정보에 기반한다는 점이며, 음악이나 영화, 교육 자료가 CD나 DVD로 판매될 수 있듯이, 정보의 누출이 없다면 이러한 서비스는 일반적 유형재의 형태로 전환이 가능하고, 재고로 저장할 수 있다. 따라서, 이러한 서비스는 대중 서비스(mass service)의 형태로 공급될 수 있다.

④ 정보 중심 프로세스

정보 중심 프로세스는 소비자의 유형적 자산에 대한 서비스로, 제공하는 서비스의 특성 상 전문적인 서비스(professional service)로 구분된다. 이 서비스 영역은 시설이나 장비에 의존하는 영역과 달리 노동집중도와 고객과의 상호작용 및 개별화 정도가 높은 영역이다. 대표적인 예로는 회계서비스, 법률서비스, 비즈니스 컨설턴트 등이 해당한다.

14.3 서비스 마케팅 믹스

마케팅 관리자가 마케팅 전략을 수립할 때 일반적으로 4P 전략을 사용하며, 이를 흔히 마케팅 믹스라고 부른다. 서비스는 일반 제품과는 다른 특성이 있고, 소비자와의 접점을 다룰 수 없기 때문에 서비스를 4P에 직접 응용하는 것은 적절하지 않다. 그러므로 우리는 원래의 마케팅 믹스에 세 가지를 더한 7P를 서비스에 적용한다. 7P는 제품, 가격, 유통, 촉진, 프로세스, 물리적 환경, 사람 관리(product, price, place, promotion, process, physical environment, people)로 구성된다.

1) 제품전략

① 서비스 제품 전략

서비스 제품은 기업 마케팅 전략의 심장으로, 제품은 마케팅 믹스의 시발점이 된다. 서비스 제품은 표적고객에게 가치 있어야 하며, 그들을 만족시켜야 한다. 서비스 제품은 고객의 기본적인 욕구를 충족시키는 핵심 제품과 이것에 가치를 더하는 여러 보조서비스 등으로 구성되어 있다. 이는 고객의 핵심 제품의 지각된 가치를 더 향상시키는 역할을 한다. 예를 들어, 커피숍에서 커피를 구매할 때 핵심 제품(core product)은 '커피' 자체가 되고, 커피숍의 분위기, 직원의 친절함, 커피잔이나 시설의 위생 등은 가치를 더하는 보조서비스(supplementary service)가 되는 것이다. 〈그림 14.3〉은 보조서비스의 구성을 서비스의 꽃으로 나타내고 있으며 가치 지원 서비스(facilitating service)와 가치 증대 서비스(enhancing service)로 구성된다.

가치 지원 서비스는 정보, 주문, 지불수단, 지불금액 등이고, 가치 증대 서비스는 상담, 환대, 고객 소지품의 안전한 보관, 이례적 서비스 등이다. 이러한 보조서

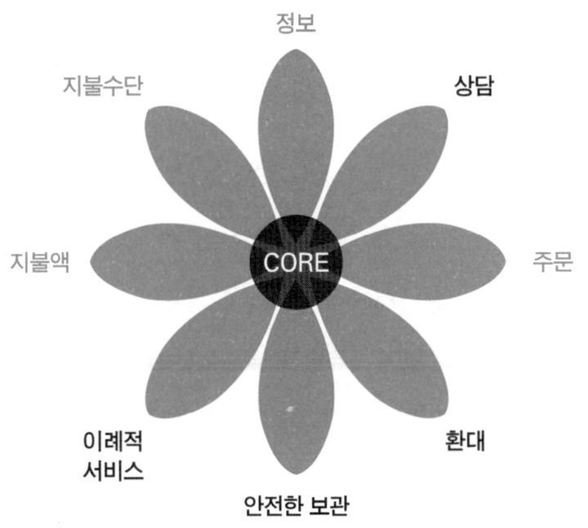

그림 14.3 서비스의 꽃

비스 묶음의 조합으로 핵심 서비스 제품이 완성된다고 볼 수 있다.

정보는 서비스와 관련한 정보로, 고객들은 서비스 소비에 있어 비가시적 성질 때문에 불확실성을 감소시키기 위하여 유형재보다 더 많은 정보를 원한다. 서비스 제공 장소, 시간, 가격, 주의 사항, 서비스의 상태, 품질, 예약에 대한 확인 등의 정보에 대해 고객이 쉽게 접근할 수 있어야 한다. 주문은 고객이 원하는 장소에서 원하는 시간에 필요한 것을 한 번에 해결할 수 있어야 하며, 주문이나 예약을 받는 종업원은 예의바르고, 신속하고, 정확하게 업무를 수행하여 고객의 시간을 낭비하지 않게 하도록 한다. 지불수단은 지불기한, 할부기간, 지불방법(현금 또는 신용카드) 등을 포함하며, 지불금액은 셀프서비스나, 쿠폰 등을 사용하여 체감하는 지불액을 낮추어 주는 것이 좋다.

상담은 고객의 질문에 대한 서비스 종사원의 즉각적이고 전문적인 응답을 요구한다. 고객맞춤형 조언, 제품 사용에 대한 상세한 설명 등이 고객에게 도움이 될 수 있다. 환대는 서비스 환경에서 고객이 서비스 종사원과 대면하였을 때 고객에게 정서적 편안함과 만족을 줄 수 있다. 환대서비스는 고객을 반갑게 맞이하는 것 이외에도 화장실, 대기실 등의 시설로 고객으로 하여금 편안한 느낌을 받을 수 있게 한다. 고객이 서비스 매장을 방문하였을 때 고객 소지품에 대한 안전한 보관은 서비스 업체의 신뢰에 지대한 영향을 미친다. 또한, 아동 보호시설이나 애완견 보호시설 등의 유무는 서비스 업체를 선택하는 데 있어 큰 영향을 미칠 수 있다. 이례적 서비스는 보조서비스이면서도 고객의 충성도를 향상시키는 데 결정적인 역할을 한다. 예를 들어, 아동의 요구나 레스토랑에서 음식에 대한 특별한 요구, 서비스 실패에 대한 해결, 반환이나 보상 서비스 등과 같은 것은 일반적이지 않은 특별한 경우이다. 이러한 문제 해결에 대해서는 서비스 종사원이 일정 수준 이상의 권한 이양을 받아야 한다.

② 서비스의 브랜드 전략

브랜드는 제품전략에 있어 매우 중요한 요소이다. 브랜드의 원래의 목적은 자사의 브랜드를 경쟁 제품과 구분하고, 소비자가 이를 알아볼 수 있도록 하는 것이다. 일반적인 유형재에 비해 서비스 제품에서는 고객의 브랜드 전환이 더 적게 발생한다. 예를 들어, 고객이 자동차를 구매하려고 할 때, 카탈로그에 매우 많은 자동차 제품이 있고, 비교적 제품에 대한 정보가 객관적으로 정리되어 제공되어 있다. 구매할 제품을 마음에 두고 매장을 방문하더라도 그때의 기분이나 조건에 따라 다른 제품을 구매할 가능성이 크다. 그러나 자동차 수리센터를 선택할 때에 다른 곳을 이용하려 한다면 무형적인 서비스의 특성상 필요한 정보를 얻기가 쉽지 않다. 즉, 서비스 브랜드를 전환함에 소요되는 정보수집 비용 및 시간은 제품을 전환할 때보다 높은 것이다. 따라서, 일단 소비자의 서비스 브랜드에 대한 충성도가 확립되면 이는 기업에 큰 자산이 될 수 있다. 서비스 브랜드의 전략은 크게 네 가지로 나누어 볼 수 있다. 〈그림 14.4〉는 브랜드 대안의 네 가지 방법을 나타낸다.

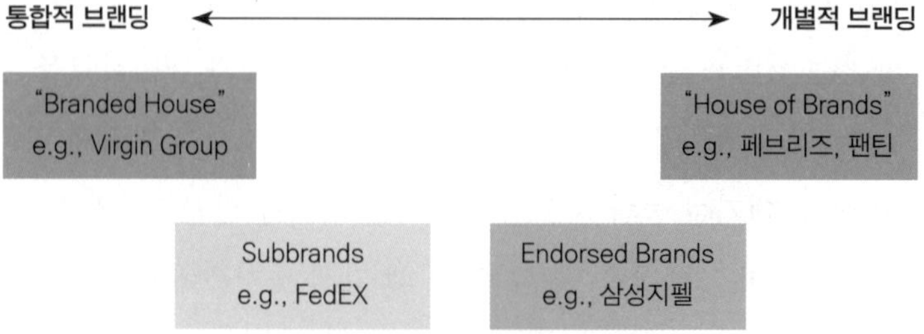

그림 14.4 브랜드 전략의 4가지 방법

브랜디드 하우스(Branded House)는 통합브랜드 전략으로서, 기업의 대표 브랜드를 중심으로 영역에 따라 파생되는 세부 브랜드명을 추가적으로 붙이는 방법이다. 기업의 대표 브랜드 파워가 강한 경우 주로 사용되며, B2B 기업들이 애용하는 브랜드 관리 방법이다. 대표적인 예로 Richard Branson이 CEO인 Virgin Group이다. 세부 사업영역에 따라 Virgin Atlantic, Virgin Radio, Virgin Media, Virgin Books 등으로 명명한다. 서브브랜드(Sub-Brand)는 서비스의 특성이나 속성을 나타내기 위해 추가되는 이름으로 FedEx의 예를 들 수 있다. FedEx Home Delivery, FedEx Freight Critical, FedEx Trade networks 등으로 구체적인 서비스 차이와 대상에 따라 서로 다른 브랜드 네이밍을 한다. 보증브랜드(Endorsed Brand)는 마스터 브랜드가 강력한 파워 브랜드일 경우 각각의 세부 브랜드를 지원해주는 전략으로 LG디오스, 삼성 지펠 등을 들 수 있다. 하우스 오브 브랜드(House of Brands)는 브랜디드 하우스와 상반된 개별 브랜드 전략으로서, 기업의 대표 브랜드를 강조하는 대신에 개별 브랜드를 독립된 형태로 사용하는 경우이다. 대표적인 예로 P&G의 Febreze, Pantene, SKⅡ 등과 같은 개별 브랜드를 들 수 있다.

③ 신제품서비스 개발전략

서비스 산업에서 새로운 서비스를 개발하는 것은 매우 중요하다. 그러나 서비스는 유형재와 달리 무형성과 소멸성 등의 특성 때문에 서비스 개발과정의 전반이 비교적 불명확할 수 있다. 따라서, 새로운 서비스의 개발 과정에서는 구체적이고 명확한 계획이 선행되어야 하며 최고경영층의 지지를 기반으로 타 부서와의 협업을 이루어내야 한다. 다음은 서비스 개발과정에 있어 작은 변화에서부터 혁신까지의 6가지 범위를 나타낸다. 마케팅 관리자는 기업의 장기적인 미션과 목표, 7P를 고려하여 다음의 6가지 방법 중 가장 효율적인 서비스 개발 방법을 선택할 수 있다.

표 14.3 새로운 서비스 개발의 6가지 범주

스타일 변화	혁신의 가장 단순한 유형으로, 프로세스나 성과에 관계없는 서비스 매장의 변화를 말한다. 예) 인테리어, 유니폼 변경
서비스 향상	혁신의 가장 전형적인 유형으로, 핵심 제품 또는 현재 보조서비스 기능의 향상이나 수정을 말한다. 예) 맥도날드의 맥딜리버리
보조서비스 혁신	새로운 설비 또는 가치 증대 요소를 추가함으로써 보조서비스에 상당한 혁신을 가져온다. 예) Amazon의 무료 배송
프로세스라인 확장	현재 제공되는 서비스 프로세스에 새로운 것을 추가하는 것이다. 예) Barnes and Noble의 온라인 매장 개설
제품라인 확장	현재 제공되는 제품라인을 확장하는 것이다. 예) 은행의 보험서비스
대규모 혁신	현재 존재하지 않는 새로운 프로세스나 시장을 창출하는 것으로 완전한 혁신을 말한다. 예) FedEx의 익일배송 서비스

2) 가격전략

① 서비스 가격의 특성

가격은 제품의 내재적 가치이다. 서비스 제품의 가격은 일반 제품보다 더 유동적일 수 있다. 가격은 고객의 유형, 제공되는 시간 및 장소, 수요의 정도, 시설 가용성 정도에 따라 차별화된 전략이 사용될 수 있다. 예를 들어, 성수기 때 항공권의 높은 가격과 영화관의 조조할인 등은 여러 요소를 반영한 유연한 가격정책으로 볼 수 있다.

이처럼 서비스의 가격이 달라지는 이유는 크게 세 가지로 나누어 볼 수 있는데, 첫째는 서비스에 대한 준거가격이 모호하거나 소비자의 정보가 제한적이기 때문이다. 둘째는 서비스가 가지고 있는 비가시적 특성으로 소비자가 가격을 통해 서비스를 판단하려는 성향이 있고, 셋째는 서비스의 실재적 가격뿐만 아니라 서비스 소비에 소진되는 시간과 노력 등이 더 중요할 수도 있기 때문이다.

준거가격(reference price)은 소비자가 서비스의 가격을 평가할 때 기준이 되는 가격을 의미하며, 소비자가 공정하다고 판단하거나, 최근에 지불했거나, 자주 지불하는 가격 등이 될 수 있다. 그러나 서비스는 다양하며, 상황에 따라 고객의 욕구 또한 달라질 수 있으므로 이러한 준거가격이 모호해질 수 있다. 한편, 준거가격이 명확히 존재한다 할지라도 서비스 접점에서 품질평가에 대한 새로운 단서를 발견하게 되면 준거가격이 또 다시 변화할 수 있다.

소비자가 서비스에 대한 정보가 많지 않을 때, 특히 경험이 없을 때에는, 가격을 가지고 품질을 평가하게 된다. 일반적으로 가격에 따라 기대 수준이 달라지기 때문에, 서비스 가격 결정은 신중해야 한다. 너무 낮은 가격은 서비스의 품질을 낮게 인식시킬 수 있고, 너무 높은 가격은 고객의 기대를 충족시키지 못할 수 있다.

가격 결정에 있어 소비자가 실제 지출하는 가격뿐만 아니라 서비스 소비에 소요되는 비금전적 비용(시간과 노력 등)을 함께 고려해야 한다. 가격이 적정하다고 할지라도 대기 시간이 너무 길거나 불쾌한 환경에서 서비스를 제공받아야 하는 상황은 선택하지 않을 수 있다. 반면에, 대기시간이 짧거나 긴급한 업무, 또는 서비스 제공 환경이 쾌적한 경우에 소비자는 그에 해당하는 프리미엄 가격을 지불한 의사를 보인다.

② 서비스 가격전략

서비스 가격을 수립하는데 있어 비용기준 가격전략(cost-based pricing), 경쟁기준 가격전략(competition-based pricing), 가치기준 가격전략(value-based pricing)을 사용할 수 있다.

비용기준 가격전략은 유형재보다 서비스 제품에서 더 복잡한 경향이 있다. 그 이유는 서비스 생산에 소요되는 노동력, 자원, 설비, 운송비용 등의 원가를 재무적으로 모두 고려하기 어렵기 때문이다. 비용기준 가격은 직접비, 간접비, 이윤의 합으로 구성되며, 보통 손익분기 분석(break-even analysis) 계산할 수 있다, 이는 제10장에서 언급한 바 있다. 손익분기 분석 이외에도 활동기준원가계산(activity-based costing; ABC분석)을 사용하기도 하며 손익분기 분석과 달리 전체 프로세스를 고려한다. 이는 간접지원비용(주문, 원재료, 생산, 계획, 품질검사 등)을 인위적인 기준이 아닌 기업의 여러 가지 활동으로 구분한 다음 개별 활동을 기본적인 원가의 대상으로 고려한다는 특징이 있다.

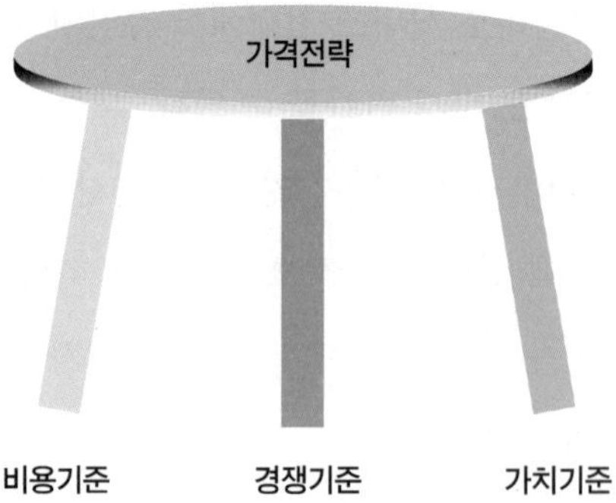

그림 14.5 가격전략의 3가지 방법

경쟁기준 가격전략은 경쟁자의 가격에 따라 자사의 가격이 달라지고, 또 자사 가격이 경쟁자의 가격을 다시 변화시킬 수 있다. 이렇듯 경쟁자의 전략에 따라 다른 전략을 취하게 되는 것을 게임이론이라 부른다. 이러한 가격 경쟁은 경쟁자의 수가 많거나, 대체재가 많거나, 경쟁의 범위가 넓거나, 산업에서 과잉설비가 존재할 때 더 심화되는 성향이 있다. 차별화되지 않은 서비스들 사이에서 저가격정책만을 지나치게 강조하면 산업 전체의 생존을 위협할 수 있다. 최근 이슈화되고 있는 통신 대리점의 적자현상을 여기서 찾아볼 수 있다.

가치기준 가격전략은 원가나 경쟁상태보다는 고객이 지각하는 가치와 수요를 중심으로 가격을 책정하는 것을 말한다. 그러나 이러한 가치는 주관적이기 때문에 이를 평가하기는 쉽지 않다. 〈표 14.4〉는 가치에 대한 네 가지 정의이다.

이는 마케팅 관리자가 서비스의 총 가치를 향상시키거나 고객의 금전적 비용과 비금전적 비용을 모두 감소시켜 지각된 가치를 향상시킬 수 있음을 시사한다. 여기서 비금전적 비용은 서비스 소비에 필요한 시간비용, 피로나 불편함과 같은 물리적 비용, 위험 지각이나 기분과 같은 심리적 비용, 정보탐색 비용, 구매 후 관리 비용 등을 의미한다.

표 14.4 가치의 네 가지 정의

가치는 저렴한 가격이다. (Value is low price)
가치는 소비자가 서비스로부터 얻고자 하는 모든 것이다. (Value is whatever I want in a product)
가치는 소비자가 지불한 가격에 대해 얻은 품질이다. (Value is the quality I get for the price I pay)
가치는 소비자가 지불한 것에 대해 얻은 모든 것이다. (Value is what I get for what I give)

출처: Valarie A. Zeithaml.(1988), "Consumer Perceptions of Price, Quality, and Value; A Means-End Model and Synthesis of Evidence", Journal of marketing, July(52), 2-21

3) 유통전략

① 서비스 채널의 유형

서비스 채널은 생산과 소비의 비분리성 때문에 제공자가 소비자에게 직접 서비스를 전달하는 경우가 많으므로, 중간상이 존재하지 않는 경우가 대부분이다. 서비스의 성격상 서비스가 제공되는 장소와 시점에 따라 서비스 품질에 주는 영향이 매우 달라지기 때문에 기업은 서비스 채널을 선택하는데 있어 매우 신중해야 한다. 서비스 채널은 물리적 경로와 전자적 경로를 모두 포함한다. 이는 서비스의 상태에 따라 영향을 받는다. 예를 들어, 최근 은행서비스는 유통 채널의 선택권을 고객에게 부여한다. 고객은 은행업무를 볼 때 은행지점을 직접 방문할 수도 있고, ATM, 폰뱅킹, 인터넷 뱅킹 등을 사용할 수 있다. 마케팅 관리자는 서비스의 특성을 파악하여 유통 방법에 대한 수단과 경로를 최종 소비자에게 효율적으로 제공하여야 한다. 〈표 14.5〉는 서비스가 제공되는 지점의 수와 제공자와 소비자 간의 접촉 형태에 따라 달라지는 서비스 채널의 유형을 보여준다.

표 14.5 서비스 채널의 유형

서비스 기업과 고객 간의 상호작용 형태	서비스 이용가능 채널	
	단일 채널	복수 채널
고객 → 서비스 기업	극장, 미용실	버스, 패스트푸드 체인
서비스 기업 → 고객	실내 인테리어, 정원 손질	택배, 긴급 자동차 수리
원격 접촉	신용카드, 지역 TV	통신사, 전국 방송

고객이 서비스 기업을 찾아가는 형태는 극장, 미용실, 버스, 패스트푸드 체인과 같은 것으로 지점의 입지와 서비스 시설의 물리적 환경이 서비스 품질에 큰 영향을 미친다. 반면, 서비스 기업이 고객을 찾아가는 실내 인테리어, 정원 손질, 택배, 긴급 자동차 수리 등의 서비스는 기업 입장에서 시간과 인적자원이 더 소요될 수 있다. 원격 접촉의 경우, 실제 서비스 설비와 고객이 직접 대면할 일이 적지만, 서비스 종사원과의 접촉에서 서비스 품질을 유지할 필요가 있다.

② 전자 채널의 특징

인터넷의 급격한 보급으로 전자 채널에서의 서비스 제공 형태가 급속히 늘어나고 있다. 전자 채널은 순수 유형재 없이도 완전한 서비스를 제공해 주는 수단이 될 수 있으며, 이는 오프라인 채널 관리와는 성격이 다르다. 전자 채널의 가장 큰 장점은 비용이 저렴하면서도 광범위한 유통이 동시에 가능하다는 점이다. 또한, 서비스 종사원이 서비스를 제공하는 것보다 일관된 품질을 제공할 수 있으며, 고객의 비용과 시간을 줄여 고객 편익을 향상시킨다. 아울러, 물리적 제약이 없어 소비자의 선택폭을 넓혀주며, 고객의 신속한 피드백을 얻을 수 있다. 이러한 전자 채널의 유용성에도 불구하고, 전자 채널의 단점은 존재한다. 오프라인에서는 어려웠던 가격 비교가 매우 쉬워졌기 때문에 기업의 가격경쟁이 심화되었고, 서비스 종사원의 응대와는 달리 전자 채널은 획일화된 서비스를 제공하므로 고객의 이례적인 요구에 대응할 수 없게 된다. 또한, 최근 가장 큰 문제로 다루어지는 것 중 하나는 개인정보 보안문제이다. 서비스 기업에서 보안문제가 발생하면, 고객은 더 이상 기업을 신뢰하지 않으며, 나아가 법적 소송이 제기되는 경우, 기업 이미지는 물론, 경제적 손실을 가져올 수 있다. 따라서, 마케팅 관리자는 서비스 경로 설계에 있어 이러한 점을 모두 고려하여 서비스 형태와 고객의 유형에 따른 효율적인 채널을 선택해야 한다.

4) 촉진전략

효과적인 마케팅 커뮤니케이션 없이 성공적인 마케팅 전략은 불가능하다. 이러한 관점에서 기업은 소비자에게 필요한 정보를 제공하고, 자사의 브랜드와 서비스 제품에 대한 이점을 확신시키고, 구매하도록 동기부여시켜야 한다. 통합적 마케팅 커뮤니케이션은 제13장에서 다룬 바 있다. 서비스에 있어 이러한 커뮤니케이션 전략은 일반적으로 서비스 종사원, 고객접점의 종업원, 웹사이트, 서비스 장비 등을 통해서 이루어진다.

① 서비스의 무형성 문제

서비스와 유형재의 여러 차이점으로 인하여 서비스 마케팅 커뮤니케이션 전략은 전통적 전략과는 다른 프로그램을 사용한다. 예를 들어, 서비스의 혜택에 대해서 고객에게 소구할 때, 유형재처럼 명확하게 설명하기가 어렵다. 서비스의 무형성은 커뮤니케이션 소구에 있어 다음과 같은 네 가지 문제를 유발한다.

첫째는 소비자의 서비스 제공자에 대한 일반화 경향이다. 예를 들어, 항공 서비스는 기내의자, 설비, 승무원, 기내 서비스 등 여러 가지 요인으로 구성되어 있지만, 소비자는 모든 항공사 서비스 요인에 대해 일일이 그 차별점을 분석하지 않는다. 하지만 마케팅 관리자는 승무원의 특별한 친절 등으로 경쟁자와 차별화되는 가치제안을 제공해야 한다. 둘째는 추상성이다. 보안, 전문상담서비스와 같은 것들은 추상적인 개념이기 때문에 마케팅 관리자는 이러한 개념을 명확하게 전달해야 한다. 셋째는, 신뢰성의 문제이다. 성형수술, 미용실에서의 헤어컷 등의 서비스는 비가시성으로 인해 유형재처럼 구매 전에 서비스를 시험해보거나 탐색하지 못한다. 따라서, 마케팅 관리자는 서비스의 품질에 대해 신뢰할 수 있는 근거를 제시해 주어야 한다. 마지막으로 서비스의 복잡성이다. 서비스는 매우 복잡하고 많은 차원으로 이루어져 있으므로 소비자가 해당 서비스를 구매함으로써 누리는 혜택에 대해 명확히 설명할 필요가 있다.

② 서비스 무형성의 극복

위에서 언급한 서비스 특성의 문제를 극복하기 위해 가시적인 단서를 제공하고, 메타포(metaphors)를 사용해야 한다. 가시적인 단서는 고객에게 생생한 정보로 작용하며, 이러한 단서는 서비스의 기억을 용이하게 할 뿐 아니라 구매에 대한 불확실성을 감소시킨다. 또한, 보험회사 등과 같은 추상적인 개념의 서비스 제공 기업은 서비스 제공 혜택과 관련한 특별한 심벌마크나, 카피 문구 등 인상적인 메타포를 제작한다. 〈표 14.6〉은 이러한 문제에 대한 커뮤니케이션 전략을 보여준다.

표 14.6 무형성을 극복하기 위한 커뮤니케이션 전략

서비스 특성의 문제	커뮤니케이션 전략	구체적 방법
일반화	서비스 설비와 혜택의 문서화, 공식화	객관적인 물리적 설비의 자료 제공, 실제 서비스 현장을 보여줌
추상성	고객 후기	일반적 고객이 느끼는 서비스 혜택에 대한 후기를 보여줌
신뢰성	명성 확보	고객의 실제 증언, 전문가나 공인된 기관의 추천 등을 보여줌
복잡성	서비스 절차의 설명	서비스 절차를 순차적으로 설명

MARKETING INSIGHT

서비스 상품의 가격전략

서비스 상품은 시간이 지나면 가치가 사라지고, 높은 고정비 투자로 생산량이 한정된 상황에서 낮은 변동비로 상품을 공급한다. 또한, 서비스를 이용하는 시기에 따라 수요폭이 크고, 가격에 대한 가치가 주관적이며, 지불 용이의 폭도 크다. 이 같이 서비스 상품의 가격 속성을 반영한 네 가지 가격전략은 다음과 같다.

1) 가격 차별화

고객을 인구통계학적 기준이 아닌 가격 민감도와 수익성, 구매행동 등 다양한 기준을 통해 세분화하고, 이를 가격체계와 연동하는 전략이다.

미국 온라인 쇼핑몰 중 약 60%는 소비자의 지불의향 판단 단서가 되는 정보를 자동 수집하는 프로그램을 활용해 가격차별화를 모색한다. 온라인 여행사 오르비츠는 Apple의 Mac OS 이용자가 MS의 윈도 OS 이용자보다 지불의향이 높다고 판단하고 고가격대 상품을 추천한다. 아마존의 'Scribe&Save' 제도는 정기구매하는 일상용품에 대해 한번 클릭으로 1~6개월 주기로 제품을 배달해 주며 5~15%의 할인혜택을 제공한다. 'Amazon Prime'은 79달러의 연회비를 내고 가입하면 1년간 아마존 자체 배송상품을 무료로 빨리 배송해주는 서비스로, 가격에 민감한 소비자를 유인한다.

2) 동적 가격

서비스 상품은 이용 시기에 따라 수요가 크게 달라지므로 과거 판매정보와 예상 수요 등의 정보를 가지고 수요를 분산시키는 전략이다.

Marriott 호텔은 2005년 단체고객을 위한 별도의 TFT를 구성해 다양한 요구조건과 가격을 제시하는 'GPO(Group Pricing Optimizer)'시스템을 개발했다.

2009년 샌프란시스코 자이언츠 구단은 경기장 좌석 중 일부 가격의 티켓을 인기, 날씨, 요일, 선발 투수 등 12개 변수에 따라 입장 효과를 분석해 변동가격에 판매한다.

3) 서비스 결합 · 분할

소비자들의 체감 가격을 낮추기 위해 한계비용이 낮은 상품을 저가에 제공하고 다른 부수익을 창출하거나, 전체 서비스 가격 요소를 분할 및 통합하는 전략이다.

사우스웨스트는 유류 할증료와 수화물 비용 등에 별도 비용을 청구하는 다른 항공사들과 달리 '비용으로부터의 자유(freedom of fees)'정책을 실시한다.

4) 소비자 주도형 가격

소비자가 느끼는 서비스 가치가 주관적이므로 소비자가 원하는 가격을 제시하고 기업이 수용 가능하다고 판단되면 판매하는 전략이다.

United 에어라인, Lufthansa 등 항공사들은 비행기 탑승 횟수가 많고 항공 서비스에 관심이 높은 여행객에게서 소비자가 원하는 서비스 가격 정보를 수집하였다. 이들은 일반석의 50%를 더 지불하고 유럽 비즈니스 좌석처럼 중간에 한 자리를 비워두는 토미클래식 좌석, 50회 이상 탑승하면 환불이나 여정 변경 수수료를 면제해주는 방식 등을 제안했다.

출처: 홍선영, '서비스 상품의 스마트 가격전략', SERI.org, SERI 경영노트, 제158호, 2012. 7. 26

14.4 고객 접점 관리

이 절에서는 서비스 7P를 구성하는 요인 중, 마케팅 4P를 제외한 나머지 프로세스, 물리적 환경, 사람 관리에 대해서 살펴보기로 한다. 서비스에 있어 고객 접점은 고객이 서비스를 평가하는 중요한 단서가 되기 때문에 유형재의 4P와 구분하여 알아둘 필요가 있다.

1) 프로세스 관리

서비스 프로세스는 서비스 생산부터 전달, 사후 관리에 이르는 서비스 전반의 모든 흐름이나 메커니즘을 의미한다. 서비스 전반의 프로세스가 느리거나, 관료주의적이거나, 시간을 낭비하거나, 비효율적이라면 고객은 이러한 서비스 경험에 실망하게 된다. 따라서, 마케팅 관리자는 서비스의 특성을 파악하고 서비스 전반의 프로세스를 효율적으로 구성할 필요가 있다. 서비스의 생산과 소비는 그 범위가 매우 방대하다. 그러므로 광범위한 서비스 프로세스에 대해 효율적 서비스를 제공하려면 서비스 표준을 규정하고, 서비스 품질을 엄격히 관리할 필요가 있다. 또한, 서비스 프로세스에 고객을 참여시키는 과정에서 고객 스스로 서비스 품질을 저해시키는 일이 없도록 해야 하며, 고객으로 하여금 특별한 체험을 경험할 수 있도록 해야 한다. 아울러, 서비스 생산과 수요의 불균형으로 인한 문제점을 해결하기 위해 서비스 프로세스의 면밀한 관리가 필수적이다.

① 서비스 흐름도(flowchart)와 서비스 청사진(blueprint)

고객의 관점에서 서비스는 경험의 연속이며, 서비스 제공 기업의 관점에서는 고객의 욕구를 충족시키기 위해 서비스를 디자인해야 한다. 서비스 흐름도는 서비스 전달에 관여하는 순차적 단계를 보여주는 기법으로, 고객의 서비스 경험 전반을 이해하기 쉽다. 〈그림 14.6〉은 레스토랑에서의 서비스 흐름도를 보여주고 있다.

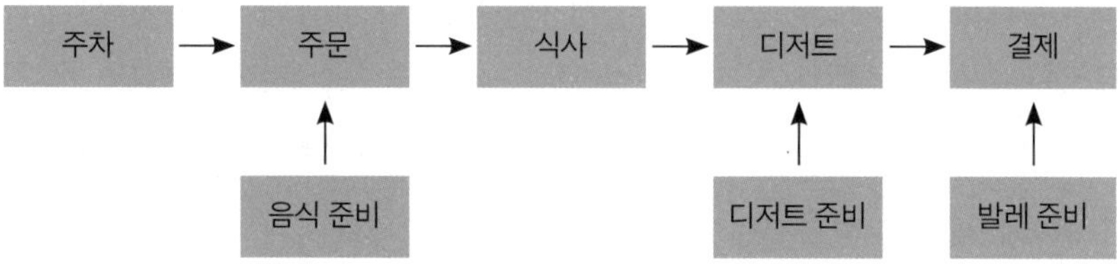

그림 14.6 레스토랑의 서비스 흐름도

고객이 주차장에 차를 주차해서 식당 내부를 향해 걸어가고, 모든 서비스가 제공되고 나서 계산 후 다시 주차장에 이르기까지의 전 과정을 나타낸다. 그림에서 알 수 있듯이 서비스는 제공되는 핵심가치뿐만 아니라, 주차장이나 주변 환경, 음식값 지불 과정에서 서비스 종사원과의 커뮤니케이션 모두를 포함한다. 따라서, 주차장에서부터 식당 건물에 들어서는 모든 물리적 환경이나 시설 등이 전반적인 고객 경험에 영향을 미치게 되는 것이다. 레스토랑과 호텔의 서비스가 다르듯이 이러한 흐름도는 제공되는 서비스의 특성과 종류에 따라 달라진다. 청사진은 서비스 흐름도를 더 정교하게 묘사한 것이라고 볼 수 있다.

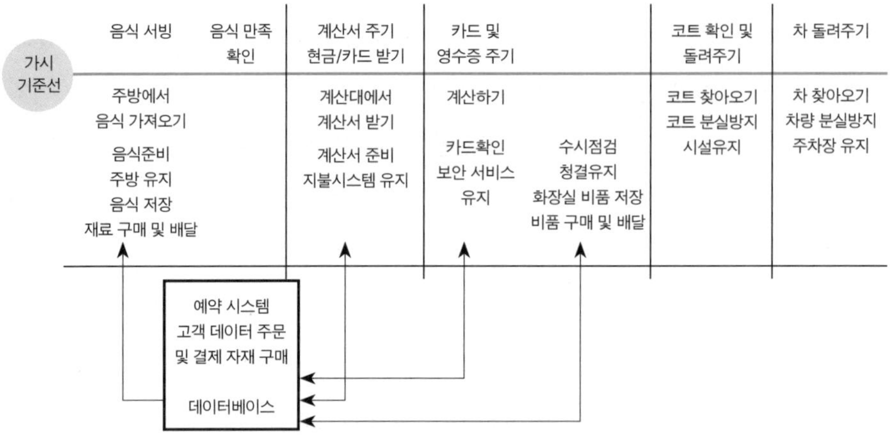

그림 14.7 레스토랑의 서비스 청사진

청사진은 어떻게 서비스 프로세스가 구성되고, 고객의 비가시선과 가시선을 구분하며, 서비스 실패가 발생한 경우 어디서 발생하였는지 포착할 수 있게 해준다. 서비스 프로세스의 청사진에서 비가시선은 고객의 눈에 보이지 않는 부분이다. 그러나 고객의 눈에 보이지 않는다고 해서 덜 중요한 것이 아니다. 왜냐하면, 비가시선의 역량이 가시선의 성과를 지원해주기 때문이다. 예를 들어, 레스토랑에서 식기류의 세척은 비가시선에 해당하지만, 이 영역에서 실패한 서비스를 제공한다면 비위생적인 접시를 보게 된 고객이 레스토랑 서비스 전반에 만족할 수 없기 때문이다. 비가시선의 영역은 경영 지원, 물리적 지원, 시스템 지원으로 구성되며 각각의 구성요소는 고객 접점의 품질관리에 영향을 미치는 구조로 이루어져 있다. 청사진에서 가시선은 고객의 눈에 직접 보이는 부분으로 고객과 서비스 직원이 상호작용하는 영역이다. 가시선의 영역은 고객, 종업원, 서비스 시스템과 일상적 업무, 물리적 자원과 장비로 구성된다.

② 서비스 프로세스의 고객 참여

서비스는 생산과 소비의 비분리성으로 인해 고객이 서비스 과정에 참여하게 된다. 즉, 고객이 자기 자신은 물론, 다른 고객들을 위한 서비스 생산에 참여하는 셈이다. 고객 참여는 고객 참여의 정도에 따라 3가지로 분류할 수 있다. 먼저 가장 낮은 수준의 고객 참여는 극장의 영화 관람객이나 버스 승객처럼 서비스 직원과 서비스 시스템이 모든 일을 한다. 제품과 서비스는 표준화되어 있는 경향이 있으며 서비스 이용비용은 고정되어 있다. 이러한 상황에서 서비스 프로세스는 획일화된 반복적인 서비스를 제공한다. 다음으로 중간 정도 수준의 고객 참여는 미용실 고객 등을 들 수 있다. 이러한 서비스 상황은 단순한 서비스 가격뿐만 아니라, 고객의 정보탐색 비용, 개인적 노력 등을 수반한다. 또한, 고객과 서비스 직원의 충분한 정보 교환이 성공적인 서비스 제공을 달성할 수 있게 한다. 마지막으로 가장 높은 수준의 고객 참여는 고객의 참여없이는 절대로 서비스가 제공되지 않는 부분이다. 예를 들어 결혼 정보회사의 서비스나, 헬스장의 트레이너와 고객과의 관계이다. 그러나 이러한 상황에서는 고객의 과실로 말미암아 서비스 품질을 저하시킬 가능성이 농후하다. 아무리 실력있는 헬스 트레이너 서비스가 있음에도 불구하고 고객이 노력하지 않는다면 아무런 성과가 없기 때문이다.

그러나 이러한 서비스 실패의 위협에도 불구하고 최근 많은 서비스 기업은 셀프서비스 등을 이용하여 고객 참여를 증대시키고자 한다. IKEA는 가구를 소비자가 직접 조립하고 설치하게 하여 고객이 더 큰 만족을 느끼게 하고, 기업은 서비스 생산성을 증대시켰다. 하지만 모든 기업의 셀프서비스 전략이 성공하는 것이 아니므로 기업은 서비스의 성질과 표적 고객의 특성을 충분히 고려하여 고객 참여 정도를 조절하는 것이 중요하다.

③ 서비스 구매 과정 관리

서비스 구매 과정은 크게 서비스 구매 전, 서비스 구매, 서비스 구매 후로 나누어 볼 수 있다. 서비스 구매 전 단계는 일반적으로 고객이 서비스를 받기 전 대기의 과정을 의미한다. 서비스에 있어 대기는 어쩔 수 없지만 모든 고객이 이를 당연히 받아들이지 않으며, 상황에 따라 같은 대기시간이 주어진다고 할지라도 소비자의 반응은 달라질 수 있다. 효과적인 대기관리를 위해서는 고객의 체감 대기시간을 줄여야 한다. 디즈니랜드는 각종 퍼레이드 등을 통하여 고객의 대기선을 분산시키고, 대기하는 동안에도 지루함을 줄여주는 방법으로 고객만족을 높이고 있다. 서비스 구매단계는 소비자가 서비스 종사원 또는 서비스 관련 장비들과 직접 접촉하는 순간으로 진실의 순간(Moments of Truth: MOT)이라고 불린다. 미국 리서치 연구소인 Marketing Experiments는 연구보고서 "명료함이 설득보다 우선이다"에서 마케팅에서는 첫 7초가 가장 중요하다고 주장했다. 실제로 스칸디나비아 항공은 고객이 승무원을 대면하는 15초의 중요성을 인식하고 대응한 결과 상당한 성과를 거둘 수 있었다. 서비스 구매 후 관리는 일본의 품질 전문가 카오루 이시가와에 의해 개발된 피쉬본 다이어그램(fishbone diagram)을 통해 서비스 투입과 성과 간의 인과관계를 파악한다. 〈그림 14.8〉은 항공기 출발 지연에 대한 인과관계를 나타내고 있다. 이를 이용하여 서비스 제공에 품질문제를 야기시킨다고 의심되는 요인과 관련 요인을 함께 검토하여 문제의 근원을 찾아낼 수 있다.

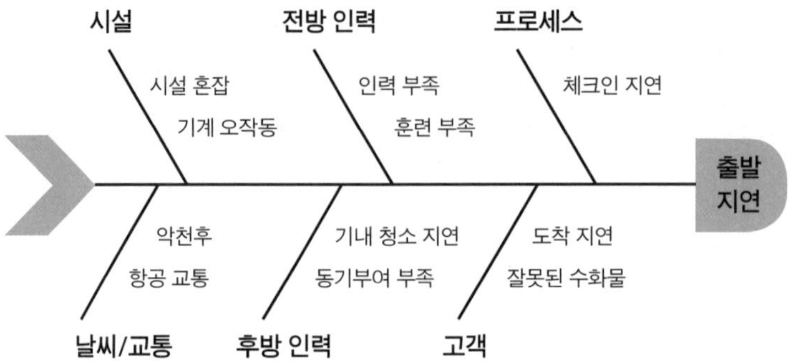

그림 14.8 피쉬본 다이어그램의 예

2) 물리적 환경 관리

물리적 서비스 환경은 서비스가 전달되는 기업과 고객의 상호작용이 일어나는 환경을 의미한다. 이는 고객의 서비스 경험에 있어 감각적으로 기억되는 부분이며, 이러한 환경은 고객의 구매의사결정에 영향을 미치며, 구매 후 고객만족을 증대 또는 약화시킬 수도 있다. 서비스의 물리적 환경을 서비스스케이프(servicescape)라고도 하며 이는 경치, 풍경 등 전반적인 주위의 물리적 상태를 의미한다.

① 물리적 환경의 차원

물리적 환경은 크게 주변요소, 공간의 배치와 기능성, 상징물과 조형물로 나누어 볼 수 있다.

주변요소는 음악, 조명, 온도, 냄새, 색상, 전망 등과 같이 감각적으로 느낄 수 있는 배경의 특성을 의미한다. 이러한 환경요인은 고객뿐만 아니라 그 장소에서 일하는 서비스 종업원의 성과에까지 영향을 미치는 중요한 요소이다. 주변요소는 서비스 제공자의 특성이나 고객의 성향에 따라 고객이 중요하게 여길 수도 있고 그렇지 않을 수 있다. 예를 들어 고객은 증권회사의 물리적 환경은 별로 중요시하지 않지만 병원시설 환경에 대해서는 편안함, 음악, 색상, 강하지 않은 조명, 적당한 온도 등을 선호한다.

공간의 배치와 기능성은 서비스와 관련된 기계나 장비 등의 배열, 크기나 형태, 기능, 용이성 등을 의미한다. 서비스 장비들은 서비스 종업원의 동선을 고려하여 효율적으로 배치되어야 하며, 장비의 효율적 목적 달성을 위해 종업원은 장비사용과 관련된 교육을 충분히 받아야 한다. 또한, 종업원이 직접 고객과 대면하지 않더라도 ATM과 같은 서비스 장비는 위치와 기능 정도가 서비스 성과에 영향을 준다.

상징물과 조형물은 특정 장소에 대한 명시적 또는 암묵적 정보를 제공한다. 예를 들어 은은한 조명과, 꽃병, 고급 촛대, 고급 와인잔이 세팅된 식당은 고급 음식을 제공하며 가격 또한 높을 것이라는 상징적인 정보를 제공할 수 있다. 즉, 이러한 환경적 요인은 고객으로 하여금 서비스 제공자의 첫인상을 결정하고 전반적인 품질 평가의 기준으로 작용하므로, 마케팅 관리자는 기업의 포지셔닝 전략에 따라 이를 조화롭게 활용할 필요가 있다.

② 물리적 환경의 영향

물리적 환경은 그 대상과 형태가 복잡하지만 서비스 전반 프로세스에 몇 가지 지대한 영향을 미친다. 우선, 물리적 환경은 소비자의 구매결정에 잠재적인 영향을 미치며, 소비자의 서비스 경험 전반에 직접적인 영향을 미친다. Apple 스토어는 넓은 공간에 테이블들을 줄을 맞춰 놓고 양 옆 벽면에도 제품을 전시할 수 있는 진열대를 갖추어 놓음으로써 소비자가 Apple의 제품을 직접 만져보고 사용하기 편리하게 인테리어를 하였다. Apple 스토어는 단순한 유형 제품의 판매 매장을 넘어서 Apple의 문화를 체험할 수 있는 분위기를 조성해 놓았다.

둘째, 물리적 환경은 서비스의 무형성과 비가시성을 극복하게 해주는 중요한 수단이 된다. 즉, 서비스의 물리적 환경이 고객에게 서비스 품질에 대한 단서를 제공할 뿐만 아니라, 경쟁자와 자사와의 서비스를 구분해주는 역할을 한다.

셋째, 서비스 기업의 이미지 형성에 영향을 미친다. 미국의 오일교환과 광택 서비스를 주로 하는 Speedi-Lube사는 직원들에게 깨끗한 유니폼을 입게 하고 매장의 디자인을 청결하게 유지함으로써 신속, 유능이라는 이미지를 주며, 서비스 품질의 신뢰를 획득하였다.

넷째, 고객과 직원의 행동에도 영향을 미친다. 놀이공원의 대기줄을 위한 가이드라인은 대기하는 고객들이 줄을 맞추어 효율적으로 입장하게끔 유도하며, 은행의 번호표는 고객이 대기 시간을 예측하게 함으로써, 중간에 다른 볼일을 보게 하거나 지루함을 줄여주는 역할을 한다. 또한, 서비스 매장의 전반적인 환경은 직원에게도 많은 영향을 미치는데 적당한 크기의 작업 공간, 온도와 조명 등은 업무 효율을 향상시키고 고객에게 더 친절하게 응대할 수 있도록 한다.

서비스 분야에 있어 가장 중요한 것은 사람이다. 여기서 사람은 기업의 직원과 소비자 모두를 의미하며 여기서 소비자가 외부고객이라면, 기업의 직원들은 내부고객으로서 양쪽 모두를 대상으로 하는 마케팅 활동이 필요하다. 〈그림 14.9〉는 기업, 직원, 고객의 관계에 따른 마케팅 개념을 나타낸다.

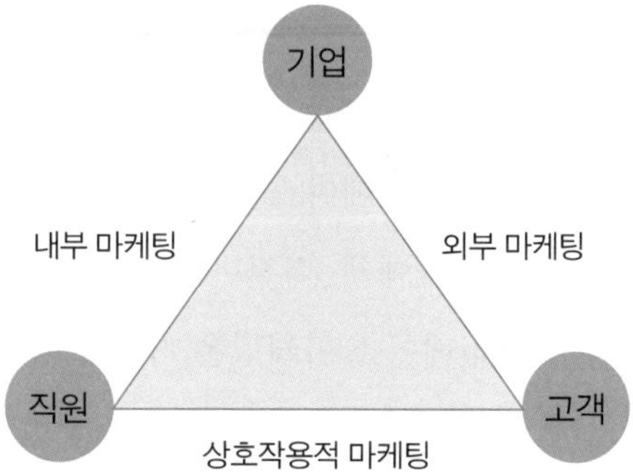

그림 14.9 기업-직원-고객 간의 관계

3) 사람 관리

① 관계 마케팅

관계 마케팅은 기업의 고객 등 이해관계자들과 강한 유대관계를 형성하고, 이를 효율적으로 유지함으로써 기업의 목표를 달성하고자 하는 마케팅 활동이라고 볼 수 있다. 전통적으로 기업은 이윤 극대화를 위해 고객에게 단순히 물건을 많이 팔고자 하였다. 그러나 최근 기업은 단기적인 판매실적보다는 고객과의 관계비용을 고려한다. 관계비용은 기업이 고객과 장기적인 관계를 유지함으로써 발생하는 부가적인 비용으로 추가설비비용, 서비스 실패에 대한 복구비용 등을 들 수 있다.

성공적인 관계 마케팅은 기업의 장기적 이익 증가와 직결된다. 신용카드 회사의 경우 신규고객을 유치하는 데 평균 51달러의 비용이 들고, 신규고객에게서 얻은 첫해의 수익은 평균 30달러 정도라고 한다. 만약, 고객이 1년 안에 이탈하게 된다면 기업은 계속 적자가 될 수밖에 없다. 따라서, 고객과의 관계를 호전적으로 유지하는 것이 장기적으로 기업의 이익을 증가시킨다. 또한, 관계 마케팅은 기업 운영의 효율성을 가져온다. 고객들과의 빈번하고 효과적인 커뮤니케이션은 비용이 수반되는 시장 조사나 컨설턴트 회사로의 아웃소싱을 최소화할 수 있다. 아울러, 기업의 구전효과를 가져올 수 있다. 고객과의 호의적인 관계는 충성고객을 확보하고 이러한 고객은 기업을 다른 사람에게 소개함으로써 마케팅 비용을 줄이고, 신규고객을 효과적으로 유치할 수 있게 된다.

② 데이터베이스 마케팅

관계 마케팅의 도구로서의 데이터베이스 마케팅은 고객에 대한 광범위한 정보를 데이터 마이닝하여 적절한 고객에게, 적절한 시점에, 적절한 장소에서, 적절한 제품을 제공하는 것이다. 데이터베이스 마케팅은 기존 고객을 대상으로 고객유지, 고객활성화, 고객충성도 제고, 교차판매하는 등의 활동을 말한다. 고객유지전략은 구매 후 불안감을 없애줌으로써 고객의 제품 구매에 대한 후회를 방지하고, 재구매를 유도하는 전략이다. 고객은 보통 관여도가 큰 제품에 대해 구매 후 불안감을 느낄 수 있다. 고객 활성화 전략은 쿠폰이나 인센티브 등을 활용하여 구매빈도와 양을 높이는 전략이다. 항공사의 마일리지 정책이 이에 해당한다. 고객 충성도 제고전략은 고객에게 물질적 · 심리적 혜택을 제공함으로써 고객 로열티를 확보하려는 전략으로, 일반적으로 VIP나 우량고객을 대상으로 하는 프로그램이 해당된다. 교차판매전략은 어떤 제품을 구매한 고객에게, 유사한 다른 제품을 구매하도록 하는 것이다. 이는 고급 데이터베이스를 가지고 있는 금융권에서 주로 사용하며 신한은행은 퀘스트 스페이스 매니저를 도입하여 온라인 거래 사용자들이 생성해내는 트래픽 및 데이터베이스를 효과적으로 관리한다.

③ 내부 마케팅

내부 마케팅은 직원을 기업 내부의 고객으로 간주하고 직원의 혜택과 편의를 고려하며, 그들에게 고객 지향적 사고를 하게끔 유도하는 등 기업, 직원, 고객의 관계에서 좋은 성과를 낼 수 있도록 동기부여하는 것이다. 외부 마케팅과 내부 마케팅을 비교하면 다음과 같다.

표 14.7 외부 마케팅과 내부 마케팅의 비교

구분	외부 마케팅	내부 마케팅
대상	소비자(외부 고객)	직원(내부 고객)
제공물	제품 및 서비스	직무
제공물의 교환대상	제품 및 서비스의 가격	임금 및 심리적 안정
목표	소비자 만족	직원 만족
갈등유형	가격-지각된 가치 갈등	직원-고객, 직원-직원, 직원-조직 갈등

내부 마케팅의 성공은 직원의 역할과 중요성을 인식하는 것에서부터 시작된다. 내부 마케팅은 최고경영층의 지원을 충분히 받아야 하며, 이를 이행하는 데 있어 직원들의 불만이 없어야 한다. 성공적인 내부 마케팅은 직원의 만족을 가져오고, 직원의 만족은 서비스에 대한 품질을 향상시키며, 이는 다시 외부고객의 만족으로 이어지는 선순환을 그리게 된다. 내부 마케팅의 일차적 목표가 직원의 만족이지만 그 안에 내재되어 있는 궁극적인 목표는 고객만족이라는 점을 간과해서는 안 된다.

14.5 서비스 품질관리

서비스 품질에 대한 정의는 학자나 실무자마다 다소 차이를 보인다. 일반적으로 서비스는 지각된 품질로 평가하는데 지각된 품질은 "실제에 대해서 소비자가 평가한 보편적 우월성"으로 정의한다. 서비스 품질관리는 다양한 연구가 이루어졌고, 여러 가지 정보와 컴퓨터, 측정기술이 발달함에 따라 서비스 품질관리가 정교해지고 있다.

1) Grőnroos 모형

Grőnroos는 서비스 품질을 과정품질(process quality)과 결과품질(outcome quality)

로 나누었다. 과정품질은 고객이 서비스 제공 과정을 어떤 식으로 경험하는가를 나타내며, 서비스 접점에서 직원의 태도나 표정, 말투와 같은 것들에 의해 영향을 받는다. 반면, 결과품질은 고객이 어떤 서비스를 제공받는가를 말한다. 이는 과정품질에 비해 비교적 객관적인 평가가 가능하다. 〈그림 14.10〉은 Grönroos model을 보여주고 있다. 즉, 고객의 체험품질과 기대품질의 차이에 의해 지각된 서비스 품질이 형성되며, 체험품질은 과정품질과 결과품질로 이루어져 있는 것이다.

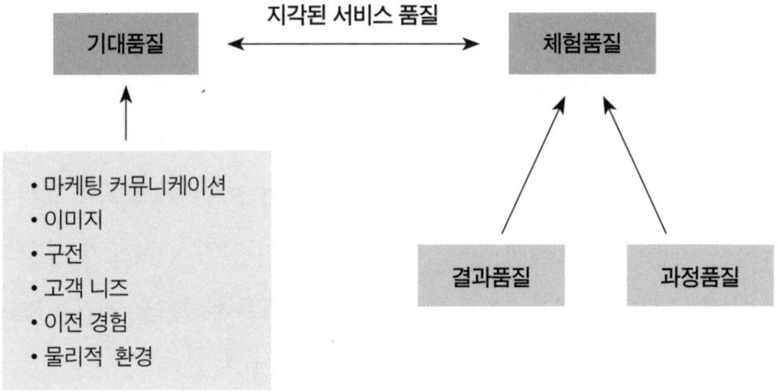

그림 14.10 Grönroos model

2) SERVQUAL 모형

SERVQUAL(Service+Quality) 모형은 Zeithaml 등에 의해 개발된 서비스 품질 측정 도구로, 다섯 가지 차원에 의해 서비스 품질을 평가한다. 〈표 14.8〉은 SERVQUAL의 다섯 가지 차원과 구체적인 의미를 나타낸다. 즉, 고객은 서비스에 대해 신뢰하고, 확신하며, 서비스가 유형적인 단서를 보이고, 서비스 접점에서 직원들이 고객에게 신속하고 정확하게 대응하며, 그들에 대해 공감하는 자세를 보여줌으로써 서비스 품질을 향상할 수 있다.

표 14.8 SERVQUAL 모형

차원	의미
신뢰성(Reliability)	약속한 서비스를 정확하게 제공하는 능력
확신성(Assurance)	서비스 제공자들의 지식, 믿음, 신뢰 정도를 전달하는 능력
유형성(Tangibles)	물리적인 시설, 장비, 사람, 커뮤니케이션 도구 등의 유형
공감성(Empathy)	고객에게 개인적인 배려를 제공하는 능력, 관심 및 친절
반응성(Responsiveness)	기꺼이 고객을 돕는 태도, 서비스의 신속성과 자발성

3) 3차원 품질모형

Rust와 Oliver는 서비스 품질의 구성차원을 Grŏnroos model에서 환경품질을 추가하여 세 개의 차원으로 구성하였다. 환경품질은 최근 서비스 품질 연구에서 중요성이 점차 부각되고 있는 차원으로, 서비스 전달 과정에서의 전반적인 배경이라고 할 수 있다.

이러한 서비스 품질모형은 최근 인터넷 서비스 품질모형으로 발전하고 있으며 이는 오프라인 서비스 품질 지각과는 상이한 특성을 보이기 때문에 경제성 품질 등의 계량적인 추가적인 요소들이 요구된다.

4) 서비스 품질관리의 시스템적 접근

품질에 대한 시스템적 접근은 전사적 품질관리, ISO9000, 말콤 발드리지 모델, 식스 시그마 등이 있다. 이러한 기법들은 서비스 품질과 효율성과 관계가 있다.

① 전사적 품질관리(TQM: Total Quality Management)

TQM은 기업의 모든 자원을 기업 전체의 관점에서 효율적으로 관리하는 것으로, 원래 일본에서 개발된 품질관리 기법이며 제조업은 물론, 서비스 기업에도 유용하다. TQM은 서비스를 성공적으로 이끌며 서비스의 효율성을 증대시킨다. 서비스의 흐름도, 청사진, 피쉬본 다이어그램 등이 전사적 품질관리의 관점에서 사용하는 도구이다. 성공적인 TQM을 위해서는 최고경영층의 지원, 인적자원 관리, 정보기술시스템, 정보분석시스템, 벤치마킹, 지속적인 품질향상, 고객지향, 직원만족, 직원참여, 사회적 책임, 서비스스케이프, 서비스 문화 등 12개의 중요한 차원을 요구한다.

② ISO 9000 인증

ISO(International Organization of Standardization: 국제표준화기구)는 국제 무역의 표준화와 품질을 촉진시킨다. ISO 9000 시리즈는 품질관리의 자발적인 기준이며 기업 산출품질의 일관성을 보장한다. ISO 9000은 계획, 통제, 문서화 세 가지 구성요소를 이해해야 한다. 계획은 품질에 영향을 미치는 활동을 반드시 계획하고 책임을 규정해야 한다는 것이고, 통제는 특정 요구사항의 충족, 문제 발생의 예상과 예방, 수정 활동의 계획과 실행을 의미한다. 문서화는 품질관리 방법 및 목표, 조직 내 상호작용, 피드백 등의 영향 요인을 객관적인 증거로 기록하였는가를 확인하는 것이다.

③ 말콤 발드리지 모델(Malcolm Bladrige Model)

말콤 발드리지 국가품질상(Malcolm Bladrige National Quality Award: MBNQA)은 미국국립표준기술연구소(National Institute of Standards and Technology: NIST)에 의해 수여되는 품질상이다. 말콤 발드리지 상은 제조업, 서비스업, 중소기업 분야별로 매년 높은 수준의 품질을 달성한 기업에 수여된다. 심사기준은 리더십, 전략기획, 고객과 시장 중시, 정보와 분석, 인적자원 중시, 프로세스 관리, 경영성과 등이며 이러한 심사기준은 매년 개정된다.

④ 식스시그마(Six Sigma)

식스시그마는 경영에서 발생하는 품질의 변동폭(표준편차)을 $\pm 6\sigma$ 수준으로 줄이는 것이다. 이 편차는 0.0000034의 확률을 가지므로, 즉 고객 점검에서 백만

건 중 3.4건의 실수만을 허용하는 방법론이다. 식스시그마는 측정기준으로서 확률적인 수치를 이용하는 것 이외에도 품질관리의 방법론적 역할을 하며, 경영철학으로서 객관적 자료에 근거한 의사결정을 내리는 것이 중요하다는 시사점이 있다.

MARKETING INSIGHT

서비스 사이언스(Service science)

서비스 산업은 새로운 서비스가 계속 등장하면서 세계 경제에서 차지하는 비중이 70.9%를 차지하고 있다. 내수 중심이었던 서비스 산업의 시장범위가 전 세계로 확대되면서 서비스 산업의 경쟁력이 경제 성장의 중요 변수로 작용하기 시작하였다. 서비스 산업의 글로벌화로 인해 현재 선진국의 많은 서비스 산업이 인도와 중국으로 이전하고 있다.

서비스 산업은 제조업에 비해 생산성 상승 속도가 매우 느리기 때문에 최근 서비스 산업 생산성 제고가 경제성장의 주요 과제로 부상하고 있으며, 이를 위해 서비스 사이언스가 등장하였다. 서비스 사이언스란, IT · 과학 · 수학 · 경영학 · 심리학 · 마케팅 등 다양한 학문과 이론을 통해 서비스의 본질을 파악하고 체계화하는 학문영역 또는 연구 방법을 말한다. 서비스 사이언스는 주로 비즈니스 전략, 비즈니스 프로세스, 인적자원, 기술을 대상으로 하며 표준화, 단위화를 통해 서비스 수준을 혁신하고 서비스의 생산성을 높일 수 있는 수단으로 활용되고 있다. 서비스 사이언스의 4대 연구 분야는 다음과 같다.

일본의 칸코푸드 서비스는 종업원 행동관찰을 통해 생산성을 제고한 레스토랑 기업이다. 이전에는 경험과 감각으로 설계되었던 조리 및 접객 업무에서 종업원의 행동 관찰 및 계측을 통해 발견한 비효율적 요소를 제거함으로써 생산성을 높였다. 이전부터 문제가 되었던 점포 간 효율성 차이를 해결하기 위해 업장 내 측정 시스템을 이용하여 종업원의 동선 및 행동을 관찰하였다. 발견한 개선 필요사항에 대해 개선 지시 및 의식 교육을 실시하여 작업 효율을 향상시킬 수 있었다. 주방업무에서는 조리시간이 25.7%에서 40%로 증가, 조리 대기 시간은 25.7%에서 18.4%로 감소하였다. 접객 업무에서도 69%의 직원이 작업 속도가 개선되었다.

출처: 주영민, '서비스, 과학과 손잡다: 서비스 사이언스의 부상', SERI.org, SERI 경제포커스, 제408호, 2011. 1. 29

연습문제

1. 다음 중 서비스의 특성이 아닌 것은?

   1) 소멸성　　2) 이질성
   3) 분리성　　4) 무형성

2. SERVQUAL의 차원이 아닌 것은?

   1) 신뢰성　　2) 무형성
   3) 공감성　　4) 대응성

3. 서비스 분류 모형 중에서 사람 중심 프로세스와 제품 중심 프로세스를 비교 설명하시오.

4. 서비스 흐름도와 서비스 청사진을 설명하시오.

제15장

마케팅 윤리

MARKETING

TED 도입 사례

사회적 문제를 해결하는 기업

오늘날 세계는 다양한 문제에 당면하고 있다. 빈곤, 식수 문제, 기후 변화, 산림 훼손, 기술 부족, 안전에 대한 위협, 식량 부족, 의료 부족, 공해 등 다양한 문제가 존재한다.

왜 우리는 이런 다양한 문제에 봉착하고 있을까? Michael Porter 교수는 다양한 사회적 문제를 해결하는 기업의 역할을 여기서 제시하고 있다. 적어도 사회적 문제를 거론하기 위해서는 먼저 한걸음 뒤로 물러나서 심각한 사회적 도전의 이슈와 해결책을 이해하고 숙고해야 한다고 주장한다.

많은 이들이 우리가 당면한 사회적 문제를 기업과 결부시켜 생각한다. 패스트푸드 산업, 제약산업, 금융산업 등을 생각해 볼 수 있다. 이러한 산업들은 기업에 대한 존경심 차원에서는 그다지 높은 점수를 줄 수가 없다. 더 심각한 것은 기업을 사회적 문제에 대한 해결책이 아니라 오히려 문제로 보고 있다. 기업은 잘못된 관행을 종종 행해오면서 사회적 문제를 더 심각하게 한 장본인이라는 사실을 부정할 수 없다는 것이다.

우리가 당면한 문제에 대하여 지금까지 어떠한 시각을 가지고 접근하였는가? 비정부조직(NGO)의 관점에서, 정부의 관점에서, 자선사업의 관점에서 접근해 왔다. 최근에는 비정부조직 및 사회적 조직의 엄청난 성장을 우리는 목격하고 있다. 이들 조직은 매우 특이하고 혁신적인 형태로 성장하고 있다. 급격한 혁신, 열정과 역량에 힘입어 이들 조직은 사회적 문제를 적절하게 해결하고 있으며 우리들 역시 이러한 노력에 참여하고 있다.

Michael Porter 교수는 경영학 전공이지만 비영리조직을 실제 설립 · 운영해 왔다. 그는 사회적 문제에 관심을 가지고 인식하면서 이를 해결하고자 비영리조직을 설립하였다. 사회적 문제를 해결하기 위해 지금까지 이러한 방식으로 접근해 왔고, 동료 교수들 역시 같은 생각을 하고 있다. 이러한 노력에도 불구하고 사회적 문제는 신속하고 충분히 해결되지 못하고 있다. 아직 완벽한 해결은 요원한 현실인 것 같다. 충분한 해결책은 아니지만 그나마 점진적인 해결에 만족해야 하는 것이 현실이다.

사회적 문제를 다루는 데 있어 근본적인 과제는 무엇일까? Michael Porter 교수는 근본적인 이슈는 규모(scale)에 있다고 주장한다. 규모의 부족으로 사회적 문제해결을 위한 한방의 영향력 있는 처방이 없다고 말한다. 문제를 시원하게 해결해 줄 수 있는 자원이 부족하고, 자선단체의 지원금이나 세금 역시 해결책이 되지 못한다. 규모 있는 재정 지원 없이는 사회적 문제는 만족할 수준에서 해결되지 못할 것이다.

사회적 문제의 해결책이 규모 있는 재원에 있다면 그 재원을 기업은 지원할 수 있을 것이다. 지구상의 어떤 조직도 기업만큼 재원이 많은 조직이 없다. Porter 교수의 주장은 기업은 재원을 공급하고 사회적 조직들은 그들 본연의 임무인 사회적 문제 해결을 위해 적극적으로 나설 수 있다는 논리이다. 그렇다면 기업의 재원은 어디서 오는가? 바로 이윤이다. 기업이 창출하는 이윤은 사회적 문제 해결을 위한 귀중한 재원이 되고 이를 공급하는 것이 바로 기업의 사회적 책무이다.

이러한 선순환적인 과정이 이루어지기 위해서는 기업의 사회적 책임에 대한 인식이 필요하다. 경제학과 경영학에서는 전통적으로 사회적 성과와 경제적 성과는 서로 상충되는 관계라고 본다. 전통적인 견해에 따르면 기업은 사회적 문제를 발생시키더라도 이윤을 창출해야 한다는 입장이다. 대표적인 예시가 공해이다. 이윤이 창출되려면 공해를 감소시키는 노력보다 역설적으로 공해를 발생시키는 노력을 해왔다. 공해를 감소시키기 위해서는 많은 재원이 소요되는데 이윤 창출이 목표인 기업은 이를 꺼릴 것이다. 비슷한 예로서 안전한 사업장 환경을 조성하려면 재원이 필요하다. 결국 기업이 이윤을 창출하기 위해서는 안전한 사업장 조성을 위해 투자하지 않을 것이다. 종종 기업들은 전통적인 견해에 발이 묶여 환경 개선을 거부하고 작업장 개선을 등한시한다. Porter 교수가 기업을 비판하는 이유도 여기에 있다.

그런데 문제를 자세히 들여다보면 기업이 사회적 문제를 야기하면서까지 이윤을 창출한다는 견해는 매우 단순한 생각이다. 공해의 예를 들어보면, 실제로 공해와 배기가스를 감소시키면 기업의 이윤은 증가한다. 왜냐하면 이러한 노력은 자원을 낭비하기보다는 오히려 생산성과 효율성을 제고시키기 때문이다. 작업환경을 개선시키면 사고가 감소되고 기업은 더 높은 이윤을 창출할 수 있다. 전통적인 시각과는 정반대로 사회적 발전과 경제적 효율성은 상반된 개념이 아니라는 것이다. 직원의 건강은 기업 입장에서는 자산이고 생산성이 증가하여 이윤 창출에 기여한다. 결론적으로 기업과 사회적 문제의 인터페이스에 대한 새로운 사고는 근본적으로 시너지 관계를 제시해 준다. 특히 이러한 관계는 단기적인 시각보다는 장기적인 시각에서 입증될 수 있는 사실이다.

그렇다면 사회적 문제 해결을 위해 기업의 힘을 어떻게 결집할 수 있을까? 엄청난 자원의 풀과 기업의 역량을 어떻게 활용할 수 있을까? 우선 기업의 사회적 책임에 대한 인식이 요구된다. 그리고 사회적 문제가 오히려 새로운 비즈니스가 되고 더 나아가 기업에게는 최대의 기회가 될 수 있다는 사실을 인식해야 한다. 다우케미컬(Dow Chemical)은 혁신적인 신제품을 사용하여 트랜스지방과 포화지방에서 탈피하는 혁명을 가져왔고, 제인 이리게이션(Jain Irrigation) 회사는 새로운 관개기술을 농민들에게 전파하여 물의 낭비를 획기적으로 줄였으며, 브라질 임업회사인 피브리아(Fibria)는 밀림에서 고목을 자르는 대신 유칼립투스를 사용하여 획기적으로 펄프와 종이 생산을 증가시켰다. 시스코(Cisco)는 IT 기술을 전파함으로써 전체 사업을 확장하는 계기로 활용하였다. 이러한 기업 사례는 오늘날 사회 문제를 해결하고 영향을 미치는 기업에게는 새로운 비즈니스인 동시에 엄청난 사업 기회가 됨을 여실히 보여주고 있다.

그렇다면 기업들이 공유된 가치를 중요하게 인식하도록 하는 방안은 무엇일까? Michael Porter 교수는 비즈니스 모델을 가지고 사회적 이슈에 접근하는 공유가치 개념을 강조하고 있다. 공유가치는 자본주의적 논리이지만 고차원의 자본주의라고 역설하고 있다. 제품 속성의 사소한 차이나 시장 점유률을 앞세워 경쟁하는 점진적인 개선이 아닌 중요한 니즈를 충족시켜주는 획기적인 개선을 의미한다. 공유가치는 사회적 가치와 경제적 가치를 동시에 추구할 때 창출 가능하다. 실질적으로 사회적 문제를 해결하기 위해 보유하고 있는 엄청난 가능성을 활용해서 공유가치 창출기회를 포착하는 것이 기업전략의 핵심이라고 Porter 교수는 주장하고 있다. 여기서 중요한 것은 규모(scale)를 확보하는 것인데 이를 위해 다양한 차원 즉, 기업 간 또는 부서 간 가치를 공유하는 것이 중요하다.

이상의 해법이 성공하기 위해서는 기업이 자신을 보는 시각도 중요하다. 기업이 전통적인 가치 트랩에 빠져있으면 사회적 문제를 보지 못하거나 사회적 문제를 등한시해서 자신과는 관계없는 일로 치부할 수 있다. 비정부조직, 정부와 기업이 손을 잡고 협력한다면 사회적 문제는 보다 효과적으로 해결 가능하다. 최근 새로운 형태의 비정부조직들은 기업과 협력하여 아주 성공적으로 사회적 문제를 해결해가고 있다. 정부 역시 사회적조직이 기업의 재원을 잘 활용할 수 있도록 길을 터주는 역할이 매우 중요하다.

기업 자신도 변하고 기업을 보는 시각도 바뀐다면 우리는 세상을 변화시킬 수 있다. 우리가 분열, 불안, 긴장 그리고 사회적 문제 해결을 위해서는 협력할 수 없다는 생각을 극복한다면 사회적 문제에 대한 해답은 어쩌면 쉽게 얻을 수 있을 것이다.

출처: Michael Porter, "Why business can be good at solving social problems", www.ted.com

21세기 초윤리 시대의 경영키워드는 진정성(authenticity)과 책임성(accountability)일 것이다. 여기서 진정성이란 Gilmore & Pine이 제시한 영향력의 진정성으로 이해하면 되고, 책임성은 윤리적 행동과 도덕적 책무로 보면 무리가 없을 것이다. 최근 기업 활동의 선기능적인 측면이 강조되면서 베푸는 나무(The Giving Tree)로서의 기업의 역할과 영향력이 부각되고 있다. 기업이 고객과 사회를 위해 베풀 수 있는 것 중에서 몇 가지를 꼽으라면, 1) 다양한 선택 2) 삶의 질 3) 만족과 감동 4) 연결 5) 가치 등일 것이다. 이들을 통해 고객의 행복 추구에 기여하면서 사회 전반에 선한 영향력을 미치는 것이 기업의 궁극적인 존재 이유라 할 수 있다.

고객만족과 동시에 사회만족을 추구하는 기업이 늘고 있는 것도 이러한 맥락에서 이해할 수 있다. 기업은 사회에 의미 있는 유산을 남기고자 창조적인 계획을 수립한다. 이러한 계획은 사회기여에 대한 장기 비전에 기초하여 지속가능발전(sustainable development)과 공유가치창출(creating shared values)로 구체화된다. 초기에는 기업의 사회가치 추구활동이 CSR(corporate social responsibility)에서 시작하였는데 최근에는 책임차원을 넘어 CSO(corporate social opportunity)로 계승 · 발전하면서 사회가치 창출활동은 이제 기업경쟁력 제고를 위한 기회요소로 인식되고 있다. 이러한 추세를 자연스럽게 반영하듯 21세기 기업의 핵심 경쟁의 양대축으로 지속가능발전과 공유가치창출이 제시되고 있다.

지속가능발전은 일반적으로 현 세대와 미래 세대 모두에게 더 나은 삶의 질을 보장하기 위해 제안된 개념으로, 지속가능 프레임워크의 3대 축인 경제발전, 사회적 책임, 환경보호 활동을 중심으로 수행된다. 1972년 스톡홀름에서 개최된 유엔인간환경회의에서 인간 활동에 의하여 환경이 파괴되는 문제가 제기되면서 지속가능발전 개념이 처음으로 대두되었다. 컨퍼런스의 결과로 1972년 12월 스톡홀름 선언이 채택되었고, 유엔환경프로그램이 설립되었다. 1987년 세계환경발전위원회의 의장인 브룬트란트의 우리 공동의 미래보고서에서 지속가능발전은 "미래 세대가 그들의 니즈를 충족시킬 능력을 저해하지 않으면서 현 세대의 니즈를 충족시킬 수 있는 발전"으로 정의하였다. 이 정의에서 현 세대와 미래 세대의 니즈가 동일하게 충족되어야 함을 강조하고, 동시에 세대내 형평성과 세대 간 형평성의 조화가 지속가능발전 성공의 관건임을 암시하고 있다. 그러나 브룬트란트 보고서의 지속가능발전 개념은 선진국과 개발도상국 간의 상이하고 다양한 필요를 구분하지 않았고, 인간의 보편적인 필요와 고객의 욕구를 구분하지 않아 대단히 추상적이고 부정확한 개념으로 비판을 받아왔다. 지속가능발전에 대한 논의는 지금도 계속되고 있지만, 정의보다는 실천적 과제가 중요하다는 의견에 합의를 모아가는 추세이다. 특히 국가별, 산업별 지속가능발전 지수를 개발하면서 실천적 의미를 강조하고 있다. 대표적으로 UN지속가능발전위원회에서는 사회지표, 경제지표, 환경지표, 제도 지표를 중심으로 15개 영역, 57개 지표를 제시하여 지속가능발전 실천을 위한 구체적인 가이드라인을 제시하고 있다. 또한 초기의 지속가능발전 개념이 환경적 이슈와 자원 위기에 초점이 맞추어져 왔다면 최근에는 인간 삶의 질을 다루는 포괄적인 개념으로 확대되어 수용되고 있다.

지속가능발전의 기초가 되고 방향성을 제시하는 지속가능성(sustainability) 개념은 로마클럽의 보고서, "성장의 한계"에서 처음 대안으로 제시되었다. 경제성장과 인구성장으로 인해 더 이상 지탱할 수 없는 지구의 한계를 근거로 환경문제를 다루면서 지속가능성을 논의의 핵심에 두었다. 이러한 맥락에서 지속가능성은 3P, 즉 사람(people), 지구(planet), 긍정적 효과(positive)로 개념화할 수 있다.

지속가능발전은 사회 · 문화적 지속성, 경제적 지속성, 환경적 지속성이 조화를 이룰 때 실현가능하다. 같은 맥락에서 기업의 지속가능발전 역시 이같은 조화를 통해서 달성할 수 있다.

지속가능발전의 효과를 극대화하기 위해서는 공급자 중심의 사고에서 수요자 중심의 사고 전환이 필요하고, 사회적 자산의 창조적 활용과 공유가치창출 사고가 요구된다. 여기서 공유가치창출이란 사회의 요구와 문제를 해결해 주면서 경제적 가치도 동시에 창출하는 것을 의미한다. 기업은 고객과 사회 구성원을 위한 공유가치를 창출하기 위하여 협력적 네트워크를 조기에 구축하여 의미 있는 유산 창출에 기여하여야 한다.

공유가치창출을 위해 기업은 서로 연합하여 규모를 키우고(scale), 섬기는 정신으로(service), 고객과 사회가 안고 있는 문제를 해결(solution)하는 데 앞장서야 하는데, 이를 요약하여 3S(service, solution, scale)라고 한다. 특히 마이클 포터교수는 사회문제 해결을 위한 기업의 역할을 강조하면서, 지금까지 사회문제 해결을 위한 기업의 영향력이 미미했던 이유는 규모(scale)가 크지 않았다고 지적하면서, 이를 해결하려면 기업들이 서로 힘을 모아야 하고 이를 위해 기업 간 파트너십을 강조하는 콜라보(collaboration)의 개념을 제시하고 있다.

공유가치창출을 위해서는 우선 경영자의 통찰력이 요구된다. 구체적으로 사회가치 창출자로서 고객에 대한 통찰력(customer insight), 내부동반자로서 직원에 대한 통찰력(employee insight), 사회변혁자로서 세상에 대한 통찰력(world insight) 등이 있다. 이러한 통찰력을 가진 경영자는 1) 의미 있는 일에 힘쓰고(meaning) 2) 항상 마음을 챙기고(mind) 3) 주어진 사명(mission)을 완수하는 소위 3M 사명감으로 일을 추진할 수 있다.

결론적으로 기업이 진정성과 책임성의 통찰력으로 사회적 책무를 완수한다면 지속가능발전과 공유가치창출 달성이 가능하다. 이때 비로소 기업은 고객 및 사회와 함께 살아가는 라이프 셰어링(sharing)을 실천할 수 있으며, 존경받는 기업으로서, 독특한 사회가치를 창출할 수 있을 것이다.

15.1 마케팅에서의 윤리의 역할

1) 마케팅 윤리의 개념

마케팅의 주요한 역할 중 하나는 기업과 고객을 포함한 다양한 이해관계자들을 연결하고, 중재하는 것이다. 즉, 고객을 만족시키면서, 충분한 성과를 창출하고, 파트너들과의 갈등을 조정하며, 내부 구성원들의 협력을 도모해야 한다. 비윤리적인 방식의 가격담합, 부적절한 거래, 미디어 허위보도, 과장광고와 같은 비윤리적 마케팅 활동은 마케팅 관리자의 역할을 다시 한번 강조한다.

일부 사람들은 비즈니스로서의 마케팅은 이윤만을 추구하기 때문에 윤리적 문제를 약화시키며, 도덕적 문제에는 관심이 없다고 주장한다. 그러나 기업의 도덕적 역할은 사회에서 기업이 시장을 존속하는 데 필수적인 의무이다. 하지만 윤리적 마케팅이 수익을 무시한 자선 사업과 같은 개념은 아니다. 고품질과 차별화된 서비스를 제공하여 윤리적인 방법으로 수익을 창출하는 것이 윤리적 마케팅이다. 윤리적인 방법의 수익창출이 모순이라고 생각할 수도 있다. 예를 들어, 치열하고 열악한 환경에서 성과를 달성해야 하는 방문판매원의 경우 윤리를 깊게 고려하기는 어려울 것이다. 또한 기업의 입장에서 당장의 큰 수익이나, 손실이 발생하게 될 경우, 윤리적 문제를 생각하기 어려울 수 있다. 따라서, 마케팅 윤리는 기업이 최소한의 법적 기준과 사회 전반에 통용되는 윤리기준에 따라서 마케팅 활동을 계획, 수행함으로써 기업은 물론 기업의 모든 이해관계자들의 니즈를 충족시키고 만족시키는 것이다. 그러나 이러한 활동에 있어 윤리와 수익 간의 불가피한 충돌이 발생할 수 있다. 다음 그림은 마케팅 의사결정의 각 상황에서 윤리와 수익 간의 상충관계를 보여준다.

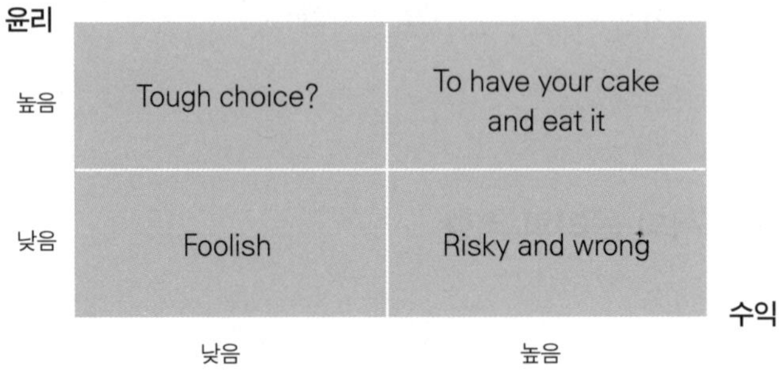

그림 15.1 윤리-수익 상충 매트릭스

출처: N. Craig Smith, John A. Quelch(1993), Ethics in Marketing, p. 8

기업의 윤리와 수익의 정도에 따라 경영 상태를 네 가지로 진단할 수 있다. 그러나, 이를 명확히 구분하는 것은 어려울 수 있으며, 시간이 지남에 따라 그 상태가 변화할 수도 있다. 각각의 경우를 살펴보면, 기업이 소비자를 이용하여 과도한 가격을 취하거나 소비자의 개인정보를 불법적으로 사용하여 초과이윤을 달성했다면, 이것은 수익은 높고, 윤리성은 낮은 'Risky and wrong'에 해당한다.

이와는 반대로 담배제조 기업이 건강에 유해하다는 윤리적 책임감을 인지하고 그 산업에서 철수한다면 이는 윤리적 타당성은 확보하지만 수익을 창출할 수 없다. 이는 매트릭스의 'Tough choice?'에 해당한다. 윤리만을 위해서 기업의 이윤을 포기하는 대신, 국내의 담배회사들은 한국담배협회(KT&G, BAT 코리아, 한국필립모리스, JT 인터내셔널코리아)를 결성하여 청소년흡연 예방 캠페인 등의 활동으로 기업의 사회적 책임을 이행하고자 한다. 이러한 윤리성에 대하여 최근에는 정부 또한 기업의 중요한 이해관계자로서의 개입도 적지 않다. 2011년 재판부는 KT&G에 폐암환자를 위한 재단을 설립하고 금연운동을 위해 노력하라는 판결을 내려 사회적 책임을 다하도록 한 바 있다. 윤리성과 이윤이 이처럼 심하게 상충할 때는 정부가 개입하여 최소한의 윤리를 정해주는 예도 종종 볼 수 있다.

윤리도 낮고 수익도 낮은 상태는 'Foolish'이다. 이는 마케팅 관리자뿐만 아니라 기업 전반 프로세스에 심각한 문제가 있음을 시사한다. 이러한 기업은 고객과 종업원을 포함한 기업의 이해관계자들에게 신용을 얻기 어려워 지속가능성이 거의 없다. 'Risky and wrong'이었던 기업이 통제 불가능한 돌발상황으로 수익성을 갑자기 잃어버린다면 윤리적인 기업에 비해 이를 견뎌낼 윤리 기반이 없기 때문에 'Foolish' 상태로 이어질 가능성이 크다. 반면, 'Tough choice?'는 장기적인 관점에서 브랜드 이미지에 긍정적인 영향을 끼쳐 수익이 증대될 가능성이 크다. 1982년 시카고에서 Johnson & Johnson의 타이레놀을 복용하고 몇 명이 사망하는 사건이 발생했다. 그러자 Johnson & Johnson은 이에 대한 내용을 모두 언론에 자발적으로 공개하고, 자체 소비자 경보를 발동하여 타이레놀을 절대 먹지 말라고 홍보하며, 시중에 남아있는 것들을 즉각 회수하였다. 이러한 조치로 단기적으로는 1억 달러의 피해를 입었지만, 결과적으로 사회적 신뢰를 확보함으로써 아직도 미국에서 가장 존경받는 기업 중 하나로 지속적인 수익을 창출하고 있다.

가장 이상적인 해결 방안은 윤리와 수익이 매우 높은 'To have your cake and eat it' 상태이다. 이것은 위의 예에서 보았듯이 항상 실현 가능한 것은 아니지만, 대부분의 많은 기업은 이를 지향하고 있다. 이는 경영 과정의 창의성과 성공적인 성과들을 통해서 달성할 수 있다. F&C Asset Management는 지속가능한 펀드 상품을 통해 사회적 책임과 수익창출을 모두 달성한 바 있다. F&C는 철저한 검토를 필요로 하는 신흥시장 기업투자를 위한 윤리적인 포트폴리오를 만들기 위해 노력하며, 윤리적으로 검증된 펀드를 30억 파운드 이상 관리하고 있다. 금융위기를 통해 장기적 관점을 간과한 경우, 위기 시 더 큰 리스크가 수반된다는 사실을 인지하고 투자에 대한 환경적, 사회적 기준의 적용을 더욱 중요시하고 있다.

Johnson & Johnson의 윤리강령(our credo)

우리의 첫째 책임은 우리의 제품과 서비스의 고객인 의사, 간호사, 환자 및 자녀를 둔 부모를 비롯한 모든 사람에 대한 책임이다. 그들의 요구에 부응하기 위해 우리의 제품은 항상 최고의 품질을 유지해야 한다.

우리의 둘째 책임은 전 세계 어디에서나 우리와 같이 근무하는 모든 직원에 대한 책임이다. 모든 직원은 각자가 한 인간으로서 대우를 받아야 한다. 우리는 그들의 인간적 존엄성을 중시하고 개인의 가치를 인정해야 한다.

우리의 셋째 책임은 우리가 생활하고 근무하는 지역사회는 물론 세계 공동체에 대한 책임이다. 우리는 선량한 시민이 되어야 하며, 선행과 자선을 베풀고 적절한 세금을 부담해야 한다. 우리는 사회의 발전, 건강과 교육 증진을 위해 노력하여야 한다.

우리의 마지막 책임은 회사의 주주에 대한 책임이다. 우리의 사업은 건전한 이익을 거둘 수 있어야 하며, 우리는 새로운 아이디어를 끊임없이 창출해야 한다. 연구개발과 혁신적인 프로그램을 계속해서 기획해야 하며, 실패한 경우 이를 극복해 나아가야 한다.

출처: 한국 Johnson & Johnson 홈페이지, www.jnj-korea.co.kr

2) 마케팅 윤리 환경

최근 지속가능 경영이 더욱 강조되면서 신뢰, 공정성, 정직함과 같은 요소들이 기업 가치를 결정하는 중요한 척도가 되었다. 마케팅 윤리는 환경보호를 내세운 그린마케팅, 사회적 캠페인과 기부활동 등을 통한 이미지 마케팅 등을 포함하며 실제로 우리 주변에서 자주 접할 수 있다. 그러나 이것을 본질적인 마케팅 철학과 연결시키는 사람들은 많지 않았다. 이러한 활동들은 지속적으로 발전하고 확대될 전망이며, Johnson & Johnson의 사례처럼 기업의 궁극적인 목표를 반영하기도 한다. 마케팅 윤리에 대한 인식의 변화는 자발적인 기업 내부의 움직임은 물론, 다음과 같은 기업환경의 변화가 윤리적 소비를 더욱 자연스럽게 이끌었다고 할 수 있으며, 앞으로 그 중요성이 더욱 강조될 것이다. 기업을 둘러싼 많은 통제 불가능한 외부 환경은 대부분 기업이 목표와 문화에 영향을 주었으며, 이는 기업조직의 운영 시스템뿐만 아니라 마케팅 부서의 역할을 변화시켜왔다.

① 사회 · 문화적 환경

미시건 대학교의 Ronald Ingelehart는 경제적, 물질적 안정을 추구하는 물질주의 시대에서 자기표현과 삶의 질을 추구하는 후기 물질주의의 시대로 서서히 이동하고 있다고 하였다. 이러한 변화는 연령, 인종 등에 따라 다르게 나타날 수 있지만 시대의 트렌드로 작용하여 소비자의 소비패턴에 영향을 주고 있다. 또한, 가격보다는 가치에 중점을 두어 소비함을 의미한다. 예를 들어, 아이의 간식을 구매하는 주부들은 유기농 친환경 제품을 구매하려고 한다. 불황이 되어도 다른 제품에 대한 구매 시기를 지연하거나, 포기하는 반면 자녀를 위한 유기농 식품 구매는 쉽게 포기하지 않으며 윤리적 소비를 지속하려는 경향을 보인다. 이러한 변화는 한 가지 요인이 아니라 소비에 대한 가치관의 변화와 함께, 1인 자녀에 대한 집중된 애정 등 다양한 사회 · 문화적 요소가 결합된 것이다.

또 다른 변화는 가격보다 브랜드를 더욱 중요시한다는 점이다. 제품의 종류가 너무 다양해지고, 제품의 품질 또한 상향평준화됨에 따라 소비자가 모든 선택 가능한 대안을 비교하는 것은 불가능한 일이 되었다. 따라서, 소비자는 가격이 좀 더 높더라도 로열티가 형성된 안전한 브랜드를 구매하려 하며 이러한 브랜드 로열티는 기업의 윤리적 활동에 의해 영향을 받는 경우가 많다.

② 기술적 환경

제품개발과 생산에 관련한 기술뿐만 아니라, 멀티미디어, 무선 인터넷, 스마트폰의 확산 등을 통해 매체환경에 큰 변화를 겪어 왔다. 예전에는 기업의 일방적인 광고나 뉴스 보도 등의 정보에 의존하여 기업과 제품을 평가했다면, 이제는 소비자들이 SNS 등을 통하여 실시간으로 기업의 활동을 감시하고 이에 대한 생각을 바로 공유한다. 기업의 윤리적 혹은 비윤리적 활동에 대해 소비자들이 즉각적으로 조처하는 것이다. 또한, 과거에는 사회문제나 환경적 문제에 관심이 많았던 몇몇의 소비자들만이 윤리적 소비를 했다면, 이제는 윤리적 소비의 방법이 더욱 간편하고 다양해졌다. 영국의 Whip Car는 세계 최초 이웃 간 온라인 P2P(Person to Person) 자동차 대여 서비스로 그 아이디어는 매우 단순하다. 필요할 때만 자동차를 사용하고 차를 사용하지 않는 시간에는 차를 대여해주는 방식이다. 차 소유주는 휩카 사이트에 차를 등록하고, 대여료와 대여시간을 설정한다. 차를 대여하고자 하는 사람은 휩카 사이트에서 원하는 지역과 차종, 조건 등을 선택한다. 또한, 대여 기간에는 휩카의 보험 서비스가 적용된다. 차의 소유주는 어떠한 수고도 치르지 않고, 경제적 이윤을 획득하며, 자원을 효율적으로 사용함으로써 윤리적 경제활동에 도움을 주는 것이다.

③ 경제적 환경

일각에서는 일반적으로 윤리적 소비는 가격 프리미엄을 요구하기 때문에 불황기에는 그 소비가 축소될 것이라 주장하기도 한다. 그러나 오히려 글로벌 금융위기로 인한 경기 침체기인 2008년에서 2009년에 윤리적 소비는 더욱 증가하였으며, 세계 공정무역인증기구(FLO) 등 여러 공신력 있는 기관의 실제 경제지표가 그 증거를 제시하였다. 이는 윤리적 소비가 외부의 경제적 상황에 상대적으로 영향을 덜 받고, 지속가능할 수 있음을 의미한다.

마케팅의 경제적 환경 중 기업이 글로벌화됨에 따라 원재료 가격, 임금 수준 등이 지역과 시기에 따라 크게 달라질 수 있다. 많은 기업이 개발도상국의 저렴한 원재료와 노동력을 이용하기 위해 개발도상국에서의 제품생산을 도모한다. 그러나 이러한 경제환경의 요소가 기업의 윤리적 또는 비윤리적 활동을 생산체재에서부터 판단하게 할 수 있다. Starbucks 등과 같은 다국적 커피기업은 아동 노동력 착취와 공정무역 등의 문제로 커피 소비국의 시민단체의 비난을 받은 바 있다. 그 후 우리나라에서는, 공정무역거래로 들어오는 '착한커피'와 같은 윤리적 제품이 등장하고, 이를 소비하자는 움직임이 활발해지고 있다.

④ 법적 · 정치적 환경

기업의 마케팅 활동은 정부나 공공기관에 의한 법률 등에 영향을 받는다. 특히, 환경문제, 소비자 권익문제, 공정거래 등과 관련한 문제가 더욱 강조되고 있다. 이러한 법적 규제는 윤리적 활동의 최소한의 범위를 국가가 지정해 준 것이라 볼 수 있는데, 이 범위가 더욱 다양해지고, 강화되고 있는 추세이다. 이러한 정책들은 기후변화 대응 및 환경정책을 내세우는 동시에, 새로운 형태의 보호무역 조처이기도 하다. 즉, 환경규제를 준수하는 것이 무역에 있어 기본적인 조건이 됨 셈이다. 예를 들어, 미국은 청정에너지보안법을 실행하여 온실가스 감축조처를 하지 않는 국가에서 수입되는 제품에 대해 국경조정세(탄소관세)를 부과한다. 또한, 중국은 국영기업의 신재생에너지 프로젝트에 자국산 의무비율(풍력터빈의 70%, 태양광 발전설비의 80%)을 규정하여 외국기업의 시장접근을 제한한다. Sinar Mas는 펄프, 팜오일, 농산물, 금융서비스 등을 다루는 인도네시아 최대 규모의 기업으로, Sinar Mas의 계열사인 PT Smart가 팜오일 재배를 위해 불법으로 열대우림을 없앤 사실이 그린피스를 통해 밝혀졌다. 이로 인해 Sinar Mas의 가장 큰 고객이었던 Unilever가 거래를 중단했고, 곧 이어 Nestle와 Abengoa 역시 거래를 중단하였다.

15.2 마케팅의 윤리적 이슈

기업 윤리에 대한 관심이 점차 고조되고 있다. 소극적인 동기는 법적인 규제가 강화되기 때문이고, 적극적인 동기는 윤리적 기업 경영이 장기적으로 기업 이윤 및 성장에 긍정적인 영향을 미치기 때문이다. 그러나 윤리에 대한 관심은 기업 전반은 물론, 기업의 각 부서에서조차 소홀히 다루어져 왔다. 각 부서의 단기적 성과를 극대화하는 것이 부서의 전통적 역할이었기 때문이다. 특히 위에서 언급했듯 마케팅 부서의 특성상 윤리성이 악화되면 이것은 기업과 사회 전반에 심각한 윤리적 문제를 야기할 수 있다. 또한, 마케팅은 그 활동 영역이 매우 광범위하므로 여기서는 마케팅 믹스와 관련한 윤리적 이슈를 살펴볼 것이다.

1) 제품정책과 관련한 이슈

효율적인 제품정책은 성공적인 마케팅 관리의 중요한 부분이다. 여기서 제품정책은 제품 디자인, 제품 포지셔닝, 라벨부착, 포장, 제품 리콜 등의 문제를 포함한다.

제품디자인은 제품이 적절한 기능을 하는지 또는 안전한지에 대한 중대한 요건으로 작용한다. 제품과 관련한 문제는 대부분 법적 규제를 받으며, 제품이 출시되기 전에 제품 특성에 따라 적절한 사전 검사를 받아야만 한다. 기업이 직면하는 윤리적 이슈는 소비자가 더욱 안전한 디자인에 대해 추가된 가격을 지불하려 하지 않을 때 발생한다. 1980년대 미국 아동들의 잠옷은 싸고, 예쁘고, 부드러웠지만 소재 자체가 인화성이 있는 것이었다. 그래서 Sears는 아동 잠옷의 안전함을 강조하면서 인화성이 없는 소재로 잠옷을 만들어 판매하려 했지만 성공하지 못했고, 화재의 내용을 담은 광고도 할 수 없었다. 이때 기업은 안전하지만 비싼 제품을 계속 판매할지 갈등하게 된다.

기업은 제품 포지셔닝 결정을 위해 엄청난 돈과 시간을 투자한다. 이것은 기업의 단기적인 판매성과는 물론 고객들의 브랜드 인지와 지속적인 제품 사용에 영향을 미치기 때문이다.

마케팅 관리자는 포지셔닝과 타기팅의 과정에서 비윤리적으로 행동할 수 있다. 한 사료공급기 회사는 홍보 책자에 "어린아이도 먹이를 줄 수 있습니다"라고 광고하였고, 실제로 한 어린 아이가 그 제품을 구입하여 사용하는 도중에 안전커

버를 벗겨 다치는 일이 발생하였다. 주류회사가 미성년자나 알코올중독 환자에게 술을 판매하는 것은 잘못된 타기팅이며, 이것은 법적으로 제재를 받는다.

라벨의 잘못된 정보나 포장 또한 제품정책과 관련한 윤리적 이슈에 해당한다. 특히 안전과 관련하여, 식품산업에서는 소비자를 오도하거나 부적절한 내용의 정보를 제품에 표기할 경우 강한 법적 제재가 가해진다. 많은 기업은 강제 또는 자발적으로 정보제공용 라벨을 부착하여 제품의 환경적 영향, 재활용 여부, 홍보내용 등을 소비자에게 제공한다. 포장은 제품에 있어 매우 중요한 요소가 될 수 있다. 그 이유는 포장이 제품의 최종 가격에 영향을 미치며, 재고 형태로 보관할 때 그 크기나 재질에 따라 비용이 매우 다르게 발생하기 때문이다. 또한, 최근에 포장재의 환경적 문제에 대해 관심이 고조되고 있다. 기업은 이윤과 윤리 사이에서 포장 디자인을 결정하게 된다. 일부 기업이 의도적으로 포장의 내용물을 다 쓰지 못하고 새로 구매하도록 한다거나, 내용물이 낭비되도록 용기를 디자인하는 경우들이 있었다. 또한, 고의로 내용물을 다 채우지 않고 판매하는 'slack fill'도 비윤리적인 예에 해당한다. 2012년 한국의 많은 커피전문점은 표기된 용량을 지키지 않고 판매하여 각종 소비자 단체와 언론에 질책을 받기도 했었다.

기업의 리콜정책은 기업의 이미지와 신뢰에 많은 영향을 주며, 단기적으로는 치명적인 손실을 가져올 수 있다. 이러한 점에서 기업은 리콜문제에서, 윤리적 갈등에 직면할 수 있다. 가장 대표적인 리콜 사태는 1절에서 다루었던 타이레놀 리콜 사태다. Johnson & Johnson은 이 과정에서 피해를 최소화하기 위해 과감하고 신속한 대처를 하여 오늘날까지 브랜드 명성을 지켜왔다. 반면 탄산수 브랜드인 Ferrier는 1990년 벤젠이 발견되어 세계적인 리콜 사태를 겪은 바 있다. Ferrier는 처음에 그 심각성을 인지하지 못했고 커뮤니케이션 대처 역시 미흡했다. Ferrier 프랑스 본부는 미국 공장의 병입 과정에서 세척액이 실수로 들어갔고, 프랑스에 있는 수원지는 안전하다고 밝혔으나, 결국 프랑스 수원지 정수필터의 문제로 밝혀져 신뢰를 완전히 잃어버렸다. 그 결과 Ferrier는 Evian과 San Pellegrino에 시장 점유율을 뺏기고 Nestle에 인수되고 말았다.

2) 가격정책과 관련한 이슈

가격정책과 관련한 윤리적 이슈는 크게 반경쟁적 가격과 소비자가격의 공정성 두 가지로 나눌 수 있다.

반경쟁적인 가격은 법적·경제적 원칙에 근간을 두며, 기업의 자율적인 가격 결정과 독점법 금지 사이에서 갈등을 유발한다. 반경쟁적 가격의 대표적인 예로는 가격담합(price-fixing), 약탈적 가격정책(predatory pricing), 차별적 가격정책(discriminatory pricing)을 들 수 있다.

가격담합은 유사한 업종의 기업들끼리 협정을 맺어 가격을 일정하게 고정시킴으로써 소비자에게 선택의 자유를 제한하거나, 고가격 협정을 맺음으로써 부당한 이득을 취하려 하는 것이다. 이러한 행위는 국내에서 독점거래 및 공정거래에 관한 법률 위반 행위로 제재를 받게 되며, 대형항공사나 주유회사들의 사례를 찾아볼 수 있다. 그러나 가격이 같다는 이유만으로 가격담합이라고 확신하는 것은 어렵기 때문에 대기업뿐만 아니라 소매점의 개인사업자들이 이를 악용하는 경우도 볼 수 있다.

약탈적 가격정책은 기업이 소속된 산업의 진입장벽을 높이거나 기존의 취약한 경쟁자를 시장에서 몰아내기 위해 가격을 아주 낮게 책정하는 것을 말한다. 그러나 이 또한 위법한지에 대한 규제가 불분명할 수 있다. 예를 들어 산업의 시장점유율이 지배적으로 높은 기업은 규모의 경제를 달성함으로써 다른 경쟁자들보다 더 낮은 가격으로 제품을 시장에 제공할 수 있기 때문이다. 대형마트의 저렴한 '치킨'과 '피자' 등의 사례는 유인용 손실가격이라는 주장과 약탈 가격이라는 주장 사이에서 논쟁이 되어 왔다.

차별적 가격정책은 기업이 판매하는 동일한 제품에 대해 판매지역이나 구매자에 따라 서로 다른 가격을 부과하는 것을 말하며, 공정거래법에서는 이를 불법행위로 규정한다. 그러나 서로 다른 유통 채널에서 가격이 조금씩 다른 것을 볼 수 있는데 이는 제조업자와 유통업자 간의 계약조건에 영향을 받는다. 구매 시기, 구매량, 결제조건, 프로모션, 선반 비용, 유통업체의 운영 전략 등은 채널 간 가격 갈등을 일으킬 소지가 있다.

소비자가격의 공정성과 관련한 것은 단위가격표시와 호도(misleading)가격을 들 수 있다. 미국은 1970년대 초반 고객에게 정확한 구매 정보를 제공하기 위해서 단위가격표시제를 도입하였다. 이는 반드시 단위당 무게 또는 일정양을 기준으로 가격 정보를 공개해야 하는 것이다. 소비자들은 이를 통해 경쟁제품 간 객관적인 비교가 가능하며, 과장된 포장에 유인당하지 않을 수 있다. 우리나라의 경우 소매가격 및 공장도가격 표시제가 90년대 후반 폐지되고, 판매가격표시, 단위가격표시, 권장소비자 가격표시제 등을 시행하고 있다.

호도 가격은 대부분의 기업이 소비자의 심리를 이용한 단수가격, 준거가격, 관습가격, 명성가격 등의 형태로 많이 사용하고 있다. 이와 같은 가격전략이 모두 위법하지는 않지만 고의적으로 소비자를 오해하게 하는 경우에는 처벌을 받을 수도 있다. 1990년대 미국의 May백화점은 판매기간 중 오직 10일간만 'original', 'regular' 등의 가격 표시를 하고, 6개월간 세일기간이라고 홍보를 하여 소비자를 오해하게 하였다. 또한, 이미 떨어진 가격을 세일가격이라 속여 다른 경쟁자와 국가로부터 비난을 받은 적이 있다.

3) 유통정책과 관련한 이슈

유통정책에서는 트레이드 프로모션의 윤리적 이슈와 회색시장(grey market)의 문제점을 들 수 있다.

기업은 푸쉬 전략으로서 중간상에게 선반비용(slotting allowances), 리베이트(rebate), 광고 보조, 기타 계약상 편의 등의 형태로 트레이드 프로모션 활동을 수행한다. 선반비용은 'street money'라고도 불리며 유통업자의 매장에서 기업의 제품이 판매가 잘될 수 있는 좋은 자리를 주거나, 홍보를 더 해주는 조건으로 대가를 지불하는 것이다. 이러한 현상은 경쟁이 심화됨에 따라 급속히 증가하여, 그 대가가 커지면서 제품의 가격에 반영되었다. 궁극적으로는 소비자가 잠재적 비용을 부담하는 경우가 발생할 가능성이 크다. 리베이트는 구매자의 구매 실적에 따라 판매자가 추후에 제품가격을 할인해주거나 구매액의 일부를 소급 상환해주는 제도이다. 미국에서는 최종 소비자와 제조업자 간의 직접적인 리베이트 제도를 흔히 찾아볼 수 있으며, 이는 일종의 소비자 프로모션 활동으로 위법하지 않다. 그러나 국내에서는 유통채널상의 불법적인 리베이트가 문제가 되고 있다. 특히 몇몇 제약회사들과 의사들의 리베이트 문제가 사회적 이슈로 주목받은 적이 있다. 불공정한 리베이트로 인해 인상된 가격은 유통 효율성을 저해하고 고객의 복지를 위협한다.

회색시장은 합법적 시장(white market)과 암시장(black market)의 중간 정도의 시장을 말한다. 암시장은 유통경로와 가격 수준 측면에서 완전한 불법이지만, 회색시장은 위법적이면서 합법적인 측면이 공존하여 법적 규제가 모호한 부분이 있다. 국제무역이 발달하면서 동일상표의 제품이 다른 유통경로를 통해 들어오는 병행수입제(parallel importing)는 국내에서 1995년 합법화되었다. 회색시장은 다양한 유통채널의 이해관계자들 사이에서 여러 윤리적 논쟁이 될 소지가 있다. 첫째는 무임승차(free-riding) 문제이다. 합법적 권한을 가진 유통업자가 광고나 프로모션 등으로 소비자에게 어필을 하면, 권한이 없는 유통업자가 이를 이용할 수 있다. 둘째, 브랜드 자산 손실의 문제이다. 인도의 게임 산업은 3G망이 도입되면서 크게 성장하였다. 그러나 오리지널 버전에 대한 높은 관세 등의 문제로 암시장과 그레이 시장이 성행하면서 인도에 진출한 게임회사는 브랜드 이미지 관리가 어려웠다. 셋째는 소비자 피해의 문제이다. 위법적인 거래의 대다수 매수자 위험 부담 원칙(caveat emptor)이 적용되므로, 회색시장을 통해 잘못된 구매를 할 경우 이를 보상받기에 쉽지 않은 것이 사실이다.

4) 촉진정책과 관련한 이슈

촉진에서의 윤리적 이슈는 특히 인적 판매와 광고에서 쉽게 찾아볼 수 있다.

인적 판매에서의 이러한 현상은 여러 원인에 의해 발생한다. 첫째는 조직적 압력이다. 경쟁이 가속화된 시장에서 많은 판매원들은 기업으로부터 판매에 대한 압박을 받거나, 인센티브 등을 통해 판매원들이 비윤리적 행동을 할 가능성이 발생한다. 두 번째는 판매원들이 기업과 고객의 접점에서 활동하기 때문에 상이한 성격의 두 조직 사이에서 윤리적 딜레마가 생길 수 있다. 세 번째는 판매원들 그룹의 공격적인 판매문화가 야기될 수 있다는 점이다. 판매원들은 소비자가 기업의 이미지를 인식하게 되는 중요한 접점이다. 따라서, 판매원들의 비윤리적인 행위는 판매원 개인뿐만 아니라 기업의 책임이 되기 때문에 마케팅 관리자는 이에 대한 중요성을 인지하여야 한다.

판매원 관리에 관한 유명한 사례는 Nordstrom 백화점 직원에 관한 일화를 들 수 있다. 한 고객이 Nordstrom 매장에서 물건을 구입한 후 공항으로 갔는데 비행기표를 매장에 두고온 것이다. 그러나 조금 후면 비행기가 떠날 시간이라 고객이 난감해 하고 있는데 Nordstrom 직원이 표를 챙겨 택시를 타고 공항에 찾아와 고객은 무사히 비행기를 탈 수 있었다고 한다. Nordstrom의 사규는 '모든 상황에서 스스로 최선의 판단을 내리는 것'이다. 권한이양이 윤리적 문제는 물론, 고객감동을 실현하였다. Nordstrom은 현재까지도 서비스로 유명하며, 높은 시장점유율을 차지하고 있다. 최근 기업들은 소비자나 종업원으로의 권한 이양 정책을 많이 사용하고 있다. 그러나 무분별한 권한 이양만이 최선의 방침이 될 수는 없으며 종업원 관리에 관한 내용은 제13장 '촉진수단'에서 다룬 바 있다.

광고는 마케팅 측면에서 아마 가장 가시적이고 강력한 것 중 하나일 것이다. 국내 광고 회사인 제일기업에 따르면(2012년 기준) 국내 총 광고비는 1조에 이르며, 모바일 광고비는 2,200억 원 가량으로 그 비중이 매우 높아지고 있다. 광고는 기업의 활동을 소비자가 가장 쉽게 접할 수 있는 것으로 그 양이 많아짐에 따라 광고의 윤리성이 더욱 강조되고 있다. 전통적인 TV 광고나 옥외광고에 대한 윤리적 이슈는 이미 많은 사람이 문제점을 인지하고 있다. 대표적인 것으로 과장이나 허위광고를 들 수 있다. 예를 들어, Motorola의 '이 휴대폰은 지구상에서 가장 가볍고 작은 것입니다.' 신라면블랙의 '설렁탕 한 그릇의 맛과 영양을 그대로 담았습니다.' 등의 문구는 과장된 것으로, 소비자를 오도하여 잘못된 선택을 하게끔 할 수 있다. 최근에는 SNS광고나 모바일 위치기반광고(LBA)가 급속히 증가함에 따라 개인정보 침해의 문제 등이 사회적 이슈로 크게 대두되고 있다. 마케팅 관리자는 광고의 효용성을 높이고 소비자로 하여금 지속적인 신뢰를 얻으려면 이러한 윤리적 이슈를 간과해서는 안 된다.

15.3 AMA의 마케팅 윤리와 가치

미국 마케팅 학회(AMA)는 마케터로서 준수해야 할 윤리적 규범과 윤리적 가치를 제안한다. 규범은 사회 또는 전문적인 조직이 활동하는 데 있어 지켜야 할 기준과 같은 것이고, 가치는 이러한 공동체들이 집단적으로 추구하는 개념이다. 가치는 자기 자신이나 타인에 대해서 평가하는 척도가 되기도 한다. 마케터로서, 우리는 우리가 속한 조직뿐만 아니라 사회를 돌보고, 경제적 안정을 위해 조력하며 거래를 성사하는 역할을 한다. 이러한 입장에서 마케터들은 기업의 다양한 이해관계자들을 위하여 높은 윤리적 규범과 가치를 수용할 필요가 있다.

1) 윤리적 규범

① 피해를 주지 말 것

다른 사람들에게 피해를 주는 행동은 물론이고, 고의적 누락(omission)을 의식적으로 하지 말아야 함을 의미한다. 이것은 높은 수준의 윤리적 기준을 받아들이고, 모든 법규와 규제를 준수해야 함을 뜻한다.

② 시장에서 신뢰를 구축

제품 디자인, 가격, 커뮤니케이션, 유통, 배송 등 거래의 모든 과정에서 소비자를 기만하지 않는 것을 의미하며, 좋은 제품과 공정한 거래를 통하여 달성할 수 있다.

③ 윤리적 가치를 포용

정직함, 책임감, 공정성, 존경, 투명성, 시민의식 등의 핵심 가치들을 가지고 시장에서 고객과의 관계를 구축하고, 고객 신뢰를 강화해야 함을 의미한다.

2) 윤리적 가치

① 정직함

고객과 이해관계자들을 솔직하게 대하며 이들이 기업을 언제 어디서나 믿음직하게 여길 수 있도록 노력해야 한다. 커뮤니케이션 활동에서 주장했던 가치들을 실제 제품을 통해 제공해야 하며, 만일, 교환의 과정에서 실수나 오류가 발생했다면 이를 정정하고자 하는 명확한 기준이 존재해야 한다. 이러한 노력은 솔직함, 헌신, 약속 등의 가치를 제고한다.

② 책임감

마케팅 의사결정과 전략의 결과를 책임감 있게 받아들여야 한다. 그러려면 우선 고객을 위해 노력해야 하며, 모든 이해관계자에 대해 협박이나 강제적 요구를 하지 말아야 한다. 또한, 시장이 성장하고, 경제적 힘이 커질수록 기업의 사회적 의무를 인정해야 한다. 아울러 사회적으로 취약한 어린이, 노인, 경제적 약자, 문맹인 등의 세분시장을 인도하고, 헌신하도록 노력해야 한다. 그뿐만 아니라, 모든 마케팅 의사결정에 있어서 환경에 대한 이슈를 고려해야 한다.

③ 공정성

판매자의 이익과 구매자의 욕구에 대한 균형을 공정하게 맞추어야 한다. 이를 위해서 제품에 대한 판매, 커뮤니케이션 등의 방법을 분명히 보여주고, 프로모션 활동 중의 기만이나 고의로 소비자를 오해하게 하는 행위를 하지 않아야 한다. 또한, 유인 판매와 같은 눈속임 또한 없어야 한다. 고객, 종업원, 파트너들의 개인정보를 보호해주어야 하며, 이익에 대한 갈등을 해결하는 데 노력해야 한다.

④ **존경**

모든 이해관계자들의 기본적인 인간 존엄성을 존중해야 한다. 개인의 차이를 인정하고, 성, 인종 등 인구통계학적 기준에 대한 고정관념을 버리고 이들을 차별해서는 안 된다. 고객의 요구를 주의 깊게 듣고, 이들의 기대를 확인하고 만족시킬 가장 합리적인 방법을 위해 노력해야 한다. 또한, 마케팅 활동에 있어 컨설턴트, 종업원, 협력업체 등 모든 다른 구성원들의 기여를 인정해야 하며, 다국적 기업의 경우 각 국가의 유통업자, 공급업자, 구매자들의 특성을 이해하고 그들을 동일하게 존중해야 한다.

⑤ **투명성**

마케팅 운영에 있어 개방성의 정신을 고취해야 한다. 기업을 둘러싼 모든 조직과의 의사소통을 분명히 하며, 고객과 이해관계자들로부터의 유용한 충고를 받아들여야 한다. 또한, 제품이나 서비스의 발생 가능한 잠재적인 위험 요소에 관해서는 사전에 설명해야 하며, 고객의 의사결정 과정에 영향을 줄 수 있는 대체재나 다른 예측 가능한 만일의 사태에 대해 공지해 주어야 한다. 아울러, 협상이나 조정 가능한 가격의 범위 등 재정적 측면의 문제들도 사전에 밝혀야 한다.

⑥ **시민의식**

경제적 · 법적 · 사회적 책임 및 박애주의 등을 위해 노력해야 한다. 마케팅 캠페인의 활동에서 자연 생태계를 보호하려는 노력과, 자선과 기부를 통한 사회로의 환원, 모든 공급체인 구성원에 대한 공정한 처우로 국가 간 균형 있는 발전을 도모해야 한다.

15.4 윤리분석의 틀

윤리를 정의하고 윤리 분석을 위한 틀을 제시하는 작업은 쉬운 일이 아니다. 여기서는 Costa(1998)의 윤리의 비교, Sarathy & Robertson(2003)의 윤리의 틀, Smith & Quelch(1993)의 윤리의 연속성에 대해 알아볼 것이다.

1) Costa의 틀

먼저 Costa(1998)는 윤리를 가치, 도덕과 비교하여 다음 〈표 15.1〉을 제시하고 있다. Costa(1998)에 의하면 윤리는 의무가 따르는 옳은 행동에 대한 판단으로 해석할 수 있다. 윤리는 가치관에 기초하고 있지만 그것과는 구별되는 것이고, 도덕과 구별되어 법적/규제적 성격을 띠고 있다. 윤리는 또한 사회적, 정치적 환경에 따른 시대적 요구에 적응하여야 한다.

표 15.1 Costa가 제시한 윤리, 도덕, 가치의 비교

	가치(values)	윤리(ethics)	도덕(morals)
범위	태도	행동	신념
관계	소속감	관행	포부
품질	가치 있는	옳은	좋은
속성	감상	판단	지혜
혜택	응집력	의무	의미

출처: J. D. Costa(1998), The ethical imperative: Why moral leadership is good business, Da Capo Press.

2) Sarathy & Robertson의 틀

Sarathy & Robertson(2003)은 윤리경영에 영향을 미치는 요인을 크게 윤리의 틀(ethical frame), 기업특유 요인(firm specific factors), 외적 요인(external factors)으로 구분하고 있다. 이전 연구에 기초하여 동 연구에서 다섯 가지 윤리의 틀을 제시하고 있으며, 〈표 15.2〉에서 정리하였다. 이들이 제시한 윤리적 틀은 전통적인 시장

뿐만 아니라 인터넷비즈니스의 윤리적 의사결정에도 적용될 수 있음을 보여준다. 기업은 정의로운 사회에 대해 관심을 가져야 하고, 기업 성과에 대한 평가는 정의(justice)와 불의(injustice)의 관점에서 이루어져야 한다고 주장한다. 분배정의, 절차정의, 상호작용적 정의를 인터넷비즈니스의 윤리 목표로 제시하고 있다.

표 15.2 Sarathy and Robertson이 제시한 윤리의 틀

틀	주요 내용
규칙 공리주의 (rule utilitarianism)	규칙과 결과로 나타나는 소비자 혜택에 대한 기대를 따름. 산업이나 정부가 정한 외부 규제를 수용
행동 공리주의 (act utilitarianism)	만약 결과가 사회와 소비자에게 가치가 있다고 판단되면 (예, 고객만족의 증대) 소비자 프라이버시 보호를 수용
이기주의 (egoism)	윤리에 관한 주관적인 견해로서 자기이해를 촉진함. 기업은 주주의 이익이 증대한다면 프라이버시 보호를 희생
도덕적 상대주의 (moral relativism)	산업의 규범 및 경쟁자의 관행에 기초한 상대주의적인 윤리관. 프라이버시 보호는 시대에 따라 변하고 사회 및 산업 규범에 영향
정의론 (justice)	정의로운 사회에 대한 관심. 정의와 불의에 대한 평가가 이루어짐. 분배정의, 절차정의, 상호작용적 정의를 논함.

출처: R. Sarathy & C. J. Robertson(2003), "Strategic & Ethical Considerations in Managing Digital Privacy", Journal of Business Ethics, 46, 120.

이와 유사한 연구에서 Sama & Shoaf(2002)는 네 가지 윤리적 의사결정 모형(목적기초 모형, 비교기초 모형, 규칙기초 모형, 공평성기초 모형)을 제시하고 있다. 이 네 가지 윤리적 의사결정 모형은 Sarathy & Robertson의 행동 공리주의, 규칙 공리주의와, 상대주의와, 정의론과 유사한 접근으로 볼 수 있다.

3) Smith & Quelch의 틀

Smith & Quelch(1993)는 윤리의 연속성을 소개하면서 네 가지 유형의 윤리에 대한 시각, 즉 생산자 우선주의(caveat emptor), 윤리강령(codes of ethics), 소비자 주권(consumer sovereignty), 고객 우선주의(caveat venditor)를 제시하고 있다.

먼저 생산자 우선주의(매수자 위험부담 원칙)는 생산자 이해관계가 소비자 이해관계를 앞서는 경우이다. 마케팅 활동이 법적으로 문제가 없고 이윤을 창출하기만 하면 윤리적이라는 시각이다. 윤리강령 관점은 윤리규정을 만들고 규정에 따라 마케팅이 실행되면 윤리적이라는 시각이다. 소비자 주권주의는 상품과 서비스를 선택할 권리가 소비자에게 있고 기업은 소비자들의 욕구에 부응하는 제품과 서비스를 생산하면 윤리적이라는 관점이다. 마지막으로 고객 우선주의(매도자 위험부담 원칙)는 소비자 이해관계가 생산자 이해관계보다 앞서는 경우로서 고객만족이 이루어져야 비로소 마케팅 활동은 윤리적이라는 시각이다. 이와 같이 Smith & Quelch가 제시한 윤리의 패러다임은 윤리성을 구분하기 보다는 정도의 차이로 고찰하는 시각을 제공해 준다.

MARKETING INSIGHT

마케팅과 인문학

소비자의 삶을 해석해 내는 작업이 마케터에게 필요하다. 소비자와 소비자 삶에 대한 통찰이 깊을수록 마케팅의 수준은 높아진다. 이를 위해 인문학적 상상력의 중요성에 대해서 강조하고 싶다. 인간과 인간의 삶에 대해 질문하고 탐구하는 공부가 바로 인문학이다. 인문학적 상상력이란 인간과 인간의 이야기 들로부터 의미를 읽어낼 수 있는 능력이다. 이것은 반드시 책을 많이 읽는다고, 또 책을 통해서만 길러지는 것은 아니다. 의미를 읽어낼 수 있는 모든 대상이 인문학적 상상력의 텍스트가 된다. 사실 소비자 모두는 날마다 이야기를 만들어내고 살아간다. 이들 이야기 속에서 소비자와 소비자 삶을 이해하면 진정으로 소비자가 원하는 것을 제공할 수 있다. 소비자에 대한 이해가 깊고 풍부한 마케터는 소비자가 진정으로 무엇을 원하고, 그들 삶에서 가치를 어디에 두는지 파악할 수 있다. 이런 마케터는 탁월한 가치를 지닌 제품과 서비스를 경쟁자보다 우월하게 제공할 수 있다.

아마존의 전자책 단말기 중 킨들 화이트페이퍼 브랜드가 있다. 디지털시대 종이책을 읽고 싶은 오디언스의 니즈를 간파하여, 흑백 컬러 화면에 거친 표면을 터치하면 마치 종이책을 넘기는 느낌을 준다. 디지털과 아날로그가 결합된 이 제품은 소비자의 삶을 이해한 디지털 기기이다.

출처: 권명중 외,《과학기술의 시대, 경제와 경영이 만나다》, 연세대학교 대학출판문화원, 2018, pp. 486-487.

연습문제

1. 지속가능발전의 3대 축이 아닌 것은?

   1) 경제적 지속가능성　　2) 환경적 지속가능성
   3) 규제적 지속가능성　　4) 사회적 지속가능성

2. Coast의 윤리분석 틀에서 제시된 세 가지 비교 요소가 아닌 것은?

   1) 가치　　2) 윤리
   3) 정직　　4) 도덕

3. 대의명분(Cause) 마케팅을 설명하시오.

4. 국내외 기업 중 윤리 경영의 모범이 되는 기업들의 공통적인 특성을 파악해 봅시다.

참고문헌

권명중 외, 『과학기술의 시대, 경제와 경영이 만나다』, 연세대학교 대학출판문화원, 2018.

노전표, 『디지털 마케팅』, 북코리아, 2009.

_____, "B2B기업의 성공적 브랜드 개발을 위한 전략", 『한솔가족』, 32(4), 2008, pp. 4-5.

안광호 · 하영원 · 박흥수, 『마케팅원론』, 제5판, 학현사, 2010.

이유재, 『서비스마케팅』, 제4판, 학현사, 2012.

장대련, 『글로벌시대의 국제마케팅』, 제2판, 학현사, 2006.

현병언 외, 『新물류관리』, 율곡출판사, 2003.

삼성전자 홈페이지. 〈www.samsung.com〉

한국존슨앤존슨 홈페이지. 〈www.jnj-korea.co.kr〉

Aaker, D. A., *Developing business strategies*, 6th ed., John Wiley. 2001.

Abbing, E. R., *Brand-driven innovation*, Ava Publishing. 2010.

Antorini, Y. M., Muniz, A. M., and Askidsen, T., "Collaborating with customer communities: Lessons from the Lego group," *MIT Sloan Management Review*, 53(3), 2012, pp. 73-79.

Banerjee, S. B., Iyer, E. S., and Kashyap, R. K., "Corporate environmentalism: antecedents and influence of industry type", *Journal of Marketing*, 67(2), 2003, pp. 106-122.

Barney, J. B., and Hesterly, W. S., *Strategic management and competitive advantage*, 2th ed., Pearson, 2008.

Belch, G. E., and Belch, M. A., *Introduction to advertising and promotion: an integrated marketing communications perspective*, 6th ed., 1995.

Bertini, M., and Gourbille, J. T., "Pricing to create shared value," *Harvard Business Review*,

90(6), 2012, pp. 96-104.

Best, R.J., *Market-based management*, 6th ed., Pearson, 2014.

Cheil, "Special 뉴로 마케팅(Neuro Marketing)," November, 2013.

Clay, J., "How big brands can help save biodiversity," www.ted.com, 2010.

Cobley, D., "What physics taught me about marketing," www.ted.com, 2010.

Cohen, J. B., Fishbein, M., and Ahtola, O. T., "The nature and uses of expectancy-value models in consumer attitude research," *Journal of Marketing Research*, 1972, pp. 456-460.

Conlin, M., "Unmarried America," *BusinessWeek*, October(20), 2003.

Costa, J. D., "The ethical imperative: Why moral leadership is good business," *Da Capo Press*, 1998.

Digby, D., "The future of shopping," *Harvard Business Review*, 89(12), 2011, pp. 65-76.

Drucker, P., *Management: tasks, responsibilities, practices*, New York, cited by Kotler, Marketing Management, 1973.

Everatt, D., Cordon, C., and Seifert, R. W., "Building partnerships: reinventing Oracle's go-to-market strategy," I*nternational Institute for Management Development*, 2003.

Fitzsimmons, J. A., and Fitzsimmons, M.J., *Service management*, 5th ed., McGraw-Hill, 2007.

Gilmore, J. H., and Pine, B. J., "Authenticity: what consumers really want," *Harvard Business Review Press*, 2007.

Girotra, K., and Netessine, S., "How to build risk into your business model," *Harvard Business Review*, 89(5), 2011, p. 100.

Gladwell, M., "On spaghetti sauce," www.ted.com, 2004.

_____, "The strange tale of the Norden bombsight", www.ted.com, 2011.

Godin, S., *Purple cow: transform your business by being remarkable*, Penguin, 2003.

_____, "How to get your ideas to spread," www.ted.com, 2007.

Grnroos, C., "A service quality model and its marketing implications," *European Journal of Marketing*, 18(4), 1984, pp. 36-44.

Gruman, G., "Tapping into power of Big Data," *Technology Forecast*, 3, 2010, pp. 4-13.

Harford, T., "Trial, error and the God complex," www.ted.com, 2011.

Harrel, G. D. and Keifer, R. O., "Multinational strategic market portfolio," *MUS Business*

Topics, Winter, 21(1), 1981, pp. 5-15.

Hill and Knowlton., Corporate reputation watch, 2004.

Hutt, M. D., and Speh, T., *Business marketing management: B2B*, 9th ed., Thomson, 2006.

Inglehart, R., *Modernization and postmodernization: cultural, economic, and political change in 43 societies*, Princeton University Press, 1997.

Iyengar, S., "How to make choosing easier", www.ted.com, 2012.

Kotler, P. and Armstrong, G., *Principles of marketing*, 4th ed., Pearson, 2012.

Kotler, P. and Keller, K. L., *A Framework for marketing management*, 5th ed., Pearson, 2012.

______, *Marketing management*, 13th ed., Pearson, 2009.

Kotler, P., *Marketing management*, 9th ed., Prentice-Hall, 1997.

______, *Marketing management*, 11th ed, NJ; Prentice-Hall, 2003.

Levitt, T., "Marketing myopia," Graduate School of Business Administration, Harvard University, 1975.

Lockwood, A., "Selling condoms in the Congo," www.ted.com, 2011.

Lovelock, C. H., and Wirtz, J., *Services marketing: people, technology, strategy*, 7th ed., Pearson, 2011.

Lovelock, C. H., Wirtz, J., and Chew, P., *Essentials of services marketing*, Pearson, 2009.

Maslow A. H., *Motivation and Personality*, 2nd ed. (Upper Saddle River, NJ; Prentice Hall, 1970). Reprinted by permission of Prentice Hall Inc.; Kotler, Keller, 윤훈현 역, 마케팅 관리론, 제13판, 2010.

Mohr, J. J., Sengupta, S., and Slater, S. F., *Marketing of high-technology products and innovations*, 7th ed., Pearson, 2005.

Ohanian, A., "How to make a splash in social media," www.ted.com, 2009.

Peters, T., "The brand called you," *FastCompany*, 10(10), 1997.

Pine, J., "What consumers want," www.ted.com, 2004.

Poter, M. E., "Competitive strategy," *Measuring Business Excellence*, 1(2), 1997, pp. 12-17.

Raju, J. & Zhang, Z. J., *Smart Pricing: How google, priceline, and leading businesses use pricing innovation for profitability*, Pearson, 2010.

Rein, I. J., Kotler, P., Stoller, M. R., and Major, A. M., "High visibility: The making and marketing of professionals into celebrities," *Public Relations Review*, 24(2), 1998, pp.

251-251.

Roger, B. J., *Market-based management; strategies for growing customer value and profitability*, 6th ed., Pearson, 2013.

Rogers, E. M., *Diffusion of innovations*, Simon and Schuster, 2010.

Rust, R. T., and Oliver, R. L., *Service quality: new directions in theory and practice,* Sage Publications, 1993.

Sama, L. M., and Shoaf, V., "Ethics on the Web: Applying Moral Decision-Making to the New Media," *Journal of Business Ethics*, 36, 2002, pp. 93-103.

Sarathy, R., and Robertson, C. J., "Strategic and Ethical Considerations in Managing Digital Privacy," *Journal of Business Ethics*, 46, 2003, pp. 111-126.

Schewe, C. D., and Meredith, G., "Segmenting global markets by generational cohorts: determining motivations by age," *Journal of Consumer Behaviour*, 4(1), 2004, pp. 51-63.

Schlegelmilch, B. B., *Marketing Ethics: An international perspective*, Cengage Learning EMEA, 1998.

Sherry, J. F., *ServiceScapes*, NTC, 1998.

Silk, A. J., "What Is Marketing?," *Harvard Business School Press*, 2006.

Smith, N. C., and Quelch, J. A., *Ethics in Marketing*, Irwin, 1993.

Steckel, J., *The new science of marketing: State-of-the-art tools for anticipating and tracking the market forces*, McGraw-Hill, 1995.

Sutherland, R., "Perspective is everything," www.ted.com, 2011.

Sweet, L., *Post-modern pilgrims: first century passion for the 21st century world*, B&H Publishing Group, 2000.

Wallace, B., "The price of happiness," www.ted.com, 2008.

Wheeler, A., *Designing brand identity*, 3th ed., Wiley, 2009.

Williams, E., "Listening to Twitter users," www.ted.com, 2009.

Winer, R. S., and Dhar, R., *Marketing management*, 4th ed., Pearson, 2011.

______, *Marketing management: Pearson New International Edition*, Pearson Higher Ed, 2013.

Wujec, T., "Build a tower, build a team," www.ted.com, 2010.

Zeithamal, V. A., Bitner, M. J., and Gremler, D. D., *Services marketing: intergrating customer focus across the firm*, 5th ed., McGraw-Hill, 2009.

Zeithaml, V. A., "Consumer perceptions of price, quality, and value; a means-end model and synthesis of evidence," *Journal of Marketing*, July(52), 1988, pp. 2-21.

Zimmerman, A., and Blythe, J., *Business to Business marketing management: a global perspective*, Routledge, 2013.

AMA(American Marketing Association) homepage. 〈www.ama.org〉

찾아보기

ABC

123